国家社科基金青年项目海德格尔的实践知识论研究
（项目号：15CZX038）最终成果

国家社科基金丛书
GUOJIA SHEKE JIJIN CONGSHU

海德格尔的
实践知识论研究

Heidegger's Practical Epistemology

陈 勇 著

人民出版社

目　　录

导　言 ………………………………………………………… 001

第一篇 │ 认知性知识与实践性知识

第一章　笛卡尔的观念论 ……………………………… 011

　　第一节　知识的根基与怀疑 …………………………… 011

　　第二节　自我的存在 …………………………………… 015

　　第三节　真理的根基 …………………………………… 023

　　第四节　自我作为思维物 ……………………………… 029

第二章　赖尔与图根特哈特论认知性知识与实践性知识 …… 037

　　第一节　赖尔论知道什么与知道如何 ………………… 037

　　第二节　图根特哈特论实践性知识 …………………… 047

第三章　柏拉图与亚里士多德论知识 ………………… 054

　　第一节　知识与理念 …………………………………… 054

　　第二节　亚里士多德对于实践性知识与认知性知识的区分 …… 060

第二篇 | 海德格尔早期思想形成史

第四章　海德格尔的哲学起点 ·················· 073
第一节　哲学与世界观 ························· 074
第二节　元科学与解释学循环 ················· 076
第三节　外部世界的实在性问题和世界问题 ····· 079
第四节　解释学直观作为元科学的方法 ········· 085

第五章　海德格尔的现象学 ····················· 089
第一节　胡塞尔与现象学 ····················· 089
第二节　海德格尔对胡塞尔现象学的批评 ······· 096
第三节　形式显示 ··························· 104
第四节　现象学概念 ························· 112

第六章　海德格尔的解释学 ····················· 121
第一节　何为"解释学" ····················· 121
第二节　实际性解释学 ······················· 125
第三节　解释学与基础存在论 ················· 130
第四节　作为先验哲学的基础存在论 ··········· 136

第七章　解构亚里士多德 ······················· 141
第一节　逻各斯与真理 ······················· 145
第二节　揭露真理的方式与实践性知识 ········· 150

第三篇 | 《存在与时间》中的实践知识论

第八章　生存、实践与知识 ····················· 161

第一节　生存与实践 ……………………………………… 161

第二节　视见与实践性知识 ……………………………… 170

第九章　生活世界 …………………………………………… 179

第一节　对笛卡尔世界概念的批判 ……………………… 179

第二节　世界与世界性 …………………………………… 185

第三节　生活世界 ………………………………………… 191

第十章　实践性知识与生存论结构 ……………………… 198

第一节　生存论结构 ……………………………………… 198

第二节　置身性与情绪 …………………………………… 205

第三节　理解 ……………………………………………… 228

第四节　言语 ……………………………………………… 253

第十一章　从解释到常言 ………………………………… 267

第一节　解释与实践性知识 ……………………………… 267

第二节　命题与常言 ……………………………………… 279

第十二章　作为被发现性与揭示性的真理 ……………… 300

第一节　《逻辑研究》中的真理理论 …………………… 301

第二节　被发现性与命题真理 …………………………… 307

第三节　揭示性与先验真理 ……………………………… 319

第十三章　此在与自我 …………………………………… 328

第一节　近代哲学中探讨自我问题的三大路径 ………… 328

第二节　海德格尔对于笛卡尔与康德自我理论的批评 ………… 345

第三节　此在的日常性与非本真性 ……………………… 352

第四节　此在的本真性与自主性…………………………………… 359

参考文献 ……………………………………………………………… 369

后　记 ………………………………………………………………… 378

导　言

我们正生活在一个人工智能与大数据的时代,互联网革命带来的信息爆炸使得我们大脑的"内存"与"硬盘"都显得容量太小,我们无法处理"大数据",而只能处理"小数据",因而人工智能代替人的智能似乎已经势不可挡了。这种替代意味着人的价值的丧失,意味着塑造过去几百年历史的人文主义精神的衰落。我们肆无忌惮地吞食着五花八门的信息,我们也被信息的海洋所吞没,"知识"与"信息"在这个时代成为了同义词,但何谓"知识"?何谓"信息"?知识与我们这个物种的生存方式之间有着什么样的关联?在变动不居的信息时代中思考这些问题或许仍然是具有意义的,这也使得哲学作为一个专业有了存活下去的理由。

亚里士多德在《形而上学》的开篇写到:"所有人按其本性都在追求知识",人类对于视觉的喜爱在他看来就是一个证据,①信息时代的到来则更好地印证了这个观点。哲学家和常人的不同之处在于:哲学家不仅追求知识,还追问知识的本质。从古希腊哲学开始,知识论一直都是西方哲学的一个核心分支,柏拉图的《泰阿泰德篇》可以被视为一本知识论的专著,而他的早期对话录以及《理想国》中所阐述的理念论也可以被视作一种知识论。到了近代,

---

①　Cf. Aristotle, *Metaphysics*, translated by W. D. Ross, 中央编译出版社 2012 年版, p. 2。

知识论更是取代形而上学成为了"第一哲学",从笛卡尔开始,哲学家们乐此不疲地对"观念"(idea)进行探讨,他们的一个共同信念是:只有通过心灵中的观念我们才能把握世界的实情,在这个意义上知识意味着表象,而人的心灵成为了"自然之镜"。①

虽然从笛卡尔哲学开始,知识论取代形而上学成为了"第一哲学",但是这并不意味着近代知识论替代或者超越了古代知识论。近代知识论的一大盲点在于对实践性知识的忽视,它在古代知识论中曾经是一个相当重要的主题。当苏格拉底提出"什么是虔诚?""什么是勇敢?""什么是正义?"这类问题时,他所关注的不是人们关于这些概念的种种"意见"(δόξα),而是这些概念的真正的意义,如果用柏拉图的术语来表述,苏格拉底所关注的是关于这些"理念"(ἰδέα,εἶδος)的"知识"(ἐπιστήμη)。虽然柏拉图断言理念是非感性的、永恒的、超越的存在者,但是在他看来理念知识与实践能力是同一的,一个人拥有关于"勇敢"理念的知识意味着他是一个勇敢的人,正是在这个意义上"哲学家"与"王"才能够并且应该合体成为"哲人王"。尽管柏拉图没有区分认知性知识与实践性知识,但是理念知识的实践性内涵是显而易见的。②

在西方哲学史中真正确立实践性知识与认知性知识区分的是亚里士多德。在《尼各马可伦理学》第六卷中他将灵魂通过逻各斯(λόγος,理性、言语)发现真理的能力分为了五种:技艺(τέχνη)、明智(φρόνησἰς)、科学(ἐπιστήμη)、智慧(σοφία)与努斯(νοῦς)。这五种能力都是属于灵魂的理性部分或者说理智(διάνοια),它分为两个部分:知识部分与推理部分。科学与智慧对应的是理智的知识部分,技艺与明智对应的是推理部分,也就是说理

---

① Rorty,Richard,*Philosophy and the Mirror of Nature*,Princeton:Princeton University Press,1979,p. 12.

② 康德发现了这一点,并因而在自己的理论体系中区分了范畴与理念,理念首要的是实践性的。(Kant,Immanuel,*Kritik der Reinen Vernunft*,Hamburg:Meiner,1998,A315/B371)当代研究者对柏拉图理念论的实用主义解读的代表作是 Wieland,Wolfgang,*Platon und die Formen des Wissens*,Göttingen:Vandenhoeck & Ruprecht,1999。

智的两个部分有其各自的运用:理论性的与实践性的。从广义上说,在五种发现真理的能力中技艺与明智可以被看作是实践性知识,而科学与智慧则可被看作是认知性知识。认知性知识的对象是永恒的、不变的存在者,而实践性知识把握的则是非永恒的、可变的存在者。出于这个理由亚里士多德赋予了认知性知识相对于实践性知识的优先地位,并且确立了它们各自的独立地位。

在近代哲学的开端处,当笛卡尔悬置掉外部世界的实在性,转而考察心灵内部的"观念"(idea)时,他不仅奠定了知识论相对于形而上学的优先地位,将主体性确立为近代哲学的原则,而且抹去了认知性知识与实践性知识的差别,两者都被规定为了观念或者表象。由此产生的一个结果是,古代知识论的部分精髓在近代知识论中丧失了。众所周知,20世纪西方哲学的主流是反笛卡尔主义,无论是语言分析哲学、现象学还是实用主义都试图颠覆笛卡尔主义的世界图景与知识图景。用赖尔的话来说,近代的"唯智主义传奇"创造了"机器中的幽灵的教条",[①]对于这个隐喻的正确理解是:首先,笛卡尔主义将人的心灵与意识变为了一种非物质性的、无法捉摸的神秘存在物;其次,包括人的身体的物质世界被规定为了遵循机械运动规律的自然,它们的一切运动与变化都可以通过(理想状态中的)自然科学得到描述;最后,人自身成为了一种双面杰纳斯,成为了机器与幽灵的复合体,无论是身心二元论、唯心主义、物理主义还是自然主义都难以给出令人信服的关于人的存在论。换句话说,笛卡尔主义给哲学带来了两方面的挑战:一方面是知识论上的挑战,心灵或者意识如何通过内在的表象去认识外在世界成为了知识论的核心问题;另一方面则是存在论或者说形而上学上的挑战,外部世界的实在性如何被证明? 作为物质世界的自然是一部巨大无比的机器么? 人的心灵是机器中的幽灵么? 人是机器与幽灵的复合体么? 总的来说,近代西方哲学就是对于这两方面挑战的回应。

---

① [英]赖尔:《心的概念》,徐大建译,商务印书馆2005年版,第10页。

　　正如罗蒂在《哲学与自然之镜》中所言,维特根斯坦、海德格尔与杜威分别代表了三种哲学传统,他们都为跳出笛卡尔主义的世界图景与知识图景付出了巨大的努力,但他认为这三位哲学家的理论都不是替代性的知识论或心灵哲学,①这个论断是我们所无法接受的。尽管 20 世纪的现象学、语言分析哲学与实用主义哲学在很大程度上呈现出了不同于传统哲学的崭新面貌,然而知识论与存在论作为哲学的两个重要分支依然扮演着重要的角色。知识论追问的是人类知识的本质,存在论追问的是存在以及存在者的本质,缺乏这两个组成部分的哲学是很难想象的。即便维特根斯坦在《哲学研究》中无意发展出任何系统性的知识论或存在论,但是这并不代表在这本著作中没有创新性的知识论与存在论,例如其中关于遵循规则以及私人语言的讨论对于 20 世纪下半叶的知识论与语言哲学的发展就产生了重大影响。当然不可否认的是,无论维特根斯坦还是杜威都没有发展出系统性的知识论或者存在论,语言分析哲学、心灵哲学以及实用主义直到今天依然尚未提供出能够替代笛卡尔主义的哲学体系。

　　海德格尔被公认为 20 世纪最重要的哲学家之一,他的哲学的关注焦点是存在问题(Seinsfrage),在他看来,以往所有哲学家都错过了存在问题,而他则希望通过对传统形而上学的解构揭示出存在的意义。但同样不应该被忽视的是:他的代表作《存在与时间》中的揭示性(Erschlossenheit)理论可以被视为近代知识论的一种替代。通过 20 世纪 20 年代早期与柏拉图、亚里士多德、康德、新康德主义者、胡塞尔、狄尔泰等哲学家在思想上的交锋,海德格尔认识到人(此在,Dasein)根本就没有本质,或者说人的"本质"在于生存(Existenz)。在他看来,人和其他存在者在存在方式上的差别在于:对于人来说他自身的存在以及世界是向他敞开的。敞开、被揭示的方式不仅包括观念或者说表象,而且还包括环视(Umsicht)、顾惜(Nachsicht)、顾视(Rücksicht)以及决心(Ents-

---

①　Rorty,Richard, *Philosophy and the Mirror of Nature*,Princeton:Princeton University Press,1979,p. 6.

chlossenheit），在这个意义上我们甚至可以认为：海德格尔的揭示性理论恢复了古代知识论关于知识多样性的洞见。此外，他认为世界不仅是认知的对象，而且还是在生活实践中对人敞开的意蕴整体（Bedeutsamkeitganzheit）。真理在他看来也不仅仅意味着命题真理，而是在原初意义上意味着此在的揭示性。简单地说，海德格尔在《存在与时间》以及早期讲座中形成了一种关于人的"本质"、人的存在方式、知识的形式、世界与真理的全新哲学，这种哲学一方面可以被看作一种存在论，另一方面也可以被视为一种知识论。与近代知识论不同的是，这种知识论所关注的不再是观念、表象、意识、主体、客体等，而是人的生存实践以及其中的揭示性，在这个意义上本书将把它称为一种"实践知识论"。

本书探讨的主题是海德格尔的实践知识论，为了阐明它，需要被讨论的问题包括：海德格尔是如何发展出这种知识论的？ 如果说它是近代知识论的一种替代，那么它与古代知识论，尤其是与亚里士多德的知识论的关系是怎样的？ 它与胡塞尔现象学的关系是怎样的？ 在这种知识论中，实践性知识与认知性知识的关系是怎样的？ 等等。鉴于这些考虑，本书的论述将分为以下三个部分：

第一部分是对于实践知识论的哲学史背景的简短回顾。笛卡尔是近代知识论的创立者，他不仅为近代哲学引入了"我思"或者说主体性原则，而且发展出了系统性的观念理论以及真理理论，对笛卡尔知识论进行简短的重构有助于我们澄清近代知识论中的一些基本逻辑。笛卡尔的观念论不仅影响了近代哲学家，而且也影响了现象学的奠基者胡塞尔，虽然在胡塞尔看来笛卡尔持有一种先验实在论（transzendentaler Realismus），而他自己（先验转向后）的哲学则是一种先验观念论（transzendentaler Idealismus），但是奠基于现象学还原的先验现象学无论从方法还是从旨趣上依然继承了笛卡尔的观念论。与胡塞尔不同，赖尔在《心的分析》中对"唯智主义传奇"或者说笛卡尔主义提出了激烈的批评，他的论证不仅是批判性的，而且是建构性的，他关于"知道什么"

(knowing-that)与"知道如何"(knowing-how)的区分是当代知识论的一个重大突破。但反讽的是,他的理论被阐释者理解为一种逻辑行为主义,这与他理论的内在缺陷是分不开的。在赖尔关于两种知识的区分的基础上去回顾亚里士多德关于认知性知识与实践性知识的区分将带给我们一种新的理解视角,亚里士多德知识论不仅是一种"反笛卡尔主义",而且是一种"反反笛卡尔主义",换句话说,回到亚里士多德我们才能真正认识到单纯的反笛卡尔主义是不够的,对于人类知识的考察必须在一个更为宏观的理论视野中进行。

第二部分是对于海德格尔早期思想发展历程的简短考察。1919 年开始海德格尔踏上了自己的思想道路,在这一年的战后紧迫学期的讲授课(GA 56/57)中他提出了作为"元科学"(Urwissenschaft)的哲学概念。在他看来,这种哲学探讨的不是知识的对象,而是关于对象的知识,并且他将这种考察知识的哲学方法称为"解释学直观"(Hermeneutische Intuition),这种方法实际上就是《存在与时间》中的"解释学的现象学"(Hermeneutische Phänomenologie)的原型。由此可见,海德格尔的"解释学的现象学"或者"基础存在论"(Fundamental ontologie)从一开始就关注着知识问题,无论是在战后紧迫学期探讨"周遭世界体验"(Umwelterlebnis),在《宗教生活现象学》(GA 60)中探讨原初基督教经验,还是在《柏拉图的智者篇》(GA 19)中讨论亚里士多德对于知识的分类以及对于知识层级的规定,他的目的都是要寻找与近代知识论的观念或认知(Erkenntnis)不同的知识形式。

值得注意的是,"解释学的现象学"概念本身是一个矛盾体,因为现象学要求直接性,要求回到直观,也就是说现象学只描述人的原初经验,而不对它进行解释,在这个意义上海德格尔的现象学显然不同于胡塞尔的描述现象学。在《时间概念史导论》(GA 20)中海德格尔提出,虽然胡塞尔现象学在意向性、先天概念以及范畴直观这三个方面取得了突破,但是却忽略了意识的存在方式以及存在问题。先验观念论的出发点是作为现象学还原剩余物的纯粹意识,但是却没有对于这种意识的实际的存在方式进行讨论。

在《现象学的基本问题》(GA 58)中,海德格尔借助亚里士多德思想对"现象"(Phänomen)与"语言"(λόγος)这两个概念进行了生存论上的解读:现象是自我呈现的事物,而语言则是人的生存方式,同时也是对真理的揭示。因而在海德格尔看来,现象学不是一种哲学理论,而是一种人的生存方式,在这种生存方式中人让自我呈现的现象如其所是的那样被揭示出来,也就是说现象学是一种追求真理(揭示性)的生活方式。现象学的对象并不是具有普遍性的客观经验,而是现象学家自身的实际性生命(das faktische Leben),这个意义上的现象学同时是一种生命哲学或者说存在主义(Existenzialismus)。现象学家的工作在于将对自身生命的前理解通过语言表达出来,或者说让其如其所是的那样显现出来,因而作为元科学的现象学必然是哲学家的自我解释。自我理解与自我解释是"解释学的现象学"的核心内涵,这一点是海德格尔在"对雅思贝斯《世界观的心理学》的评论"(GA 9)与《存在论——实际性的解释学》(GA 63)中所阐明的。

在海德格尔前期思想的发展过程中,对于亚里士多德哲学以及胡塞尔现象学的继承与批判都是无法被忽略的。在《对亚里士多德的现象学阐释》(GA 61)以及《柏拉图的〈智者〉》(GA 19)中他对亚里士多德《形而上学》第一卷以及《尼各马可伦理学》第六卷中的知识论进行了详尽的阐释,从中我们可以看到,一方面没有对于亚里士多德知识论的继承就不会产生海德格尔的揭示性理论,另一方面他则从生存论的角度解构了亚里士多德知识论及其背后的形而上学预设。海德格尔前期思想的发展是连续的,无论是所谓的生命哲学("实际性解释学")阶段,对亚里士多德的阐释,还是对胡塞尔的批判都最终通往了《存在与时间》中的基础存在论,即解释学的现象学。

第三部分将阐述《存在与时间》中的实践知识论的具体内容。海德格尔将人的生存规定为在世界之中的存在(In-der-Welt-Sein),它包括三个方面:与自身打交道、与他人打交道以及与世界内的存在者打交道,而它们分别对应了三种知识:关于自身存在的知识(例如决心),关于与他人共在的知识(例如顾惜与顾视)以及关于与世界内存在者打交道的知识(例如环视)。如果赋予这些形式的知识一个共同名称,那么它们都可以被称为"实践性知识",而近代知识论所规定的那种知识则可以被称为"认知性知识",这两种知识之间的关系也将在本书中得到考察。亚里士多德赋予了认知性知识相对于实践性知识的优先地位,而海德格尔则反其道而行之。

如果说将揭示性理解为实践性知识代表着对海德格尔知识论的实用主义解释进路,那么本书还将探讨海德格尔知识论中的先验哲学要素。在海德格尔看来,人的生存结构包含三个构成要素:置身性(Befindlichkeit)、理解(Verstehen)与言语(Rede)。理解这些生存结构的构成要素的一个误区在于将它们视为可被认知的知识对象,而不是作为知识的可能性条件的先天条件。本书将论述为什么这些构成要素是先验的,也就是说它们是知识的前提条件,而不是知识的对象。人的生存结构是先验的,这是理解海德格尔所说的"存在论区分"(ontologische Differenz),即存在与存在者的区分,的必要条件(但不是充分条件)。当然"先验的"(transzendental)这个概念本身也是值得讨论的,本书将会简要论述海德格尔所理解的先验与康德以及胡塞尔所理解的先验的相同与不同。

具体来说,对海德格尔实践知识论的分析可以分为以下五个方面:1.对实践性知识的"对象"(世界)的论述;2.对实践性知识的构成要素(置身性、理解、言语)的论述;3.对表达实践性知识的"解释"(Auslegung)与表达认知性知识的"命题"(Aussage)之间关系的论述;4.对海德格尔的真理理论的简要论述;5.对实践性知识的拥有者(人,此在)的存在方式的论述。

第一篇

认知性知识与实践性知识

1

第一章　笛卡尔的观念论

第一节　知识的根基与怀疑

笛卡尔被公认为近代西方哲学的开山鼻祖,黑格尔在《哲学史讲演录》中是这样评价他的:"勒内·笛卡尔事实上是近代哲学真正的创始人,因为近代哲学是以思维为原则的。独立的思维在这里与进行哲学论证的神学分开了,把它放到另外一边去了。思维是一个新的基础。"①虽然笛卡尔开启了近代知识论,他的代表作《第一哲学沉思集》的主要内容也是知识论,但正如这个标题以及这本书的副标题"对上帝存在与灵魂不朽的证明"所表明的那样,笛卡尔的真正目标是建立一种新的形而上学或者说"第一哲学"(prima philosophia)。作为伽利略的同时代人,笛卡尔深刻地感受到了(17世纪)崭新的自然科学(自然哲学)对于旧的经院哲学的冲击以及宗教改革对于旧的信仰体系的动摇,因而不难理解的是,在"第一沉思"的开头他宣称要拆除旧的知识大厦,并且为新的知识大厦奠基。② 他的知识论不仅具有消极作用,即摧

---

① ［德］黑格尔:《哲学史讲演录》(第四卷),贺麟、王太庆译,商务印书馆1997年版,第63页。

② ［法］笛卡尔:《第一哲学沉思集》,庞景仁译,商务印书馆1986年版,第16页。

毁旧的经院哲学，①而且具有积极作用，即为新的自然科学与形而上学奠基。在这个意义上我们应该重新审视他的那个著名的譬喻：如果将整个人类知识体系比作一棵大树，那么形而上学就是其树根，物理学是其树干，而其他种类的知识则是树的其余部分。在笛卡尔哲学中，真正的知识之树的树根不是形而上学，而是知识论。"世界是否仅仅由物质构成的？""灵魂是不朽的么？""上帝是否存在？"等形而上学问题只有在人类知识的基本特征被澄清之后才能够得到解答，在这个意义上我们可以将由笛卡尔开启的近代知识论理解为（康德意义上的）"批判哲学"。

笛卡尔的批判哲学是从怀疑开始的，虽然怀疑方法并不是他的发明，在古希腊的皮浪主义者那里，怀疑（悬置，epoche）就已经是一种重要的哲学方法论，但是将这种方法系统化并且仅仅作为一种知识论的方法，这却是笛卡尔怀疑论的独到之处。对于笛卡尔来说，作为哲学方法论的怀疑是一种沉思，这种怀疑并不产生于实际性生命带来的困惑，否则将怀疑系统化将会是不合理与不明智的。固然在日常生活中我们会有许多困惑，例如有时我们会感到原先所追求的目标变得无意义了，这使我们的生活迷失了方向，或者一段感情的破碎会使我们怀疑原先感情的真实性，但是生活中的困惑与怀疑通常不是系统性的或者彻底的，失去生活方向后我们可以重新寻找它，一段感情结束后我们可以开始另一段新的感情，有什么必要去怀疑一切呢？固然我们甚至会产生深刻的怀疑，例如怀疑世俗生活甚至是生活本身的价值，但是这种怀疑依然不是彻底的，作为正常人我们不会怀疑自己有一个脑袋，明天地球依然会存在，等等。由此可见，被笛卡尔当作哲学方法论的怀疑与我们通常所理解的怀疑并不是同一个意义上的怀疑。笛卡尔指出，他的怀疑产生的机缘恰恰是生活的宁静："而现在，由于我的精神已经从一切干扰中解放了出来，我又在一种

---

① 例如中世纪经院哲学所继承的以四因说为基础的亚里士多德物理学，相关研究参见 Perler, Dominik, *René Descartes*, München: Verlag C.H.Beck, 1998, S. 44—51。

恬静的隐居生活中得到一个稳定的休息,那么我要认真地、自由地来对我的全部旧见解进行一次总的清算。"①哲学怀疑的前提是从世俗生活中解放出来,从而能够自由地思考,正是在这种亚里士多德式的静观(theoria)意义上笛卡尔将自己从怀疑开始的哲学活动称为"沉思"(meditatio)。

作为沉思的怀疑具有什么作用呢? 例如为什么笛卡尔要怀疑自己的身体与外部世界的实在性? 显然这种怀疑并不具有实践价值,那么它具有理论价值么? 在笛卡尔看来,哲学怀疑的作用在于使我们能够悬置判断:"如果用这个方法我还认识不了什么真理,那么至少我有能力不去下判断。"②悬置判断并不意味着否定一个命题,而是对于命题的真假不进行判断。在《第四沉思》中笛卡尔发展出了一套判断理论,③他认为判断是两种认知能力共同作用的结果,一方面是认知能力(facultate cognoscendi),另一方面是选择能力(facultate eligendi)或者说抉择自由(libertate arbitrii);前者代表着理智(intellectus),而后者代表着意志(voluntas);通过理智我们知觉到观念(idea),而通过意志我们对观念进行判断;④意志是自由的并且是无限的,它可以追逐好的或坏的东西,可以对任何观念进行肯定或否定,此外它还可以悬置自身对于观念的判断。⑤ 也就是说,悬置判断是意志自由的体现,只有自由意志才可以对一个命题(观念)进行肯定、否定以及悬置判断(既不肯定也不否定)这三种操作。此外,意志自由并不是后天培养的结果,而是先天的,或者用笛卡尔的话来说是上帝赋予的,因而悬置判断这种能力并不是哲学怀疑所产生的结果,而毋宁说哲学怀疑就是悬置判断,它不外乎是悬置判断这种意志力的运用。通过怀疑笛卡尔并没有否定身体以及外在世界的存在,也没有否定"3+2＝5"这

① ［法］笛卡尔:《第一哲学沉思集》,庞景仁译,商务印书馆1986年版,第18页。
② ［法］笛卡尔:《第一哲学沉思集》,庞景仁译,商务印书馆1986年版,第24页。
③ 参见陈勇:《笛卡尔的判断理论》,《法兰西思想评论》2014年秋季刊。
④ Descartes, René, *Meditationen de prima philosophia*, übers. und hrsg. von Christan Wohlers, Hamburg: Meiner, 2009, S. 62-63.
⑤ Ibid., S. 68.

种简单的数学真理,事实上即便最为彻底的怀疑也无法对它们进行否定,怀疑的作用仅仅在于证明它们并不是确定无疑的,并且进而悬置这些判断。

笛卡尔的怀疑分为三个步骤:首先是对于某些感官知识的怀疑,例如我们看到雪是白色的,狗有四条腿等,对这类知识进行怀疑或者说悬置这些判断的理由并不难理解——我们的感觉经常是会犯错的,例如看到插入水中的筷子折断了——因而雪有可能并不是白色的,狗有可能只有三条腿等,这些感官知识并不是确定无疑的;其次是对于自己的身体以及外在世界的实在性的怀疑。虽然我们也是通过感官得知自己的身体以及外在世界的存在的,但是这类知识通常被认为是确定无疑的,感官告诉我们插在水中的筷子折断了,而实际上这种感觉知识是一种幻相,但我们有什么理由怀疑自己有一个头并且它是长在脖子上的呢?我们有什么理由怀疑我们所居住的地球是实在的呢?笛卡尔找到了一条怀疑的理由:我们可能在做梦。换句话说,我们以为通过感官向我们呈现的身体以及外在世界是确定无疑的,然而它们实际上可能只是我们的梦境。笛卡尔并没有断言我们一直在做梦,而只是认为这种可能性是存在的,这就使得我们足以悬置关于自己的身体以及外在世界实在性的判断;最后是对于"简单真理"的怀疑,笛卡尔举的例子是数学上的,例如"3+2=5"这个真命题代表着一种简单真理,此外逻辑学命题(例如矛盾律、排中律)以及一些形而上学命题(例如"有不能从无中产生")也可以被认为是笛卡尔所谓的简单真理。对于我们的理性来说,简单真理是不言自明的,我们有什么理由去怀疑它们呢?笛卡尔认为存在这样一条怀疑的理由:可能存在一个"欺骗精灵"(genius malignus),它的能力是无限的,因而有可能它让我们认为简单真理是确定无疑的,而实际上这些命题却是错的。同样,笛卡尔并不需要证明欺骗精灵的存在,只要它存在这样一种可能性不能被排除,那么我们就有理由悬置关于简单命题的判断。通过这三个步骤,笛卡尔似乎摧毁了一切对于真理的信念,虽然事实上可能存在许多真理,但是却没有任何真理是确定无疑的,而这也意味着知识的确定性被摧毁了,任何关于灵魂、身体以及上帝的形而上学命题都不具有确定性,旧的知识大厦轰然倒塌。

第二节　自我的存在

"第一沉思"中的怀疑论是消极的,而"第二沉思"中的"我在论证"①则是积极的,它为以认识论和形而上学为基础的新的知识大厦奠定了基石。笛卡尔的名言"我思故我在"(cogito ergo sum)并没有出现在《第一哲学沉思集》之中,而是出现在《谈谈方法》和《哲学原理》中:

> 每当我试图认为一切都是错的时候,我会注意到:我,也就是如是想问题的人,必定是某种事物。因为我现在已经清楚地知道"我思故我在"这个真理是如此确实和确定无疑,以至于怀疑论者所能有的最极端的假设都不能丝毫动摇它,所以我认为我可以毫无顾虑地将它作为我所追求的那种哲学的第一原则。②

> 当我将"我思故我在"这个命题称为第一原则和最确定无疑的时候……③

在这两段话中笛卡尔都明确地提出了所谓的哲学第一原则:"我思故我在",而且从形式上看这句话是一个推理:"我思"是前提,"我在"是结论。但这个推理是正确的么? 从概念的内涵来看,"思考"并不蕴含"存在",至少没有一种像"生物"和"动物"之间的蕴含关系,因此假如这个推理是成立的,那么它必须加上另外一个大前提:"所有思考的东西都是存在的",也就是说"我思故我在"作为推理实际上是一个三段论推理:

大前提:所有思考的东西都是存在的

---

① 关于"我在论证"可参见陈勇:《"我思"与"我在"何者优先? ——对笛卡尔哲学第一原则的再认识》,《上海交通大学学报(哲学社会科学版)》2016 年第 6 期。

② [法]笛卡尔:《谈谈方法》,王太庆译,商务印书馆 2001 年版,第 27 页。(译文有改动)

③ Descartes, René, *Die Prinzipien der Philosophie* (Latein-Deutsch), übers. und hrsg. von Christan Wohlers, Hamburg: Meiner, 2005, S. 19.

小前提:我思

结论:我在

这里的大前提是不证自明的,因此对"我思故我在"作为一种推理的解释也应该是成立的。笛卡尔在《哲学原理》中认可了这种解释①,但在《第一哲学沉思集》的"对'第二反驳'的答辩"中却明确地否定了这种解释:"当某个人说'我思故我在'的时候,他并没有通过一个三段论推理从思考中推出了存在,而是通过精神的直观认识到了一种不言自明的东西。"②他的这种摇摆不定表明,对于将"我思故我在"这样一个推理作为哲学的第一原则他实际上是有所保留的,并且实际上其中蕴含着一个矛盾:"我思故我在"这个推理得以成立实际上预设了"所有思考的东西都是存在的"这个大前提,因此它是无法充当哲学的第一原则的。

在《第二沉思》中笛卡尔并没有使用"我思故我在"这个表述,他的表述是:

这个命题:"我在"(ego sum),"我存在"(ego existo),当它被我说出来或者被精神所思考的时候,必然是真的(necessario esse verum)。③

虽然这句话提到了"被精神思考",但是并没有提及任何一种推理,根据第一印象我们很难将这句话归结为"我思故我在"这样一个推理。即便这种归纳被采取,笛卡尔也面临着两个进一步的质疑:

1.李希滕贝格(Lichtenberg)提出了一个质疑,④即笛卡尔将"我思"作为第一前提(第一原则)的做法是错的,因为在证明"我"这个思维主体存在之

---

① Ibid.

② Descartes,René, *Meditationen de prima philosophia*, übers. und hrsg. von Christan Wohlers, Hamburg:Meiner,2009,S.150.

③ Descartes,René, *Meditationen de prima philosophia*, übers. und hrsg. von Christan Wohlers, Hamburg:Meiner,2009,S. 28.

④ Cf.Lichtenberg,Georg Christoph, *Schriften und Briefe*, Bd. 2, hrsg. von W. Promies, München:Hanser,1969,S. 412.

前,他不可能证明思想是属于"我"这个主体的,也就是说,不是"我思",而是"存在思维活动"或"存在思想"才可以被视为确定无疑的第一前提。将思维活动或思想归给一个思维主体的做法预设了:"任何一个思维活动或思想都是属于一个思维主体的",即便这一点是不言自明的,那么它也像上面提到的"所有思考的东西都是存在的"一样否定了"我思"作为第一前提的可能性。

2. 笔者认为笛卡尔还面临着这样一个反驳:即使他能够将思考先验地规定为"我"思,我"思"也并不是无可置疑的,因为根据他对思想的规定,"我思"意味着"我害怕""我希望""我相信""我判断"……,也就是说,思维主体的思考活动始终是拥有某种特定形式的,而这种特定形式的思维活动对于思维主体来说并不始终是自明的或者说确定无疑的,例如在"我看到了一条狗"这个思维活动中不仅思维的内容"一条狗"不是无可置疑的,思维活动的形式"看见"也并非无可置疑的:我如何确定我是"看见了"一条狗而不是"梦见了"它? 简而言之,"我思"并不是一个确定无疑的前提。

从这两个反驳我们可以看到,"我思"并非是不言自明的、确定无疑的知识的最终前提或者说第一原则。"我思故我在"这样一个推理至少预设了三个前提条件:第一,"意欲""相信""希望""害怕"等活动都是思维活动;第二,任何一个思维活动或思想都是属于一个思维主体的;第三,所有思考的东西都是存在的。即使我们承认了这三个前提条件,"我在"能够从"我思"中推论出来么? 答案还是不能,因为根据这三个前提"我"只是被定义为了"思维主体",这个意义上的"我"可以是"你"或"它"或"张三"或"哈姆雷特"……

《第二沉思》中的那句话可以被改写为"哈姆雷特思考或说'我存在',因此哈姆雷特存在"这样一个推理么? 这个推理更加准确的表述是这样的:

因为存在一个被思考的或被说出的命题:"我存在",

所以思考或说出这个命题的思维主体存在。①

实际上这个推理还具有一个更加简洁的形式：

因为存在一个思维活动或思想，

所以这个思维活动或思想的主体存在。②

通过这个推理被断定的只是思维主体的存在，而它并没有被赋予任何特殊的属性，除了它是思维主体之外。在这个意义上"我思论证"以及它的亚种就如同"因为存在一片绿色，并且这片绿色的主体是一棵树，所以这棵树存在"这样的推理一样，它所涉及的只是从"属性存在"到"属性所属的主体（实体）存在"的推理。因此上述的推理在严格意义上并非是"我思"论证，而顶多证明了一个匿名的思维主体"X"的存在。这种思维主体和我们通常所理解的笛卡尔式的思维主体相去甚远，笛卡尔要证明的是"我"的存在，这个"我"是自我（ego），而不是任意一个匿名的思维主体"X"。

笛卡尔在"第二沉思"中试图论证的是"我"（ego）这个思维主体的存在。思维主体通过使用"我"这个人称代词指涉的是他自身，而假如"我存在"这个命题为真，那么思维主体就证明了自身的存在。对于"我在论证"来说关键的一点在于思维主体是如何成功地通过"我"这个词来指涉自身的，而不是事实上它做到了这一点。"第一沉思"中的怀疑论已经排除了这样一种可能，即思维主体能够通过"我"这个词来指涉一个外在世界中的客体，因为外在世界自身的存在是不确定的、可被悬置的。那么"我"指涉的是"内在"世界（思想）中的一个客体么？假如是的，那么笛卡尔是如何在其中建立起"我"这个词和

---

① Kemmerling 就是这样来解释"第二沉思"中的"我在论证"的，虽然他将笛卡尔的论证称为"我在论证"，并且认为这个论证既可以被看作一个推理，也可以不被看作一个推理，参见 Kemmerling, Andreas, „Das *Existo* und die Natur des Geistes", in *René Descartes : Meditationen über die erste Philosophie*, hrsg. von Andreas Kemmerling, Berlin : Akademie Verlag, 2009, S. 39-41。

② Markie 和 Wilson 是这样来解释所谓的"我思论证"的，参见 Markie, Peter, "The Cogito und its Importance", in *The Cambridge Companion to Descartes*, ed. by John Cottingham, Cambridge : Cambridge University Press, 1992, p. 69; Wilson, Margaret D., *Descartes*, London, Henley and Boston : Routledge & Kegan Paul, 1999(1978), p. 165。

这样一个客体的连接的呢？

有些学者注意到了这样一点：对于笛卡尔来说，思想的存在是不可怀疑的，并且这种绝对的确定性对于思维主体来说意味着明见性（evidence）。① 在《哲学原理》中笛卡尔对"思想"（cogitatio）进行了定义："我是这样来理解'思想'这个词的，它指所有在我们之中以有意识的方式出现的东西，我们始终认知到它，只要它是属于我们意识的"②。根据这个定义，思维主体有一个思想而没有意识到它是不可能的，因为思想的定义就是在思维主体的意识中出现的东西。他的这个观点常常被理解为是一种"思想的透明性理论"，即思想对于拥有它的思维主体来说始终是可通达的。需要指出的另外一点是：根据笛卡尔对思想的定义，思想始终是"我"的思想，或者说意识始终是自身意识（self-consciousness），因为思想是在意识之中向"我"所呈现的东西，它始终属于"我"的意识。但这并不意味着"我思"可以被用作哲学的第一原则并且从中推出其他命题，相反，"我思"始终是以我的存在为前提的，当思想在我之中发生或者说向我呈现的时候，我必然将思想看作是我的思想，而我能这样做或者说我能意识到我的思想的前提是：我存在并且我知道自己的存在。从这个角度来看，当"我存在"这个命题被我思考或者说出来的时候，"我思'我存在'"也是同时成立的。但这不意味着我们是从"我思'我存在'"这个前提推出"我存在"的，③相反，前者已经预设了后者。即使我思考的是"1+1=2""孙悟空是只猴子"等与我的存在毫不相关的命题，我也同时把握到了自身的存在，因而也把握到了"我思"。思想和思维主体之间的连结并非是通过语言表

① Cf. Kenny, Anthony, *Descartes. A Study of his Philosophy*, Bristol：Thoemmes Press，1993（1968），p. 51；Williams, Bernard, *Descartes. The Project of pure Enquiry*, London and New York：Routledge，1978，p. 66.

② Descartes, René, *Die Prinzipien der Philosophie*（Latein-Deutsch），übers. und hrsg. von Christan Wohlers. Hamburg：Meiner，2005，S. 17.

③ Kenny 是这样来解读"第二沉思"中所谓的"我思论证"的，参见 Kenny, Anthony, *Descartes. A Study of his Philosophy*, Bristol：Thoemmes Press，1993（1968），p. 51。

达才建立的,思想始终是以向思维主体呈现的方式存在的,"我"这个词所指涉的是思想的发生场域,并且"我"不是指"笛卡尔""哈姆雷特"等,也不是匿名的思维主体,而始终是作为思维主体的自我(ego)。

如果上面的论述成立,那么"我存在"就是不证自明的,并且"我思,p"是由此引申出来的,但我们应该如何去理解"第二沉思"中的"我在论证"呢?这个证明岂不是画蛇添足么?让我们设想这样一种情况,张三的邻居问他:"你家的车库门是什么颜色的?"张三经过一番思索后回答到:"白色的。"在这个例子中我们感兴趣的是张三的回答过程,假设他的回答是正确的,那么他必定之前就知道了他家车库门的颜色,但是他却并没有赋予它关注,因此当他被问的时候需要经过一番思索后才能回答出来,我们可以说他之前是默会地(implicitly)知道,而现在是显明地(explicitly)知道他家车库门的颜色。笔者举这个例子是想表明"我在论证"也可以从这个角度去理解。笛卡尔所要寻找的是人类知识的根基或者说哲学的第一原则,而"我在论证"则让"我存在"这个确定无疑的事实成为显明的并且在知识体系中被确定下来。当思维主体(ego)思考"1+1=2""孙悟空是只猴子"这类命题的时候,"我存在"这个事实只是默会地被他所把握了,只有通过思考或说出"我存在"这个命题,"我存在"这个事实才得以成为显明的。我思考或说出"我存在"这个命题只是这个命题得以被确定为真的一个事实性条件,而非一个推理的前提。

虽然"我在论证"使得"我"的存在(existentia)成为显明的,但是却没有说明"我"的本质(essentia),也就是说没有说明"我"是什么。紧接着"我在论证",笛卡尔写到:"但是我还没有充分理解我是谁,虽然我必然是存在的。"①也就是说,笛卡尔并没有在"我在论证"中从思维活动或者说思想的存在推出"我"是一个思维主体,他对"我"的本质的追问是在这个论证之后进行的。

---

① Descartes,René, *Meditationen de prima philosophia*, übers. und hrsg. von Christan Wohlers, Hamburg:Meiner,2009,S. 28.

在"第二沉思"中笛卡尔对"我"的本质的探究分为以下三个步骤：

1. 首先，他是从关于"我"的自然理解出发的：我将自己看作是人，而根据传统哲学对于人的定义：人是理性的动物，因此我或许是一种理性的动物。但笛卡尔立刻指出"动物"以及"有理性的"这两个概念并不是十分清楚的，为了避免陷入对这两个概念的烦琐探讨，他放弃了对于传统哲学中的人的定义的讨论，也就是说他既没有肯定也没有否定这个定义。①

2. 其次，笛卡尔探讨了第二种关于"我"的自然理解：我是有手、脚、头等器官的，也就是说我是肉体性的存在物，除此之外我还有感知、情绪、思维等活动，它们通常被认为是属于灵魂的。这种理解代表了普通人持有的素朴的身心二元论，但假如哲学家把它当作一种哲学观点，那么立刻就会出现各种各样的形而上学争论，例如"灵魂是否可以被还原为物质？"等问题，也就是说"我拥有灵魂"这个命题并不是一个不言自明的观点。那么"我拥有身体"这个命题呢？笛卡尔再一次使用了他的怀疑论：假如存在一个强有力的欺骗者，那么他可能让我认为自己是有身体的，但事实上却没有。② 因此第二种关于"我"的自然理解也不适合用来规定"我"的本质。

3. 最后，笛卡尔终于发现了"我"的本质，也就是说不能和"我"分离开的东西。只要"我"存在，那么"我"必然拥有这种本质，而只要存在这种本质，那么它也必然属于"我"。"思考（cogitare）？在这里我找到了它［本质］：它就是思考。只有它才是不能从我身上分离出去的。……我是一个真实的和真正的存在物（res）。怎样一个存在物呢？我可以说：思考着的（cogitans）。"③在这段文本中笛卡尔最终将"我"规定为了思维物（res cogitans）。

----

① Ibid. , S. 29.

② Descartes, René, *Meditationen de prima philosophia*, übers. und hrsg. von Christan Wohlers, Hamburg: Meiner, 2009, S. 30.

③ Ibid.

笛卡尔对于"我"的本质的规定遵循了这样一个原则:一个事物的本质就是不能与它分离的东西。也就是说,事物的属性分为两类:偶然的和必然的,前者只是事物的偶然性,它和事物的连接是偶然的,例如"人有两只手",手和人的身体是可以分离的;后者是事物的本质,它和事物的连接是必然的,例如"三角形有三个角",三个角和三角形是不可分离的。正是在这个意义上笛卡尔认为,思考或者说思维活动是"我"的本质,只要思维活动存在,那么它必然属于"我"。但他是如何证明思维活动和"我"之间的连接的必然性的呢? 他的论证可以归纳为这样一句话:"我思,p"与"我存在"一样是必然为真的。① 那么他是怎样来论证"我思,p"必然为真的呢? 他的论证是这样的:"我现在看到了一束光,听到了一个声音,感受到了热。这些都是错的,因为我在睡觉。但是这是确实的:在我看起来我在看,在听,在感受(At certe videre videor, audire, calescere)。这是不会错的。"②这个论证的关键点在于:(我的)思维活动是对我显现的并且它们的存在是确定无疑的("必然存在的")。只要承认了这一点,那么思维活动的属我性或者说"我思"并不难证明:

1)假设对我来说存在一个思维活动 p 并且 p 不属于我,而是属于另外一个思维主体 X。

2)那么 p 是 X 的一个属性。

3)我可以怀疑 X 的存在(如果我在做梦或一个强大的恶魔欺骗了我)。

4)因此我也可以怀疑 X 的属性的存在。

5)因此我也可以怀疑 p 的存在。(由 2 和 4 推出)

6)p 作为对我显现的思维活动的存在是确定无疑的。

7)因此命题 5 是错的。

8)因此命题 1 也是错的,也就是说,对我来说存在的思维活动必然是属

---

① Ibid., S. 32-33.

② Ibid., S. 32.

我的。

在这个意义上，所有对我显现的思维活动都拥有"我思，p"这样一个形式，（意识必然是自身意识），因此"我思，p"与"我存在"是同等为真的。"我思"并不是一个不言自明的命题，按照笛卡尔的观点，它的成立依赖于这样一种存在论差异：只有"我"的存在对"我"来说是不可怀疑的，而（除了上帝）其他一切实体的存在都是可怀疑的。只有当这个前提是正确的时，对"我"显现的思维活动才能必然地归属于"我"，而不是另外一个实体，也就是说"我思"才得以成立。对于笛卡尔来说，"我思"首先并不意味着思维活动的一种形式，而是意味着思维活动在存在论上的归属性，用他的话来说就是：思考是我的本质。虽然他在"第二沉思"中首先证明了"我在""我存在"，然后才证明了"我思"，但是对于他来说，"我存在"无非意味着"作为思维主体的我的存在"，在这个意义上"我在"和"我思"共同构成了笛卡尔哲学的"第一原则"。

第三节　真理的根基

通过上文的分析我们看到，笛卡尔在《第二沉思》中为自己的哲学以及整个近代认识论传统奠定了一个坚实的理论基础：作为思维主体的"我"存在（ego sum）。他的这个论证的一个根本性缺陷在于：他只是证明了作为思维主体（subject）的"我"的存在，而并没有证明作为思维实体（substance）的"我"的存在。固然思维活动的存在、它的属我性以及作为思维主体的"我"的存在都是无可置疑的，但这却不等同于"我"这个实体的存在也是无可置疑的。什么是实体呢？在《第一哲学沉思集》中他写到：

> 这样一种事物被称为实体，某些事物直接附着在它上面，就如同附着在一种基质（subjectum）上面一样，或者说这种事物是通过其他事物而存在的，它们是我们所把握到的，即某种属性、某种性质或者

某种本性,它们的观念是在我们之中的。①

在《哲学原理》中他进一步指出:实体还是具有持续性(duratio)的。② 但问题恰恰在于,一方面他没有证明超越思维活动、作为思维活动的承载者的"我"这个实体是存在的,另一方面他也没有证明这个实体或者作为思维主体的"我"是一种具有持续性的存在物。胡塞尔批评笛卡尔是"荒谬的先验实在论之父",③在他看来,笛卡尔试图在意识内部证明超越对象的存在,而这是不可能的,这个批评从侧面正确地指出了笛卡尔的观念论是一种知识论上的实在论。公允地说,笛卡尔至少清楚地意识到了前一方面的问题,即对于"我"这个思维实体的存在的证明并没有在"第二沉思"中完成。在"第三沉思"的开头笛卡尔提出了所谓的真理规则:"所有我清楚和明晰地知觉到的东西都是真的",④令许多研究者都感到困惑的是,他并不认为这个真理规则是无条件成立的,而是认为只有当不存在一个全能的欺骗精灵或者说全能的上帝不是一个欺骗者时,它才是成立的;但一个不是欺骗者的上帝的存在恰恰是需要证明的,所有关于上帝的存在论证明都需要从关于上帝的观念出发并且证明"上帝存在"这个观念是真的;因而不难理解的是,在证明普遍的真理规则的成立与证明上帝存在之间存在一个论证循环。在此我们无需深究笛卡尔是否解决了这个问题,而是需要反思造成这种理论困境的原因究竟是什么。实际上正如胡塞尔指出的那样,笛卡尔哲学的出发点是观念论,而目标却是建立一种先验的实在论,这就是上述理论困境的根本原因。

在《第三沉思》中笛卡尔将思维活动或者说思想(cogitatio)分为了三类:

---

① Descartes, René, *Meditationen de prima philosophia*, übers. und hrsg. von Christan Wohlers, Hamburg:Meiner,2009,S. 170.

② Descartes, René, *Die Prinzipien der Philosophie* (Latein-Deutsch), übers. und hrsg. von Christan Wohlers. Hamburg:Meiner,2005,S. 61.

③ Husserl,Edmund, *Cartesianische Meditationen und Pariser Vorträge*, Den Haag:Martinus Nijhoff,1973,S. 5.

④ "illudomneesse verum,quod valde clare&distincte percepcio". (Descartes, René, *Meditationen de prima philosophia*,übers.und hrsg.von Christan Wohlers,Hamburg:Meiner,2009,S. 40.)

有些思想是事物的图像(rerum imagines),只有它们才能在真正意义上被赋予"观念"(idea)这个名称:例如当我思考(cogito)一个人或者一只怪兽或者天空或者一个天使或者上帝时;其他的思想则在此之外还有其他种类的形式(formas),例如当我意欲时,当我害怕时,当我肯定或者当我否定时,我虽然始终将某种事物当作我的思想的对象,但是我通过思想所把握的不仅仅是事物的相似物,这些思想中有的被称为意志行为或情绪,其他的则被称为判断。①

"思想"的这种规定包含了一种二元论,我们可以称之为"形式—内容—二元论",因为任何一个思想在他看来都包含了形式("我思考""我意欲""我害怕""我肯定""我希望"……)和内容("p")。值得注意的是,笛卡尔所说的思想形式并不是指思想的命题形式,例如"我思考,p"与"我否定,p"拥有相同的命题内容,而它们的命题形式是不同的,而笛卡尔所说的形式则是指思想行为的形式,例如"我思考"与"我否定"是两种不同形式的思想行为。笛卡尔将思想分为思考、意志行为或情绪以及判断,并且认为后两种思想是以第一种思想为基础的,它们只不过(除了"思考")进一步拥有了其他的思想形式。这三种思想可以用以下的方式来表达:

1. 我思考 p。

2. 我思考 p 并且我意欲/害怕/喜欢……p。

3. 我思考 p 并且我肯定/否定 p。

由此可见,笛卡尔的知识论是以观念论(Idealism)为基础的,无论是狭义上的(第一种)还是广义上的(第三种)观念(Idea)最终都拥有一个相同的作用:"事物的图像"(rerum imagines)。上述分类似乎与上文中提到的笛卡尔对判断的定义是冲突的,因为对观念的肯定或否定在他看来同样是一种意志行为,也就是说第二种和第三种思想其实是同一种。但笔者认为笛卡尔在《第

① Ibid.,S. 42.

三沉思》中的这种三分法的意图可能在于突出判断这种思想，因为只有它才具有真值。

在《第四沉思》中他解释了什么是谬误：

> 此外，当我进一步靠近自己并且研究我的种种谬误（errores）具有怎样的特征时，我注意到它依赖于两种共同作用的原因，一方面是在我之中的认知能力（facultate cognoscendi），另一方面是选择的能力（facultate eligendi）或者说决定自由（arbitrii libertate），也就是说它是同时依赖于理智（intellectus）和意志（voluntas）的。因为只有通过理智我才能知觉到观念（ideas），然后我才对它们形成判断。当我们这样来观察谬误的时候，它们无论如何也不能仅仅在理智之中被发现。①

谬误是由两方面组成的：理智的观念与意志的判断行为，也就是说，谬误不仅仅是观念，还是对观念的判断，简而言之，谬误是错误的判断；反之，真理就是正确的判断。由此我们就可以得出笛卡尔对判断的正式定义：判断＝理智的观念+意志的判断行为。

笛卡尔对判断的规定与弗雷格的判断理论从形式上来看是一致的，弗雷格也认为判断或者说陈述句才具有真值并且一个判断是由两部分组成的：一部分是对思想的把握（Fassen des Gedankens），也就是说思考（Denken）；另一部分则是对思想的真值的承认（Anerkennung der Wahrheit des Gedankens），也就是说判断（Urteilen）。② 我们看到，思想的这两部分在笛卡尔那里对应的就是理智的观念和意志的判断行为。但两位哲学家对于思想的存在论属性的看法却不同，弗雷格通过把思想规定为非心非物的第三领域中的存在者解释了

---

① Descartes, René, *Meditationen de prima philosophia*, übers. und hrsg. von Christan Wohlers, Hamburg：Meiner, 2009, S. 62.

② Frege, Gottlob, „Der Gedanke. Eine Logische Untersuchung", in*Beiträge zur Philosophie des deutschen Idealismus* 2(1918), S. 62.

思想的客观性,而笛卡尔认为思想是心灵实体的思维活动。

根据笛卡尔对判断的定义,只有判断才具有真值,而纯粹的理智的观念既不能为真也不能为假。在"第三沉思"中他写到:

> 关于观念是这样的,当它们仅仅从自身来看而不指涉任何其他东西时,它们在真正的意义上不能为假,例如我想象一头野兽或者我想象一头怪兽,这两个行为没有任何一个更加不为真,无论我是想象这一个或者另一个。……当我将观念只当作思考的特定模态而不将它们指涉于其他的东西时,它们不能给我带来任何导致谬误的材料,这是确定无疑的。①

笛卡尔在这里表达的意思并不是观念从自身来看只能为真不能为假,而是它们从自身来看既不能为真也不能为假,也就是说它们没有真值。只有判断才有真值,并且笛卡尔在这里进一步将判断解释为将观念指涉其他的东西,这种指涉行为就是意志的判断行为。作为事物图像的理智观念是内在于人的心灵之中的,它无法逾越自身而与外部事物产生关联,使得思想得以逾越自身的是判断行为或者说指涉行为。

从对笛卡尔观念论的分析我们可以看到,虽然他对于真理的定义("所有我清楚地和明晰地知觉到的东西都是真的")首先是一种明见性理论,但这并不是他的真理概念的全部内涵,而只是阐明了真理的现象方面。② 笛卡尔认为错误产生的原因是"意志比理智延伸得更广":一方面理智是虚弱的与有限的,另一方面意志是自由的与无限的,因而当两者结合在一起的时候就会出现这样的情况,即理智所形成的是不清楚与不明晰的观念,而意志却对它进行了

---

① Descartes, René, *Meditationen de prima philosophia*, übers. und hrsg. von Christan Wohlers, Hamburg:Meiner,2009,S. 42.

② 科赫区分了真理概念的三个方面:现象方面、实用主义方面与实在论方面,参见[德]科赫:《真理、时间与自由》,陈勇、梁亦斌译,人民出版社2016年版,第10—11页。

肯定或否定,这样的话我们就犯了错误。① 换句话说,他认为只有当理智所形成的观念是清楚和明晰的时候,我们才应该对它进行肯定或否定,这样的话我们就不会陷入谬误之中;而正是由于缺乏这种认识,我们才会犯错:"错误不是纯粹的否定(negatio),而是某种认识的匮乏(carentia),这种认知本来是应该在我之中的。"②在他看来,不仅真理或谬误是我们的心灵活动的结果,而且这种心灵活动不应该是盲目的,而是应该遵循某种规则。理智的局限或者说观念的不清楚与不明晰并不是导致谬误的主要原因,谬误主要来自意志的错误的判断行为,在应该悬置判断的地方判断却没有被悬置,这就导致了谬误。虽然谬误也与理智相关,但从根本上来说它意味着错误的判断行为,反过来真理则意味着正确的判断行为,真理的实用主义方面在此得到了体现。

真理一方面意味着清楚的和明晰的观念,另一方面则意味着正确的判断行为,但这两方面依然不足以阐明真理概念的全部内涵。笛卡尔在一份给迪内(Dinet)的信中写到:

> 向一个不懂得这门语言的人解释这个词的意义当然是可能的,我们可以告诉他"真理"这个词在严格意义上所指的是思想与对象的符合,但当它被赋予思想之外的事物时,这仅仅意味着这些事物能够成为真思想的对象,或者是我们的或者是上帝的。③

由此可见,虽然笛卡尔的真理理论首先是一种明见性理论,但是他并没有抛弃传统的真理符合论,对于他来说真理也意味着观念与世界之间的符合,这

---

① Descartes, René, *Meditationen de prima philosophia*, übers. und hrsg. von Christan Wohlers, Hamburg: Meiner, 2009, S. 64.

② Ibid., S. 61.

③ Descartes, René, *Meditationes de Prima Philosophia*, *Oeuvres de Descartes*, Vol. VII, ed. by Charles Adam & Paul Tannery, Paris: Léopold Cerf, 1904, p. 587.

是真理的实在论方面。由此我们才能够理解为什么他认为普遍的真理规则也有可能是错的,因为观念本身是清楚地与明晰地被知觉到的以及判断行为是正确的这两点并不足以保证内在思想与外在世界(包括思维物或者说心灵实体)之间的符合,甚至在证明上帝存在之前外在世界的实在性都是不确定的,换句话说,在笛卡尔知识论中上帝有着确保外在世界的存在以及让思维超出自身与外在世界得以相符的功能。在《谈谈方法》中他写到:

> 因为理性并没有告诉我们:我们所看到的或想象到的事物是真的。相反它告诉我们:所有我们的观念或概念必定有一个真理上的根基。因为下述情况是不可能的:完善的、完全真实的上帝将它们置入我们之中,但它们却没有任何真理上的根基。①

在这里我们看到了笛卡尔哲学中知识论与存在论(形而上学)之间的复杂关联,虽然他试图通过前者来为后者进行奠基,并且使得前者在近代哲学史中成为了事实上的第一哲学,但是正如胡塞尔所指出的那样,笛卡尔的哲学立场摇摆于观念论与先验实在论之间,这不仅使得他的观念论无法成为一个融贯的理论体系,而且也无法形成一种具有说服力的实在论。

第四节　自我作为思维物

在上文中我们已经对笛卡尔观念论中的我在论证、我思原则、观念理论以及真理理论进行了简单的梳理,并且指出了这种观念论的目标在于建构起一种新的实在论或者说形而上学。众所周知,在《第一哲学沉思集》中笛卡尔还提出了"心物二元论",他认为除了上帝这种真正意义上的实体之外还存在两类实体:思维物(res cogitans)与广延物(res extensa),即心灵实体与物质实体,

---

① ［法］笛卡尔:《谈谈方法》,王太庆译,商务印书馆2001年版,第33页。(译文有改动)

前者的本质属性是思维,并且是没有广延的,而后者的本质属性则是广延,并且是不能思维的,在《第六沉思》中他甚至指出这两种实体是能够独立存在的。①

与"明晰的"(distinct)这个概念相对应,笛卡尔在《哲学原理》中定义了三种"区分"(distinctio):"实在的区分"(distinctio realis)是指两个以及多个实体之间的区分,例如心灵与肉体之间的区分;"样态的区分"(distinctio modalis)是指一个实体与它的样态以及它的不同样态之间的区分,例如心灵的回忆与判断之间的区分;"理智的区分"(distinctio rationis)是指一个实体与它的本质属性(attributus)以及它的不同本质属性之间的区分,例如心灵与思考,物质与广延之间的区分。② 其中,样态(modus)是指实体变化时所处的状态,例如一个心灵先是进行了怀疑,然后进行了想象,怀疑与想象便是它的两个不同样态;而本质属性是指一般地来看属于实体的东西,它与实体的变化无关,例如思考是心灵的本质属性,而广延则是物体的本质属性。③ 在笛卡尔看来,实体以及它的本质属性是真正意义上的思想对象,并且它们之间所存在的只是理智的差别,也就是说它们的差别只在思想中才存在,在现实中它们是同一的,而样态只不过是它们在变化中的表现形式,例如回忆与想象只是思考的两种表现形式。换句话说,思想最终所指涉的无非就是实体以及它们的本质属性,反过来它们也应该是思想的出发点。只有通过本质属性把握了实体之后(理智的区分),我们才能区分不同的实体(实在的区分),从而才能区分一个实体的不同样态(样态的区分)。④ 一个观念要成为明晰的不仅意味着它能与其他观念区分开来,而且意味着当它指涉于一个实体时,这个实体能与其他实体清

① Descartes, René, *Meditationen de prima philosophia*, übers. und hrsg. von Christan Wohlers, Hamburg: Meiner, 2009, S. 85.

② Descartes, René, *Die Prinzipien der Philosophie* (Latein-Deutsch), übers. und hrsg. von Christan Wohlers. Hamburg: Meiner, 2005, S. 69-70.

③ Ibid., S. 61.

④ 否则不同实体的样态之间的区分就会被混淆为同一个实体的不同样态之间的区分。

楚地区分开来,也就是说一个清楚与明晰的观念所对应的是一个客观存在的(与实体有关的)事实,只有在这个意义上思想与对象之间才存在着符合关系。① 在《第一哲学沉思集》中他实际上遵循了这样一个论证思路:首先定义不同实体的本质属性,然后对它们进行区分,也就是说从理智的区分过渡到实在的区分。清楚与明晰的观念不仅意味着拥有明见性的思想,而且同时就是对于世界真相的揭示。

通过"第二沉思"的论述,笛卡尔揭示了"我在"(Sum; Existo)与"我思"(Cogito)这两个命题是具有同等明见性的、清楚与明晰的观念,而这使得他能够将"我"(ego)规定为"思维物"(res cogitans)并且断定这种思维物的实在性(因为完善的上帝不可能是一个欺骗者)。但是即便通过上帝的中介作用笛卡尔能够规避"荒谬的先验实在论之父"的指责,他依然没有证明"我"是一种具有持续性的、作为偶性(样态)的承载者而存在的实体。不仅"我"在变化中的同一性没有被证明,而且时间性的意识流的存在也是没有被证明的,也就是说,"我在"与"我思"这两个命题只有在被思维主体把握时才具有明见性,而"我"在过去与未来的存在或者活动则是不具有明见性的。在"第二沉思"中他写到:

> 那么我究竟是什么呢? 是一个在思维的东西。什么是一个在思维的东西呢? 那就是说,一个在怀疑,在领会,在肯定,在否定,在愿意,在不愿意,也在想象,在感觉的东西。……因为事情是如此明显,是我在怀疑,在了解,在希望,以致在这里用不着增加什么来解释它。②

---

① 当然这里的真理所指的都只是"事实真理",此外还存在着"理性真理",即笛卡尔所说的"永恒真理"(aeterna veritas),包括数学真理与逻辑真理,在莱布尼茨之前笛卡尔就已经在《哲学原理》中对这两类真理或者说知识作出了区分。(Cf.Descartes,René, *Die Prinzipien der Philosophie*(Latein-Deutsch),übers.und hrsg.von Christan Wohlers.Hamburg:Meiner,2005,S. 53-55)

② Descartes,René, *Meditationen de prima philosophia*,übers. und hrsg. von Christan Wohlers, Hamburg:Meiner,2009,S. 32.

对于笛卡尔来说,作为思维物的我是一个实体,它承载着各种思想行为作为它的属性(样态),而且"事情是如此明显"。如果从这个角度来考察我在论证:"这个命题:'我在'(Ego sum),'我存在'(Ego existo),当它被我说出来或者被精神所思考的时候,必然是真的",那么正确的理解是笛卡尔在这句话中并不是在英语的现在进行时,而是在英语的一般现在时的意义上来使用一般现在时的,①即"无论何时'我在','我存在'被我说出来或者被精神所思考,它都必然是真的。"对于笛卡尔来说,自我(ego)不仅意味着思维主体(subject),而且是能够被作为客体认识的思维实体(substance),在这个意义上他的主体性哲学依然停留在传统的形而上学框架之内。此外,他也并没有区分自我作为主体的同一性与作为实体的同一性,当他思考自我与思维活动的关系的时候,他所思考的仅仅是两者之间抽象的逻辑关系,而非现实关系,正如康德在"谬误推理"中所指出的,作为实体的自我的同一性是以时间为前提条件的,在这个意义上笛卡尔并没有提供任何作为实体的自我的存在证明。② 简而言之,虽然笛卡尔通过"第二沉思"中的"我"在论证为近代主体性哲学奠定了基础,但是他并没有证明自我是作为心灵实体而存在的,而这使得"我存在"这个命题的意义保持为悬而未决的:自我(ego)是思维主体,但它同时也是一种思维实体么?如果是,那么作为实体的自我在时间中是保持为同一的么?自我的持续性与物质的持续性是相同的么?

如果说笛卡尔始终未能证明作为心灵实体的自我的存在,那么他关于物质实体的实在性的证明同样是成问题的。在"第五沉思"中他指出关于"连续量"或者说"广延"(extensio)的几何学观念(例如三角形三角之和等于两直角;最大的角对最大的边……)是清楚的与明晰的,而且在思维之外的世界上也许根本就不存在这些观念对应的形状,但是这些观念所代表的却是永恒存

① 拉丁文没有现在进行时,一般现在时兼具现在进行时的功能。
② Kant,Immanuel,*Kritik der Reinen Vernunft*,Hamburg:Meiner,1998,A.348-351.

在的、不变的本质与形式。① 笛卡尔关于外在世界实在性的证明并不是建立在感知的基础之上的,因为通过感知被给予思维主体的观念有可能并不是清楚的与明晰的,感知本身有可能是欺骗性的,并且就像梦境怀疑所表明的那样,梦境和感知之间的界线也并不是清晰的。在此笛卡尔面临的一个反驳是:固然感知可能是欺骗性的、是无法与梦境清晰地区分开的,但是感知的材料,例如颜色、声音、触感等,必然是来源于一个不同于心灵实体的物质实体的(因为心灵实体本身并没有颜色、声音、触感等)。对此笛卡尔的回答是:

> 虽然我由感官得来的那些观念并不取决于我的意志,我却不认为因此就不应该断言那些观念是从不同于我的东西得出来的,因为也许在我这方面有什么功能(虽然一直到现在我还不认识它)是产生这些观念的原因。②

也就是说,虽然笛卡尔并不认为心灵实体是有颜色、声音、触感等感觉性质的,但是他认为心灵具有设想这些观念的能力这种可能性是无法被排除的,例如有可能上帝将这些观念置入了我的心灵,因此关于物质实体的存在的证明是不能从感知出发的。此外,笛卡尔还认为这种证明也不能从心灵的想象力出发。他指出,虽然我们的心灵能够轻易地想象出三角形、四边形、五边形等图形,但是却无法清楚地想象一个一千边形,而要形成一个清楚的与明晰的一千边形的观念,这必须使用我们的理智或者理解能力。③ 换句话说,关于广延的清楚的与明晰的观念是不包含感性因素的,无论对颜色、味道、硬度等物质的"第二性"的感觉,还是关于图形的形状这种物质的"第一性"的想象都是被排除在这种观念之外的。在此我们看到,笛卡尔关于物质的第一性(广延)与物质的第二性(颜色、

---

① Descartes, René, *Meditationen de prima philosophia*, übers. und hrsg. von Christan Wohlers, Hamburg:Meiner,2009,S. 70.

② Ibid.,S. 84.

③ Descartes, René, *Meditationen de prima philosophia*, übers. und hrsg. von Christan Wohlers, Hamburg:Meiner,2009,S. 79.

味道、硬度等)的区分并不是建立在前者是物质的必然属性,而后者只是物质的偶然属性的基础之上的,两者的差别首先在于把握它们的心灵的观念的清楚性与明晰性的差别:只有广延是心灵能够通过属于永恒真理的几何学去把握的,只有这种对于物质属性的把握是必然为真的。笛卡尔走上了一条与经验主义截然不同的唯理主义道路,贝克莱关于广延作为物质第一性的反驳并不适用于他的理论,但他的这种唯理主义证明了物质实体的实在性么?

首先值得注意的是:笛卡尔对于几何学的规定是否成立?尽管他同时也是一位数学家,并且尝试按照几何学的方式来建构起他的哲学理论,但是他对于几何学的唯理主义解释却并不是无可置疑的,几何学能够被还原为抽象的理智观念么?用康德的话来说,几何学命题是综合的,而不是分析的,例如"两点之间直线最短"这个真命题并不仅仅是建立在对于"直线"概念的分析的基础之上的,而且也依赖于心灵对于欧几里得空间的直观或者说想象力,而笛卡尔却认为,想象力本身是模糊的,只有被理智所理解的抽象观念才是清楚的与明晰的。

其次,即便(只有)抽象的几何学观念是清楚的与明晰的,并且是永恒真理,但是由此就能够推出它所对应的图形在物质世界之中是存在的么?例如我们可以理解"一亿边形"这个概念,并且可以在几何学中把握它的一些性质,而毫无疑问这种把握是清楚的与明晰的,但是由此我们可以确定在物质世界中存在这个图形么?笛卡尔关于物质实体的实在性的证明是建立在完满的上帝存在与真理的普遍规则的基础之上的:

> 因为我知道凡是我清楚地与明晰地领会的东西都能就像我所领会的那样是上帝产生的,所以只要我能清楚地与明晰地领会一个东西而不牵涉别的东西,就足以确定这一个东西是与另一个东西有分别的或者不同的,因为它们可以分开放置,至少由全能的上帝把它们分开放置。①

----

① Ibid. , S. 85.

也许我们可以赞同他的观点,即清楚和明晰的观念所对应的事物能够由上帝创造出来,但是这却并不意味着这些事物已经被上帝创造出来了或者说它们是实在的。进一步说,即便在我们的心灵中存在关于物质实体的清楚的与明晰的几何学观念,但是这却并不能保证物质实体就是实在的。因而笛卡尔关于物质实体的实在性的证明最终是失败的,物质实体是否现实地存在取决于上帝的意志,即上帝是否将它们创造了出来,而这样一种可能性是无法被排除的:上帝从来未曾创造任何物质实体。

还需要得到讨论的是笛卡尔的心物二元论。从《第一哲学沉思集》的论证思路来看,在"第二沉思"中他证明了思维活动与思维主体的存在,并由此推出了心灵实体的存在(虽然我们并不认可他的论证),在"第五沉思"中他则提出我们心灵之中还有清楚的与明晰的几何学观念,它们是关于广延的观念,而他的心物二元论则是建立在上面那段引文中的论证基础之上的:关于思维与广延我们都有清楚的与明晰的观念,并且它们之间存在现实的区分:"只要我能清楚地与明晰地领会一个东西而不牵涉别的东西,就足以确定这一个东西是与另一个东西有分别的或者不同的,因为它们可以区分开来",而这个推论的前提是上帝的存在:"至少由全能的上帝把它们区分开来"。这个论证的关键之处在于思维与广延之间存在的不是样态的区分,而是现实的区分。在笛卡尔看来,害怕、希望、回忆、想象等思维活动之间只存在样态的区分,因为它们最终都可以被归结为思维活动或者说心灵实体所处于的不同状态而已;同样,在颜色、气味、硬度、密度等物质属性之间也只存在样态的区分,因为它们都无法与广延这种本质属性相分离,在这个意义上它们不过是广延或者说物质实体的不同存在样态而已。与之相对,在害怕或颜色、希望与气味、回忆与密度之间存在的则是现实的区分,因为它们之间的区分是本质性的,或者说实际上是思维与广延这两种本质属性之间的区分,而这也意味着两种实体之间的区分。心灵实体不具有广延,而物质实体则无法思维,并且心灵实体是能够不依赖于物质实体而存在的,反之亦然。

笛卡尔关于思维与广延之间有着现实的区分的观点对于当今科学与哲学来说依然构成了巨大的挑战。对于当今科学家与哲学家来说，物质实体的实在性也许不是一个值得探究的问题，但是"意识之谜"（意识是如何从无意识的物质运动或者大脑神经元活动中产生的？）却始终是存在的，而这也反映出笛卡尔的心物二元论至今仍然拥有的巨大影响力，即便是负面的。如果从自然科学或者自然主义哲学立场出发，那么心物二元论并没有说服力，为什么意识无法由大脑的神经活动产生呢？但如果我们回到笛卡尔哲学的出发点，那么我们将会发现，他的心物二元论奠基于他的知识论，而这才是笛卡尔哲学的真正意义之所在：一方面，他将"我在"与"我思"视为人类知识大厦的基石，这不仅使得知识论取代了形而上学成为了第一哲学，而且使得主体性或者说"我思"成为了近代知识论（以及近代哲学）的第一原则。在认识心灵与世界的本质之前，生存于世界中的人首先能确证的是自身的存在，并且是通过自身的思想或者说观念来理解自身与世界的，也就是说人类知识本质上是有限的与视角性的，而不是"无源之见"；另一方面，笛卡尔没有放弃对于确定性的追求，不仅知识的确定性，而且世界的本质的确定性都是他的唯理主义哲学所要达到的目标。即便心物二元论形而上学在物理主义与自然主义盛行的当下显得不值一驳，但是知识论作为哲学的出发点或者说"第一哲学"这一观点却并不过时，我们甚至可以认为它代表了一种现象学精神：回到实事本身（Zur Sache Selbst）。哲学不是对于科学的一种诠释或反思，而是始终尝试溯源到知识源头的一种努力，换句话说，它始终尝试将自身塑造为"第一哲学"（第一科学），这才是《第一哲学沉思集》留给我们的真正的遗产。

第二章 赖尔与图根特哈特论认知性知识与实践性知识

第一节 赖尔论知道什么与知道如何

赖尔（G.Ryle）关于"知道什么"（knowing-that，认知性知识）与"知道如何"（knowing-how，实践性知识）①的区分是当代知识论的一个重大进展。正如赖尔本人所期待的一样，他的理论构成了对笛卡尔以来的"唯智主义者传奇"（the intellectualist legend）的巨大挑战。赖尔认为，这种传奇将一切人类知识都当成是命题性的知识，也就是"知道什么"，而他则指出人类的实践性知识（例如知道如何打网球）是无法被这样归类的，因为这种知识代表着人的实践能力（ability），而能力只能通过素质（disposition）来解释。在赖尔看来，为了避免心物二元论或者"机器中的幽灵"，哲学家必须避免谈论心灵活动或者官能这种存在物，因此他的论证始终限于对日常语言的逻辑分析而没有触及存在论层次的问题。赖尔的关键论证一直以来都不断被质疑，②这与他的方

① "知道什么"被称为"认知性知识"不够精确，因为并不是所有的"知道什么"都代表了一种理论，但是它被称为"命题性知识"同样不够精确，因为与之相对的"知道如何"同样可以是命题性的，即使它不能被还原为命题，因而在本书中还是会使用"认知性知识"或"命题性知识"来对应"知道什么"，而用"实践性知识"来对应"知道如何"。

② 21世纪以来最著名的反驳来自 Stanley 与 Williamson，在他们看来知道如何只是知道什么的一种形式，参见 Stanley, Jason and Williamson, Timothy, "KnowingHow", in *The Journal of Philosophy*, Vol.98, No.8（Aug., 2001）, pp.411-444。

法论局限是不可分的。在哲学接受史中他的哲学理论被贴上了"逻辑行为主义"的标签,这对于一个实践性知识的再发现者①来说是一个巨大的讽刺。

赖尔的代表作《心的概念》可以说是日常语言分析学派的开山之作,而这个学派的思想源流则是后期维特根斯坦思想,在《哲学研究》中维特根斯坦不仅批判了他自己早期的语言图像理论,而且批判了知识论中的意义内在主义。正如他的私人语言论证中的甲虫隐喻所展示的那样,②理解语言的意义并不需要预设主体内在的并且是私人性的经验,他更进一步认为理解并且使用语言是一种实践性能力。③ 在对理解和语言使用的分析中,维特根斯坦实际上已经在用实践性知识的思想来批判近代的认识论将知识还原为认知性知识的做法:"理解与知道如何相类似,因而也与能力相类似。"受维特根斯坦的影响,赖尔写作《心的概念》的主要目的就在于对笛卡尔所开创的近代知识论和形而上学传统进行批判:"这本书并不提供关于心的新知识,……构成这本书的那些哲学论证,目的并不在于增加我们对于心的知识,而在于纠正我们已经掌握的知识的逻辑地理格局"。④ 在他看来,笛卡尔所奠定的心物二元论代表了一种关于心灵的知识的错误地理格局,或者说"范畴错误"(categorical mistake)。他认为当我们谈论心灵的官能时,我们并不是在谈论隐秘的、非物理性的心灵事件,而是"在谈论这些公开的言行本身"。⑤ 他所说的"公开的言行本身"并不仅仅指实践性知识或者说知道如何,而是指心灵的一切官能,也就是说认知性知识或者说知道什么同样包含在内。要对这个观点进行论证,

---

① 认知性知识和实践性知识的区分对于亚里士多德以及他之前的哲学家们来说(例如柏拉图)并不陌生,并且他们发展出了相应的知识论,所以他们可以被看成是这两种知识的发现者。

② [奥]维特根斯坦:《哲学研究》,陈嘉映译,世纪出版集团、上海人民出版社 2001 年版,第 153 页。

③ [奥]维特根斯坦:《哲学研究》,陈嘉映译,世纪出版集团、上海人民出版社 2001 年版,第 122 页。

④ [英]赖尔:《心的概念》,徐大建译,商务印书馆 2005 年版,第 1 页。

⑤ [英]赖尔:《心的概念》,徐大建译,商务印书馆 2005 年版,第 21 页。

赖尔需要完成以下三个子论证：1.实践性知识不能被还原为认知性知识；2.相反，认知性知识只是实践性知识之一种；3.实践性知识是"公开的言行本身"。下面我们分别来考察赖尔的具体论证。

赖尔的反唯智主义者传奇论证，也就是说反对将知道如何（实践性知识）还原为知道什么（认知性知识、命题性知识）的论证，主要基于以下两点①：

1.许多有智力的行为，也就是说包含了实践性知识的行为，它们的规则并没有显明地（explicitly）被表述出来；

2.命题性的思考本身就是一种活动，因此也蕴含了实践性知识，而假如实践性知识可以被还原为认知性知识，那么便会产生无穷倒退。

观点1并不难理解，例如一个优秀的足球前锋知道如何突破防守队员和完成射门，他的技巧或者说能力也许可以被理论家归纳为一些规则，但是这并不意味着这名前锋自己在完成动作时考虑了这些规则，也不意味着他自己就能讲述这些规则。赖尔举的一个例子是亚里士多德得出了正确推理的规则，但是人们在闻知他的教训之前就已经知道怎样察知和避免错误推理了，正如亚里士多德以后的人们（也包括亚里士多德在内）平常进行论证时并不在内心参照他的公式。赖尔并不否认实践性知识包含了认知性知识，例如上述例子中的前锋必须知道：他要射的是对方的球门而不是自家球门。他所否认的是实践性知识能够被还原为认知性知识。我们可以将赖尔的论证重构为一个三段论推理：

大前提：假如所有实践性知识都可以被还原为认知性知识，那么需要运用实践性知识的行动就不可能顺利完成，如果行动者没有拥有相对应的认知性知识的话。

小前提：存在这样的需要运用实践性知识的行动，它的行动者并不拥有相

---

① ［英］赖尔：《心的概念》，徐大建译，商务印书馆2005年版，第27—29页。

对应的理论性知识,却顺利完成了这样的行动。

结论:因此实践性知识不能被还原为认知性知识。

这个三段论推论在形式上无疑是有效的,但它要成为一个有效论证,它的两个前提就必须都为真。并不是所有哲学家都会认同这两个前提,小前提在很多哲学家看来就并不成立。他们的反驳是这样的:也许行动者并不能归纳或讲述他们在成功的实践中所使用的那些规则(认知性知识),但这并不代表他们就不知道这些规则,他们的认知性知识不是显明的(explicit),而是默会的(implicit);假如理论家给他们指出他们在行动中所使用的规则,他们会表示赞同。赖尔所举的亚里士多德逻辑学的例子正好可以用来印证这样的反驳意见,因为任何人都无法否认:当我们进行逻辑推理时,我们实际上就是运用了这些规则,即使我们对这些规则的运用并不为我们所察知。

笔者认为,我们同样可以为赖尔进行辩护:假如实践性知识实质上就是认知性知识,那么拥有认知性知识的人也就拥有了相应的实践性知识,例如那些归纳出一个优秀足球前锋所运用的规则的理论家也就知道了如何突破防守队员和完成射门;但这点是很可疑的,因为假如那些理论家去踢球,实际上他们并不能突破防守队员和完成射门,也就是说他们并不知道如何运用自己所知道的规则;从这可以得出的一点就是:知道规则的认知性知识和知道如何运用规则的实践性知识之间存在一条鸿沟。当然反驳者依然可以辩解说这样的鸿沟可以通过进一步的认知性知识来填平:足球理论家不知道如何突破防守和完成射门是因为他们所归纳的理论知识并不全面,一个优秀的足球前锋还默会地知道其他未被理论家所归纳出的规则。这种反驳在逻辑上是自洽的,但他们还需要面对赖尔的观点 2。

观点 2 似乎并不是不言自明的,为什么命题性的思考本身就是一种需要运用实践性知识的活动? 这个问题我们暂时不考虑,而是先对观点 2 进行重构:

1) 所有实践性知识 S 都能被还原为命题性知识或者说认知性知识 L。

2) 因此实践性知识 S_1 能够被还原为命题性知识 L_1。

3) 获得命题性知识 L_1 的活动是一种需要运用实践性知识 S_2 的活动。

4)（因此）实践性知识 S_2 能够被还原为命题性知识 L_2。

5) 获得命题性知识 L_2 的活动是一种需要运用实践性知识 S_3 的活动。

……

这个论证从形式上来说也是有效的：假如命题 1 和命题 3 都成立的话，那么这个推论将永远可以进行下去。也就是说为了获得一个命题性知识或者实践性知识，知识的主体所需要进行的认知活动将会是无穷的，而这显然也就否定了获得任何命题性知识或实践性知识的可能性。但正如在上文中已经被提及的那样，命题 3 并不是不言自明的，获得命题性知识的活动并不必然是一种需要运用实践性知识的活动，例如我知道奥巴马曾是美国总统，但我进行这样的命题性思维活动并不需要运用任何实践性知识，也就是说我不需要知道如何进行这样的思维活动，它是自然而然就会发生的。①　赖尔如何来回应这个反驳呢？

笔者认为这种反驳误解了赖尔的意思，赖尔在观点 2 中所提及的命题性思维活动并不泛指所有种类的思维活动，而是特指思考实践性知识所对应的规则命题的思维活动：

> 根据唯智主义者的传奇，每当一个行动者借助于智力做事情时，他的举动都为另一个在先的内心举动所指导，他首先要在内心考虑一个适合于他的实践问题的规则命题。可是，是什么原因使得他考虑这一个合适的箴言而不考虑千千万万个不合适的命题中的任何一个呢？②

---

① Cf.Stanley, Jason and Williamson, Timothy, "Knowing How", in *The Journal of Philosophy*, Vol.98, No.8(Aug.,2001), p.414.

② ［英］赖尔：《心的概念》，徐大建译，商务印书馆 2005 年版，第 28—29 页。

也就是说,如果承认唯智主义者传奇,那么考虑规则的思维活动就是命题性的思维活动,但赖尔指出这种命题性的思维活动同样包含了实践性知识,因为行动者需要在众多规则命题中做出一个合适的选择,以此类推就会出现无穷倒退。① 换句话说,行动者不可能在行动的时候先思考出一个合适的规则(命题),然后再按这个规则行动。从这个角度我们也就可以理解为什么认知性知识和运用认知性知识之间的鸿沟不能为进一步的认知性知识所填平,因为这里同样存在一个无穷倒退问题。

虽然赖尔的两个观点,尤其是第二个观点有力地驳斥了唯智主义者传奇,②但赖尔并没有由此证明了这样一个观点:实践性知识不能被还原为认知性知识;而只是证明了这样一个观点:假如存在实践性知识,那么它们并不能被还原为认知性知识。例如一个优秀的足球前锋能出色地突破防守并完成射门动作,但为什么我们需要假定他拥有实践性知识呢? 他难道不可以仅仅是顺畅地完成了一系列身体动作? 究竟存不存在实践性知识? 假如存在实践性知识,它在何种意义上是"公开的言行本身"?

在赖尔看来,实践性知识的存在是理所当然的,否则就不能解释什么叫作优秀的象棋棋手或者是优秀的足球前锋,优秀的和平庸的行动者之间的区别就在于前者"知道如何",也就是说他们拥有后者所不拥有的实践性知识。但是根据上述的论证1,优秀的行动者并不能将他们的实践性知识通过命题表述出来,至少是不能完全表述出来,随之而来的一个问题是:他们在何种意义上拥有实践性知识呢?

首先,赖尔指出实践性知识和行动是不可分的。"当一个人知道了如何

---

① Ryle,Gilbert,"Knowing How and Knowing That", in *Proceedings of Aristotelian Society*, Vol. 46,1945-46,pp. 5-6.

② 赖尔自己也说第二个论证是对唯智主义者传奇的"决定性反对意见"([英]赖尔:《心的概念》,徐大建译,商务印书馆 2005 年版,第 28 页)。

做某种事情,他的知识在他的所作所为中被实现或者说被执行"。① 行动者并不是在心中先考虑好他在实践中需要运用的知识,然后再在实践中运用它,假如这样的话实践性知识就能够被还原为认知性知识了。而在赖尔看来实践性知识和行动是合二为一的,显示了智力的行为是做一件事而不是做两件事,运用实践性知识也就是行动本身。赖尔甚至认为运用实践性知识在某些情况下已经成为了行动者的"第二天性"。②

其次,赖尔认为拥有实践性知识意味着在行动中遵守了特定的规则,并且他区分了"遵守规则"和"阐述规则"。"一个外国学者尽管已经掌握了英语语法的理论,却可能不明白怎样说符合语法规则的英国话,在这方面他还可能不如一个英国儿童。"③那么什么是遵守规则呢? 赖尔对于这个问题的回答初看起来是反行为主义的:

> 因为在有技巧地做出的行动与出于纯粹的习惯、盲目的冲动或心不在焉地做出的行动二者之间,无需存在可以看见的或可以听到的区别。当某人说出了一些句子之后,一只鹦鹉也许能立刻粗声地叫出由那些句子得出的结论:"苏格拉底是有死的"。……然而我们并不说那只鹦鹉是"合乎逻辑的"。④

但假如赖尔同时反对唯智主义者传奇和行为主义,他在正面说明何为遵守规则时就会遇到困难:假如遵守规则既不意味着身体活动,也不意味着思考或阐述规则,也不意味着身体活动加上思考或阐述规则,那么究竟什么才是遵守规则呢? 在这个问题上赖尔遇到了真正的难题,笔者认为他始终没有真正地回答了这个问题,他在《心的概念》和《知道如何和知道什么》一文中

---

① Ryle, Gilbert, "Knowing How and Knowing That", in *Proceedings of Aristotelian Society*, Vol. 46, 1945—46, p. 8.

② [英]赖尔:《心的概念》,徐大建译,商务印书馆 2005 年版,第 42 页。

③ [英]赖尔:《心的概念》,徐大建译,商务印书馆 2005 年版,第 43 页。

④ [英]赖尔:《心的概念》,徐大建译,商务印书馆 2005 年版,第 41—42 页。

所进行的只不过是一些侧面的论述,我们可以接下来考察一下他的具体论述。

首先,他区分了智能(intelligence)和习惯(habituation)。赖尔并不否认智能和习惯都是人类的第二天性,但他反对将第二天性与习惯相等同。遵守规则体现的是智能,而不仅仅是习惯。他认为两者之间的一个重大区别在于:"习惯的树立依靠操练(drill),智能的树立却依靠培训(training)",①例如新兵学习捎枪的方法就是通过反复的操练,而精通枪法和熟悉地图则需要通过培训。操练和培训的区别在于前者只需要机械地重复身体动作,而后者则需要"一边学习怎样做事一边思考他正在做的事","操练无需智力,培训却发展智力"②。但假如我们仔细检查一下他的表述,就会发现他这里使用了一个循环论证,他所要解释的是习惯和智能之间的区别,他提出的依据却是使习惯得以可能的操练不需要使用智力,而使智能得以可能的培训需要使用智力。即使抛开他的论证不谈,习惯和智能之间的界限也是很难划定的,例如一个优秀足球前锋的漂亮射门动作究竟是习惯还是智能?似乎两者都是。而赖尔关于学习捎枪或者学习字母表和乘法表不需要使用智力的说法也违背了我们的常识,例如学习乘法表时我们或许会这样运用智力:$2\times2=1\times2+1\times2=4$。

其次,赖尔试图通过素质(disposition)这个概念来说明智能和习惯之间的差别。素质被他看成是事物和人的一种属性,例如易碎性是玻璃的一种素质,可溶性是糖的一种素质。素质可以用假言命题来表达:"假如把玻璃摔到地上,那么它就会碎裂";"假如把糖放入水中,那么它就会溶入水中"。当然赖尔也看到了人的智能与物质的客观属性不同,因此他提出了"单轨素质"和"多轨素质"的区分,例如糖的可溶性是一种单轨素质,当相应的条件出现的时候,它就必然会溶化,而人的智能则不是单轨的:

① [英]赖尔:《心的概念》,徐大建译,商务印书馆2005年版,第44—45页。
② [英]赖尔:《心的概念》,徐大建译,商务印书馆2005年版,第45页。

当简·奥斯汀想要表明《傲慢与偏见》的女主人公特有的那种傲慢时，她就必须描写出那个女主人公在许许多多不同的情况下的行动、言论、思想和感触。并不存在一种标准的行动或反应，可以使得简·奥斯汀说："我的女主人公特有的那种傲慢正是，每当这种情况发生后，就倾向于做出这种标准的行动和反应"。①

但是"单轨素质"和"多轨素质"的区分并不能解释习惯和智能的区分，我们同样可以把《傲慢与偏见》的女主人公的傲慢看成是一种习惯，即使它是多轨素质。在我们的常识或者当代心理学看来，人的性格不外乎是人和外界发生交互作用时所形成的一种行为习惯。

根据赖尔的理论，开车是一种人的素质或者说能力，它意味着在不同环境下驾驶员都能安全地行驶，因此这种素质可以被分析为许多行动可能性，也就是说许多假言命题。"心灵并不是不可检验的定言命题的论题，而是可检验的假言命题和半假言命题的论题。……'能够'和'不能够'不是事件词而是模态词"②。赖尔似乎认为我们不能将这种多轨素质赋予无生命的物体或者动物，而只能赋予人，也就是将智能赋予人。但问题在于这种逻辑分析无法区分出智能和习惯，也无法告诉我们行动者在何种意义上在遵守规则。我们并不否认人的一项能力必定蕴含了某种规则或逻辑，例如优秀足球前锋有其自身的踢球逻辑，象棋大师有其独特的下棋逻辑，从第三人称的角度我们也可以说他们在遵守某种规则，但我们同样可以说动物或者无生命的物体在遵守规则。从第三人称的角度看，人的行动和其他物种的活动只在复杂性上有程度的高低，而没有本质的不同。假如这就是赖尔所想说的最终意思，那么"逻辑行为主义"的标签对他的哲学来说就最适合不过了，实践性知识在他的理论中最终只能被解释为"公开的言行本身"。他自己所认为的他的理论和行为主义的不同只是一个假象，当一只鹦鹉叫出"苏格拉底是有死的"

---

① ［英］赖尔:《心的概念》,徐大建译,商务印书馆 2005 年版,第 47 页。

② ［英］赖尔:《心的概念》,徐大建译,商务印书馆 2005 年版,第 49 页。

时,虽然我们通常并不说它是"合乎逻辑的",但说它是"合乎逻辑的"也并无不可,这里既不存在逻辑上的错误也不存在事实上的错误。虽然赖尔指出了实践性知识不同于认知性知识,但是他却无法给予实践性知识正面的描述,通过"素质"这个概念甚至"实践性知识"这个概念本身也是可以被消解的,而"多轨素质"这个解释自身就是自洽的和富有解释力的,即使它不包含任何实践性知识。

在结束关于赖尔的实践性知识理论的讨论之前,我们还可以简单考察一下他的理论的第三个要点:认知性知识以实践性知识为前提。这个论点是赖尔在《知道如何和知道什么》一文中提出来的,但在几年之后出版的《心的概念》中他并没有提到这个论点,因此只能被看作是赖尔不成熟的想法。他关于这个论点的论证有两个①:首先拥有认知性知识必须先去寻找和发现它。例如他认为科学家首先是拥有实践性知识,其次才是拥有认知性知识的人。假如他们不知道如何去发现真理,那么他们也将不可能获得真理;其次拥有认知性知识并不是人的一种状态,而是意味着在不同的情况下知道如何去运用它。命题性知识往往是连接在一起的,例如某人知道南京到上海的距离大约三百公里,他也知道南京到杭州的距离也大约三百公里,但他却不知道这两个距离大致相等,那么我们很难说他知道了南京到上海的距离或者是南京到杭州的距离。"对于点滴命题性知识的有效拥有蕴含了:当有需要的时候,知道如何运用它们去解决其他的实践问题或理论问题。对于知识的博物馆式的拥有和工作坊式的拥有之间存在着差别。一个愚蠢的人也许拥有成堆的信息,但他却永远不知道如何去回答个别的问题。"②

---

① Ryle, Gilbert, "Knowing How and Knowing That", in *Proceedings of Aristotelian Society*, Vol. 46, 1945–46, p. 15ff.

② Ibid., p. 16.

第二节　图根特哈特论实践性知识

假如说赖尔是一个典型的语言分析哲学家,德国哲学家图根特哈特(E. Tugendhat)则试图将亚里士多德关于人类生存实践的洞见与语言分析的方法糅合在一起。和赖尔一样,图根特哈特也区分了认知性知识与实践性知识,但他却不是直接受赖尔影响,而主要是受他的老师海德格尔影响。海德格尔的基础存在论追问的是存在的意义,在他看来,存在决不仅仅意味着"现成性"(Vorhandenheit),而是还可以被理解为"上手性"(Zuhandenheit)与"此在的存在"(das Sein des Daseins)。假如说第一种意义上的存在是可被理论性思维所把握的客观对象的存在,并且可通过命题判断被表述出来的话,那么后两种意义的存在则是和人的生存实践不可分的。海德格尔对于传统存在论的这种扩展启发了深受语言分析哲学影响的图根特哈特,在他的代表作《自身意识与自身规定》中他区分了两种存在的意义:理论性的(theoretisch)和实践性的(praktisch)存在。[①]

理论性的存在也被图根特哈特称为"真理性的存在"(das veritative Sein)[②],因为这种存在是包含在每个判断命题之中的,例如"天是蓝的","宙斯是古希腊神话中的一个神",等等。根据图根特哈特的看法,命题判断"p"和"p是真的"是等价的,因为在每一个命题判断"p"中都已经蕴含了断定式"……是真的",而假如把"p"中可能包含的否定词放到断定式中,那么断定式就可以被表述为"……是假的"。因此图根特哈特认为真理性的存在和"是"

---

① Tugendhat, Ernst, *Selbstbewusstsein und Selbstbestimmung*, Frankfurt a. M.: Suhrkamp, 1979, S. 181。需要说明的是,图根特哈特认为海德格尔不仅区分了这两种意义的存在,而是有着一个更强的论点,即前者是从后者中衍生出来的,图根特哈特不接受这个论点,而只接受两种存在意义的区分。

② Ibid.

或"不是"的应用范围是重合的,①真理性的存在所对应的无非就是这种对于判断命题的肯定或否定。②

图根特哈特进一步认为我们同样可以从"是"或"不是"的角度来理解实践性的存在,但这里"是"或"不是"不再是作为判断命题的断定式,而是被应用于祈使句(Imperative)或者意图命题(Absichtssatz)。后者是指以第一人称未来式形式出现并且和人的行动有关的命题,例如"我将会在明天去看电影"③。图根特哈特认为,这两种命题与陈述句或者说命题判断不同,它们所表达的事态是否会出现根本就不可能被客观地预测,而是分别取决于祈使句的接收者和意图命题的言说者。假如我对一个朋友说:"去帮我买张电影票",那么"他去买电影票"这个事态会不会发生就取决于他;而假如我说:"我将会在明天去看电影",那么"我明天去看电影"这个事态会不会发生就取决于我。对于祈使句人们可以回答"是"或"不是",而在意图命题中"是"或"不是"已经包含在其中了,这个意义上的"是"或"不是"意味着它们的言说者是否会进行一个相应的行为。"是"或"不是"也同时意味着行动者自由选择的空间,而它们表达的是行动者的自由决定。这个意义上的"是"或"不是"对应的是人的自由选择和行动,也就是说人的存在或生存,因此图根特哈特将这个意义上的存在看成是实践性的。人的存在由于自由区别于其他生命体的存在,更区别于无生命的事物的存在。

但上述的两种存在和两种命题的区分并不是理所当然的:为什么实践性的存在不是一种真理性的存在呢?为什么我们不能将它看成是与人相关的真理性存在呢?例如"我会明天去看电影"可以被等同于"我会明天去看电影是

---

① Ibid.,S. 182.

② 但笔者认为将理论性存在等同于真理性存在的做法遗漏了前者的另外一层重要意义,即作为存有或者说实在性(existentia)的存在,例如在命题"上帝存在";"独角兽不存在"中存在意味着存有或者说现实性。当然图根特哈特可以根据语言分析哲学传统将这个意义上的存在当作谓词逻辑中的存在量词"∃",而不需要赋予它任何存在论意义。

③ Ibid.,S. 182.

真的"。图根特哈特考虑到了这种可能的反驳,他指出在实践性的存在涉及
的命题中的谓词和判断命题中的谓词是不一样的,因为前者是否能附着于命
题中的主词并不是由客观事态规定的,而是取决于主词所对应的行动主体本
身,这种谓词所对应的是人的活动①。人的活动意味着人的存在的可能性,而
实践性的"是"或"不是"意味着人的自由。但是图根特哈特的这种回答依旧
无法令人满意,因为两种存在无法通过这种语言分析被彻底区分开来,就连他
自己也认为实践性的存在只是真理性存在的实践性转化(die praktische Modi-
fikation des veritativen Seins)②。

我们姑且可以暂时接受图根特哈特的观点,即人的自由使得实践性存在
不同于真理性或者说理论性存在,并且使得实践性的命题不同于判断命题。
从上文的分析中我们已经知道图根特哈特认为自由意味着行动者具有不同的
行动可能性,他既可以选择进行也可以选择不进行一个行动。图根特哈特区
分了两种意义的可能性:可能性作为偶然(Kontingenz)以及作为行动可能
性。③ 例如"明天会(可能)下雨"是一种偶然,通过这个命题被表达的是一种
对于未来的预测,命题所表达的事态和相反的事态对于预测者来说都是可能
的,因为没有经验证据表明哪个事态一定会发生而相反的事态一定不会发生。
图根特哈特通过这种语言分析避免了任何存在论承诺,无论自然界的因果链
是否是被决定的,对于预测者来说偶然也依旧是偶然,或者说是一种经验知识
的不确定性。假如说偶然意味着一种对于未来的客观预测的话,那么在图根
特哈特看来行动可能性不再是完全客观的,究竟哪种行动可能性转化为现实
取决于行动主体的选择,例如"我会明天去看电影"。在这个意义上"会"不是
应用于事态的模态词,而是属于谓词的不可分的一部分,因此图根特哈特认为

---

① Tugendhat, Ernst, *Selbstbewusstsein und Selbstbestimmung*, Frankfurt a.M.:Suhrkamp, 1979, S. 184.
在德语中主词和主体是同一个词,即"Subjekt",在古希腊语、拉丁语、英语中情况也是一样的。

② Ibid., S. 184, S. 186.

③ Ibid., S. 214-215.

这种模态词表达了"一个事物具有某种能力(Fähigkeit)"。①

　　根据图根特哈特的看法,表达"能力"的"可能"或"会"还必须被进一步分为两种②:首先是"玻璃会破碎"这类命题中的"可能"或"会",这类命题不能被分析为诸如"玻璃破碎是可能的"的命题,因为在前一种命题中被表达的不是一种偶然或经验知识的不确定性,而是合法则性(Gesetzmäßigkeit);其次是表达"意志性的可能性"(willentliche Möglichkeit)的"可能"或"会","我明天会去看电影"不能被分析为"我明天去看电影是可能的",但这里的"会"也不表达合法则性,而是表达行动主体的意愿(Wollen)这种能力。我们看到,图根特哈特所分析的第一种能力就是赖尔所说的"单轨素质",而他所分析的第二种能力可以说是"多轨素质"之一种。和赖尔不同的是,图根特哈特认为"意志性的可能性"表达的是行动主体的自由选择,因此意味着"关于自己的实践性知识"(ein praktisches Wissen über sich)③。也就是说,在两位哲学家看来都存在一种不同于命题性知识的实践性知识,赖尔试图将它解释为多轨素质,而图根特哈特则认为行动主体的意愿或者说自由选择对于实践性知识来说是不可或缺的。但我们可以设想后者将立刻遭到前者的诘难:"什么是自由选择? 人的自由意志难道不是一种机器中的幽灵么?"

　　这种担心是多余的,因为图根特哈特和赖尔一样都试图避免任何存在论承诺:

　　　　自由行动意味着什么这个问题,通过形而上学的决定论——非决定论问题只会被变得更加面目含糊;因为前者纯粹只是一个描述问题,它涉及的是在何种经验条件下我们将一个行为形容为自由的这

---

　　① 但在笔者看来对两种可能性的划分也不是不言自明的,"明天会下雨"并不是一种与人的自由选择毫无关联的完全客观的偶然性,因为人类可以通过实践来干预天气的变化,只有在人类选择不干预的时候这种可能性才成为一种客观的偶然性。

　　② Tugendhat, Ernst, *Selbstbewusstsein und Selbstbestimmung*, Frankfurt a. M.: Suhrkamp, 1979, S. 215f.

　　③ Ibid., S. 213.

样的标准。①

在解决自由意志这个问题上他采取的策略和赖尔是一样的：诉诸语言分析。在图根特哈特看来，自由行动的能力意味着"考虑的能力"（Fähigkeit zur Überlegung）②，而考虑的能力则意味着对实践性的问题进行肯定或否定的能力，例如"我要明天去看电影么？"这个实践性问题的答案取决于我的意愿。动物因为没有语言，所以没有进行这样考虑的能力，在喝醉酒的人那里这种能力则是受到了抑制，因此在图根特哈特看来我们可以谈论不同程度的自由。而当我们说一个人的行为是自由的时候，这个人并不需要真的进行了考虑，事实上我们日常生活中的很多行为是不经考虑的，我们并不会问自己想不想进行这些行为，但是我们的行为依然是自由的。在图根特哈特看来，只要我们拥有考虑的能力时，我们的行为就是自由的，或者更准确地说：我们就可以将自己的行为描述为自由的。

通过上述的分析我们可以看到，在图根特哈特那里考虑的能力或者说对意志性的可能性进行选择的能力意味着一种不同于认知性知识的实践性知识。和赖尔不同，他并不试图将这种知识分析为多轨的素质，而是看到了这种知识与行动者的自由以及行动者自身是不可分的。但为了避免"机器中的幽灵"或者说"唯智主义者传奇"，图根特哈特也试图通过语言分析来解释这种能力或者说知识，然而在笔者看来他却陷入了循环论证，这个循环论证可以被表述为：

1. 实践性的存在和命题不同于理论性的存在和命题，因为前者对应的是实践性的肯定或否定，也就是说人的自由选择的能力。

2. 人具有自由选择的能力，当且仅当人在具有对实践性命题进行肯定或否定的能力时。

---

① Ibid., S. 217-218.

② Ibid., S. 218f.

也就是说,图根特哈特一方面试图通过人的自由来区分实践性的和理论性的存在以及命题,另一方面则用对实践性命题进行肯定或否定的能力来解释人的自由,这无疑是一个循环论证。在图根特哈特的解释框架内实践性存在和命题与人的自由只能相互定义,而且很难说其中的哪一方面更加不言自明。

在当代西方哲学中,赖尔和图根特哈特都是实践性知识的再发现者,并且他们都强调了认知性知识与实践性知识的区别,然而也正是因为这样,他们并没能对实践性知识做出恰当的解释。在赖尔看来只有"知道什么"或者说认知性知识才是命题性的,而"知道如何"或者说实践性知识则不是命题性的,但这种二分法无疑是有问题的,在人类生活中大量实践性知识都被通过语言文字表述了出来并得到广泛传播和应用,在这个意义上实践性知识当然也可以是命题性的。赖尔真正的哲学贡献在于指出实践性知识是不能被还原为理论性或者说命题性知识的,这点在笔者看来即使面临诸多质疑也依然是不算过时的重要哲学论断。图根特哈特在一定意义上修正了赖尔的观点,在他那里实践性知识不仅可以,而且必然是命题性的,在他看来脱离语言去谈存在或知识无疑是荒谬的。他还正确地指出了理论性命题和实践性命题的区分,这种区分同时意味着两种谓词以及两种存在的区分,但是他对这些区分的关键因素"人的自由"的分析却是无法令人满意的。康德就已经指出了人的自由与自然事件是处于不同存在论层面的存在物,而很多当代分析哲学家以及受分析哲学影响的大陆哲学家则试图把自由解释为一个描述问题。值得注意的是,图根特哈特即使试图保持存在论上的中立性,也就是说只是把自由和自然放在同一个存在论层面,而不试图将其中一者还原为另一者,他的这种哲学理论也依然包含了一种存在论承诺:一种抹杀自由和自然的区别的存在论承诺,而这当然是他所不愿意承认的。

我们可以归纳一下赖尔和图根特哈特关于实践性知识的正确的洞见:1.就像赖尔所指出的那样,实践性知识和人的行动是合二为一的,只有体现在行动中的知识才是实践性知识,否则就只是理论知识。2. 但是正如图根特哈特所看到的,认知性知识和实践性知识的区别不在于是否能表述为命题,它们都能通过语言或者说命题得到表达,但它们所表述(而不是描述)的是两种不同的事态:前者所表述的是客观事态,而后者所表述的事态则是主观的。也就是说两种知识或者命题对应的是两种存在,即理论性存在和实践性存在。3. 就像图根特哈特所指出的那样,认知性知识或命题、理论性存在以及客观事态是客观的,或者说是不依赖于人的自由的,相反实践性知识或命题、实践性存在以及主观事态(行动可能性)是依赖于人的自由的。由此可见,知识、实践以及自由这三者之间的关联是说明认知性知识与实践性知识之间区分的关键,而赖尔并没有意识到这一点,图根特哈特虽然意识到了,但却停留在语言分析的层面上而无法完整地解释这三个概念以及它们之间的关联。

第三章　柏拉图与亚里士多德论知识

第一节　知识与理念

如果说赖尔是实践性知识的再发现者,那么在古希腊哲学中就已经存在大量关于它的论述了。正如本书导言中所提到的,对于知识的本质的追问,即知识论是古希腊哲学的一个重要组成部分,它关注的知识论问题包括:知识是由什么构成的?真理是如何向人显现的?真理的标准是什么?等等。在柏拉图与亚里士多德的著作中,对于此类问题的探讨占据了很大篇幅,并且毫不夸张地说,在柏拉图那里发生了古希腊哲学的知识论转向。这个观点初看起来显得有点武断,柏拉图哲学的主要内容不是理念论么?在何种意义上在柏拉图那里存在一种知识论转向?

在《斐多篇》中苏格拉底承认,他早年曾潜心研究自然哲学,尤其对阿那克萨戈拉的努斯(νοῦς)学说感兴趣,但他不认同自然哲学家们用物质的运动与变化去解释一切现象的观点,例如他自己打算慷慨就义的原因就不能被认为是肌肉和骨头的运动,而是因为这种行为是正义的与善的。[1] "苏格拉底的第二次启航"正是在这个背景中发生的,在第二次航行中苏格拉底不再从自

---

[1]　Platon, „Phaidon", in *Platon*, *Sämtliche Werke*, *Bd. II*, hrsg. von Burghard König, Hamburg: Rowohlt Taschenbuch Verlag, 2008, S. 158f.

然哲学的角度,而是从逻各斯或者说理念的角度来解释美、正义、善等。仅就《斐多篇》中的这一段文本来看,苏格拉底(柏拉图)哲学可以被视为对前苏格拉底时期的自然哲学的正面回应,作为形而上学的理念论是自然哲学的一种替代物,但它的意义并不仅在于此。综观所有留存下来的柏拉图著作,形形色色的智者们始终是"苏格拉底"或者说柏拉图的主要论敌,在古希腊社会中,智者们(作为收取报酬的教师)扮演的角色实际上是哲学与科学的传播者。著名的智者高尔吉亚早年跟随恩培多克勒学习过修辞术、自然哲学和医学,他也受到过埃利亚学派的芝诺的影响,而他的思想的最主要来源则是同被贴上智者标签的普罗泰戈拉,在被归为柏拉图早期对话录的著作中,有两篇是以这两位著名的智者命名的:《高尔吉亚》《普罗泰戈拉》。虽然在柏拉图后期对话录中以巴门尼德为代表的埃利亚学派占据了越来越重要的位置,但是依然有一篇重要的对话录被命名为《智者篇》。由此自然而然会产生的一个问题是:为什么智者成为了苏格拉底与柏拉图的主要论敌? 这与柏拉图哲学的知识论转向又有着什么样的关联?

在《形而上学》的第四卷中亚里士多德指出,智者们受到了赫拉克利特"万物皆处于流变之中"的思想的影响,他们的思想实际上是一种感觉主义,即将知识等同于感觉,并且将感觉视为判断真理的唯一标准。在亚里士多德看来,这种知识论带来的后果是主观主义、相对主义与怀疑主义,[①]例如一个行为被张三感知为正义的,被李四则感知为不正义的,并且这两种感觉同等为真,那么这个行为实际上就无所谓正义或不正义了,因为判断真理的根本原则矛盾律已经被感觉主义摧毁了。表面上看,智者们所主张的不过是道德伦理判断、审美判断的标准的相对化,也就是说价值相对主义,正如普罗泰戈拉的名言"人是万物的尺度"所表明的那样;但假如仅止于此,那么智者们就是两千多年前古希腊社会中主张"人本主义"的启蒙哲学家了。亚里士多德指出

①　Aristotele, *Metaphysics*, translated by W.D.Ross,中央编译出版社 2012 年版,p. 77ff。

了智者们给哲学带来的真正挑战:一方面,知识论上的相对主义使得真正的知识成为了不可能的,甚至可以说使人退化到了仅仅依凭感觉而了解世界的动物层次;另一方面,矛盾律的被否定意味着古希腊哲学中关于存在者(ὄν,是者)的讨论都是多余的,因为一切事物都同时既是又不是某种东西,如果世界的本原同时是水又不是水,那么讨论世界的本原是不是水岂非多余? 这也意味着无论自然哲学还是广义上的形而上学都成为了不可能的。因而我们能够明白为什么不仅苏格拉底,而且柏拉图与亚里士多德都将智者们视作敌人,这种敌意主要是理论上的,来源于为哲学或者说真理辩护的意图(而非是为了争夺学生、名誉或者报酬)。

在苏格拉底哲学或者说柏拉图的早期对话录中,最重要的是所谓的定义问题:什么是"虔诚"? (《游叙弗伦》)什么是"勇敢"? (《拉凯斯》)什么是"美"? (《斐多篇》),等等。通过对于这些概念的定义的追问,苏格拉底一方面开始了他的第二次启航,另一方面则对智者思想中的相对主义与怀疑主义进行了回应。在苏格拉底与其伙伴的对话中我们看到,这些概念的定义是无法通过各种各样的"意见"(δόξα)而得出的,因为它们陷入了相互矛盾,并且没有任何一种意见能够占据绝对的优势。这种情形当然就是智者们一直宣扬的,似乎这恰好佐证了他们主张的价值相对主义与怀疑主义。但在苏格拉底看来,这种情形并不意味着这些问题是没有答案的,只不过对于它们的回答需要真正的"知识"(ἐπιστήμη)。真正的知识意味着对于虔诚自身、美自身、勇敢自身的把握,也就是说对于它们的把握不再需要凭借其他事物,例如对于美自身的把握不需要借助于美的物体,因为虔诚自身、美自身、勇敢自身都是一,而虔诚的行为、美的事物、勇敢的行为或人却是多,对于一的把握是不可能通过对于多的把握来实现的。①

如果说苏格拉底谈论的这种知识过于神秘,那么他的知识论还有毫不神

①　Platon,„Phaidon", in *Platon*, *Sämtliche Werke*, *Bd. II*, hrsg. von Burghard König, Hamburg: Rowohlt Taschenbuch Verlag, 2008, S. 161f.

秘的另一面:知识与运用它的能力是同一的,一个把握了勇敢自身的人就是一个勇敢的人,而这也意味着这个人能够在具体的场合做出勇敢的行为,换句话说,"德性即知识"。① 对于苏格拉底来说并不存在认知性知识与实践性知识的区分,他不关注自然哲学或者说形而上学问题,例如"构成世界的本原是什么?""本原是一还是多?"等等,他所关注的大多是伦理学问题,而对于这些问题的回答则要求相关的伦理学"知识"。换句话说,(柏拉图版本的)苏格拉底的理念论意味着一种知识论,在此知识特指伦理知识。

如果我们尝试将苏格拉底哲学与柏拉图哲学区分开来,那么柏拉图哲学的一个鲜明特征在于将苏格拉底的知识论普遍化与形而上学化。关于虔诚自身、美自身、勇敢自身存在着知识,那么关于石头自身、床自身、白自身、人自身难道不也存在知识么? 此外还有一个问题是:被把握或者说被认识到的"X自身"究竟是什么东西? 在《斐多篇》中,柏拉图假借苏格拉底之口给前一个问题以肯定的答案,并且指出"X 自身"意味着"理念"($\dot{\imath}\delta\acute{\epsilon}\alpha$, $\epsilon\hat{\imath}\delta o\varsigma$)。② 古希腊语中的"$\dot{\imath}\delta\acute{\epsilon}\alpha$"与"$\epsilon\hat{\imath}\delta o\varsigma$"这两个名词都来源于动词"$\dot{\imath}\delta\epsilon\hat{\imath}\nu$"(看),从词源学上来看柏拉图的理念论就已经包含了一种视觉隐喻,"X 自身"或者理念并不是通过其他事物,而是直接地被把握到的,或者说是被直观到的、被看到的。但视觉隐喻毕竟只是一种隐喻,理念并非感觉对象,对于它的直观或者说"观看"并不是视觉意义上的看。

在柏拉图著作中并没有关于理念的存在论规定与理念知识的本性的系统性论述,他只是通过几个比喻给了我们一些"提示",《理想国》第六卷的"太阳比喻"与"线段比喻"以及第七卷的"洞穴比喻"被公认为是柏拉图对于理念论最为系统的论述。太阳比喻告诉我们,对于理念或者说"X 自身"的把握并不

---

① 参见[古希腊]亚里士多德:《尼各马可伦理学》,廖申白译,商务印书馆 2002 年版,第194 页。

② Platon,„Phaidon", in *Platon*, *Sämtliche Werke*, *Bd. II*, hrsg. von Burghard König, Hamburg: Rowohlt Taschenbuch Verlag,2008,S. 162.

是直接的,正如眼睛对于物体的观看需要依赖太阳光作为媒介,理性对于理念的把握也需要通过真理($\dot{\alpha}\lambda\dot{\eta}\theta\epsilon\iota\alpha$)之光以及存在者($\ddot{o}\nu$);此外,如果说太阳在可见世界中处于至高地位的话,那么在可知世界或者说理念世界中相当于太阳的则是善的理念。在紧接着的线段比喻中,关于可见世界与可知世界的区分被论述得更加清楚,柏拉图将人类知识划分为了意见与知识两个部分,前者认识的对象是可见世界,而后者认识的对象则是可知世界;意见则又可以被分为想象($\epsilon\dot{\iota}\kappa\alpha\sigma\dot{\iota}\alpha$)与信念($\pi\dot{\iota}\sigma\tau\iota\varsigma$)这两个部分,与它们对应的认识对象是影像(水中的倒影,镜子中的图像,等等)以及可见物;知识则可以被分为理智($\delta\iota\dot{\alpha}\nu o\iota\alpha$)与理性($\nu\dot{o}\eta\sigma\iota\varsigma$)这两个部分,与两者所对应的认识对象分别是数学对象以及理念。柏拉图指出,理智相较理性有一个缺陷,即它必须借助于感性图形才能把握到数学对象,也就是说,柏拉图认为数学并不是最高形式的知识,数学对象本身(例如三角形、立方体、一,等等)也许是抽象的理念,但是对于它们的认识则必须借助于感性事物,无论是想象中的图像、画出来的图形,还是现实世界中的物体。与理智不同的是,理性对于理念的把握则没有这个问题,因为这种把握是直接性的,也就是说理念是被理性直观到的,理性不需要借助于其他事物才能够把握理念,它直接把握到的已经是作为存在者本身的理念了。①

柏拉图认为,只有理念才是真正意义上的存在者,而它是被理性所直观到的,理性把握它的媒介是真理之光。由此可见,柏拉图的理念论包含两个不可分割的面向:一方面,它是一种存在论或者说形而上学;另一方面,它是一种知识论。柏拉图谈论理念的方式与自然哲学家们谈论本原的方式是不同的:当泰勒斯谈论水是世界的本原或者德谟克利特认为原子是构成世界的基本单位时,他们并没有告诉我们这些自然哲学或者说形而上学论断是如何被发现的,在这个意义上前苏格拉底时期的自然哲学与近代的自然科学并不相同,前者

---

① ［古希腊］柏拉图:《理想国》,商务印书馆 1986 年版,第 269—270 页。

本质上是一种思辨哲学；与之相对，（苏格拉底与）柏拉图则试图从对人类知识的考察出发，通过区分出不同层次的知识形式来区分出不同层次的认知对象或者说事物，在这个意义上柏拉图哲学与笛卡尔以降的近代哲学在论证思路上是异曲同工的，知识论是哲学的真正出发点，而存在论或者说形而上学是奠基于其上的。

　　对于苏格拉底来说，"理念"或者"存在者本身"主要是实践意义上的，对于它们的把握意味着德性知识或者说实践性知识；而在柏拉图这里，不仅理念的内涵被扩大了，对于它们的把握也不再仅仅意味着实践性知识，而且也意味着认知性知识，尽管柏拉图并没有区分认知性知识与实践性知识。在《理想国》的第十卷中他区分了三种技艺（τέχνη）：使用者的技艺、制造者的技艺与模仿者的技艺，例如就笛子而言，制造者知道如何造笛子，使用者知道如何使用笛子，而模仿者例如画家知道如何画笛子。由此产生的一个问题是：三种技艺哪一种才是真正的技艺呢？柏拉图将这个问题等同于：通过哪种技艺人才真正地知道某物应该是什么样的？他的答案是使用者的技艺，例如就笛子而言画家显然并不真正地知道笛子应该是什么样的，而只知道笛子看起来是什么样的，令人感到意外的是他认为笛子的使用者比它的制造者更加知道它应该是什么样的：

　　　　于是一切器具、生物和行为的至善、美与正确不都只与使用——作为人与自然创造的一切目的的——有关吗？……任何事物的使用者乃是对它最有经验的，使用者把使用中看到的该事物性能的好坏通报给制造者。例如吹奏长笛的人报告给制造长笛的人，各种长笛在演奏中表现出来的性能如何，并吩咐制造怎样的一种，制造者则按他的吩咐去制造。①

这个论证初看起来并不具有说服力，尤其是在科技高度发达的当今时代，使用

_____

① 　［古希腊］柏拉图：《理想国》，商务印书馆 1986 年版，第 398 页。

电脑或汽车的人比设计与制造它们的人更加知道它们应该是怎样的？但毋庸置疑的是，制造者的技艺、使用者的技艺与模仿者的技艺是三种不同形式的技艺，即便我们很难比较它们之间的优劣。对于柏拉图来说，在技艺之间是有等级高低之分的，区分的标准在于哪种技艺更加接近事物被创造的目的，而"一切器具、生物和行为"被创造的目的并不在于被创造，也不在于被模仿，而在于被使用，在这个意义上使用者的技艺才是真正的技艺。在此我们可以看到，对于柏拉图来说"知道长笛是什么"并不仅仅意味着一种认知性知识（例如对于它的形状、颜色、大小、材料的认知），而是包括不同形式与层次的知识，并且这些知识可以是技艺或者其他种类的实践性知识。① 同样，对于"美""正义""勇敢"等理念的把握不仅是一种认知性知识，而且也是一种实践性知识，这是"哲人王"理论得以成立的基本前提。总的来说，在苏格拉底与柏拉图这里并不存在实践性知识与认知性知识的区分。②

第二节　亚里士多德对于实践性知识与
认知性知识的区分

在西方哲学中实践性知识与认知性知识的区分的"始作俑者"是亚里士多德。在《尼各马可伦理学》的第六卷中他将灵魂以肯定或否定的方式发现真理的品质分为了五种：技艺（τέχνη）、明智（φρόνησις）、科学（ἐπιστήμη）、智慧（σοφία）与努斯（νοῦς）。③ 这五种品质都是属于灵魂的理性部分或者说理智（διάνοια）的，它可以被分为两个部分：知识的部分与推

---

① 这里所谓的"认知性知识"与"实践性知识"不是柏拉图意义上与意见相对立的知识，而是通常意义上的包含各种意见的知识。

② 色诺芬曾指出，苏格拉底对智慧和明智未加以区分，参看［古希腊］色诺芬：《回忆苏格拉底》，吴永泉译，商务印书馆 2016 年版，第 118 页。

③ ［古希腊］亚里士多德：《尼各马可伦理学》，廖申白译，商务印书馆 2002 年版，第 169 页。

理的部分。① 科学与智慧对应的是理智的知识部分,技艺与明智对应的是理智的推理部分,也就是说理智的两个部分分别有其各自的运用:理论性的与实践性的。从广义上说,在五种发现真理的品质中前两种(技艺、明智)可以被看作是实践性知识,而后面两种(科学、智慧)则可被看作是认知性知识。在这里我们看到,亚里士多德不仅将理性或者说理智分为两个部分,而且与此对应也区分了实践性知识与认知性知识,后面这一点是他的知识论与柏拉图(以及苏格拉底)知识论的不同之处。

在讨论五种知识的具体规定之前,我们可以简单地阐述一下亚里士多德对于人的生存以及真理的规定。《尼各马可伦理学》是从探讨最高的善、进一步说是对人而言的最高的善出发的,与柏拉图不同,亚里士多德认为它不能是抽象的、分离的善的理念,而必须是被人所追求的东西。② 在这本书的开篇他写到:

> 每种技艺(τέχνη)与研究(μέθοδος),同样,人的每种实践
> (πρᾶξις)与选择(προαίρεσις),都以某种善(τἀγαθά)为目的
> (τέλος)。③

他将目的性视为人的存在的一种本质性特征,人的一切行为与活动都是目的性的,都是在追求某种"善"。此外,他将人的存在方式分为了两类:制作(ποίησις)与实践(πρᾶξις),两者的差别在于:前者的目的是在活动之外的产品(ἔργον),而后者的目的是实现活动(ἐνέργεια)本身。④ 所谓的制作相当于我们所说的生产,在生产过程中产品与生产者是脱离的,例如鞋匠生产的鞋并不是他自身的某个属性,在这个意义上生产始终意味着生产者的自身异化,

---

① [古希腊]亚里士多德:《尼各马可伦理学》,廖申白译,商务印书馆2002年版,第166—167页。

② [古希腊]亚里士多德:《尼各马可伦理学》,廖申白译,商务印书馆2002年版,第14—20页。

③ [古希腊]亚里士多德:《尼各马可伦理学》,廖申白译,商务印书馆2002年版,第3页。

④ [古希腊]亚里士多德:《尼各马可伦理学》,廖申白译,商务印书馆2002年版,第4页。

他创造出来的是异己的力量。在我们今天的话语中并没有一个恰当的概念来对应亚里士多德所说的实践,生产(工作)与消费(娱乐)构成了我们对于人的存在方式的划分,唯一比较接近的概念是"实现",家庭与工作上的成就是实现,体育竞赛、慈善活动与宗教修行也是实现,实现意味着人的价值的实现。这个概念本身就来源于亚里士多德的形而上学,"潜能"(δύναμις)与"实现"(ἐνέργεια)被他视为存在者的两种基本存在方式,而它们也被他用来规定人的存在或者说生存。作为实现活动的实践并不是通过某个外在的产品来定义的,例如一个钢琴家能够弹奏出美妙的乐曲,也许还能靠此赚钱,但对于亚里士多德来说,这个产品或者说作品并不是钢琴家的活动的真正目的,它的真正目的在于自身能力的实现,即弹奏活动本身,这种观点看上去有点脱离实际情况,但按照亚里士多德的理论,在这里我们应该区分钢琴家的实践活动与演艺人士的制作活动,后者的目的在于产品,并且可以在市场上进行交易,而前者的目的则是在于它自身。由此可见,他的实践概念比我们今天所使用的实践概念的外延要小,他所说的制作与实践在今天被统称为实践。

　　亚里士多德还认为,人的各种活动以及它们的目的形成了一个金字塔结构,例如制作马鞍与其他马具的技艺从属于骑术,而骑术以及其他军事活动从属于战术,制作活动之间之所以存在这种从属关系是因为较低的制作活动是因较高的制作活动之故(οὗ ἕνεκὰ)而被追求的,制作与实践都最终指向一个最高的善或者说最高的目的,①亚里士多德称之为幸福(εὐδαιμονία)。② 在他看来制作活动是从属于实践活动的,前者的目的在于满足人的物质需要,它所对应的是享乐的生活方式,在这个层面人与动物之间并没有很大的区分,而实践活动则对应着政治的以及沉思的生活方式,这两种生活方式都是人所特

---

　　① 亚里士多德认为最高的善或者说目的只能有一个,因为有多个的话它们就都不是完善的(teleios,完满的),因而它们也就不是最高的善。([古希腊]亚里士多德:《尼各马可伦理学》,廖申白译,商务印书馆 2002 年版,第 17 页。)
　　② [古希腊]亚里士多德:《尼各马可伦理学》,廖申白译,商务印书馆 2002 年版,第 9 页。

有的,在这个意义上实践活动比制作活动更加好(善),并且对人而言的最高的善不是一种制作活动或者某个产品,而只能是一种实践活动。

在说明什么是人的最高的善时,亚里士多德使用了一个类比论证:如果对于一个吹笛手、一个木匠或任何一个匠人来说,他们的善在于他们的活动的完善,那么对于人来说,最高的善应该就是人的活动的完善。"人的活动"并不泛指一切人的行为活动,而是就如吹笛子是吹笛手的活动一样,人的活动应该是人(作为一个类)所特有的活动。与无生命的存在物相比生物是具有生命的,而亚里士多德将生命活动分为了三大类:营养与生长活动、感觉的生命活动、具有逻各斯(λόγος)的生命活动。① 第一种生命活动是植物、动物与人都具有的,第二种是动物与人都具有的,而第三种只有人才具有,因此人的活动是指具有逻各斯的生命活动,而人的最高的善就是具有逻各斯的生命活动的完善或者说实现。亚里士多德关于生命活动的分类与灵魂(ψυχή)的分类是对应的,对于古希腊人来说生命与具有灵魂是同一个意思,在《尼各马可伦理学》第一卷的最后亚里士多德将灵魂分为了具有逻各斯与不具有逻各斯的两个部分,而后者又可以分为营养与生长的部分与欲求的部分。抛开背后的形而上学不谈,亚里士多德对于人的存在的最基本规定是:人的存在不仅是目的性的,而且还是具有逻各斯的。

逻各斯的古希腊文"λόγος"的原意是语言、言语,而它的引申义包括通过语言得到表达的尺度、规则、根据等,因而它也可以被理解为理性。② 亚里士多德并没有区别使用这些意义上的λόγος,当他说灵魂的一部分具有λόγος 时,这既可以被理解为灵魂的一部分具有语言、规则,也可以被理解为它具有理性,他的名言"人是理性的动物"(ζῷον λόγον ἔχων)同样可以被理解为"人是拥有言语以及规则的动物",这种理解甚至是更加符合其原意的。在《解释篇》中他将λόγος规定为φωνή σημαντική(有意义的声音),这个意义上的言语不是

---

① ［古希腊］亚里士多德:《尼各马可伦理学》,廖申白译,商务印书馆 2002 年版,第 19 页。
② Cf.Heidegger, Martin, *Sein und Zeit*, Tübingen:Niemeyer,2006,S. 32.

人所独有的,动物也可以有。虽然言语都是具有意义的,但并不是所有言语有真值,例如请求、命令、询问等言语就无关乎真假,亚里士多德将有真值的一类言语称为命题(λόγος ἀποφαντικὸς,展现性的言语①),在后来的西方哲学中这类言语一般被称为判断。当他将逻各斯规定为人的类本质时,这里的逻各斯既可以指理性,也可以指展现性的言语,人是理性的动物也就意味着人拥有展现性的言语,或者说拥有发现真理(ἀλήθεια)的能力。人的生存本身就是真理性的,并且对于真理或者说知识的追求构成了所有人的本性,只有理解了这一点,我们才能理解为什么亚里士多德要在《尼各马可伦理学》的第六卷中详细地区分了五种发现真理的能力或者说知识。

在亚里士多德看来,认知性知识(科学与智慧)的对象是永恒的存在者,在这一点上他与柏拉图的观点是一致的。但与柏拉图不同的是,对于亚里士多德来说永恒的存在者不是理念,而是数学对象、物理学对象(例如天体)与神学对象(不动的动者)。在这三者之间还存在着差别,在《形而上学》第六卷中他分别将数学对象规定为不可分离的(存在于质料之中的)、不动的存在者,天体规定为可分离的、运动的存在者,形而上学对象为可分离的、不动的存在者,与此对应,他心目中的认知性知识("思辨科学")是由数学、物理学与第一哲学(神学,形而上学)构成的。②

与认知性知识相对,实践性知识把握的则是非永恒的、可变的存在者,包括可被制作的事物与可被实践的事物,因而实践性知识可以被进一步划分为技艺与明智。技艺(τέχνη)是与制作活动相关的、合乎逻各斯的品质,制作的对象则是产品。③ 在亚里士多德看来,技艺首先是灵魂的一种品质,也就是说人的某种实践能力,而非被记录在书本或其他媒介上的知识,技艺以及制作活

---

① [古希腊]亚里士多德:《形而上学》,吴寿彭译,商务印书馆1997年版,第57—58页。

② Aristotle, *Metaphysics*, translated by W.D.Ross,中央编译出版社2012年版,p.128。

③ [古希腊]亚里士多德:《尼各马可伦理学》,廖申白译,商务印书馆2002年版,第171页。

动所涉及的是具体的产品,因而对于具体情况的掌握是技艺的一部分,一个拥有某种技艺的人不仅拥有抽象的、普遍性的知道如何,而且也必须在具体情况中知道如何去运用这些知道如何。此外,技艺还是一种合乎逻各斯的品质,也就是说技艺不是一种与语言无关的、盲目的实践性能力。也许我们会说动物也知道如何获取食物、知道如何避免敌人,但是动物的这些实践性能力与人的技艺是不同的。技艺与制作的目的是产品,因而制作的始点就是通过技艺对于产品的把握,虽然这时的产品还不是现实的,但是它至少已经以逻各斯的形式存在于制作者的灵魂之中了,例如一个制鞋匠首先必须知道将被制作的鞋子是什么样的才能去制作它。

亚里士多德将明智定义为"一种与善恶相关的、合乎逻各斯的、求真的实践品质"。① 明智与实践的目的不是外在于实践活动的产品,而是实践活动本身。"明智的人的特点就是善于考虑对于他自身是善的和有益的事情。不过,这不是指在某个具体方面的善和有益,例如对他的健康或强壮有利,而是指对于一种好生活总体上有益。"②也就是说,明智不是指在某个实践领域的善谋或者说聪明,例如一个商人知道如何从交易中牟利,在这方面他拥有实践性知识,但这并不代表他是明智的,因为明智指的是知道如何过上一种好的、幸福的生活,而仅仅从交易中牟利并不构成幸福生活;此外,明智也不是指道德上的良心或者说良知,一个人知道哪些行为在道德上是善的或恶的并不代表他是明智的,虽然亚里士多德将明智定义了与善恶相关的,但是"善恶"在这里不是在道德意义上来使用的,紧接着上述定义他写到:"所以,我们把像伯里克利那样的人看作是明智的人,因为他们能够分辨出那些自身就是善、就对于人类是善的事物。我们把有这种能力的人看作是管理家室

---

① ［古希腊］亚里士多德:《尼各马可伦理学》,廖申白译,商务印书馆 2002 年版,第173 页。

② ［古希腊］亚里士多德:《尼各马可伦理学》,廖申白译,商务印书馆 2002 年版,第172 页。

和国家的专家。"①由此可见,他将明智视为一种实践智慧,这种实践智慧使得个人、家庭以及城邦能够过上好的(善的)、幸福的生活。② 用亚里士多德自己的话来说,明智意味着"善于考虑",在这个意义上它必然是"合乎逻各斯的",并且是"求真的"。考虑的对象并不是实践的目标,因为好的、幸福的生活作为实践的目标是不言自明的,任何有理智的人都不会追求坏的、不幸的生活;考虑的对象只能是达到这个目标的手段,一个明智的或者善于考虑的人知道如何通过行动或者说实践活动实现好的、幸福的生活:"如果考虑得好是一个明智的人的特点,好的考虑就是对于达到一个目的的手段的正确的考虑,这就是明智的观念之所在。"③在这里我们也看到,考虑的"好"或者"真"意味着正确或者说准确,并且是达到好的、幸福的生活这个目标的手段的正确或者说准确。

亚里士多德赋予了努斯两种功能:一种是把握科学中的原理,因而智慧就等于科学加上努斯;④另一种是把握实践中的可变的、最终的实际情况。努斯不是逻各斯,而是一种知觉(αἴσθησις)。⑤ 从他对于努斯的规定来看,虽然努斯具有发现真理的能力,甚至它发现的都是终极真理,即最普遍的与最特殊的事物,但是它的这种能力却与逻各斯无关,因而也与展现性的话语无关。换句话说,努斯这种发现真理的能力是非语言性的、前判断的,并且它比语言性的发现真理的能力更为原初,在亚里士多德看来它不仅为认知性知识(科学、智

---

① [古希腊]亚里士多德:《尼各马可伦理学》,廖申白译,商务印书馆 2002 年版,第 173 页。

② 正是出于这个原因余纪元建议将"φρόνησις"翻译为"实践智慧",参见余纪元:《亚里士多德伦理学》,中国人民大学出版社 2011 年版,第 98—99 页。

③ [古希腊]亚里士多德:《尼各马可伦理学》,廖申白译,商务印书馆 2002 年版,第 182 页。

④ [古希腊]亚里士多德:《尼各马可伦理学》,廖申白译,商务印书馆 2002 年版,第 174 页。

⑤ [古希腊]亚里士多德:《尼各马可伦理学》,廖申白译,商务印书馆 2002 年版,第 185 页。

慧），而且为实践性知识（技艺、明智）奠基，因为认知性知识探究的最终原则与实践性知识探究的最终实际情况都只能被它把握。努斯发现的真理是前判断的，并且为判断真理奠基。

在亚里士多德这里认知性知识与实践性知识被区分了开来，真理并不是只有通过认知性知识才能被发现的，实践性知识以及努斯同样可以发现真理。就实践性知识通过逻各斯发现的真理而言，符合论真理观是很难用于解释它的，技艺或者明智所发现的不是独立于人而存在的客观事实，而是正确的行为方式或者说存在方式。技艺作为一种知道如何（knowing-how）所揭示的并不是一个客观事实，例如一个鞋匠知道如何用不同的材料加工成一双坚实耐用舒适的鞋子，他所拥有的实践性知识无疑揭示了一种真理，但是这种知识或者真理并不是对于一个客观存在的事实的揭示，而是作为实践性的知识或真理起着指导制作活动的作用，它是面向未来的；同样，勇敢对于亚里士多德来说是鲁莽与怯懦这两个极端之间的中道，一个勇敢的人知道在恰当的时机与场合做出勇敢的行为，这样一种知识或者真理所揭示的也不是一个客观存在的事实，而是面向未来的，在生活中起着指导实践活动的作用。就努斯而言，符合论真理观也并不使用，努斯所揭示的真理是非话语性的，因而也就不是命题或判断与对象之间的符合。真正能用符合论真理观来解释的也就只剩下科学所揭示的真理了，这种真理意味着通过逻各斯揭示永恒的对象，因而自身也是永恒的、必然的，而不是偶然的，用亚里士多德的话来说："科学是我们可以凭借它来做证明的那种品质。"①

此外还需要指出的是，五种发现真理的灵魂的品质并不是处于同等地位的。努斯是为其他四种品质奠基的，因而努斯是灵魂的最优秀的品质，此外还有三组关系有待探讨：1.技艺与明智哪个更为优先？2.科学与智慧哪个更为优先？3.这四种品质中哪种品质最为优先？在实践领域中，亚里士多德认为

---

① ［古希腊］亚里士多德：《尼各马可伦理学》，廖申白译，商务印书馆 2002 年版，第170 页。

政治学是最高的科学,而战争术、理财术、修辞学等都是从属于它的;并且政治学所探讨的是城邦共同体的最高的善,而伦理学探讨的只是个人的最高的善,在这个意义上伦理学是政治学的一部分。① 也就是说,亚里士多德认为政治学与伦理学是高于技艺的。在他看来,人的所有的活动都指向一个最终目标:人的幸福或者说对人而言的最高的善,也就是灵魂的理性能力的实现活动,根据这个原则,他认为沉思(θεωρία)的生活是最好的生活形式,其次是政治的(追求荣誉或者说德性的)生活方式,最后才是享乐的生活。② 明智与技艺分别对应了后两种生活方式,因而明智与技艺相比也占据了主导地位,而对应着沉思活动的认知性知识比明智与技艺这两种实践性知识都更为优先。关于第二个问题的答案也很明显,亚里士多德认为智慧等于科学加上努斯,③虽然科学是系统性的考察不变的存在者的知识,然而它的第一原理本身并不能在自身之中得到把握,因为它的方法是证明(演绎与归纳),而第一原理是无法证明的,它只能被直观到,这个功能是努斯才能承担的,因而包含努斯的智慧是高于科学的。在前两个问题得到了回答之后,第三个问题就可以转化为:明智与智慧何者优先? 对于亚里士多德来说这个问题的答案是很明显的:

> 智慧必定是努斯与科学的结合,必定是关于最高等的题材的、居首位的科学。因为,如果说政治和明智是最高等的科学,那将是荒唐的,因为人不是这个世界上最高等的存在物。④

人是会死的、有限的存在物,与永恒存在的神以及天体相比人是不够完美的,只是次等的存在物。⑤ 与之相应,智慧也优先于明智。

亚里士多德一方面将包含努斯的智慧规定为最高种类的知识形式或者说

---

① [古希腊]亚里士多德:《尼各马可伦理学》,廖申白译,商务印书馆 2002 年版,第 6 页。
② [古希腊]亚里士多德:《尼各马可伦理学》,廖申白译,商务印书馆 2002 年版,第 11—12 页。
③ [古希腊]亚里士多德:《尼各马可伦理学》,廖申白译,商务印书馆 2002 年版,第 175 页。
④ [古希腊]亚里士多德:《尼各马可伦理学》,廖申白译,商务印书馆 2002 年版,第 175 页。
⑤ 拥有灵魂与努斯(理性)也不足以使人成为最高等的存在物,因为亚里士多德认为神也拥有努斯,并且神的努斯比人的努斯更加完美。

揭示真理的能力,另一方面将沉思($\vartheta\varepsilon\omega\rho\iota\alpha$,静观)视为最好的生活方式。他的这种知识论以及伦理学观点与他在《形而上学》第九卷中提出的潜能($\delta\upsilon\nu\alpha\mu\iota\varsigma$)—实现($\varepsilon\nu\varepsilon\rho\gamma\varepsilon\iota\alpha$)形而上学是分不开的,他认为所有活动都是朝向某种目的的,而"目的的达到"($\varepsilon\nu\tau\varepsilon\lambda\varepsilon\chi\varepsilon\iota\alpha$,隐德来希)无疑是比潜能更好的存在方式。根据这种形而上学或者说存在论,人的生存实践也是朝向某个目的的实现的,这种实现活动就是对人而言的最高的善,即幸福;而人的生存实践的本质性规定是拥有逻各斯,因而逻各斯的目的也就是它的目的:发现真理。对于古希腊人来说,永恒真理无疑比可变真理更好,因而努斯的沉思以及智慧也就是对于人而言的最高的善、最好的生活(生存)方式、幸福。

关于幸福是最高的善,亚里士多德在《尼各马可伦理学》第一卷中提出了两个理由:①首先,最高的善意味着完善($\tau\varepsilon\lambda\varepsilon\iota o\varsigma$),也就是说对人而言的最高的善我们是因其自身之故,而不是因为某个更高的目的去追求它的,幸福我们是因其自身之故而去追求的,因而幸福是人的最终目的的实现活动;其次,最高的善是自足($\alpha\upsilon\tau\alpha\rho\kappa\varepsilon\iota\alpha$),自足并不是指一个人孤零零的生活,亚里士多德承认努斯的沉思活动(即幸福)需要很多前提,但他也认为这种活动是一个人可以独自完成的,并且这个活动本身并不需要借助于其他条件;此外,在第十卷中他提出努斯是"人自身,因为它是人身上主宰的、较好的部分",也就是说努斯是决定人之为人的最本质的东西,当努斯进行沉思时,人过的是"他自身的生活"。② 由此可见,亚里士多德的伦理学、知识论与存在论(形而上学)实际上形成了一个有机整体,努斯的沉思不仅是人的最好的、最本真的生活方式以及最高的知识形式,而且还是一种完善的、与神相似的存在方式。③

总的来说,在苏格拉底与柏拉图那里并不存在认知性知识与实践性知识

---

① ［古希腊］亚里士多德:《尼各马可伦理学》,廖申白译,商务印书馆2002年版,第18页。
② ［古希腊］亚里士多德:《尼各马可伦理学》,廖申白译,商务印书馆2002年版,第307页。
③ ［古希腊］亚里士多德:《尼各马可伦理学》,廖申白译,商务印书馆2002年版,第308页。亚里士多德认为神的存在方式无非就是永恒的沉思。

的区分。尽管柏拉图将最高种类的知识称为理性,它意味着对于理念的"观看",但是理性或者理念知识并不仅仅意味着认知性知识,"正义""勇敢""审慎""智慧"与"善"被视为最高种类的理念,而关于它们的知识绝不仅仅是理论性的,而且也是实践性的,只有从这样的知识论立场出发,苏格拉底的"德性即知识"观点以及柏拉图的"哲人王"理想才是可理解的。虽然亚里士多德明确地区分了认知性知识与实践性知识,但在他看来两种知识有着同样的根基:努斯,并且努斯的沉思活动同时意味着最原初的理论活动与最完善的实践活动,在这个意义上认知性知识与实践性知识在亚里士多德这里并没有完全被分割开来。虽然亚里士多德赋予认知性知识优先地位的做法影响了西方哲学中知识论的发展方向,但他对于实践性知识(技艺与明智)的分析直到今天依然是一种富有启发意义的经典理论,在这一点上赖尔、图根特哈特以及当代德性知识论的主张者都很难说已经超越了他,并且在下文中我们将会看到,海德格尔也深受他的知识论的影响。

第二篇
海德格尔早期
思想形成史

2

第四章　海德格尔的哲学起点

海德格尔从 1919 年开始担任胡塞尔的助手,并在弗莱堡大学开设讲授课 (Vorlesung),他在 1919 年这学期的讲稿在德文全集中被命名为《哲学的观念 与世界观问题》(GA 56/57[①]),在这本书中他讨论了哲学与世界观之异同以 及哲学在何种意义上是"元科学"(Urwissenschaft)。在西方哲学史中,存在论 一直都被视为"元科学",早在亚里士多德那里,形而上学或者说存在论(On-tologie)[②]就是将存在者当作存在者来研究的科学,[③]这种科学追问的是万物 的本原(arche)或者说本质(ousia),因此它优先于一切其他科学,是"第一哲 学"[④](或者说第一科学)。因而哲学作为元科学的观念并不新颖,它在何种 意义上构成了海德格尔哲学的起点是需要得到澄清的。[⑤]

---

① "GA56/57"指"Heidegger, Martin, *Zur Bestimmung der Philosophie*, Frankfurt am Main: Vittorio Klostermann, 1987",下文同。

② 另外一种更常见的翻译是"本体论",但在海德格尔哲学中"存在论"的翻译更贴切,为 了保持术语统一,本书使用后一种翻译。

③ 古希腊文中的科学(episteme)的本义是知识,也就是说科学对于古希腊哲学家来说不 外乎是一种相对于"意见"(doxa)的"知识"。在这个意义上当然哲学也是一种科学,海德格尔所 说的哲学作为"元科学"也是在这个意义上说的。

④ Aristotle, *Metaphysics*, translated by W.D.Ross, 中央编译出版社 2012 年版, p. 61。

⑤ 许多学者都将这一点视为海德格尔哲学的起点,参见张汝伦:《论海德格尔哲学的起 点》,《复旦学报(社会科学版)》2005 年第 2 期;Kovacs, G. , "Philosophy as primordial Science in Heidegger's Course of 1919", in *Reading Heidegger from the Start-Essays in His Earliest Thought*, ed.by Theodore Kisiel & John van Buren, New York: State University of New York, 1994, pp.91-110.

在这个学期的授课中,海德格尔为作为元科学的哲学发展出了一种新的方法论:"解释学直观"(hermeneutische Intuition, GA 56/57, 116),而在《存在与时间》中他自己的哲学方法论称为"解释学的现象学"(Hermeneutische Phänomenologie),并且将它等同为存在论,进一步说是"基础存在论"(Fundamentalontologie, SZ①13),它追问的是"存在的意义"(Sinn des Seins)。(SZ 6)不难发现,《哲学的观念与世界观问题》中的"解释学直观"是《存在与时间》中的"解释学的现象学"的前身,而"元科学"则是"基础存在论"的前身,正是在这个意义上《哲学的观念与世界观问题》构成了海德格尔的哲学起点。此外,这种哲学观念与西方哲学史中的主流哲学观念是一脉相承的,海德格尔只不过没有将追问存在者的本质的形而上学,而是将追问存在的意义的"解释学的现象学"或者说"基础存在论"规定为了第一哲学,即元科学。

第一节 哲学与世界观

初看起来,将哲学视为一种世界观似乎有点不伦不类,海德格尔在讲座中带着近乎戏谑的口气说道:"黑森林中的农民有他们的世界观,对于他们来说他们的世界观就是他们的信仰所告诉他们的东西;工厂的工人也有他们的世界观,而这种世界观的核心似乎是将任何宗教都看成或者评价为过时的东西;而政党也有他们的世界观。此外还有关于英美式世界观和德意志式世界观的对立的说法"。(GA 56/57, 7)我们的日常语言中也有诸如"张三或李四有他的哲学"的说法,这种关于世界观或者哲学的说法显然歪曲了哲学的真实面目。在西方哲学中,世界观首先是在形而上学中得到论述的,西方哲学追问的第一个问题即是:世界的本原是什么? 这个意义上的哲学被称为"自然哲学",亚里士多德在《形而上学》第一卷中将它规定为高于其他一切科学的最

---

① "SZ"是"Heidegger, Martin, *Sein und Zeit*, Tübingen: Niemeyer, 2006"的缩写,下文同。

高形态的科学或者说知识;而到了近代,笛卡尔将世界划分为广延物(res extensa)和思维物(res cogitans),在这个意义上笛卡尔哲学同样阐述了一种世界观或者说一种形而上学。海德格尔写到:"每种伟大的哲学都在一种世界观之中完成自己——每种哲学都是……形而上学。……哲学和世界观从根本上来意味着同一种东西,而世界观仅仅是将哲学的本质和任务更加尖锐地表达了出来"。(GA 56/57,8)

如果哲学等同于形而上学或者说研究存在者的本质的元科学,那么将它视作种世界观并无不可。但是在西方哲学史中,到了近代知识论渐渐占据了主流,哲学家开始对哲学知识,进一步说是形而上学知识,进行反思:正如人类的其他知识一样,哲学知识的有效性如何得到确保? 也就是说,哲学研究渐渐的不再是"世界的本原是什么?"这类形而上学问题,而是"人类知识为什么是有效的?"这类知识论问题。知识论研究是具有批判性的,康德所谓的"批判哲学"也是在这个意义上说的,但他更进了一步,认为人类不能认识与人的感性经验无关的自在之物(Ding an sich)。按照康德的知识论,我们必须谦虚地说:我们不能认识自在的世界,而仅仅能认知经验世界中的种种现象。海德格尔指出,批判哲学(广义上的知识论)使得哲学停留在了意识领域,它不再提供某种终极的世界观,而是致力于对人类知识和价值的批判性工作,在这个意义上世界观不再是哲学的内在任务,而是哲学的界限。(GA 56/57,9-10)

海德格尔在讲授课的一开始就详细地讨论了哲学与世界观之间的上述两种关系①,它们对应的分别是西方哲学史中两种主要的哲学范式:形而上学与知识论。而他接着追问到:究竟哪种哲学范式对于哲学与世界观之间关系的

---

① 根据 Jung 的介绍,海德格尔对世界观问题的兴趣主要受到当时两股相对哲学思潮的影响:一方面是狄尔泰对于世界观学说的元哲学分析,另一方面是胡塞尔在"哲学作为严格的科学"一文中提出的世界观哲学和科学性的哲学之间的对立。此外,1919 年雅思贝斯发表了《世界观的心理学》,海德格尔立刻对这本书进行了批判式的解读。(Cf. Jung, Matthias, „ Die frühen Freiburger Vorlesungen und andere Schriften 1919 – 1923 ", in *Heidegger Handbuch. Leben-Werk-Wirkung*, hrsg. von D. Thomä, Stuttgart: Metzler, 2003, S. 15.)

把握更正确？他认为这个问题并不重要，重要的是在传统哲学与世界观之间始终存在着某种联系，而他提醒我们：在理论上还有一种可能，即在两者之间根本就没有一种联系，也就是说哲学既不等同于世界观，也不以其为自身的界限。(GA 56/57,11)这样做的危险在于将摧毁哲学作为元科学甚至是一门科学的合法性，假如哲学既不能说明世界的本质，也不能对人类认知世界本质的能力进行批判，那么它还能做什么呢？哲学何为？"主要问题在于哲学的本质和概念，而我们的论题可以这样来表述：哲学的观念……，进一步说是：作为元科学的哲学观念"。(GA 56/57,12)

　　海德格尔并没有认为哲学与世界观的关系问题不再重要了，即使在《存在与时间》中世界问题也依然是被探讨的核心论题之一。世界观问题并不是不重要，而是必须从另外一个角度得到思考：假如世界观不等同于哲学中的形而上学，那么它究竟是什么呢？"世界观的本质成为了问题"。(GA 56/57,12)在讲授课的后半部分他再一次讨论了世界观问题，他认为传统哲学的问题在于始终假定了存在一种确定无疑的世界观，进而产生了对人类获得这种世界观的认知能力的怀疑，而哲学家们却没有思考这样的问题：存在一种绝对正确的终极世界观么？哲学是探讨这种终极世界观的元科学么？

第二节　元科学与解释学循环

　　正如上文所提到的那样，形而上学和知识论为我们提供了哲学作为元科学的两种范式，而且哲学是通过与世界观的关系而成为元科学的，但问题在于元科学形态的多样性反而使得我们无法确定哲学在何种意义上是元科学。海德格尔指出，哲学史不能回答这个问题，并且我们也不能从哲学家们对哲学的看法中推导出这个问题的答案；(GA 56/57,17)而另外一种哲学的观念，即将哲学看成是对经验科学的概括总结，即"归纳形而上学"(induktive Metaphysik,GA 56/57,23)，则面临这样一个难题：当经验科学不断更新自身时,哲学作为它们的概括总结也必须发生变动,而这个意义上的哲学显然不是一种元科学,因为它不是经验科学的起源(Ursprung),而是他们的结果(Resultat)。那么在何种意义上哲学是元科学呢? 究竟什么是元科学呢?

海德格尔的回答是:"我们可以去探究对象的知识,而不是知识的对象"。(GA 56/57,28)这种想法当然并不是他第一个提出的,笛卡尔以降的近代哲学的关注焦点就渐渐从"知识的对象"转移到了"对象的知识"。为了理解近代哲学史,需要澄清的一个问题是:为什么知识论被近代哲学家们视为第一哲学或者说元科学? 海德格尔认为,作为元科学的哲学观念必然包含了一种循环性(Zirkelhaftigkeit):只有当哲学规定了什么是元科学研究的原初领域时,它才能将自身规定为元科学,反之亦然。(GA 56/57,28)笛卡尔以降的近代哲学家们不再认为世界的本质或者上帝是哲学所要探讨的原初领域,而是将人类的知识首先纳入了理论视野,在这种对象域的位移过程中,作为知识论的哲学得以将自身规定为元科学;反过来说,正是知识论规定自身为元科学才使得原初领域的位移得以发生。

海德格尔在《存在与时间》中再一次讨论了循环问题:所有的解释(Auslegung)必须在一种前结构(Vor-struktur)的基础之上才能进行,也就是说,被解释的对象在被解释之前就必须已经在某种程度上被理解了。(SZ 152)但这种循环并不是一种恶性循环(circulus vitiosus),海德格尔认为它是理解(Verstehen)和解释的一种本质性规定,反而试图避免这种循环的想法才是误入歧途的。

> 在循环中隐藏着一种最原初的认知的积极可能性,而这种可能性只有在如下情形中才能被真正地把握住,即解释理解了自己的第一个、持续的并且最后一个任务都不是通过突发奇想和流俗概念去规定先有(Vorhabe)、先见(Vorsicht)、先念(Vorgriff),而是在对它们进行处理时从实事本身出发来确定科学的论题。(SZ 153)

海德格尔将循环性视为"最原初的认知"(das ursprünglichste Erkennen)的一

个标志,这种认知不再是对于对象的纯粹客观的认知,而是一种解释,而被解释的不仅是对象本身,而且还是"最原初的认知"的论题(Thema)。将"解释学循环"(hermeneutischer Zirkel)理论运用到"最原初的认知"或者说"元科学"时可以产生两个结论:首先,元科学包含了对于对象或者说实事本身的一种前理解;其次,元科学规定了自己的论题;最后,这两个方面是密不可分的,它们是任何一种元科学的一体两面。

从这个角度我们也就可以理解近代知识论是如何将自身规定为元科学的。首先,近代知识论区分了心理领域(思维物)和物理领域(广延物)。这里我们无需详细论述知识论和心理学的区分,海德格尔和同时代的大多数哲学家一样都持有一种反心理主义,例如新康德主义者李凯尔特继承了康德的想法,认为概念、定理、原理为一切认知活动奠基,而普遍性的逻辑事物显然不能被混淆为经验性的个体心理活动。(GA 56/57,30)但康德哲学和新康德主义面临着一种困难:证明一切认知活动蕴含的知性法则或者说逻辑原理的客观有效性。这种证明的困难在于它既不能是归纳性的,又不能是演绎性的:它不能是归纳性的是因为从具体的特殊的经验事实中推不出普遍的知性法则,更不必说证明它们的有效性了(如同休谟的怀疑论所展示的那样);它不能是演绎性的是因为知性法则已经是一切认知活动蕴含的最普遍的法则了,它们无法从另外一种更高的认知法则中被演绎出来。为了避免这种困难,康德试图用法庭演绎("先验演绎")的方法来为知性法则的有效性进行辩护,而新康德主义者则试图以"目的论的批判方法"(teleologisch-kritische Methode)来证明它们。这种方法将真理看作一种价值,因此在认知活动中我们追求真理就是在追求一种价值,而假如我们追求真理的话,我们就必须接受确保真理的逻辑原理。海德格尔则认为,新康德主义的这种方法论的问题在于:在一切认知活动中我们都必须对真理或者说认知上的价值具有清晰的意识,(GA 56/57,43)而这显然不是事实,例如我们一般只会认为"雪是白的",而不必认为"'雪是白的'是真的"。因此在海德格尔看来,这种方法论即便是可能的,但也是多余的。(GA 56/57,44)逻辑原理或者说知性法则的原初性和不可被演绎性恰恰说明了知识论在一定意义上可以被视为元科学:不仅逻辑原理,而且心理领域或者说认知活动这个领域都被知识论视为元科学(第一哲学)探究的原初领域,同时它也规定自身为元科学(第一哲学)。但这并不意味着哲学将自身规定为元科学是不需要任何辩护的,在这个问题上海德格尔显然不想回到近代知识论的老路上去,他批判了包括新康德主义在内的整个近代知识论传统,在他的批评中外部世界的实在性问题、进一步说世界问题扮演了关键角色。

第三节　外部世界的实在性问题和世界问题

从笛卡尔开始,近代知识论面临的一大难题是外部世界的实在性问题。康德认为对外部事物的实在性的证明的缺失是哲学和人类理性的丑闻,而海德格尔在《存在与时间》中针锋相对地写到:"'哲学的丑闻'并不在于至今为止都没有这样的证明,而在于这样的证明一直被期待和不断被尝试着"。(SZ 205)他并不是在《存在与时间》才首次做出这个论断的,在《哲学的观念与世界观问题》中他就对外部世界的实在性问题进行了详尽的分析。

海德格尔指出,"体验"(Erlebnis)的预设对于任何一种知识论来说都是必需的;(GA 56/57,77)无论哪种知识论都认为感觉印象是直接地被给予给我们的(被我们所体验的),它们的存在是毋庸置疑的,问题只在于是否存在一个不依赖于它们而存在的外部世界。对于这个问题近代知识论提供了两种不同的解决方案:"批判性的实在论"和"批判性的先验观念论"。前者把这个问题表述为:"我是如何超出感觉印象这个主体领域而达至对于外部世界的认知的?"后者把这个问题表述为:"当我停留在主体领域时,我是如何达至对于外部世界的认知的?"(GA 56/57,80)海德格尔认为,这两种理论都是基于自然科学的:生理学告诉我们,我们的感觉经验是我们的身体受外部世界的刺激而产生的;而物理学告诉我们,我们感觉到的色彩、声音等并不存在于外部世界中,那里存在的只有一定频率和波长的光波和声波,也就是说,在我们的感觉经验之外还存在一个客观的物理世界。当一个哲学家对这种自然科学事实进行反思时,所谓的外部世界的实在性问题就自然而然会出现了:我怎么知道在我的感觉经验之外还存在一个客观的外部世界? 在西方哲学史中这个怀疑论工作是由笛卡尔完成的,在这个意义上他是观念论的开创者。实在论者则更多地在回答这样一个科学问题:我们是如何通过我们的感性经验来认知外部世界的? 从哲学上看,观念论无疑是一种更为彻底的知识论,因为它悬置掉了一切理论预设,包括外部世界的实在性的预设。观念论者并不把感觉印象的存在或者说把它们的给予性视为一种预设,而是认为这是毋庸置疑的事实。

海德格尔对这两种知识论都进行了批评:"片面地和绝对化地将知识、对象以及实在性概念限定在数学性的自然科学范围之内"(GA 56/57,83),而且他强调这一点对于他来说有着"原理性的意义"(GA 56/57,84)。在他看来,我们的自然意识包含了很多预设,他举的例子是他上课时正在用的讲台:他和底下的学生都会把它当作讲台;而假如一个黑森林的农民突然踏入教室,他可能会把它当作教师授课的地方;而假如是一个塞内加尔人突然踏入教室,他也许会把它当作某种与魔法有关的东西,或者把它当作能够用来躲避弓箭和乱石的遮挡物,或者根本就不知道它是用来干嘛的,而只是棕色的木制品。(GA 56/57,71)也就是说,我们的文化背景给世界中的事物附加了很多意义,因此同一个东西在不同文化背景的人看来是不同的事物。与此相反,自然科学和传统西方哲学(形而上学和知识论)则试图从一种客观的视角来观察世界,对于自然科学家来说讲台作为自然物无非就是一件木制品,进一步说是一堆碳分子,而哲学家则会说被给予观察者的首先无非是具有一定形状的棕色视觉印象。根据流行的观点,无论自然科学还是哲学对于事物的认知都是具有普遍有效性的,并且是客观的与无预设的。但海德格尔认为所谓的无预设性只是一种假象,因为这两种观察事物的方式都预设了"理论事物的优先性"(Primat des Theoretischen),而"这种优先性特征得以成立,仅仅当我在从事理论活动时,仅仅当理论性态度在场的时候,并且这种态度只有作为对于周遭世界体验(Umwelterlebnis)的摧毁才得以可能"。(GA 56/57,84)。海德格尔和传统哲学家以及科学家的主要分歧在于:何种体验才是原初的(ursprünglich)? 理论性的体验(感觉印象,显微镜下的分子结构)还是"周遭世界体验"?

　　"周遭世界体验"是《哲学的观念与世界观问题》中的一个重要概念,它指的是日常生活经验,即在生活世界中生存的普通人的经验。① 在海德格尔看来,在讲台的例子中"直接地被给予"给"我"的并不是棕色视觉印象,也不是一堆碳分子,而是讲台、教师授课的地方、与魔法有关的东西,等等。作为一个在日常生活世界中生存的人,带有文化背景烙印的日常经验是直接地被给予"我"的,"我"并没有首先获得某种感觉印象,然后给它附加上某种意义。假如说对于自然科学家和传统哲学家来说"我"的日常经验不够原初的话,那么至少对于"我"来说这种经验是原初的,反而他们的经验才不是原初的,而是对于日常生活经验的一种抽象。"周遭世界体验"概念的重要意义并不在于强调了在理论性经验之外还有日常生活经验(这只不过是个不言自明的常识),而在于强调了日常生活经验的原初性,一直以来这点都被哲学家和科学家排除在了视野之外。

　　当然海德格尔对于传统哲学的批评是否能够成立,这是需要探讨的。为什么日常生活经验(周遭世界体验)比理论性的经验或者说体验更为原初?为此海德格尔提供了以下两个论证:

　　1)第一个论证我们可以称为"不可还原性论证"。日常生活经验不能被还原为理论性经验。海德格尔指出,日常生活世界中的事物显现出的意义不可能通过某种理论被构造出来:"周遭世界的体验这种有意义的现象我不能

──────────

　　① 在《存在与时间》中"周遭世界"(Umwelt)是一个重要概念,它的意义是日常生活世界,在后面章节中将对此有详细论述。

通过如下的方式来解释,即我摧毁它们的本质性特征,在它们的本来意义上扬弃它们,然后再在理论中设计出它们"。(GA 56/57,86)这个批评对于先验观念论来说是成立的,因为根据这种理论我们对世界的客观经验或者说知识是可以被还原为感觉印象和逻辑原则的组合物的,而除此之外的经验都只是和知识无关的主观体验。根据这种理论,我将一个木制品当作讲台的经验至少不是纯客观的,而是客观经验和主观体验的混合物,但问题在于我的经验恰恰不是一种混合物,它既不是牛奶和巧克力这类混合物,也不是氢气和氧气混合成的水这类混合物。在海德格尔看来,讲台作为讲台是被直接给予给我的,而不是一种被混合而成的经验。他的批评对于批判性的实在论来说也是成立的,因为这种理论"不仅扬弃了具有意义的事物和它们的周遭世界特征,它也不曾一次看到而且根本不能看到这种事物,而是始终带着理论视角试图通过一个存在者来解释另外一个存在者"。(GA 56/57,87)也就是说,批判性的实在论根本就不承认所谓的主观经验的合理性,根据这种理论只有客观知识才是有效的,而通过客观知识,世界中的事物最终都能被还原为几种终极的元素。需要指出的是,"不可还原性论证"能说明的仅仅是日常生活经验和理论性经验的非同构性,而不能说明日常生活经验是更为原初的,因此这个对于传统哲学和科学的批判尚不彻底。

2)第二个论证我们可以称为"主体性论证"。海德格尔在讲座中探讨了这样一种体验,即发问者提出了"存在什么东西么?"(Gibt es etwas?)这个问题。(GA 56/57,63)这是一种怎样的体验呢?发问者所追问的并不是"存在上海这个城市么?"或"存在莫扎特这个音乐家么?"或"存在 1 这个数么?"这类具体的问题,而是追问究竟是否存在什么东西。虽然海德格尔没有明确指出这类发问者究竟是指谁,但熟悉哲学史的人都知道在这里被问的是笛卡尔问题。笛卡尔在"第一沉思"中悬置了一切人类知识的有效性,他的"梦境怀疑"和"欺骗恶魔怀疑"使得我们既不能确定究竟是否存在一个外部世界,也不能确定"1+1=2"这类简单的、通常被认为必然为真的数学真理,因此所谓的笛卡尔问题可以被表述为:"有没有什么是我不能怀疑的?"或者"究竟什么是我能确定为真的?",而它们和"存在什么东西么?"这个问题并无不同,对于这三个问题笛卡尔都可以回答到:"我存在"("existo","sum")。这里的"我"是怀疑的主体,即笛卡尔所谓的思维物(res cogitans)。由此出发我们就可以理解海德格尔在讲座中的一个奇特表述:"恰恰是因为问题的意义指涉于一个我,所以它不指涉于属我的我",(GA 56/57,69)他所要表达的意思是:追问"存在什么东西么?"的追问者不能被规定为某个具体的人,例如"海德格尔""笛卡尔"等,任何个人都已经处于周遭世界之中了,他由于某种具体的规定性而和其他个人相区别,而上述的追问者是没有任何具体属性的,他是"心理主体"(das psychische Subjekt,GA 56/57,69),即通常所谓的认知主体。

认知主体不同于生活世界中的个人这个结论对于笛卡尔以降的哲学家们来说并不陌生,很多哲学家都由此发展出了某种心物二元论,但海德格尔在讲座中感兴趣的不是任何形而上学问题,而是"体验"(Erlebnis)问题。周遭世界体验和理论性的体验是两种不同的体验,与之对应的两种体验主体也是不同的。作为认知主体的自我和拥有具体规定的、在生活世界中生存的自我是两种不同的"我"。海德格尔认为,生活世界中的体验是非常个体性的,(GA 56/57,72)作为体验主体的"我"也有着各种具体规定,例如在驾驶汽车的"我"和进行沉思的"我"是两种不同的"经验自我"。在这个意义上他写到:"作为如是的对象性存在或者说客体性存在并没有触及到我。我不再是那个单数的,进行确定的我(das Ich)"(GA 56/57,73)。换句话说,认知主体不是我,也不是你,也不是他,用康德的话来说,先验主体只是"一个一般意义上的某物"(ein Etwas überhaupt)。① 海德格尔指出,所谓的认知经验是以抽象掉经验主体的具体规定性为代价的,(GA 56/57,73),在生活世界中生存的个人被剥离掉了一切规定性而成为了先验自我。尽管海德格尔在《哲学的观

① Kant,Immanuel,*Kritik der Reinen Vernunft*,Hamburg:Meiner,1998,A 355.

念与世界观问题》中使用了一个狄尔泰式的概念："历史性的我"(historisches Ich,GA 56/57,74),尽管他还没有像在《存在与时间》的第 65 节中那样明确地批评先验自我理论,但他已经暗示了《存在与时间》中的一个核心观点:自我始终是"此在"(Dasein)、"在世界中存在"(In-der-Welt-Sein)。就目前的讨论而言,"主体性论证"已经足够说明日常生活经验比理论性经验更加原初了,因为即使理论活动的主体也生存在具体的生活世界中,先验自我即便存在,它也不能摆脱这种具体规定性,因而理论性的经验必然同时也是一种生活世界的经验,在这个意义上日常生活经验比理论性经验更为原初。

通过上面的论述不难发现,海德格尔的体验理论颠覆了传统哲学中理论经验的优先性原则,在他看来,直接被给予给我们的、因而也更加原初的经验不是感觉印象,也不是它和知性范畴的组合物,而是周遭世界体验。与这两种经验对应的是两种对于世界的理解,理论性经验的对象是心理世界和物理世界,而周遭世界的经验的"对象"①是周遭世界或者说生活世界(Lebenswelt)。外部世界(物理世界)的实在性问题之所以产生是由于哲学家预设了理论经验的优先性,而这种经验却无法证明它的对象的实在性;而海德格尔则认为,周遭世界经验比理论性经验更为原初,因此世界作为生活世界的被给予性也是更为原初的。

对此可能存在这样一种疑问:"生活世界的实在性不也是可以被怀疑么?"但这种发问遗忘了生活世界的被给予方式本身就不是理论性的,我们并不是通过我们的知识设定了生活世界的实在性,因此也谈不上对它的怀疑,哲学怀疑已经是一种理论性态度了。(GA 56/57,88)在这个意义上我们也就能理解海德格尔在《存在与时间》中的论断了:哲学的丑闻在于一直试图尝试通过某种理论去证明外在世界的实在性。世界首先是作为生活世界而被给予我们的,它的"实在性"不是一个理论问题,因此不能被怀疑或者被证明。

---

① 主客二分的模式不再成立,所以这里的对象一词要加上引号。

世界观在哲学中一直都是一个核心问题,近代知识论将世界分为心理世界和物理世界,而海德格尔认为,哲学的世界观并不是无前提的,在形成某种世界观之前,哲学已经预设了某种体验或者说经验的优先性。假如我们承认周遭世界经验相对于理论性经验的优先性,那么世界对我们首先显现为生活世界,而不是心理世界或物理世界。因此作为元科学的哲学的任务不是形成某种世界观,也不以世界观为其界限,而是应该首先反思人对于世界的理解或者说体验方式。它首先应该探讨的不是知识的对象,而是关于对象的知识,并且知识并不必然等同于理论经验,"周遭世界体验"或者说日常生活经验可能是一种更为原初的体验方式或者说知识形式。

第四节　解释学直观作为元科学的方法

在讨论了世界观问题和体验问题之后,我们可以回到《哲学的观念与世界观问题》的主题了,即作为元科学的哲学观念。上面的论述已经暗示了这样一点:元科学既不是研究客观世界的形而上学,也不是研究知识的知识论,而是研究周遭世界体验(日常生活经验)的非理论性的或者前理论性的科学。在海德格尔看来,被直接给予我们的不是认知论意义上的感觉印象,原初的现象(Phänomen)是周遭世界体验,在这种体验中体验对象尚未被区分为心理领域与物理领域,也就是说,它不包含任何一种存在论承诺,它并没有告诉我们世界整体是什么。需要指出的是,将周遭世界体验的"对象"看作是区别于心理世界或物理世界的生活世界(周遭世界)实际上是一种哲学反思的结果,这种反思已经脱离了原初的周遭世界体验,而成为了以这种体验为研究"对象"的现象学(Phänomenologie)。这种元科学或者说哲学的观念并不是理所当然的,而是面临着两个反驳,海德格尔在授课的最后一个部分(第三章)中讨论了这两个反驳:

1)第一个反驳是海德格尔自己提出的元科学的"循环性问题":正如上文所述,一种哲学只有将它的研究领域规定为原初领域,它才能将自身规定为元科学;而一种哲学只有将自身规定为了元科学,它才能将它的研究领域规定为原初领域。元科学追求的目标是无预设性或者说无前提性,但当某种哲学设定自身为元科学时,它必然陷入上述的循环。海德格尔认为,设定(Setzung)和预设(Voraussetzung)的这种循环性是一个"显著的理论问题"(GA 56/57,95)。但研究周遭世界经验的现象学不是也陷入了这种循环么? 循环性问题对于这种现象学来说不也是一个显著的理论问题么? 这种现象学将周遭世界经验视为比理论经验更为原初的,这难道不也是一种设定或预设么? 海德格尔认为,无论周遭世界体验还是研究这种体验的现象学都不是一种"理论",理论事物是一种对周遭世界体验的抽象,他将这种抽象称为"去生命化"(Ent-lebnis,GA 56/57,84),而周遭世界体验是前理论性的。此外,研究周遭世界体验的现象学在他看来也是前理论性的:①"我们注视(hinsehen)着周遭世界的体验,穿透(hi-neinsehen)它并且发现在它之中没有诸如实事设定(Sachsetzung)之类的东西,也没有一种被给予性的意识"。(GA 56/57,98)他在这里将"注视"看成是现象学的方法,并且明确地指出,虽然这种注视是一种体验,但不再是周遭世界体验,而是某种形式的反思(Reflexion),在这一点上他和胡塞尔保持着一致。虽然海德格尔将研究周遭世界体验的现象学看成是前理论性的,在这个意义上也就不存在所谓的理论上的循环论证问题,但是他对现象学的这种刻画是不完整的,他没有告诉我们在何种意义上现象学是一种元科学,并且面临着一个进一步的反驳。

2)第二个反驳是所谓的"描述问题",这个反驳首先是那托普(P.Natrop)针对胡塞尔的现象学提出的。根据胡塞尔的看法,虽然现象学的方法是反思,但它同时是一种描述性的科学,描述的对象是体验之流(Storm des Erlebnisses)。即使海德格尔并不像胡塞尔那样把体验与意识或者说认知相等同,但他们都面临着同一个难题:一种无前提性的描述如何得以可能? 根据

---

① 在后来的思想发展过程中他放弃了这一点,在《存在与时间》中现象学依然首先是一种哲学方法,但同时也是一种理论,即存在论。

那托普的观点,反思行为并不能将体验之流如其所是地那样把握住,而是使得"这个流静止不动了",(GA 56/57,101)也就是说,反思行为破坏了体验之流,它能把握这个或那个体验行为,却无法把握整个体验之流。此外,那托普还指出,现象学不能将体验如其所是地那样直接地描述出来,因为所有的描述都要借助语言,也就是说要借助概念,并最终要借助知性法则,"不存在对于体验的直接把握"。(GA 56/57,101)因此那托普提出,我们不能直接把握体验之流,而只能对它进行"重构"(Rekonstruktion)。海德格尔则认为,即使重构的方法也不能如其所是地那样把握体验之流,因为这种方法同样是一种客体化或者说对象化,而周遭世界的体验根本不是作为认知对象或者说作为客体被给予的。(GA 56/57,107)换句话说,对于体验之流或者周遭世界体验的重构意味着对它的歪曲,因而一切理论科学都无法把握这种原初体验。海德格尔承认,那托普对胡塞尔的反驳并非全无道理,描述始终都是一种对象化、客体化的行为,因此原初的周遭世界体验是无法以这种方式被如其所是地那样把握住的。但他同时反对这样一种理论偏见,即将"现象学观看"(das phänomenologische Sehen)或者说"现象学直观"(die phänomenologische Intuition)等同于"描述"(Beschreibung,GA 56/57,111)。与胡塞尔不同,海德格尔在这一时期并没有把现象学看成是一种描述科学,甚至不将它看成是一种科学。

在《哲学的观念与世界观问题》中海德格尔只是说明了现象学在消极的意义上不是什么,而没有说明它在积极的意义上是什么。直到讲授课的末尾他才用大约一页的篇幅介绍了他的现象学方法,他称之为"解释学直观"(hermeneutische Intuition,GA 56/57,116)。但是他既没有说清楚在何种意义上这种方法是解释学的,也没有说清楚它在何种意义上是一种直观。对解释学直观这种方法的阐明在《哲学的观念与世界观问题》中是一项未完成的任务,它在何种意义上是一种元科学也没有得到充分论证。

对于"解释学直观"这种现象学方法还存在这样一种反对意见:"解释学直观"本身是一个自相矛盾的概念,因为现象学直观要求一种直接性,现象学只是"注视"原初体验,而不是对它做出某种解释。在回应那托普批评的过程中,海德格尔显然意识到了这种矛盾,并因此对现象学的定义进行了改变,他不再把现象学看作是一种描述科学。他引述了胡塞尔提出的现象学的诸原则:"所有在直观中原初地……呈现的东西,如其所自我给予的那样……简单地去接受"①(GA 56/57,109);而在《存在与时间》中他对现象学的定义是:"自我呈现的事物,如同其从自身出发所自我呈现的那样,让其从自身出发而被看见"。(SZ 34)虽然他和胡塞尔对现象学(Phänomenologie)的定义似乎并无不同,但从1919年的讲授课中我们已经看到,他眼中的自我呈现的"现象"(Phänomen)不是意识流或者认知活动,而是周遭世界体验以及对前世界性的某物的经验。此外,他认为现象学的研究主体不是先验自我,而是"历史性的我",在习得语言时"我"也同时获得了对事物的某种前理解(Vorverständnis),因而"我"对于世界的理解即便不需要预设任何前提,但也必然是基于某种前结构(Vor-struktur)的,②在这个意义上任何一种现象学观看或者直观都必须从解释学上去考察。如何将解释学与现象学这两种哲学方法论结合起来成为"解释学的现象学",这构成了接下来几年中海德格尔思想发展的主要动力。

---

① 原文出自 Husserl, Edmund, *Ideen zu einer reinen Phänomenologie und phänomenologischen Philosophie. Erstes Buch: Allgemeine Einführungin die reine Phänomenologie*, 1. Halbband, Den Haag: Martinus Nijhoff, 1976, S. 43。

② 因此海德格尔将"解释学直观"描述为"原初的、现象学式的后念和先念的形成"(originäre phänomenologische Rück-und Vorgriffs-bildung, GA 56/57,117)。

第五章　海德格尔的现象学

如果说 1919 年的《哲学的观念与世界观问题》是海德格尔的哲学起点,那么他在 1919 年至 1923 年这段时期则致力于进一步发展自己的哲学方法。在 1919 年的讲授课中他将周遭世界体验(日常生活经验)规定为了作为元科学的哲学考察的原初领域,而揭示它的方式则是解释学直观,但这种哲学方法并没有得到充分的阐明。对于哲学方法的关注主导了海德格尔接下来几年的研究,他从一开始就明确地将自己的哲学方法视为一种现象学,但他同时也意识到这种现象学与胡塞尔的现象学有着很大的差异,如何定义自己的现象学以及如何回应那托普的批评构成了他进一步努力的方向。他的哲学方法的关键之处在于结合现象学与解释学,从而发展出一种"解释学的现象学"。要对这种哲学方法进行阐明,就必须先考察"现象学"与"解释学"这两个概念在他的哲学中分别意味着什么,然后再考察两者是如何融合成一种崭新的哲学方法的。

第一节　胡塞尔与现象学

在 1919 年至 1920 年的冬季学期的讲授课《现象学的基本问题》(GA 58)[①]

[①]　"GA 58"是指"Heidegger, Martin, *Grundprobleme der Phänomenologie* (1919/1920), Frankfurt am Main:Vittorio Klostermann,1993",下文同。

中,海德格尔对"现象学"这个概念的历史进行了简单的梳理。(GA 58,
11-17)虽然德国思想家兰伯特(J. H. Lambert,1728-1777)与赫尔德(Herder,
1744-1803)就已经使用过这一术语,但它真正得到传播是因为黑格尔的《精
神现象学》。黑格尔在这本书中描述了精神自身的运动,在他看来精神的本
质在于不断地自我扬弃或者说"否定之否定",他将精神的三个发展阶段分别
称为"意识""自身意识"与"理性",在他那里"现象"意味着精神本质的外化,
并且他的精神现象学并不是简单地去描述各种精神现象,而是探寻精神运动
的基本规律,在这个意义上黑格尔的精神现象学的实质是一种形而上学,它与
由胡塞尔开创的现象学并没有直接的关联。① 此外,在新教神学中"现象学"
这一术语也得到了运用,例如在莱希勒(Max Reischler)那里现象学意味着对
于宗教意识的内在的与超越的历史发展的描述,在这个意义上神学中的现象
学意味着宗教意识的心理学。比较接近胡塞尔的现象学概念的是芬德(A.
Fänder,1870-1941)在《意欲的现象学》(1900)一书中提出的关于心理现象的
描述性方法,这种方法不把心理现象当作客观对象并且通过经验科学来解释
它们,而是只对心理现象进行主观的、内省的描述。

　　现象学真正得以成为现代哲学的一个重要流派应该归功于胡塞尔,他在
1901 年发表了《逻辑研究》的第二卷,它的副标题是"对现象学与知识论的研
究"。受他的老师布伦塔诺(F. Brentano,1838-1917)的影响,胡塞尔也将自己
的现象学称为"描述心理学"(deskreptive Psychologie)。虽然海德格尔将这本
书视为哲学上的真正突破,但他同时指出胡塞尔对现象学的这个定义是误入
歧途的(后来胡塞尔自己也意识到了这点)。在他看来,胡塞尔现象学的真正
动机(Motiv)是对于"先验事物"(Transzendentale)的研究,这使得它区别于一
切经验性的心理学研究,并且这种研究的积极意义在于提出了"普遍科学的
观念"(Idee der mathesis universalis)。作为胡塞尔的助手,海德格尔对(早期)

---

① 尽管如此,海德格尔宣称黑格尔这本著作的基本取向只能通过现代的(即胡塞尔以来
的)现象学才能得到理解。(GA 58,12)

胡塞尔现象学的这个理解是符合胡塞尔原意的,在 1927 年为《不列颠百科全书》所撰写的"现象学"词条中胡塞尔这样写到:

> 现象学指的是世纪之交时在哲学中得到突破的一种新的描述方法以及由这种方法而产生的一种先验科学,对这种先验科学可以进行如下规定:它为严格的作为科学的哲学提供原则性的工具,而且由此产生的效应是使得所有科学在方法上的革新得以可能。①

由此可见,虽然胡塞尔也放弃了现象学是一种描述心理学的定义,但是他的现象学依然是一种描述方法、一种先验科学,并且在方法论上为其他一切科学进行奠基。最后一点也就是海德格尔所说的普遍科学的观念,拉丁文术语"mathesis universalis"来自于笛卡尔和莱布尼茨,在《探求真理的指导原则》一书中笛卡尔首次使用了这个概念,他认为通过这门科学一切合乎"秩序和度量"的事物都可以得到解释,②而在他看来逻辑学中的演绎方法正是这样一种科学;他的这个想法启发了莱布尼茨,莱布尼茨认为与各种各样的自然语言相对,存在一种形式化的普遍文字,使用这种文字哲学家和科学家可以通过逻辑运算来解决哲学问题。对于笛卡尔与莱布尼茨来说,mathesis universalis 是一种内在于人类理性的先天能力,它是"自然最初播撒于人类心灵的真理种子"。③ 而当胡塞尔将现象学定义为先验科学以及原则性的工具时,他眼中的现象学不是经验性的心理学,而是一种为一切科学奠基的普遍科学(mathesis universalis)或者说第一哲学。

在《逻辑研究》的前言中,胡塞尔对其现象学的主旨进行了解释,他的哲学出发点并不是为了回应传统的哲学问题,而是数学与逻辑学问题让他进入了对知识论问题的研究,他相信逻辑学问题只有在心理学中才能得到解决。④

---

① Husserl, Edmund, *Phänomenologische Psychologie*, Den Haag: Martinus Nijhoff, 1968, S. 277.
② ［法］笛卡尔:《探求真理的指导原则》,管震湖译,商务印书馆 1991 年版,第 18 页。
③ ［法］笛卡尔:《探求真理的指导原则》,管震湖译,商务印书馆 1991 年版,第 17 页。
④ Husserl, Edmund, *Logische Untersuchungen. Erster Teil. Prolegomena zur reinen Logik*, Den Haag: Martinus Nijhoff, 1975., S. 6.

在这个意义上他的现象学比较接近于康德的知识论,他们共同要探究的是使人类知识得以可能的先天条件,①而这些条件同时也是使数学、逻辑学以及其他理性知识得以可能的先天条件。虽然胡塞尔在《逻辑研究》中将现象学定义为描述心理学,但这本著作却是从对传统心理学的批判开始的,在他看来,数学以及逻辑学这种具有必然有效性的知识不能通过对心理活动的描述得到解释,而这却是心理学家的基本信念。他所批判的实际上并不是当时尚未发展成熟的心理学,而主要是英国经验论,在他看来,当经验论哲学家(密尔、洛克、休谟等)将知识还原为观念(idea)时,他们并没有区分心理行为与作为心理行为的内容的观念,数学与逻辑学中的真命题(观念)作为心理行为的内容并不是经验性的或者说现实的(real),而是观念的(ideal)。

　　虽然胡塞尔所要探究的是知识的观念性,但和唯理论哲学家不同的是,他并没有将知识的观念性简单地归诸"天赋观念",而且他也并不为康德的知性范畴学说所打动。与传统知识论不同,他的现象学要求一种明见性(Evidenz)②或者说直观性,在 1913 年出版的《纯粹现象学与现象学哲学的观念》第一卷中,他对现象学的"一切原则之原则"进行了如下阐述:"每一种原初给予的直观都是认识的合法源泉,在直观中原初地(可以说是在其机体的现实中)给予我们的东西,只应按其被给予的那样,而且也只在它被给予的限度内被理解。"③

　　在胡塞尔看来,直观并不限于感性,而是意味着认识对象原初地被给予的方式,因而遵循上述现象学的基本原则,现象学要描述的是认识对象的原初的

　　①　Zahavi, Dan, *Husserl's Phenomenology*, Stanford: Stanford University Press, 2003, p. 8.
　　②　在《逻辑研究》的第六研究中胡塞尔将明见性定义为判断被感知所充实,也就是说判断对象在感知中自我呈现或者说原初地被给予,参看 Husserl, Edmund, *Logische Untersuchungen. Zweiter Teil. Untersuchungen zur Phänomenologie und Theorie der Erkenntni*, Den Haag: Martinus Nijhoff, 1984, S. 650f.
　　③　[德]胡塞尔:《纯粹现象学与现象学哲学的观念》第一卷,李幼蒸译,商务印书馆 1996 年版,第 84 页。

被给予方式,只有通过这种描述它才实现了被要求的无预设性。上述原则也意味着胡塞尔现象学所要研究的对象是"心理领域",更确切地说是意识领域。他的现象学并不把意识这种对象作为经验性的心理活动来进行考察,它所要描述的是在意识中认识对象是如何被给予的,不管它们是现实的物理对象还是观念性的范畴,与前者对应的是感性直观,而与后者对应的则是范畴直观(kategoriale Anschauung)。① 也就是说,胡塞尔现象学并不单独将意识活动作为对象,也不单独将认识对象作为对象来研究,而是研究两者之间的关联,这种关联就是胡塞尔赋予意识活动的本质特征:"意向性"(Intentionalität)。

胡塞尔的"意向性"概念同样来源于布伦塔诺,布伦塔诺认为心理现象始终是包含某个对象的,例如爱这种心理现象始终包含一个被爱的对象,想念始终包含一个被想念的对象,他将心理现象的这种对象性定义为意向性。布伦塔诺还认为,心理现象的对象不必是存在的,例如当我对孙悟空进行想象时,在现实中孙悟空显然不现实存在,但它却具有在心理现象中的内在存在(immanentes Sein)。此外,布伦塔诺将意向性视为心灵现象区别于物理现象的本质特征,也就是说,只要是心灵现象就具有意向性,而只要是物理现象就不具有意向性。② 受布伦塔诺的影响,胡塞尔也将意向性视为意识活动的本质特征,但他所关心的不是心理现象与物理现象的区分,也不认为心理对象的特征是内在存在,他的关注焦点是意识的"意向性本质":"质性"(Qualität)与"质料"(Materie)的关联性。③ 质性是指意向性意识活动的行为属性,意向性活动可以是判断,也可以是回忆、想象等;质料是指意向性意识活动的内容,例如"我看见了金茂大厦"与"我看见了黄浦江"这两个意识活动具有相同的质性,

① 参见倪梁康:《胡塞尔现象学概念通释(修订版)》,生活·读书·新知三联书店 2007 年版,第 262—263 页。

② Brentano, Franz, *Psychologie vom empirischen Standpunkt*, *Hamburg*:Meiner, 1973, S. 124 – 125.

③ Husserl, Edmund, *Logische Untersuchungen. Zweiter Teil. Untersuchungen zur Phänomenologie und Theorie der Erkenntni*, Den Haag:Martinus Nijhoff, 1984, S. 355f.

但它们的内容或者说质料分别是"金茂大厦"与"黄浦江"。① 虽然在个体化的意识活动中意向行为与意向内容始终是关联着的,但无论意向行为还是意向内容都可以具有超越于个体化的意识活动的本质,"判断"并不等同于个体化的判断行为,"金茂大厦"也不等同于某个人对它的某个表象,因而无论意向行为还是意向内容都具有观念性(Idealität)。对于胡塞尔来说,这些观念性的本质是可以被直观到的,"范畴直观"或者说"本质直观"是其现象学的核心方法之一。通过以上论述不难发现,研究意识的意向性本质的现象学与研究经验性的心理现象的心理学是不同的,在这个意义上胡塞尔的现象学更接近唯理主义而不是经验主义。

1913 年出版的《纯粹现象学与现象学哲学的观念》第一卷代表了胡塞尔的"先验现象学"(transzendentale Phänomenologie)转向。虽然他在《逻辑研究》中对意向性的分析实际上并不是一种"描述心理学",而是对于意识活动的意向性本质的探究,然而被考察的意向性意识与心理学所考察的心理现象并没有实质性的差异,它们都是实在的心理活动。与此不同,在《纯粹现象学与现象学哲学的观念》的第一卷中胡塞尔提出了一种新的现象学方法:"现象学还原"(phänomenologische Reduktion)。② 在他看来,在日常生活中我们都秉持一种"自然态度"(natürliche Einstellung),即认为存在一个实在的、时空性的世界,并且经验科学就是以这个世界为研究对象的。③ 与之相对的是作为"本质科学"(Wesenswissenschaft)的先验现象学,它摆脱了自然态度,将关于世界的实在性的设定悬置了起来或者说存而不论,这种现象学方法就是现象学还

---

① 有些学者认为在胡塞尔的意向性理论中存在着"行为—意义—对象"的三重结构(参见 Zahavi, Dan, *Husserl's Phenomenology*, Stanford: Stanford University Press, 2003, p. 22ff.),关于这点笔者存有疑虑,然而即便如此,胡塞尔所关注的不是对象,而是前两者,这在他的现象学还原理论中显得尤其明显。

② Husserl, Edmund, *Ideen zu einer reinen Phänomenologie und phänomenologischen Philosophie. Erstes Buch: Allgemeine Einführung in die reine Phänomenologie*, 1. *Halbband*, Den Haag: Martinus Nijhoff, 1976, S. 69.

③ Ibid., S. 56f.

原,它代表的是一种与自然态度相对立的现象学态度(phänomenologische Einstellung)。① 它并没有否认世界的实在性,也没有贬低自然态度以及经验科学的价值,而只是为先验现象学赢得了一个新的研究领域:纯粹意识(reines Bewusstsein)或者说绝对意识(absolutes Bewusstsein)。② 在自然态度中意识体验被看成是依赖于人的生理机制而产生的,作为实在物它是实在世界的一部分,并且它可以成为心理学研究的经验对象。胡塞尔认为,通过现象学还原实在世界从"理论目光"(theoretischer Blick)中消失了,剩余的只有意识体验,并且与指涉实在世界、自身是实在世界一部分的、作为心理现象的意识体验不同,现象学还原的剩余物是纯粹意识。它不是实在世界的一部分,也没有被设定的实在世界的实在性,因而它作为现象学还原的剩余物构成了一个"原区域"、一个先验领域,正是在这个意义上胡塞尔也将现象学还原称为先验还原(transzendentale Reduktion)。

与传统知识论不同,胡塞尔的先验现象学既不是一种实在论,也不是一种一般意义上的观念论:首先,它没有将意识看成是生理活动的产物,也不持有心物二元论,因而它不是一种实在论;其次,虽然先验现象学将外在世界还原为了纯粹意识的"构造"(Konstitution),然而这种还原却不是形而上学还原,不是将一个实在区域还原为另外一个实在区域,因为纯粹意识不属于任何实在区域。在这个意义上胡塞尔的先验观念论(transzendentaler Idealismus)与康德的先验观念论是不同的:康德所说的经验或者认知依然是带有实在性设定的,无论是经验还是它的先天条件都是现实世界的一部分,先验观念论与经验实在论只是看待世界的两种方式;③胡塞尔则在自然态度与现象学态度之间划下了一道难以逾越的鸿沟,纯粹意识不再是现实世界的一部分。也许与

---

① Ibid.,S. 132.

② Ibid.,S. 103.

③ Cf.Allison,Henry E.,"Kant's Transcendental Idealism",in *A Companion to Kant*,ed.by Graham Bird,Blackwell Publishing,2006,pp. 111–124.

以往所有科学以及哲学相比,只有现象学态度才真正地是无预设的、严格的理论态度,然而这也导致了它自身是难以理解的:不属现实世界的纯粹意识究竟是什么?

第二节 海德格尔对胡塞尔现象学的批评

随着海德格尔全集的陆续出版,他对胡塞尔现象学的批评也进入了研究者的视野,尤其是他在《时间概念史导论》(GA 20,①1925 年夏季学期)中的相关批判。但他对胡塞尔的批评并不是在这本书中才首次出现的,早在《现象学研究导论》(GA 17,②1923 年至 1924 年的冬季学期)中他就指出了胡塞尔现象学的局限。他认为胡塞尔现象学将意识作为了"论题域"(thematisches Feld),而其背后的"动机"(Motiv)则是"对被认识到的认识的操心"(Sorge um erkannte Erkenntnis,GA 17,62)。初看起来,海德格尔批评的着眼点似乎并非是胡塞尔现象学理论本身,而是其背后的理论动机,因而他的批评是外在的,对胡塞尔现象学理论本身并不构成挑战。在海德格尔看来,哲学并不仅仅是抽象的理论,而且还是哲学家本身的生命活动,这种活动与其他活动一样都是受特定动机的驱使的。哲学思考的动机在于追求知识或者说追求真理,这在西方哲学史中向来是不言自明的,海德格尔将批评的矛头指向这一点似乎很没道理,因而要理解他的批评还需要先对其具体内容加以考察。

海德格尔在《现象学研究导论》中对胡塞尔现象学的讨论主要依据的是胡塞尔 1911 年发表的《哲学作为一种严格的科学》这篇长文。正如海德格尔所指出的那样,这篇文章是胡塞尔与其同时代哲学的一次交锋,在文章的开头

---

① "GA 20"是指"Heidegger, Martin, *Prolegomena zur Geschichte des Zeitbegriffs*, Frankfurt am Main：Vittorio Klostermann, 1979",下文同。

② "GA 17"是指"Heidegger, Martin, *Einführung in die Phänomenologische Forschung*, Frankfurt am Main：Vittorio Klostermann, 1994",下文同。

胡塞尔写到:"从最初的开端起,哲学便要求成为严格的科学",而在他看来哲学并非是一门不完善的科学,而是甚至还没有成为科学。① 他认为在哲学内部存在着威胁哲学作为严格科学的信心的两股潮流,一股是自然主义,另外一股是历史主义与世界观哲学,这篇文章的剩余部分便是对这两股潮流的批判。

1)胡塞尔批判的自然主义既包括通俗的物理主义,也包括感觉主义与功能主义,它们的主要主张在于一方面将意识自然化,另外一方面将观念,也就是说将理想与规范,自然化。他的批判对象实际上是当时的实验心理学,它将意识规定为依赖于人的生理条件的心理进程,因此胡塞尔认为实验心理学的任何结论都包含着对物理自然的实存的设定。这个意义上的实验心理学是一种自然态度下的"素朴的"(schlicht)经验科学,试图通过它去解决知识论所要处理的问题,例如意识中的逻辑规则为何对客观的、自在的自然界是有效的,这在胡塞尔看来是一种悖谬。② 此外,他认为实验心理学作为一门描述心理现象的精确科学的观念本身就是有问题的,心理现象是个体化的存在物,它们是处于不断变化的意识流之中的,将它们与空间性的物理对象一样去描述和计算面临着方法论上的难题。胡塞尔提出,能够把握和研究心理现象的方法不是自然科学的描述和计算方法,而是现象学的"本质直观",也就是说,被现象学当作研究对象的不是个体化的心理现象,而是它们的本质。③

2)胡塞尔对历史主义的批判主要针对的是狄尔泰。狄尔泰认为所有的精神构型都有其内部结构,并且它们是在历史长河中形成的。如果这种历史主义作为一种普遍性的原则是成立的,那么相对主义和怀疑主义就是它的直接后果,而胡塞尔认为它对于严格科学而言并不适用,因为数学与逻辑学等严格科学的有效性是绝对的。④ 同样的逻辑也可以用来反驳世界观哲学,在胡

---

① [德]胡塞尔:《哲学作为一种严格的科学》,倪梁康译,商务印书馆1999年版,第1页。
② [德]胡塞尔:《哲学作为一种严格的科学》,倪梁康译,商务印书馆1999年版,第14—16页。
③ [德]胡塞尔:《哲学作为一种严格的科学》,倪梁康译,商务印书馆1999年版,第34—41页。
④ [德]胡塞尔:《哲学作为一种严格的科学》,倪梁康译,商务印书馆1999年版,第48—51页。

塞尔看来之所以存在各种各样的世界观哲学是因为作为严格科学的哲学还未出现。①

胡塞尔对自然主义与历史主义的批判并不仅仅是为了维护作为严格科学的哲学观念,对他来说更重要的是确立绝对知识与相对知识的区分。在他的知识图景中,包括哲学在内的严格科学位于一边,而历史学、心理学、传统哲学等则位于另一边,因此他所操心的并不仅仅是"被认识到的认识",而是绝对知识、"作为严格科学的哲学"。在这个意义上海德格尔对胡塞尔现象学的判断是不无道理的:"对于胡塞尔来说重要的是,将自然科学的科学倾向贯彻到极致",并且他进一步提出,胡塞尔对自然主义与历史主义的批判实际上意味着对"自然主义的科学倾向"(die wissenschaftliche Tendenz des Naturalismus)的接受。(GA 17,72)需要指出的是,海德格尔在这里所说的自然主义与胡塞尔所定义的自然主义并不相同,胡塞尔眼中的自然主义是一种形而上学意义上的还原论,一种宽泛意义上的唯物主义,而海德格尔眼中的自然主义是指一种以自然科学或者说"严格科学"为范式的理论倾向。海德格尔认为这种理论倾向包含两个方面:将纯粹意识作为研究对象以及将研究方法规定为精确科学,而这种理论倾向的目的在于获得"绝对的约束力"。(GA 17,79-80)胡塞尔对心理学自然主义的批判并没有将心理现象从哲学领域中驱逐出去,他只是认为实验心理学对心理现象的解释夹杂着自然态度对于实在性的设定,因此它对心理现象的解释并没有做到无预设性或者说"面向实事本身"(Zu den Sachen selbst)。反过来说,一种无预设的、面向实事本身的描述性科学应该排除自然态度的一切经验性的设定,而实现这个目标的手段正是现象学还原,对现象学还原后剩余的纯粹意识的研究就是先验现象学,它对纯粹意识的本质进行直观,在这个意义上它是一种作为严格科学的哲学。

如果说海德格尔正确地理解了胡塞尔的先验现象学,那么他的批判又

---

① [德]胡塞尔:《哲学作为一种严格的科学》,倪梁康译,商务印书馆1999年版,第59页。

体现在什么地方呢？无论是作为严格科学的哲学观念本身，还是现象学还原的方法，还是对绝对的约束力与无预设性的追求都似乎是毋庸置疑的，难道哲学不应该成为这样一种严格的科学么？此外，在这个时期中海德格尔将自己的哲学也称为现象学，他的哲学同样遵循"面向实事本身"这个现象学基本原则，那么在他与胡塞尔的现象学之间究竟又存在着怎样的差异呢？

在《现象学研究导论》中海德格尔对胡塞尔现象学提出了以下三点批判。

1）他认为胡塞尔现象学本身是一种"规范与价值科学"（Norm-und Wertwissenschaft），对于绝对有效性与明见性的追求是引导这门学科的基本纪律（Disziplin），而这使得他的现象学偏离了面向实事本身的现象学原则。（GA 17，81-82）

2）胡塞尔现象学赋予了理论认知（das theoretische Erkennen）优先性，对于胡塞尔来说，数学与逻辑学知识是精确知识的范式，而人文科学并不能被算作严格科学。海德格尔认为胡塞尔对于理论知识的优先性并没有进行足够的反思，他将数学与逻辑学作为知识范式是其所秉持的理论性态度（die theoretische Einstellung）的直接后果。（GA 17，82-83、102-103）

3）胡塞尔的先验现象学将纯粹意识当作研究对象，而除此之外的一切现象则被排除在外，这也违背了面向实事本身的现象学原则，也就是说纯粹意识并不能等同于实事本身，胡塞尔的知识图景导致了对于实事本身的选择性关注。（GA 17，102）

海德格尔的这些批评与他在《哲学的观念与世界观问题》中关于哲学作为元科学的论述是相呼应的，作为元科学的哲学必然包含关于元科学与原初领域的循环规定。胡塞尔现象学也无法摆脱这种循环规定：一方面他将先验现象学规定为不带任何预设的、研究纯粹意识这个原初领域的、作为严格科学的哲学或者说元科学；另一方面他将纯粹意识规定为元科学的研究对象。胡塞尔对于这种循环规定并没有进行反思，对于绝对知识的追求导致了他将先验现象学视为理所当然的元科学。由此可见,胡塞尔先验现象学的方法论与研究对象是其所秉持的理论动机的直接后果,在这个意义上海德格尔在《现象学研究导论》中对胡塞尔先验现象学的批判是全方位的,它不仅包括对其理论目标或者说理论动机的批判,也包括对其方法论与研究对象的批判。

在《时间概念史导论》中,海德格尔提出了所谓的胡塞尔现象学的三大发现(Entdeckungen):意向性、范畴直观、先天(Apriori)的真正意义,(GA 20,34)①在阐述完这三大发现之后,他开始对胡塞尔现象学进行了"内在的批判"(immanente Kritik),而且他将自己的批判看成是对现象学研究的对象域(Gegenstandsfeld)的重新思索。(GA 20,123)在《哲学的观念与世界观问题》中我们已经看到,海德格尔认为作为元科学的哲学研究的原初领域不是作为理论对象的意识,而是周遭世界体验,而在《现象学研究导论》中他批评了胡塞尔将纯粹意识当作现象学的研究对象,由此可见,关于现象学研究对象的思索一直贯穿了《存在与时间》之前的海德格尔的哲学研究。如果说《哲学的观念与世界观问题》是从人的存在方式,《现象学研究导论》是从现象学的基本原则和态度去探讨现象学的研究对象,那么《时间概念史导论》则更多的是从意识自身的存在方式来反思它作为现象学研究对象的合法性。

海德格尔认为,胡塞尔在《纯粹现象学与现象学哲学的观念》第一卷中赋予了意识四重规定。(GA 20,142-148)

1)意识是内在的存在(immanentes Sein)。在胡塞尔的先验现象学中"内在的"(immanent)与"超越的"(transzendent)这两个概念都是就一个参考系而言的,这个参考系就是意向行为。在一个意向行为中与它同属于一个意识流的对象是内在的,否则就是超越的,例如物理对象都外在于意识流,因而是超越的。海德格尔指出,胡塞尔将反思行为与被反思的意向行为看成是彼此包

---

① "GA 20"是指"Heidegger, Martin, *Prolegomena zur Geschichte des Zeitbegriffs*, Frankfurt am Main: Vittorio Klostermann,1979",下文同。

含的,因而意识被视为内在的存在。① 但在海德格尔看来,胡塞尔只是讨论了意识就反思行为而言的存在方式,而没有讨论它的原初存在方式。

2)意识在绝对的被给予性(absolute Gegebenheit)这个意义上是绝对的存在(absolutes Sein)。绝对的被给予性也是就现象学的反思行为而言的,在反思中前反思的意识作为对象是完全被给予的,用胡塞尔的话来说就是它没有侧显(Abschattung),而这是意识作为内在对象区分于超越对象的本质特征。海德格尔同样指出,意识的这种存在方式并不是其原初的存在方式,而是在反思中的存在方式。

3)意识在"无须任何事物而存在"(nulla re indiget ad existendum)这个意义上是绝对的存在。现象学还原使得自然态度对于事物的实在性设定被悬置了,但对于现象学反思来说意识依然拥有绝对的被给予性,它的存在是无法被否认的,并且它无须依赖任何它物而存在。在胡塞尔现象学中,反过来它物是无法在不预设意识存在的情况下而存在的,"存在"这个概念只有相对于意识才是有意义的,正是在这个意义上胡塞尔认为意识是建构性的(konstituierend)。海德格尔认为在这里意识自身的原初存在方式依然没有得到探讨,被讨论的只是主体性相对于客观性的优先性以及意识的建构作用,并且胡塞尔由此将新康德主义意义上的观念论引入了现象学。

4)意识是纯粹意识(reines Bewusstsein)。在胡塞尔那里,纯粹意识是相对于经验意识而言的,在自然态度中意识所指涉的对象是各种各样的,并且意识自身是个体化的、经验性的心理现象。而作为现象学研究对象的纯粹意识是现象学还原的剩余物,它不再是个体化的、经验性的心理现象,而是内在的

---

① 　梁家荣认为海德格尔误解了胡塞尔的内在概念,因为"内在"与"超越"既可以就意向经历,也可以就意向对象而言,而海德格尔只是注意到了前一种意义上的内在(梁家荣:《海德格尔〈时间概念史序论〉对胡塞尔现象学的内在批判》,《同济大学学报(哲学社会科学版)》2011 年第2 期)。但他没有注意到的是,虽然海德格尔说内在性是两种意向经历(反思的与被反思的)之间的关系,但是海德格尔同样提到在反思行为中被反思的意向经历是对象,(SZ 142)因而海德格尔也注意到了第二种意义上的内在。

绝对存在。被现象学研究的不是意识自身,而是(现象学还原后的)"意识"能够被本质直观所把握的本质。海德格尔认为,在胡塞尔现象学中"纯粹的"意味着对现实性的无视,意味着观念的(ideal),而非现实的(real)。

在分析了胡塞尔对意识的四个规定之后,海德格尔得出的结论是:"这些存在规定并非是就意向性事物按其存在而获得的,而是将它置于了一种目光之中,也就是作为被把握的、被给予的、建构性的以及观念化的而被理解为本质。"(GA 20,146)在海德格尔看来,胡塞尔之所以将纯粹意识当作现象学的研究对象是因为他所秉持的理论性态度。胡塞尔认为在自然态度下对意识体验的心理学描述始终带有对实在性的设定,因而它的本质无法被把握,与之相对,现象学态度所关注的不是意识的实在性或者说实存(existentia),而是它的本质(essentia)。但是胡塞尔也没有否认意识的实在性,反而是预设了它,在自然态度下意识作为心理现象是实在的,正如物理现象是实在的一样。在海德格尔看来,胡塞尔所说的"自然态度"(naturale Einstellung)实际上并不自然,而是一种理论性态度,更确切说是一种"自然主义态度"(naturalistische Einstellung),它将所有存在者都视为时空世界中的合乎法则的事件进程。这也意味着胡塞尔的先验现象学并没有关注意识的原初存在方式,而只是关注了自然(主义)态度对它的实在性设定。① (GA 20,155-156)

海德格尔把对胡塞尔先验现象学的批判总结为两个方面:一方面,先验现象学意味着对人的存在问题的忽视;另一方面,它意味着对存在的意义问题的

① 海德格尔对胡塞尔的这个批评带有偏颇之处,胡塞尔对于自然态度的分析确实深受近代知识论的影响,"意识""实在"等都是哲学术语,在这个意义上胡塞尔所说的自然态度确实是一种理论性态度,但是它却不能被视为一种"自然主义态度",胡塞尔并没有宣称意识与外在世界一样都是实在的,无论是在现象学还原之前还是之后胡塞尔对于意识的存在论规定都采取了存而不论的做法(Husserl,Edmund,*Ideen zueinerreinen Phänomenologie und phänomenologischen Philosophie. Erstes Buch: Allgemeine Einführungin die reine Phänomenologie*, 1. *Halbband*, Den Haag: Martinus Nijhoff,1976,S. 56f.)。

忽视。(GA 20,159)胡塞尔并不是没有关注过存在问题,自然态度对世界实在性的设定甚至是其现象学反思的出发点,而且意识与物理对象的不同存在方式也是其现象学的关注焦点之一:内在存在与超越存在,观念性存在与现实存在,绝对存在与相对存在,等等。他注意到了意识的两种存在方式:自然态度中的现实存在与现象学态度中的观念性存在,并且认为后一种对意识存在方式的把握才是科学的。但正如海德格尔所指出的那样,胡塞尔是在用一种理论态度去对抗另外一种理论态度,即用现象学态度去对抗自然主义态度,后者并不是人的自然的体验方式,而是经验科学所采取的一种理论态度,因而胡塞尔批判的实际上并非自然态度,而是自然主义态度。即便他的批判是合理的,这也不意味着他自己的理论立场是合理的,先验现象学的研究对象是作为现象学还原的剩余物的纯粹意识,而他并没有说明为什么先验现象学能够对人的意识体验①如其所是地那样进行描述。② 纯粹意识与人的意识体验是同一的么? 显然不是,因为在现象学还原过程中意识体验的实在性已经被悬置了,因而即便先验现象学可以把握意识的结构本质以及纯粹意识的观念性存在,它也无法对意识体验的存在方式本身进行描述。③ 自然主义态度下的心理学关注的是心理现象的实在性,而先验现象学关注的是意识的观念性,这两种理论都无法对意识体验如其所是地那样进行描述,因而也就违背了现象学的基本原则:回到实事本身。对于海德格尔来说,意识体验意味着活生生的

---

　　① 在这里"意识体验"并不是指自然主义态度下的意识或者说心理现象,而是指人的原初的生命体验,也就是海德格尔所说的"实际性的生命经验"(faktische Lebenserfahrung)。

　　② 这是那托普对胡塞尔现象学的批评之一,这在前一章中已经被提到了。海德格尔对胡塞尔的批评显然也受到了那托普的影响,即便他们的批评并不完全相同。

　　③ 表面上看海德格尔对胡塞尔先验现象学的批评集中在后者的内在主义上,而就如黑尔德(K.Held)所指出的那样,如果内在主义不过是对事物如其被给予的那样进行描述,那么它便是现象学不可放弃的理论立场。(参见 Held,Klaus,„Heidegger und das Prinzip der Phänomenologie",in *Heidegger und die praktische Philosophie*,hrsg.von A.Gethmann-Siefert und O.Pöggeler,Frankfurt a.M.:Suhrkamp,1988,S. 121)但海德格尔实际上质疑的并不是黑尔德所说的内在主义,而是胡塞尔的先验内在主义,在这种内在主义中意识并没有如其被给予的那样被描述,而是经过了现象学还原的理论转化。

（"实际性的"）生命经验（即"周遭世界体验"），而非心理现象或者纯粹意识。心理学与先验现象学都预设了各自的理论性态度，它们的研究对象的获得基于对人的生命经验的抽象，对意识体验或者说生命经验的具体存在方式的忽视同时意味着对人的存在的忽视。

　　如果说海德格尔对先验现象学的第一点批判是一种内在批判的话，那么第二点批判似乎就是外在的或者说强加的了。就如上文所提到的那样，胡塞尔区分了现实存在与观念性存在、内在存在与超越存在、相对存在与绝对存在等，而海德格尔认为他虽然讨论了多种意义上的存在，但是却没有对存在的一般意义问题进行追问。黑尔德（K.Held）认为，海德格尔对胡塞尔的这种指责是不成立的，因为只有将"存在"当作一个类概念，海德格尔才能指责胡塞尔只讨论了多种意义上的存在，而没有讨论存在概念本身，但亚里士多德早已证明"存在"不是一个类概念。① 黑尔德的这个批评是否成立在这里我们可以暂时存而不论，他至少正确地指出了，从海德格尔对胡塞尔的批评中透露的一个信息是：海德格尔认为"存在"概念本身是具有一般意义的，而胡塞尔却没有关注这个问题。②

　　通过上面的论述不难发现，海德格尔反对胡塞尔的现象学还原方法，也反对将纯粹意识当作现象学的研究对象，但他继承了胡塞尔规定的现象学的基本原则：面向实事本身。海德格尔将周遭世界体验或者说生命经验规定为现象学的研究对象，在这个基础上他发展出了自己的现象学方法。

第三节　形式显示

　　在早期思想的发展过程中，海德格尔曾将其现象学的方法称为"形式显

---

　　①　Held, Klaus,„ Heidegger und das Prinzip der Phänomenologie ", in *Heidegger und die praktische Philosophie*, hrsg. von A. Gethmann-Siefert und O. Pöggeler, Frankfurt a. M.：Suhrkamp, 1988, S. 121f.

　　②　海德格尔哲学中的存在问题在下文中将有专门章节来讨论。

示"(formale Anzeige),他对这个方法的最详细的阐述是1920—1921年的《宗教生活现象学》(GA 60)①第一部分的第四章。在这个文本中,海德格尔明确地说明了自己的形式显示方法是对胡塞尔关于"一般化"(Generalisierung)与"形式化"(Formalisierung)的区分的进一步发展。(GA 60,57)因而要理解形式显示这种现象学方法,我们首先需要了解胡塞尔关于一般化与形式化的区分,其次则需要厘清形式显示与形式化的相同与不同。

在《纯粹现象学与现象学哲学的观念》中胡塞尔将现象学定义为本质科学,并且进一步区分了两种本质:质料本质(materielles Wesen)与形式本质(formales Wesen),例如红色是一种质料本质,所有红色的东西都蕴含这一本质,而同一性则是形式本质,"A = A"与"北京是中国的首都"都表达了同一性。胡塞尔将形式本质看成是"空的形式"(leere Form),它们对应的不是某个特定的质料区域,但所有质料区域都统摄于它之下。② 简单来说,形式本质不是传统逻辑学中的类(Gattung),例如在传统逻辑中颜色与红色、绿色、黄色等之间构成了类和属的关系,而红色与玫瑰红、粉红等又构成了类和属的关系,以此类推;传统逻辑学中的类相当于胡塞尔所说的质料本质,而形式本质对应的是传统逻辑中的逻辑范畴,例如整体和部分、关系、性质、数量等,在这个意义上胡塞尔也把形式本质称为"纯粹逻辑形式性的东西"(das rein logische Formale)。③ 如果理解了这两种本质的区分,那么一般化与形式化的区分也就很好理解了。胡塞尔将它们都看作是对实事性事物(Sachhaltiges)的普遍化(Verallgemeinerung),其中一般化是从实事性事物到其质料本质的普遍化,例如三角形到形状,红色到颜色,而形式化是从实事性事物到其形式

---

① "GA 60"是指"Heidegger, Martin, *Phänomenologie des religiösen Lebens*, Frankfurt am Main:Vittorio Klostermann, 1995",下文同。

② Husserl, Edmund, *Ideen zu einer reinen Phänomenologie und phänomenologischen Philosophie. Erstes Buch*: *Allgemeine Einführungin die reine Phänomenologie*, 1. *Halbband*, Den Haag: Martinus Nijhoff, 1976, S. 26.

③ Ibid., S. 31.

本质的普遍化,例如从三角形到对象。① 值得注意的是,虽然形式化并不依赖于特定的实事领域,例如"对象"这个形式本质适用于任何领域中的实事性事物,然而这不意味着形式本质不依赖于实事性事物本身。胡塞尔指出,形式本质不是思维或者语言中的空的逻辑范畴,而是实事性事物的普遍化了的本质。②

海德格尔指出,一般化是对实事性事物进行排列的方式(Weise des Ordnens),通过它个体性的事物被编排到一个具有特定规定性的实事关联之中,而且这个实事关联本身也是处于实事性事物的领域之中的,通过一般化实事性事物之间建立起了层级秩序(Stufenordnung)。与之相对,形式化则不再是对实事性事物的排列方式,形式化(例如"石头作为对象")并没有建立实事性事物之间的层级秩序,而是将对象作为被给予的或者说被把握的来观察。简单来说,海德格尔认为一般化是对实事性区域内的事物的排列,在这个过程中事物是就其自身而被观察的,然而形式化却是把事物作为理论考察的对象来观察的;换句话说,一般化的对象是客体,而形式化的对象是主体与客体的关联。因而海德格尔认为,一般化与形式化都是"实行"(Vollzug),都是"理论性的态度关联"(theoretischer Einstellungsbezug),只不过两者的方向或者说意义(Sinn)是不一样的。(GA 60,60-61)他还认为,正是因为形式化并不对实事性事物就其自身进行观察,所以它才不依赖于特定领域的实事性事物。对此我们也可以补充:也正是因为如此,形式化毕竟还是依赖于作为对象的实事性事物本身的。

正如上文所论述的那样,胡塞尔现象学的主要论题是意识的意向性,它是对相关联的意向行为与意向内容的考察。海德格尔继承了这一思路,并把它运用到对一般化与形式化的考察之中。作为普遍化的一般化与形式化都是意

---

① Ibid.

② 只有在这个意义上胡塞尔谈论的"质料本体论"(materiale Ontologie)与"形式本体论"(formale Ontologie)才是有意义的,两者都是对实事或者说现象之本质的探究。

向性的意识活动,如果对这两种现象加以考察,那么就会有三个考察角度:行为、内容、行为与内容的关联。在《宗教生活现象学》第一部分的第 13 节("形式显示")中海德格尔指出,如果在现象学中将任何经验作为现象来考察,那么都有以下三个考察角度:

1)按照现象的原初的"什么"(Was),也就是按照被经验到的"内容"(Gehalt);

2)按照现象的原初的"如何"(Wie),在这种"如何"中内容被经验到,也就是按照"关联"(Bezug);

3)按照现象的原初的"如何"(Wie),在这种"如何"中关联意义(Bezugssinn)被实行(vollzogen),也就是说按照"实行"(Vollzug)。

在此海德格尔所说的"内容"实际上就是指意向内容(noema),"实行"是指意向行为(noesis),而"关联"既可以指意向内容之间的关联,也可以指意向行为与意向内容之间的关联。他将这三个观察角度称为"三种意义方向"(drei Sinnrichtungen),它们分别是"内容的意义方向""关联的意义方向"与"实行的意义方向"。海德格尔认为,现象是三种意义方向共同组成的"意义整体"(Sinnganzheit),而现象学就是对现象或者说意义整体的阐明。(GA 60,63)

虽然对一般化与形式化都可以从这三个角度(意义方向)去考察,但两者之间存在以下差异:

1)在一般化的过程中"关联"是指内容的关联,而在形式化的过程中它是指意向行为与意向内容之间的关联;

2)因而在一般化的过程中意向行为并没有得到关注,在形式化过程中它却得到了关注;

3)在一般化的过程中质料本质无法摆脱对实事性事物的特定领域的依赖,而在形式化过程中形式本质是摆脱了这种依赖的,但它毕竟是实事性事物的本质,无法摆脱对实事性事物本身的依赖。

因此对于海德格尔来说,在现象学方法论上胡塞尔的形式化方法无疑是具有启发意义的。当然这并不是说他的现象学方法就是形式化,正如上文所提到的那样,海德格尔认为一般化与形式化都是"理论性的态度关联",也就是说,两者作为意向行为在与意向内容的关联之中采取的都是一种理论性态度;而在海德格尔看来,现象学的研究对象应该是实际的生命经验,因而一般化与形式化都无法成为他的现象学方法论。上面的讨论似乎暗示着这样一点,即海德格尔现象学在方法论上面临着两难:如果要面向实事本身,那么他的现象学方法就必须从实际的生命经验出发,如此一来一般化与形式化都不是合适的方法;如果像胡塞尔那样首先采取某种理论态度,那么他的现象学就无法做到面向实事本身。海德格尔所说的"形式显示"究竟是怎样一种现象学方法呢?

正如上文所述,在《现象学研究导论》中海德格尔反对胡塞尔将纯粹意识作为现象学的研究对象,他认为现象学应该直面实事本身——实际的生命经验,并且他指出心理学与先验现象学之所以都忽视了实际的生命经验是由于它们所采取的理论性态度。而按照他在《宗教生活现象学》中的论述,理论性态度意味着一种"如何"或者说"关联",它是经验内容被经验到的方式,并且"关联的意义"是被"实行"的,也就是说理论性态度是人的一种理论行为;由这两点可以得出的一个结论是:实际的生命经验被忽视的原因是理论研究者的理论行为以及理论性态度。反过来说,如果要让生命经验得到揭示或者说在现象学上得到阐明,那么理论行为以及理论性态度就必须被"悬置":

> 对哲学史的匆匆一瞥将会发现,对于对象的形式性规定完全占据了哲学研究。如何克服这种前见或者说偏见呢?这恰好就是形式显示的作用之所在。它属于现象学阐明的方法论要素。什么叫作"形式性的"呢?形式性事物就是关联性事物。"形式"显示应该预先将现象中的关联显示出来——虽然是在一种否定性的意义上(in einem negativen Sinn),同时是为了警示(zur Warnung)!一种现象必须被预先确定下来,以便它的关联意义能够被保持为悬而未决的(in

die Schwebe gehalten wird）。必须被避免的是：认为它的关联意义原初地就是理论性的。现象中的关联与实行不被事先规定，它们被保持为悬而未决。这是一种姿态，它与科学是根本对立的。在这里不存在对实事领域的插手，而是相反：形式显示是一种抗拒（Abwehr），一种先行的保护（Sicherung），以便实行的品质能够保持为自由的。这个慎重性原则之所以是必要的乃是因为实际的生命经验（die faktische Lebenserfahrung）的坠落倾向（abfallende Tendenz），这种生命经验始终面临着滑到客体性事物中去的危险，①而我们必须在这种生命经验中将现象突显出来。（GA 60,64）

这段引文告诉我们，形式显示是一种否定之否定。海德格尔认为现象学的任务在于"在生命经验中将现象突显出来"，而它的障碍在于传统哲学对"关联意义"采取的理论性态度与理论行为，也就是说，现象的关联被传统哲学看成是理论行为与理论对象之间的关系。形式显示的作用就在于克服这种前见或者说偏见，在这个意义上它是否定性的，是为了"警示"，是一种"抗拒"，一种"先行的保护"。海德格尔还指出，理论化的倾向并不仅仅是哲学家所特有的偏见，而是"实际的生命经验"固有的"坠落倾向"，即将目光固定在客体性事物上，因此对于理论性态度的抗拒同时意味着将目光从客体性事物上抽离出来。在海德格尔看来，形式显示首先要显示的不是现象的内容，而是关联与实行，这也是他虽然否定了胡塞尔的现象学态度与现象学还原方法，但却没有否定"纯粹意识是内在的、绝对的存在"这类现象学具体结论的原因。

通过上面的论述我们可以得出这样一个结论：形式显示不是理论性的形式化，而是"反形式化"。海德格尔举了一个形式显示的具体应用的例子——对"历史事物"（das Historische）的形式显示。海德格尔认为，历史事物通常被规定为"在时间中变化着的并且是已经过去了的东西"；虽然在这个规定中被

---

①　在《存在与时间》中他将这种坠落倾向称为"沉沦"（Verfallen,SZ 175）。

考察的对象是实际的生命经验,但却是从这样一个角度:在它之中出现了时间性的、变化的与过去了的事物;此外,历史事物的这种意义是普遍性的,它的运用范围并不限于实际的生活经验。(GA 60,55)也就是说,海德格尔将对于历史事物的这种普遍性规定视为一种形式化,因为这种规定并不依赖于某个实事领域(因此不是一般化)。那么对历史事物的形式显示又是怎样的呢?

> 如果将历史事物当作是被形式显示之物,那么并没有因此而被断定:"历史的"作为"在时间中变化的"这样一个最具普遍性的规定赋予了[这个概念]最终意义。(GA 60,64)

对历史事物的形式显示体现为对其形式化的否定,但值得注意的是,被否定的不是对历史事物的形式性规定:"历史的意味着在时间中变化的、过去了的",而是形式化这种理论态度和理论行为,即认为形式化把握了事物的形式本质。通过形式显示或者说"反形式化",对现象的形式性规定被保存了下来,它引导着对现象的现象学研究。例如在对历史事物的形式显示中,"时间性的""变化的""过去的"这些对历史事物的形式化(普遍性的)规定被保存了下来,它们引导着对历史事物的现象学研究,这种研究意味着在实际的生命经验中去把握这些概念的原初意义。① 由此可见,对历史事物的形式化与形式显示的研究路径正好相反:形式化是从对历史事物的理论性态度出发,先规定它的形式本质:"时间性的""变化的""过去的",然后将其运用于实事性事物;而形式显示则是保留形式化的结果:对象的形式性规定或者说形式本质,但悬置形式化过程中的理论性态度,然后从实际的生命经验出发来揭示这些形式性规定的意义。(GA 60,65)②

---

① Imdahl, Georg, „Formale Anzeige bei Heidegger", in *Archiv für Begriffsgeschichte*, Vol. 37 (January 1994),S. 313–314.

② 孙周兴概括了形式显示概念的三个特征:1.显示实际的生命处境,而不是对它的内容作规范性的固定;2.具有非实体化的特征,它们只是给出道路和方向;3.它们指示着只有在"向来我属性"才能实现的原始可能性。(孙周兴:《形式显示的现象学——海德格尔早期弗莱堡讲座研究》,《现代哲学》2002 年第 4 期)

在《存在与时间》中海德格尔并没有将自己的现象学方法称为"形式显示",其中最重要的原因在于他将自己的现象学定义为了"解释学的现象学",对于这种现象学来说,实际性的生命经验无法通过直接性的形式显示而展现出来,而是必须通过"解构"(Destruktion)清除对于现象的遮蔽。但这并不意味着海德格尔彻底抛弃了这种现象学方法,[①]在对于人(此在)的存在的生存论分析中,形式显示依然有其重要作用,关于这一点的一段关键文本如下:

> 对于生存观念(Existenzidee)的形式显示是由在此在自身之中
> 的对于存在的理解所引导的。……有可能此在首先将生存理解为了
> 现实性(Realität),但他绝非仅仅是现成的,而是已经理解了自身,即
> 便是在某种神秘的或者魔幻的解释中。(SZ 313)

由此可见,当海德格尔在《存在与时间》中引入"生存"(Existenz)这个概念的时候,他实际上是用的是形式显示的方法。在德语中"Existenz"这个概念早已存在,它是对于拉丁语概念"existentia"(实在性)的翻译,因而海德格尔清楚地意识到,当他使用这个概念的时候是很容易引起误解的,作为"此在"的我们对于这个概念以及对于自己的生存的最常见的理解是将它理解为实在性或者说现实性:人的存在、树的存在、日月星辰的存在都意味着它们是现实的或者说实在的(现成的)。即便海德格尔在《存在与时间》中将"生存"这个概念与现成存在(Vorhandensein)或者说实在性(existentia)区分了开来,并将它定义为了"与自身相关联的此在的存在""在世界中的存在""操心",但对于它的误解依然是无法避免的。用海德格尔的话来说,形式显示是为了"警示",是一种"抗拒"或者说一种"先行的保护"。通过形式显示,被"现实性"与"实在性"等传统概念所遮蔽的生存现象得以恢复其丰富的意义,正如海德格尔所指出的,此在(人)始终已经理解了自身,无论是说自己是有灵魂、有自我意识,还是说人是按照上帝的形象被创造的,在这些自身理解之中人的生存始终

---

① 参见张祥龙:《海德格尔的形式显示方法和〈存在与时间〉》,《中国高校社会科学》2014年第1期。

被区别于树的存在或者石头的存在。对于"生存"概念的形式显示的正面意义则在于通过"与自身相关联的此在的存在""在世界中的存在""操心"等形式性概念①引导了此在对于自身存在的生存论分析或者说解释,正是在这样的"实行"(Vollzug)过程中,原本对于生存的形式性规定才被具体的实际性生命经验所充实,由此"生存"概念才获得了具体的生存论—存在论规定。用海德格尔的话来说,生存现象的"内容的意义方向""关联的意义方向"与"实行的意义方向"作为一个意义整体被把握了。

第四节　现象学概念

在上文中我们看到,虽然海德格尔与胡塞尔都遵守着同样的现象学原则:面向实事本身,但两位哲学家无论是对于现象学的研究对象还是对于现象学方法的看法都有着根本性的差异。虽然从 1919 年的讲授课开始,海德格尔就坚持将实际的生命经验("周遭世界体验")作为现象学的研究对象,而形式显示则意味着他初步发展出了自己的现象学方法,即便如此,他的现象学不能简单地被理解为"实际的生命经验的形式显示"。形式显示被海德格尔视为一种否定性的方法,它意味着对理论化与形式化的反向操作。在他看来,生命经验之所以被遮蔽乃是由于哲学家与科学家一直以来都采取理论性态度:一方面他们将自己的行为(实行,Vollzug)当成是理论行为,另一方面他们将现象中的关联(Bezug)也看成是理论性的。虽然通过形式显示对生命经验的理论化与形式化得到了纠正,但这只是让实事本身得以被揭示的初步工作,它还没有从积极的意义上说明实事本身是如何被揭示的。

从这个角度看,海德格尔对于亚里士多德的再发现也就并不令人惊奇了,

---

① 值得注意的是,"存在"与"时间"这两个概念本身就是形式性的,《存在与时间》中的其他概念如操心、操劳、筹划、理解等都可以被视为形式性的概念,它们引导了生存论分析,并且只有通过具体的实际性生命经验才能得到充实。

紧接着《宗教生活现象学》，在 1921 年至 1922 年冬季学期的《对亚里士多德的现象学阐释》（GA 61）①中他就试图从亚里士多德那里寻找灵感了。而对于他的"现象学"（Phänomenologie）概念来说尤其重要的是，在亚里士多德那里早就存在着对于"现象"（Phänomen）与"语言"（λόγος）的古老规定了。在 1923 年至 1924 年冬季学期的《现象学研究导论》中海德格尔考察了这两个概念在亚里士多德文本中的含义，将这段文本与《存在与时间》的第 7 节参照起来看将使得他的"现象学"概念变得容易理解。

在《现象学研究导论》中海德格尔指出，现象的德语词"Phänomen"来自于古希腊词"φαινόμενον"（自我显现者），而这个名词是由动词"φαίνομαι"（自我显现）以及"φαίνω"（显露）演变而来的，它们的词根"φα"则与名词"φως"（光、光明）有关。（GA 17,7）如果说这种词源学考察与亚里士多德并不相关，那么海德格尔则在亚里士多德的《论灵魂》（De Anima）一书中发现，亚里士多德认为颜色是通过光被看到的，而光自身并不是一种颜色，光更不是一种物体，因为它自身并不运动；光一方面是天体的存在方式，另一方面它让事物被看见。海德格尔由此得出的结论是：光明是"现实的一种在场方式"（eine Weise der Anwesenheit von ἐντελέχεια），它属于"世界的存在"（Sein der Welt），因而 φαινόμενον 意味着"存在者在场的一种突出方式"（eine ausgezeichnete Weise der Anwesenheit von Seiendem）。（GA 17,8-9）由此可见，海德格尔对亚里士多德的灵魂论进行了存在论的阐释，他认为光明以及灵魂的观看不仅是生物学或心理学意义上的现象，而且涉及存在者的在场方式。现象（φαινόμενον）也并不仅仅意味着自我显现者（das Sichzeigende）或者说存在者，同时也意味着存在者的在场方式或者说存在方式。现象不仅可以在光明之中显现自身，它同样可以在黑暗中存在，在这个意义上海德格尔认为，

---

① "GA 61"是指"Heidegger, Martin, *Phänomenologische Interpretationen zu Aristoteles. Einführung in die Phänomenologische Forschung*, Frankfurt am Main：Vittorio Klostermann, 1994"，下文同。

在亚里士多德那里 φαινόμενον 一方面意味着在光明之中自我呈现的现实（ἐντελέχεια），另一方面意味着在黑暗之中自我呈现的潜能（δύναμις），潜能并不意味着不存在，而是意味着现实的褫夺（privation，GA 17，10），或者说现实的潜在存在。

海德格尔关于现象的这个界定与《存在与时间》第 7 节中的界定是基本一致的，在《存在与时间》中他同样将现象定义为自我显现者、在自身之中自我显现者（das Sich-an-ihm-selbst-zeigende）、显明者（das Offenbare），并且在这个意义上现象等同于存在者。作为自我显现者的现象或存在者并不仅仅意味着在光明之中存在的东西，而是"能够显露的或者说被带到阳光之下的东西"，（SZ 28）这个表述对应着《现象学研究导论》中关于现象在光明与黑暗中的两种存在方式的论述，现象的两种存在方式意味着现象的两种意义，即作为现实与作为潜能，潜能是现实的褫夺。

在《存在与时间》中海德格尔进一步指出，现象或者说存在者有着不同的显现方式，它甚至可以作为它本身所不是的东西而显现，这个意义上的现象就是假象（Schein），例如某个东西看上去很美，然而实际上它却并不美，因而它只是美的假象。但海德格尔认为在假象与现象之间有着一种结构上的对应关系，即假象也是某种自我显现的东西，[①]但它所显现出来的东西并不是其自身，因而假象意味着原初意义上的现象的褫夺。（SZ 29）

此外海德格尔指出，现象作为自我显现的存在者与近代知识论中的显象（Erscheinung）有着根本性的区别。在德语的日常口语表达中存在例如"疾病显象"（Krankheitserscheinung）这样的表达方式，它指的是身体上出现的异常，而这些异常是某些疾病的症状，用海德格尔的话说，这些异常是自我显现的，然而它们同时指示着（indizieren）某些不自我显现的东西，在这个意义上疾病显象不是自我显现者，也就是说不是现象，而是不自我显现的东西通过自我显

---

① 科赫认为，真理与显现具有不可分割的亲密关系，参见［德］科赫：《真理、时间与自由》，陈勇、梁亦斌译，人民出版社 2016 年版，第 126—127 页。

现者的表露(Sichmelden)。(SZ 29)

海德格尔对假象与显象的区分并不是不言自明的,初看起来两者有着相同的结构:自我显现者指示着它本身所不是的东西,只不过显象是正确的指示,而假象是错误的指示。海德格尔也认为:显象可以转变为假象,假象是显象的褫夺,例如在特定的光线条件下某个人看上去(实际上并没有)面颊发红,而这正是感冒发烧的显象。(SZ 30)但是假象与显象之间存在着本质性的差异,因为假象并没有指示任何它所不是的东西,在特定光线条件下某个人看上去(实际上没有)面颊发红,虽然这是一个假象,但是它并没有指示着任何不自我显现的东西,"看上去发红的面颊"与"发红的面颊"是同一层面的东西,它们都是自我显现的现象或者说存在者。

从上面的例子中我们也可以看到,假象可以作为(错误的)显象起作用,进一步说,原初意义上的现象同样可以作为显象而起作用,例如发红的面颊是感冒发烧的显象。海德格尔认为,虽然显象不是现象,然而它是基于现象的,因为不自我显现的东西的显露需要通过自我显现者。也正因为如此,"显象"这个概念有着双重意义:一方面它可以指不自我显现的东西(例如感冒发烧),另一方面它可以指不自我显现的东西得以显露的媒介,即自我显现者(例如面颊发红)。海德格尔认为正是这个原因使得"显象"与"现象"这两个概念常常被混淆。(SZ 29-30)

此外海德格尔还指出,在哲学中显象还有一个特殊的意义,即康德所定义的现象。康德区分了两组概念:现象(phenomena)或者说显象,智思体(noumena)或者说自在之物(Ding an sich)。现象或者说显象是经验(感性)直观的对象,而自在之物是显象背后的东西,它在经验直观中并不显现自身,而只能被理性所思考,因而是智思体。海德格尔认为康德是在双重意义上使用"显象"这个概念的:一方面显象是经验直观的对象,在这个意义上它是自我显现的,另一方面显象是某种始终隐藏着的东西的显露。(SZ 30)与一般意义上的显象不同的是,康德所说的自在之物不是一般意义上的不自我显现的东西,而是根本无法自我显现的东西,它与现象不处于同一个存在论层面:现象属于感性世界(mundus sensibilis)或者说自然界,自在之物属于理智世界(mundus intelligiblis)。无论是一般意义上还是康德意义上的显象都具有双重意义,虽然它不能被等同于现象,但也是基于现象的。综上所述,现象是比假象以及显象更为根本的一个概念,它指的是自我显现的存在者,后面的两者都只是不同种类的现象。

如果对海德格尔关于现象的界定进行简单的总结,那么一方面他将现象等同于自我显现者,另一方面他至少区分了四种意义上的现象:现实、潜能、假象、存在者的存在方式。前三种意义上的现象都是存在者,而且这三种意义意味着存在者的三种不同存在方式或者说现象的三种不同显现方式。当现象(存在者)将自身显现为现实、潜能或假象时,它的显现方式已经蕴含于其中了,也就是说,现象总是以某种显现方式显现的自我显现者,存在者总是以某种存在方式存在的。在这个意义上将现象等同于自我显现者的定义是形式性的(formal):

> 如果在把握现象概念时始终不对要把何种存在者视为现象这一点进行规定,如果自我显现者究竟是存在者还是存在者的存在特征(Seinscharakter)这个问题始终保持为开放的,那么所获得的仅仅是形式性的现象概念。(SZ 31)

引文中的"存在者的存在特征"也就是存在者的存在方式,它不仅是"现象"概念的一种意义,而且海德格尔将它规定为"现象学意义上的现象概念"(der phänomenologische Phänomenbegriff),与之相对的概念是"通俗的现象概念"(der vulgäre Phänomenbegriff)。虽然他没有对两个概念进行明确的定义,但他以康德知识论为例,将显象规定为通俗意义上的现象,而直观形式(Formen der Anschauung)则是现象学意义上的现象。(SZ 31)在这里需要对显象与直观形式之间的关系稍加解释,在康德的知识论中显象是感性直观的对象,而感性直观拥有两种先天形式:空间与时间。通常情况下在感性直观中被经验到的总是显象,因而海德格尔将其视为通俗意义上的现象,而先天的直观形式只有在康德的知识论中才成为了论题或者说研究对象,因而海德格尔将它们视为现象学意义上的现象。抛开海德格尔对"现象学"以及"现象"这两个概念的不严格使用不谈,他关于两种意义上的现象的区分传递了这样一个信息:他的现象学要研究的并不是日常现象或者说存在者,而是存在者的"先天形式"或者说存在方式。

　　从对亚里士多德关于感知的研究出发,海德格尔不仅得出了形式性的现象概念:自我显现者,而且得出了现象概念的多重意义;也许是受胡塞尔或康德影响,他认为现象学所要研究的现象并不是通俗意义上的日常现象,而是在日常生活中没有被认识到的,但已经是蕴含在日常现象中的先天形式。《存在与时间》第7节中关于现象学研究对象的规定似乎与海德格尔的早期论述并不一致,在早期论述中现象学的研究对象被规定为实际的生命经验。这种冲突实际上在形式显示的方法中就已经存在了,因为一方面它是对现象的形式显示,另一方面它要揭示的是实际的生命经验。但如果考虑到海德格尔关于存在者与存在方式关系的论述,那么这两方面其实并不构成冲突,因为存在方式始终是存在者的存在方式,而对于存在者的揭示也离不开对其存在方式的考察,两者是现象的不可分割的一体两面。如果这一点是成立的,那么《存在与时间》第7节中关于现象学研究对象的论述就是误导性的,现象学无法脱离"质料性的"存在者而对"形式性的"存在方式进行考察,并且《存在与时间》中实际上也遵循了这个思路。① 对存在的意义的追问必须从对人或者说"此在"(Dasein)这个存在者出发,而对这个存在者的考察预设了它对自己的存在方式的前理解(Vorverständnis)。这个意义上的现象学一方面是揭示实际

————————

　　① 在第7节的C部分海德格尔写到:"因为现象学的理解中的现象总是构成存在的东西,而存在每每总是存在者的存在,所以为了发掘存在的意义需要事先以正确的方式提出存在者自身。而存在者同样要在真正属于它的通达方式中自我显现。因而通俗意义上的现象也就与现象学有关了。"(SZ 37)

生命经验的"生存论分析"（existenziale Analytik），①另一方面是探究存在的意义的科学，即存在论。（SZ 37）

"现象学"的德语"Phänomenologie"来源于两个古希腊语词"φαινόμενον"与"λόγος"，由这个构词法同样形成了如"Theologie"（神学）、"Psychologie"（心理学）、"Soziologie"（社会学）等概念，但海德格尔指出λόγος原本的意义不是科学，而是"言语"（Rede）。（SZ 32）他的这个观点同样来自于亚里士多德，在《解释篇》中亚里士多德将λόγος规定为φωνή σεμαντική（有意义的声音），而声音之所以有意义是因为它包含着φαντασια（想象）。虽然言语都是具有意义的，但是并不是所有言语有真值，例如请求、命令、询问等言语就无关乎真假。亚里士多德将有真值的一类言语称为λογος αποφαντικός（命题），在后来的西方哲学中它一般被称为"判断"（Urteil）。海德格尔认为，原本意义上的λόγος不是宇宙理性、理由、科学等，它也不仅仅是人所使用的一种工具，而是人的存在方式。言语所表达的意义并不来源于舌头与喉咙，而是来源于辨识（Gutdünken）。"只要人存在于世界之中，并且在其中他自身意欲某样事物，他就会言说。他会言说，只要像世界一样的事物作为可操劳之物对他来说是被发现了的，而且在'对他来说'之中他自身也是被发现了的。"（GA 17, 16）因而λογος αποφαντικός的原初意义不是判断，而是展现（aufzeigen）存在者，或者说让存在者被看见。（GA 17, 20）

《现象学研究导论》中关于λόγος的考察与《存在与时间》第 7 节 B 部分的论述是一致的，而后者只是海德格尔对"言语"概念的一个初步论述，在《存在与时间》的主体部分他对言语进行了更加深入的探讨。② 在第 7 节中他将言语（Rede）的功能规定为"使'在言语中'言语所言的东西变得显明"以及

---

① 在全集第 58 卷《现象学基本问题》中，海德格尔提出了"作为生命的展现的现象学"。（参见 Heidegger, Martin, *Grundprobleme der Phänomenologie*（1919/1920），Frankfurt am Main：Vittorio Klostermann，1993，S. 25.）

② 本书的后面会有专门的章节来讨论海德格尔的语言哲学。

"让某物被看见"。值得注意的是,与亚里士多德及其他哲学家不同,他没有将 λογος αποφαντικός 与其他种类的言语严格区分开来,而是将展现存在者或者说让存在者被看见的功能赋予了普遍意义上的言语,不仅 λογος αποφαντικός,而且其他种类的言语都是"展现"(ἀπόφανσις, Aufzeigung)。由此他给出了言语或者说语言的形式性规定:言语意味着"使……显明""让……被看见"或者说"展现"。

海德格尔对于语言的看法与胡塞尔以及主流语言分析哲学家们有着很大差异,他所关心的不是语言的抽象的与客观的意义,也不是语言的指称功能,而是语言作为人的一种生存方式。在他看来,传统西方哲学过于匆忙地将语言现象归结为了判断与真值(真理与谬误)问题,将判断视为真值的载体,并且因而对于真理的探寻被归结为判断理论或者语言哲学问题,这使得不仅语言现象被误解了,而且真理问题也被误解了。

综合对"现象"与"言语"这两个概念的形式性规定,海德格尔提出了初步的、形式性的现象学概念:"现象学意味着让现象得以展现:让自我显现的东西从其自身被看见,如其从自身而自我显现的那样。"(SZ 34)虽然他的现象学的关注焦点是存在问题,在这个意义上现象学等同于存在论,但存在始终是存在者的存在,他的早期现象学已经告诉我们,实际的生命经验或者说人的生存是现象学应该关注的原初现象,现象学应该首先将实际的生命经验带入语言,并由此揭示出其他存在者的存在方式,在这个意义上现象学是一种生存论分析。

海德格尔清楚地意识到,这种现象学方法面临着两方面的误解(SZ 36-37):一方面,虽然言语意味着现象的展现,然而它也同时会遮蔽现象,这种遮蔽不是由于现象没有得到理解与言说,而是由于言语本身的退化,或者说言语成为了无根的(bodenlos)。在西方哲学史中,从柏拉图开始 λογος αποφαντικός就被看成是关于真理与谬误的理论性语言,当现象学继承这种理论性态度时,它就成了对于经验的理论性描述或者说科学,以致原初经验是实际的生命经验这一点被遗忘了,而形式显示的作用就在于反对理论性的形式化,以便让生命经验不被遮蔽。另一方面,对于现象的原初展现并不意味着天真的、直接的与未经思考的观看或者说直观,任何对于现象的理解与描述都是语言性的,而任何对于语言的使用已经蕴含了某种前理解了。即使形式显示也不过是在消极的意义上让生命经验得以避免被前理解遮蔽,更加重要的是让其在积极意义上自我呈现或者说进入语言,这意味着现象学不能仅仅停留于形式性的规定,例如"面向事实本身"与"让自我显现者在其自身自我显现",而是必须前进到语言与生命经验之间的辩证运动中去,"此在现象学就是解释学,并且是在这个词的原初意义上"(SZ 27)。

第六章 海德格尔的解释学

第一节 何为"解释学"

海德格尔 1923 年夏季的讲授课在全集中被命名为《存在论：实际性解释学》(Ontologie：Hermeneutik der Faktizität，GA 63)[1]。在讲座开头海德格尔简短地回顾了解释学的发展历程，他指出"解释学"(ἑρμηνευτική)这个词的词源并不十分清楚，与它最相关的是古希腊神话中的信使神赫尔墨斯(ἑρμης)。(GA 63,9)这个词源学上的解释是可信的，尽管并不是毫无争议。[2] 在古希腊神话中，作为信使神的赫尔墨斯是沟通神与人的中介，他将神的话语告知或者说传达给人，并且是以人能理解的方式，因而作为象征的赫尔墨斯实际上已经包含了"解释"(Auslegung)概念的三层意思：用话语来表达、说明、翻译。[3]在同一个意义上柏拉图在《伊翁篇》(Ion,534e)中写道："诗人是神的信使(ἑρμης)"，海德格尔认为在柏拉图那里信使就是进行告知(Kundgabe)与传

---

① "GA 63"是指"Heidegger，Martin，*Ontologie：Hermeneutik der Faktizität*，Frankfurt am Main：Vittorio Klostermann，1998"，下文同。

② 参见[加]格朗丹：《哲学解释学导论》，何卫平译，商务印书馆 2009 年版，第 37 页。

③ 这三层意思最早是由艾贝林归纳的，参见 Ebeling，G.，„Art：Hermeneutik"，in *Religion in Geschichte und Gegenwart*，*Handwörterbuchfür Theologie und Religionswissenschaft*，Band 3，Tübingen：Mohr Siebeck 1959，S. 243。

达(Mitteilung)的言说者(Sprecher)。(GA 63,9)对于"解释学"这个概念的来源来说,另外一篇重要文献是亚里士多德《工具论》中的《解释篇》(Περί ἑρμηνείας),虽然这个书名不是他自己,也不是他的弟子,而是这本书的编者加上去的,但《解释篇》代表了对于"解释"的另外一种理解。正如在上一章中所提到的那样,《解释篇》的主要内容是对于言语的意义的探讨,在亚里士多德那里解释(ἑρμηνεία)意味着将灵魂中内在的思想转化为外在的语言表达,并且这种表达对于他人来说是可理解的,它实际上构成了与他人的对话,在这个意义上"解释"一词依然保有了它的原意:告知、表达、传达。但对于亚里士多德来说重要的是,在言语中有一类是具有真值的,即 λογος αποφαντικ ός(命题),这个意义上的"解释"意味着判断与陈述,而"解释学"意味着逻辑学中的真理理论。从整个西方哲学史来看,这一传统的"解释学"是最具影响力的。

解释学发展史上另外一个重要人物是奥古斯丁,海德格尔赞扬他"发展出了第一部具有伟大风格的'解释学'"。(GA 63,12)对于奥古斯丁来说,解释学意味着对于《圣经》的注释,尤其是对于圣经中难以理解的段落的注释,这个意义上的解释是一种理解文本的方法。海德格尔引用了奥古斯丁在《论基督教教义》中的一段话来说明后者所提倡的解释方法:"一个敬畏上帝的人在圣经中坚持不懈地探究上帝的意旨,他需要温顺、虔诚,以避免沉溺于争辩。他需要具备语言知识,以免受到不理解的词语和表达的妨碍。他也得准备熟悉某些必要的东西,以免当它们用于比喻时,不知其力量和性质"。(GA 63,12)①在这段话中奥古斯丁提出了解释《圣经》中疑难文本的三个条件:对上帝的温顺与虔诚、语言知识、对相关历史背景与文本的熟识。后两个条件都是针对《圣经》的文本特点的,用希伯来语写成的《旧约》与用古希腊语写成的《新约》不仅在语言文字上会对使用其他语言的阅读者造成障碍,而且相关的

---

① 这段汉语翻译来自何卫平;另外参见[加]格朗丹:《哲学解释学导论》,何卫平译,商务印书馆 2009 年版,第 56 页。

历史背景也早已湮没无闻了,因而语言知识以及对历史背景的了解对于理解《圣经》来说无疑是不可或缺的。此外,奥古斯丁认为《圣经》中最难理解之处在于各种比喻,为了理解它们,将它们与简单明了的段落联系起来看是很有助益的,而最关键的是对上帝的虔诚与爱,只有通过上帝的帮助晦暗不明的文本才能被照亮。他所提出的《圣经》解释方法对中世纪的神学研究产生了深远的影响。

在现代解释学的发展史上,施莱尔马赫是一个标志性人物,他甚至被认为是现代解释学之父。他提出解释学应该成为"理解的艺术"(Kunst des Verstehens),也就是如何进行理解的方法论,它所探究的并不是具体如何去理解圣经文本、法律文本或者文学文本,而是理解陌生话语的一般方法,为此他曾在1809年至1810年讲授了"普通解释学"(allgemeine Hermeneutik)的课程。对于施莱尔马赫来说,解释学的对象是话语,而要理解任何话语都必须考虑它的两个方面:①其一是语法(grammatisch)方面,任何语言都是语言共同体的语言,因而每一个言说者都要遵守约定俗成的语法和用法,在这一点上他与奥古斯丁是一致的;其二是技术(technisch)方面,解释者在解释陌生话语时实际上是在与它进行对话,而话语首先是作者自己思想的表达,就像在奥古斯丁那里圣经文本是上帝的"内在话语"表达为"外在话语"一样,施莱尔马赫认为任何话语都是作者自己的"内在话语"的表达,解释者的任务在于从"外在话语"返回到作者的"内在话语"或者说思想中去,他也将这一方面的对于话语的解释称为心理学解释。此外,要理解原作者的某个文本,就必须理解作者写作这个文本的风格,还要将它与作者在其他文本中的写作风格进行比较,在这个意义上理解一个文本意味着理解作者独特的技艺。

从解释的这两方面出发,对于文本的真正理解意味着把握原作者的思想,而真正的解释则是对作者思想的重构,在这个意义上施莱尔马赫将解释学的

---

① [加]格朗丹:《哲学解释学导论》,何卫平译,商务印书馆2009年版,第116—117页。

目标规定为"理解话语首先要做到和作者理解得一样好,然后甚至比作者理解得更好"。① 值得注意的是,这种解释学面临着这样一种解释学循环:要真正地理解与解释文本,解释者必须把握作者的思想;而要真正把握作者的思想,解释者必须真正地理解与解释文本。在施莱尔马赫看来,这种循环的存在并不是无可救药的,理解始终意味着通过对于文本的解释进入作者的思想世界,也就是说,理解不仅意味着解释者与文本之间的对话,也意味着解释者与作者的灵魂之间的对话,正是两个灵魂之间的对话可能性保证了理解与解释的可能性。在此不难发现的是,施莱尔马赫给解释学打上了浪漫主义的思想烙印。

　　对海德格尔解释学产生最大影响的思想家是狄尔泰,和许多 19 世纪的哲学家一样,狄尔泰将为精神科学(Geistewissenschaft,人文科学)奠基视为其思想使命。康德的《纯粹理性批判》为当时的自然科学(牛顿力学)奠定了知识论基础,但他却并没有对精神科学的合法性做出说明,因而在他之后许多哲学家都将这项任务纳入了哲学之中。在狄尔泰的早期思想中,他将心理学视为精神科学的基础,因为他认为精神科学所探究的对象不是客观存在的自然界,而是人类的精神产物,例如语言、艺术、文学等。在《描述的和分析的心理学观念》(1895)一书中他区分了两种心理学:说明的(erklärende)与描述的(deskriptive)心理学。说明的心理学是将人的心理活动作为一个客观的研究对象,并希望通过几个简单的要素来说明它们,就像其他自然科学对自然对象的研究一样。但在狄尔泰看来,人的心理活动不能像自然事物那样作为客观对象,而是作为生命经验的关联整体被给予的。作为施莱尔马赫的一位研究者②,狄尔泰受到了他的解释学循环理论的影响,认为个别的心理活动只有在生命经验的关联整体中才能得到理解,而要理解这个整体,个别的心理活动又

---

① [加]格朗丹:《哲学解释学导论》,何卫平译,商务印书馆 2009 年版,第 120 页。

② 他对于施莱尔马赫的研究体现于《与新教解释学对话中的施莱尔马赫的解释学体系》一书,收录于德文版《狄尔泰全集》的第 14 卷中。

要先得到理解。因而在狄尔泰看来,自然科学与精神科学的研究方法是不一样的,前者的方法是说明(erklären),而后者的方法则是理解(verstehen)。虽然他将自己的心理学命名为"描述心理学",但他的心理学并不是胡塞尔意义上的现象学,他真正主张的方法是理解。

狄尔泰认为人的本质是一种历史性存在物,这并不是说每个人的生命都随时可以分为过去、现在与未来三个阶段,而是说人作为精神科学的研究对象必须从各种各样已经存在的"表达"(Ausdruck)中才能得到理解。在《精神科学中的历史世界的建构》(1910)中狄尔泰借用了黑格尔的"客观精神"(objektiver Geist)概念,人对于自身的理解不仅是对于自身内在意识活动的理解,而且还必须从生命的"表达"(也就是黑格尔所说的客观精神)中去理解自身。① 表达都是业已存在的,是完成时的,因而历史性构成了理解的本质性特征,这不仅适用于个人对于自身的理解,同样适用于精神科学对于人的研究,也正是在这一点上狄尔泰的解释学思想超越了他早期的"描述心理学"。

第二节　实际性解释学

在对解释学发展史进行了简短的回顾以后,海德格尔开始对自己的解释学概念进行界定,他认为,解释学不再是一门如何理解与解释文本的科学,而是"实际性解释学"(Hermeneutik der Faktizität),同时是"存在论"(Ontologie),其中实际性指的是"我们自己的此在的存在特征"。(GA 63,7)也就是说,实际性解释学所探究的是人(此在)自身的存在,进一步说是人的存在特征。海德格尔认为自己的解释学概念更加接近于"ἑρμηνεύειν"这个词的原本意义:传达(Mitteilung)或者说告知(Kundgabe)。(GA 63,14)但他对于这个概念的

---

① Dilthey, Wilhelm, *Der Aufbau der geschichtlichen Welt in den Geisteswissenschaften*, Frankfurt a. M.: Suhrkamp, 1981, S. 87.

使用与它的原初用法至少有以下三个不同之处:首先,在海德格尔的解释学中被传达的不是神的消息,而是人自身的存在或者说实际性的生命经验;其次,传达者不是信使神赫尔墨斯,而是生活在世界之中的人自身;最后,传达对象首先不是另外一个存在者,而是传达者自身,传达是人对于自身存在的自我理解与自我解释。自我解释是此在的存在方式,在实际性的存在中此在总是不断地理解与解释着自身,实际性解释学首先意味着此在的自我解释。

　　人的自我理解与自我解释不同于近代哲学中的自身意识,也不同于胡塞尔的现象学反思,海德格尔不断地强调人的生存对于自身来说不是一种对象,因为自我解释本身就构成了人的生存的一部分,它无法将人的生存视作一个现成的对象,用他的话来说,解释学是实际性的一部分,他引用了齐克果的一段话来说明这一点:"只有当生命被经历过之后,它才可以被说明①,就如同耶稣基督只有在复活之后,才开始说明和呈现他的文本,就如同人们从他那学到的那样"。(GA 63,15)

　　海德格尔不仅将实际性定义为"我们自己的此在",而且明确地说明了他为何避免使用"人的此在"(menschliches Dasein)以及"人的存在"(Sein des Menschen)这类表述。他指出,在西方哲学史中关于"人"(Mensch)的定义主要有两种:一种是古希腊哲学将人定义为理性动物,另一种是基督教思想将人定义为个人(Person)或者说人格(Persönlichkeit)。在他看来,这两种定义都预设了一种特定的对象关联(Gegenstandeszusammenhang):第一种定义预设的是"植物、动物、人、魔鬼、神"这种对象关联,而第二种定义则将人看成是上帝的造物,并且分有了上帝的形象。(GA 63,21)这两种定义都先将人视为一种对象,然后再通过"属加种差"或者是特定的神学视角来定义这种对象,而对于研究"我们自己的此在"的解释学来说这两种对于人的规定都无法被作为

---

　　① 在这里我们看到海德格尔显然继承了狄尔泰区分"说明"与"理解"的思想,人自身的生存是理解与解释的"对象",而不是说明的对象。

自我解释的起点。

虽然实际性解释学意味着"自我解释的解释学"（Hermeneutik der Selbstauslegung），然而并不是所有的自我解释都构成了解释学，作为一种理论的实际性解释学拥有其独特的方法与论域。海德格尔指出，这种解释学是"对人的存在的彻底的哲学思考"，因而历史上已经存在的关于人的规定都要被排除在外。（GA 63,29）虽然实际性解释学是一种自我解释，但是作为一种哲学理论它不是任意人的，而只是哲学家的自我解释，在自我解释之中哲学家所要探究的是他自己的存在。在《存在与时间》中，海德格尔赋予了人（此在）一种新的存在特征：人并不简单地是所有种类的存在者中的一种，而是在存在中与自己的存在发生关联的这样一种存在者，与存在相关联意味着对于存在的理解，存在理解（Seinsverständnis）是人或者说此在的存在的本质特征。海德格尔将与自身发生关联的人的存在也称为"生存"（Existenz, SZ 12）。在生存中人不仅与自己的存在，也与其他存在者发生着关联，人所拥有的不仅是对于自己的存在的理解，也拥有对于其他存在者的存在的理解。在"什么是形而上学"一文中海德格尔将人的存在描述为"在存在者中间的"（inmitten des...Seienden, GA 9,① 110），人的存在与其他存在者的存在是密不可分的，因而实际性解释学的论域既包括人的存在，也包括其他存在者的存在。哲学家的任务在于将他对于存在的理解通过语言表达出来，或者说将它展现。

作为一种彻底的解释，哲学家的自我解释不能凭借任何遗留下来的哲学或神学理论，而是需要一个新起点，那么这个新起点是什么呢？

解释学有这样一个任务，即让自己的此在就他的存在特征而言？

对于这个此在自身来说变得可通达，传达它，并对缠绕此在的自我异化（Selbstentfremdung）进行探究。在解释学中对于此在来说形成了

---

① "GA 9"是指"Heidegger, Martin, *Wegmarken*, Frankfurt am Main: Vittorio Klostermann, 1974"，下文同。

这样一种可能性,即对于他自身来说变为并且是理解着的
(verstehend,GA 63,15)。

如果说自我解释是实际性解释学的第一层含义,那么它的第二层含义是对自我异化的理解与扬弃,海德格尔将这个过程形象地形容为"此在为了自身的觉醒"(das Wachsein des Daseins für sich selbst,GA 63,15)。对于他来说,异化(Entfremdung)并不意味着人的物质生产与精神生产及其产品变成异己力量,并且反过来统治人的这样一种社会学现象,而是一种非本真的(uneigentlich)生存方式。在《存在与时间》中他提出,在日常生活中人是按"常人"(Man)的生活方式而生存的,而常人并不操心于自我解释,它的生活方式是早已被规定了的,常人感兴趣的是其他文化,并追求将其他文化中的生活方式与自己的生活方式相融合。海德格尔认为,在这个过程中此在不再将自我理解与自我解释看成是本己的存在方式,这也就意味着在常人的生活方式中此在并没有理解自身,这种自我陌生化就是所谓的自我异化。(SZ 178)实际性解释学的出发点正是自我异化,解释者的自我解释是从他自己的"今天"(Heute)①开始着手的,"今天"意味着他所拥有的平均化的自我理解与自我解释,意味着常人的生存方式,也意味着常人的"沉沦现象"(Verfallenphänomen,GA 63,17)。从自我异化或者沉沦中觉醒所具有的伦理意涵并不是海德格尔的关注焦点,对于他来说,觉醒首先意味着摆脱常人化的自我理解,意味着对于生存之真相或者说真理的追求。生存之真相意味着异化的扬弃,而这种扬弃并不在于摆脱特定生产方式的束缚,不是人的解放,也不意味着把握生命的终极意义,而是扬弃常人所代表的社会与文化赋予人的非本真的自我理解,让人重新理解并成为他本真的(eigentlich)②自身。因而对自我异化的理解与扬弃(觉醒)成为了哲学家的生存上的(existenziell)任务,它是生命本身的特定的运动倾向,

---

① 在《存在与时间》中海德格尔用"日常性"(Alltäglichkeit)概念替代了它。
② "非本真性"与"本真性"是海德格尔生存论分析中的重要概念,在后面将有专门的章节来讨论它们。

在这个意义上实际性解释学本身也具有伦理意涵。①

虽然海德格尔将实际性解释学定义为此在的觉醒，并且首先是哲学家的觉醒，但是自我解释并不仅是一项生存上的任务，而且包含着更加重要的哲学任务：②通过觉醒哲学家要揭示自己的存在方式以及人的一般存在方式。在《存在与时间》中海德格尔区分了"生存上的理解"（existenzielles Verstehen）与"生存论上的理解"（existenziales Verstehen）：前者是指人对于自己的生存可能性的理解，在生存中它们有可能被把握住了，也有可能被错过了，如同在日常生活中每天所发生的那样；后者是指人对于自己的生存结构的理解。（SZ 12）在海德格尔看来，"人是什么？"这个问题不是对于世界上客观存在的某个物种的发问，而是应该在人对于自己生存的理解与解释中得到回答。当然对于它的回答不能是随意的，而必须是哲学化的，即便客观有效性不是实际性解释学所追求的目标，但它至少也要追求普遍有效性或者说主体间的有效性。海德格尔认为，对于人的生存的哲学思考实际上探究的是生存的基本结构，他将这种探究称为"生存论分析"（existenziale Analytik，SZ 13），它构成了实际性解释学的第三层含义：对于人的生存结构的探究。

---

① 参见 Figal, Günter, „ Ethik und Hermeneutik ", in *Hermeneutik als Ethik*, hrsg. von Hans-Martin Schönherr-Mann, München：Fink，2004，S. 122f.Figal 将实际性解释学称为"实践哲学的总体化"（Totalisierung der praktischen Philosophie），而因为总体化实践哲学也丧失了它的"实践"内涵，也就是说海德格尔的解释学虽然具有伦理意涵，但它并非是伦理学或者说道德哲学，它并不对任何实践规范或规则进行探究。

② 格朗丹认为《存在论：实际性解释学》与《存在与时间》代表了海德格尔解释学发展的两个发展阶段，在前一个阶段海德格尔将解释学看成是此在的觉醒，它所涉及的是此在的生存，而在后一个阶段解释学成为了生存论分析与基础存在论，它所涉及的就不只是生存，而是存在的意义了。（［加］格朗丹：《哲学解释学导论》，何卫平译，商务印书馆 2009 年版，第159—165 页）这个观点是很难成立的，《存在论：实际性解释学》这个书名就是一个很好的证明，在这两本书中海德格尔所持的解释学概念并没有很大差异，毋宁说他的解释学有着不同的层面。

第三节 解释学与基础存在论

与"生存上的"与"生存论上的"的区分相对应的是"存在者的"(ontisch)与"存在论的"(ontologisch)区分:"存在者的"规定不仅意味着人的生存上的规定,也意味着对于人之外的存在者的规定,同样"存在论的"规定不仅意味着生存论上的规定,也意味着对于人之外的存在者的存在方式的规定。虽然海德格尔并没有说明为什么哲学家对于自己的生存结构的理解与解释具有普遍有效性,但是他指出对生存结构的生存论分析构成了"基础存在论"(Fun-damentalontologie,SZ 13),也就是说对于人的存在的探究不仅是存在者层次上的,而且更重要的是存在论层次上的,生存论分析或者说基础存在论所探究的不是个人的具体存在,而是人的存在的一般结构。这种存在论研究并不是海德格尔发明的,他指出亚里士多德以及阿奎那对于灵魂的研究实际上就是对于人的存在论研究,然而他们并没有区分"存在者的"与"存在论的"研究,而是将对于人的存在的存在论研究混淆为对于灵魂这种存在者的研究。(SZ 14)对于亚里士多德、阿奎那以及其他哲学家来说,人的灵魂有着某种特殊地位,例如亚里士多德认为只有理性是人的灵魂的本质,阿奎那认为只有人的灵魂才能把握那些超越者(Transzendentien):存在者(ens)、一(unum)、真(verum)与善(bonum)。海德格尔继承了他们的思想,并且将人的灵魂或者说人的这种特殊性改造为人(此在)的存在的特殊性:在生存中人与自己的以及其他存在者的存在发生关联,或者说人始终拥有对存在的理解,他将这种特殊性称为"存在者的—存在论的优先性"(der ontische-ontologische Vorrang,SZ 14)。人的存在既意味着具体的生存,也同时意味着对于存在的存在论理解与解释,人的存在本身的双重性导致了实际性解释学的双重性。

实际性解释学的第四层含义是对存在的意义的探究,也就是说作为存在论。正如1923年讲授课《存在论:实际性解释学》的标题所揭示的那样,海德格尔认为实际性解释学就是存在论(Ontologie),而存在论是关于存在的学问。(GA 63,1)德文词"Ontologie"(英文 ontology)的另外一个译名是"本体论",这个译名甚至更接近这个词的本义,从词源学上来说 Ontologie 是由古希腊语中的ὄν 与λόγος组成的,ὄν 的意思是存在者,Ontologie 也就是关于存在者的学问。从西方哲学史来看,虽然从巴门尼德开始ὄν 就成为了哲学中的一个核心概念,然而将对ὄν 的研究变为哲学一个重要分支的是亚里士多德,在《形而上学》中他认为本体论(形而上学)构成了第一哲学,并且他将本体论(形而上学)定义为将存在者作为存在者来研究的学问。虽然海德格尔将自己的存在论视为对古希腊本体论(形而上学)的继承与发扬,(GA 63,1-2)但是他却认为以往的本体论(形而上学)所追问的只是存在者,而非存在,因而遗忘了存在的意义问题。(SZ 21)由此可见,在海德格尔这里 Ontologie 意味着研究存在的意义的存在论,而非研究存在者的本质或者本原的本体论(形而上学)。

　　在说明海德格尔的"存在论"概念之前,首先需要说明的是"存在者"(das Seiende)与"存在"(Sein)这两个概念。他对于"存在者"的定义是:"存在着的(seiend)是以下一切:我们所言说的东西、我们所意指的东西、我们所如此这般或如此那般关联着的东西,存在着的也是这样的东西,即我们自身之所是以及所是的方式"。(SZ 6-7)在这个定义中他将存在者与人关联在了一起,存在者是在人的生存实践中出现的一切东西,也包括人自身以及他的活动,换句话说,存在者就是人的认知与实践的对象。

　　什么是存在呢? 德语"Sein"(英语"Being")翻译成中文既可以翻译为"存在",也可以翻译为"是"。在《存在与时间》中海德格尔列举了关于存在的一些通俗理解与规定:"存在就是说这样存在与如此存在、现实性、现成性、存有、有效性、现存、有"。① 如果仔细进行分析的话,这些规定大致分为两类:"现实性、现成性、存有、现存、有"将存在规定为了"实存"(existentia),例如

---

　　① „Sein liegt im Daß-und Sosein, in Realität, Vorhandenheit, Bestand, Geltung, Dasein, im es gibt."(SZ 7)

"上帝存在"这个命题中的"存在"就可以用这些概念来解释;"这样存在与如此存在、有效性"将存在规定为了"是真的",例如"'北京是中国的首都'是真的"这个命题中的第二个"是"意味着对于"北京是中国的首都"这个命题的真值的肯定。除此之外,存在(是)这个概念还有一个用法:作为主语与谓语的连词,例如"北京是中国的首都","天是蓝色的"等。① 但是我们发现,海德格尔所说的"此在的存在"或"生存"并不包含在存在的这三种意义之中,②此在的存在或生存意味着自我关联、自我理解,存在的这种意义并不包含在关于它的通俗理解与规定中。

对于海德格尔来说,虽然人或者说此在在某种意义上也是一种存在者,如同石头、树木与狗等是存在者一样,但人的存在与其他存在者的存在是不一样的。"人是什么"必须从人的存在中得到规定,"此在的'本质'在于生存"(SZ 42)。人始终是自我理解或者说自我规定的,在这个意义上人始终是未完成的,不能仅仅作为一个现成的对象而被观察与规定,海德格尔指出人的存在或者说生存不能通过中世纪经院哲学的"实存"(existentia)概念来理解,因为实存意味着"现成存在"(Vorhandensein),而人始终不是实存的或者说现成存在的。(SZ 42)在他看来,人与其他存在者的差别并不在于人拥有某种特殊的本质,例如灵魂、理性等,而在于不同的存在方式。虽然人与其他存在者都存在,然而它们的存在方式是不同的,"存在方式"(Seinsweise)这个词应在复数的意义上得到理解。人在生存中不仅与自身,而且也与世界中的其他存在者发生着关联,在这个过程中人所具有的不仅是对于自身存在方式的理解,同样包括对于其他存在者的存在方式的理解。因而实际性解释学不仅应该包括考察人的存在方式的生存论分析,而且也应该考察其他存在者的存在方式,用海德格尔的话来说,实际性解释学就是探究存在的意义的基础存在论。

在海德格尔看来,人的生存不是实存的一种样态,而是与实存相并列的一

---

① 这一点海德格尔在《存在与时间》的第 1 节中也提到了,见下文。
② [德]科赫:《真理、时间与自由》,陈勇、梁亦斌译,人民出版社 2016 年版,第 36—37 页。

种存在方式,由此可以得出的一个结论是:存在(是)这个概念至少包含了四种不同的意义。实际上亚里士多德在《形而上学》中已经得出了一个类似的结论:存在者(ὄν)概念是在不同意义上被言说的,[1]例如实体、偶性、潜能、现实、真,然而他认为这些意义是能够在一个基本意义之下得到统一的,这个基本意义就是实体(οὐσία),当我们言说其他意义上的存在者时,我们都是在对实体进行言说。可能是受到亚里士多德的影响,海德格尔也认为存在拥有统一的意义,基础存在论追问的不是复数意义上的,而是单数意义上的存在的意义(der Sinn des Seins)。但是就像图根特哈特所指出的那样,海德格尔并没有解释为何"存在的意义"应该在单数意义上得到理解,而是将这一点视为理所当然的。[2]　在印欧语系中存在(是)都用同一个词来表述并不意味着存在这个概念的意义就是统一的,也许这只是反映了印欧语系中的各种语言的一个缺陷,在汉语中就有"是"与"存在"两个词来分别表示不同的意思。

　　海德格尔是怎么发现所谓的存在问题的呢? 在《存在与时间》的第 1 节中他归纳了对于存在概念的最常见的三种界定:第一,"存在"是一个最普遍的概念,因为在所有对存在者的规定中都蕴含了存在概念。但存在自身不是一个存在者,亚里士多德认为存在者(ὄν)本身不是各种存在者的最高的类(种),存在者的统一性只是一种类比的统一性(Einheit der Analogie),中世纪经院哲学则将存在者当作一种超越(Transcendens)。第二,"存在"概念是不可定义的,因为在经典逻辑中定义意味着"种加属差",而在存在之上没有任何更高的种,存在自身也不是存在者,无法被归入种属的概念框架中。第三,"存在"是一个不言自明的概念,因为在人的一切活动中都已经包含了对于存在的理解,例如"天空是蓝色的","孙悟空是唐僧的徒弟"等。(SZ 3-4)在此我们发现,除了第三点是对于存在(是)这个概念的一种通俗理解与规定之外,前两点实际上都是亚里士多德在《形而上学》中提出的理论观点,而亚里

---

[1]　Aristotle, *Metaphysics*, translated by W.D.Ross, 中央编译出版社 2012 年版, pp. 128-131。

[2]　Tugendhat, Ernst, *Philosophische Aufsätze*, Frankfurt a.M.: Suhrkamp, 1992, S. 91.

士多德所讨论的实际上并不是存在(是),而是存在者(ὄν)。虽然海德格尔认为传统存在论混淆了存在与存在者,然而他却接受了亚里士多德甚至是中世纪经院哲学对于"存在者"概念的这两种界定。他对存在概念的界定与亚里士多德以及经院哲学对于存在者概念的界定具有明显的同构性:

> 存在作为哲学的基本论题不是某种存在者的类,然而它却涉及了每个存在者。它的普遍性要在更高的层次上去寻找。存在与存在的结构位于每个存在者之上,也超出了存在者的任何一种可能的存在规定。存在是绝对的超越。(SZ 38)

存在被他规定为绝对的超越,正如在亚里士多德以及经院哲学那里存在者是一种超越一样。超越者是拥有最高的普遍性的,正是这样的思想背景使海德格尔产生了这样一个想法:存在具有统一的意义。① 由此可见,海德格尔并不是理所当然地认为存在具有统一的意义,也不是毫无反思地接受了印欧语言的一个缺陷,而是继承了西方形而上学的一个基本思想:存在者是具有统一的意义的,而他将"存在者"替换为"存在"则意味着对于西方形而上学的反思。

在海德格尔看来,存在显然不同于普通的个别存在者,例如地球、珠穆朗玛峰、柏拉图等,它也不是存在者的一个类,例如桌子、凳子、床等是家具一样,在他对于存在意义的探究中"存在论差异"(ontologische Differenz, GA 24,②22)概念扮演着一个重要角色。虽然这个概念是他在《存在与时间》之后的《现象学的基本问题》(GA 24)中提出来的,它指的是存在与存在者之间的差异,或者说存在不是存在者,然而在《存在与时间》中他已经清楚地区分了存在与存在者:"存在者的存在自身不是一种存在者"。(SZ 6)存在也不是存在

---

① 在《现象学的基本问题》中海德格尔讨论了哲学史中对存在概念的意义的种种界定,而他认为这些意义如何得到统一是现象学的基本问题之一。(GA 24,247)

② "GA 24"是指"Heidegger, Martin, *Die Grundprobleme der Phänomenologie*, Frankfurt am Main:Vittorio Klostermann,1975",下文同。

者的最高的类,就像传统哲学中的őν既不是具体的存在者,也不是存在者的最高的类一样。换句话说,海德格尔的存在论差异概念不过是传统形而上学关于őν的界定的一个翻版,只不过他认为őν不应该被理解为存在者,而是应该理解为存在。从这个角度我们也才能够理解为什么他会用柏拉图《巴门尼德篇》中的一段话作为《存在与时间》的引言,仅从消极的一方面看,他的存在哲学不过是古希腊与中世纪形而上学的延续而已。

当然我们也可以从积极的一方面来看待他的存在哲学:它将哲学的关注焦点从"本体论"转换到了"存在论"。海德格尔清楚地意识到,哲学并非与物理学、化学、生物学等竞争的"自然哲学",即便古希腊的自然哲学开启了西方哲学史与自然科学史,哲学的任务并不在于解释宇宙的本质与起源,也不在于对上帝与灵魂的存在进行形而上学研究,它的起点是这样一个简单事实:存在不是存在者。虽然在他的存在哲学中"人"(此在)这种存在者依然是关注焦点,但这也只是为了给存在的意义问题提供一个支点,宇宙、上帝以及灵魂等传统形而上学的研究对象都不再是基础存在论的关注对象。"存在者不是最高的类"这个命题已经显示出,从巴门尼德开始哲学家们实际上已经意识到了哲学的真正问题之所在,然而他们却无法摆脱自然哲学的影响,正如"形而上学"(Metaphysik)这个词所暗示的那样。"第一哲学"不应该是研究存在者的高级自然科学,即"自然哲学",而应该是研究存在的存在论。

就海德格尔的存在哲学而言,重要的首先不是存在这个概念的几种意义是如何得到统一的,而是存在这种绝对的超越应该怎样来理解,对于后一个问题的回答是回答前一个问题的基础。在生存中人(此在)始终有着对于存在的理解,然而这不意味着存在的意义也已经得到了理解与解释,这个任务被赋予给了哲学家,他们需要理解自己的存在并进行解释,这种对于存在的解释就是海德格尔所说的基础存在论,它同时也意味着哲学家对于自身存在的觉醒、对于自身异化的扬弃、对于自己的生存结构的阐明。

第四节　作为先验哲学的基础存在论

正如在上一章中所论述的那样,在《存在与时间》中海德格尔区分了"通俗的现象概念"与"现象学的现象概念",前者指的是存在者,后者指的是存在者的存在特征(Seinscharakter)。值得注意的是,他是通过康德哲学来解释这两个概念的区分的,前者在康德那里对应的是显象(Erscheinung),而后者对应的则是直观形式,即时间与空间。(SZ 31)虽然对于海德格尔来说存在者不等于显象,存在特征也不等于直观形式或知性范畴,但是存在者与存在的存在论差异与康德对于经验对象与先验要素(先天形式)的区分显然是对应的。如果说考察知识的先验要素(先天形式)的哲学在康德那里被称为先验观念论(transzendentaler Idealismus),那么考察存在者的存在的"解释学的现象学"(基础存在论)在海德格尔这里也是一种先验哲学。

> 存在是绝对的超越。此在的存在的超越是一种卓越的超越,只要其中包含了极端个体化的可能性与必然性。任何对于存在作为超越的揭示都是先验的(transzendentale)认识。现象学真理(存在的揭示)是先验真理(veritas transcendentalis)。(SZ 38)

"存在是超越"或者"存在不是存在者"意味着存在不是此在(人)或者它的关联对象,而是要到一个更高的领域去寻找。这个领域是什么呢? 海德格尔的答案是"视域"(Horizont)、"时间"(Zeit)或者说"时间视域",(SZ 17)"由时间而来的对存在、它的特征以及样态的原初的意义规定性我们称为时态(temporale)规定性"(SZ 19)。正如他后来在"时间与存在"一文中所指出的那样,存在与时间的一个共同特征在于它们都不是存在者。(GA 14,7)也就是说,他认为时间也是一种超越,关于时间的知识也是一种先验知识。

关于存在或者说存在特征的知识是先验知识这一点也许并不明朗,但关于时间的知识是先验知识这一点对于我们来说就太过熟悉了,康德在《纯粹理性批判》中建立起了一整套的关于时间的先验哲学。在《存在与时间》中海德格尔是这样评价康德的："第一个也是唯一一个在时态性（Temporalität）维度的方向上走了一段研究道路的，进一步说是让自己被现象本身的强迫逼向那里的，是康德。"①（SZ 23）这个评价几乎可以使我们将《存在与时间》和《纯粹理性批判》对照起来阅读，海德格尔的先验现象学与康德的先验观念论似乎就是孪生兄弟。但（不幸的是）海德格尔认为康德并没有获得关于时态性的洞见，一方面是由于错过了存在问题，另一方面是由于没有对主体的主体性进行存在论分析，没有形成关于此在的存在论。（SZ 24）海德格尔对于康德与胡塞尔的批评有着高度的一致，这足以使得我们重视他的这种批评，为了理解他的先验现象学，对康德先验哲学进行基本的梳理，然后分析他对康德哲学的继承与批评无疑是必要的。

康德在《纯粹理性批判》的导言中是这样定义先验知识的："我把一切与其说是关注于对象，不如说是一般地关注于我们有关对象的、就其应当为先天可能的而言的认识方式的知识，我们称之为先验的。"②在《纯粹理性批判》第一章中他指出，在知识的两大构成要素中，感性（Sinnlichkeit）意味着接受性（Rezeptivität），通过它对象被给予了认知主体，而知性（Verstand）是形成概念的能力，同时也是对对象进行思考的能力，③由此可见，康德将知识的两大构成要素理解为认知主体与对象相关联的两种方式，感性是主体被动接受对象的方式，而知性是主体主动地（"自发地"）思考对象的方式。当康德分别对感性与知性进行分析的时候，他并没有对具体的感性直观（例如各种颜色、声音等）以及知性概念一一加以考察，而是分析了经验知识的可能性条件，他认为这些条件先天地（a priori）就为认知主体所具有，而对这些先天条件的分析分

---

① 不是将自己关于内时间意识的手稿给助手海德格尔阅读的胡塞尔，也不是在西方哲学史中第一个对时间（在《物理学》中）进行了系统性探讨的亚里士多德！

② Kant, Immanuel, *Kritik der Reinen Vernunft*, Hamburg：Meiner, 1998, A 11–12 / B 25.

③ Ibid., A19/B33.

别构成了先验感性论与先验逻辑学。① 康德认为时间和空间是先天的感性条件,范畴(Kategorien)是先天的知性条件,而把握到这些先天条件的方法是将知识中的经验性要素都排除出去,留下的就是先天要素:在感性中将属于印象的东西都排除掉,那么剩下的就是直观的先天形式;在知性中将经验性的概念都排除掉,那么剩下的就只是纯粹的、先天的知性概念、范畴。也就是说,知识的先天条件是指认识主体在不依赖于接受性或者说感性所提供的质料的情况下自身就具有的知识形式,康德将对它的研究称为先验要素论(transzendentale Elementarlehre)。

在《康德与形而上学问题》(GA 3)②第四版的序言中海德格尔指出,《存在与时间》是它的先导,这两本著作所关注的都是存在问题与时间问题,更准确地说是存在与时间问题,他甚至将康德视为其存在问题的"代言人"(Fürsprecher,GA 3,XIV)。尽管他的康德研究有着过度阐释的问题,但是他将康德的先验哲学理解为"普遍形而上学"或者说"存在论"的观点是很有价值的。(GA 3,16)在他看来,康德的"哥白尼革命"意味着一种存在论区分,康德的"哥白尼革命"可被概括为"不是知识遵照对象,而是对象遵照知识",这说明了康德在关于存在者的知识之外还看到了存在论知识,所谓的先验知识实际上就是存在论知识,而经验知识则是存在者知识;并且康德的"哥白尼革命"意味着存在论知识对于存在者知识的奠基,用海德格尔的话来说,存在者上的真理是奠基于存在论真理的。(GA 3,12-13)由此可见,海德格尔将康德的先验观念论理解为对于经验性知识的先天条件的阐明,经验性知识所揭示的是关于存在者的真理,这种真理首先不是通过自然科学,而是在日常生活经验中被揭示的,例如"太阳把石头晒热了",然而在康德看来,这种经验知识不是对于自在之物的,而是对于人的"视域"(Horizont)中的显象或者说现象的

---

① Kant,Immanuel,*Kritik der Reinen Vernunft*,Hamburg:Meiner,1998,A 21 /B35-26.

② "GA 3"是指"Heidegger,Martin,*Kant und das Problem der Metaphysik*,Frankfurt am Main:Vittorio Klostermann,2010",下文同。

揭示,因而视域这个因素是无法被从经验知识中排除掉的,这是所谓的先验观念论的真正意义之所在。在《存在与时间》中海德格尔提出,时间是理解存在的视域,进一步说它也是理解存在者的视域,在这里我们可以清晰地看到海德格尔的基础存在论与康德的先验观念论的对应关系。虽然他们的时间哲学并不相同,在《存在与时间》里并没有先验自我的统觉能力与知性范畴的位置,而在《纯粹理性批判》中则没有时间性与世界时间的位置,但是对于时间视域的关切是使得先验观念论与基础存在论能够成为先验哲学的关键之所在。

在康德的先验观念论中,时空形式、知性范畴、先验自我的统觉以及先验想象力一起构成了主体的主体性,而在海德格尔的基础存在论中,时间性(Zeitlichkeit)同样构成了此在的存在论意义(der ontologische Sinn,SZ 323),时间性是此在的存在特征或者说存在方式,超越的时间视域构成了此在的存在。在《存在与时间》的第44节中海德格尔写到:"只有真理存在,才'有'存在(而不是才有存在者)。而只有和仅当此在存在,真理才存在。"① 在海德格尔看来存在与时间是依赖于此在的,将这个观点视为一种"先验观念论"并非毫无道理。② 但值得注意的是,他从来没有宣称存在是在人的观念、意识或者心灵之中的,他也不曾主张任何形式的心物二元论,因而基础存在论是一种先验哲学,却不是一种观念论或者说唯心主义。存在是人(此在)的存在,也是人的关联对象的存在,人的优先性仅仅在于拥有对于存在的理解,在人之中的只是对于存在的理解,而存在本身是超越于人与关联对象的,它超越于一切存在者。

在海德格尔关于存在的众多论述中,《关于人文主义的书信》中"存在是关系(Verhältnis,GA 9,532)"这一规定是比较通俗易懂的,它意味着人与关联

---

① "Sein-nicht Seiendes-gibt es nur,sofern die Wahrheit *ist*.Und sie ist nur,sofern und solange das Dasein ist."(SZ 230)

② Cf.Blattner,William D.,"Is Heidegger a Kantian Idealist",in *Inquiry* 37(1994),pp. 185-202;Blattner,William D.,"Heidegger's Kantian Idealism Revisited",in *Inquiry* 47(2004),pp. 321-337.

对象都分别有了存在,例如在"海洋是蓝色的"这样一种理解中,被理解的不是作为"自在之物",而是作为人的关联对象的海洋的存在,因而人自身的存在以及人与海洋的关系也是一同被理解的。探究人与关联对象的存在或者关系的先验哲学既不是一种观念论,也不是一种实在论,在这两种理论中存在都等同于存在者,而海德格尔则始终强调两者之间的存在论差异。在他看来,存在是与人最切近的,在人与其他存在者的关联中、在日常生活经验中或者说在自然态度中,存在都已经被理解了,只不过这种理解通常伴随着一种误解,即将存在误解为存在者,因而存在始终被"遮蔽"(verborgen,SZ 35)了,而解释学的现象学或者说基础存在论的任务则在于存在的揭示性(Erschlossenheit)或者说解蔽(Entbergen)。

第七章　解构亚里士多德

在"我的现象学之路"一文中海德格尔回顾了自己早年思想的发展历程，他在1907年①就阅读了布伦塔诺的博士论文《论亚里士多德的存在者的多重意义》，由此产生的疑惑是：既然存在者是在多重意义上被言说的，那么哪种意义是最根本的呢？存在的意义是什么？（GA 14,② 93）也就是说，贯穿他一生思想的"存在问题"实际上是从亚里士多德那里继承而来的，尽管在他看来亚里士多德同样遗忘了存在问题，而只是探讨了存在者的多重意义。在1962年写给美国学者威廉·理查德森的信中他承认，正是对于亚里士多德的《尼各马可伦理学》第六卷以及《形而上学》第九卷的研究才使得他明白了：真理意味着无蔽（Unverborgenheit），而动词意义上的真理意味着解蔽（Entbergen），在真理中存在者显现自身。③ 由此可见，不仅存在问题的产生，而且探讨这个问题的方法他都是受到了亚里士多德的启发。亚里士多德哲学的一个重要方法是将逻各斯（λóγος）作为解答问题的最重要线索，例如正是通过这个方法亚里士多德归纳出了存在者的四种意义：作为实体、作为潜能和实现、作为偶

---

① 当时他还在读中学，1909年他才在弗莱堡大学神学系开始了大学生涯。

② "GA 14"是指"Heidegger, Martin, *Zur Sache des Denkens*, Frankfurt am Main：Vittorio Klostermann, 2007"，下文同。

③ Richardson, William J., *Heidegger. Through Phenomenology to Thought*, New York：Fordham University Press, 2003, pp. XI–XIII.

性、作为真者；①此外，逻各斯与真理这两个概念是联系在一起的，它们都是其知识论的核心概念。因而不难理解的是，在海德格尔早期思想的发展过程中，对于亚里士多德思想的解读构成了一个关键阶段，对于真理概念的考察是回答存在问题的前提，因为存在（以及存在者）始终是在真理中才得以显现自身的。

从 1921/22 年的冬季学期开始，海德格尔就开始对亚里士多德哲学进行系统的解读，涉及的文本主要有《解释篇》《修辞学》《论灵魂》《形而上学》《物理学》《政治学》与《尼各马可伦理学》。耐人寻味的是，在这个时期亚里士多德形而上学的核心文本《范畴篇》以及《形而上学》第七卷与第九卷②并不是他关注的焦点，反而通过对于亚里士多德的灵魂论、逻辑学、修辞学、物理学以及伦理学的解读他发展出了自己的"实际性的现象学解释学"（phänomenologische Herme-neutik der Faktizität），③这种解释学关注的对象是人的"实际性生命"（das fakische Leben④，GA 62，364）。在《那托普报告》⑤中他指出，他的哲学的目标是研究"实际性生命的存在"（Sein des faktischen Lebens），因而这种哲学是一种"原理性的存在论"（prinzipielle Ontologie）或者说"实际性的存在论"（Ontologie der Faktizität），它为其他的区域存在论奠基。他认为，对于实际性生命的直接性的理解与解释是不可能的，因为哲学解释所使用的概念是希腊式的与基督教式的，只有通过对于哲学史的解构（Destruktion）才能真正地理解当

---

① Aristotle，*Metaphysics*，translated by W.D.Ross，中央编译出版社 2012 年版，p. 128。

② 在给理查德森的信中所说的《形而上学》第九卷实际上是指其中的第十章，在第九卷中只有这一章是讨论真理问题的。

③ Cf.Trawny，Peter，*Martin Heidegger. Eine Kritische Einführung*，Frankfurt a.M.：Klostermann，2016，S. 25。

④ "Leben"在德语中既有生活，也有生命的意思（正如英语词"life"一样），在海德格尔那里这两种意义也是兼而有之。

⑤ 这份报告的题目是"解释学境况的指示"（Anzeige der hermeneutischen Situation），它是海德格尔求职过程中提交给哥廷根大学哲学系和马堡大学哲学系的研究证明，这份报告获得了那托普的肯定，海德格尔最终去了马堡大学哲学系担任编外教授，报告全文收录于德文全集第62 卷。

下（Gegenwart），也就是说理解当下的实际性生命。（GA 62,368）海德格尔是带着解构的意图去研究亚里士多德哲学的，他要考察的是亚里士多德对于人的生存的规定，并且这种研究是以发展出一种"彻底的现象学人类学"（radikale phänomenologische Anthropologie）为指向的。① （GA 62,371）

　　从1919年的《哲学的观念与世界观问题》开始，海德格尔哲学的关注焦点一直是人的实际性生命或者说生存。他对胡塞尔现象学的接受只是方法论上的，现象学是一种面向实事本身的哲学方法论，在他看来实事本身不是纯粹意识，而是实际性生命。实际性生命通常是处于遮蔽之中的，只有通过解释学现象学以及对哲学史的解构它才能被揭示。从《那托普报告》中我们可以看到，受到亚里士多德的影响，虽然海德格尔延续着实际性解释学的研究思路，但这种研究的对象已经发生了位移，即从"实际性生命"变成了"实际性生命的存在"。即便海德格尔的回忆是准确无误的，即从1907年开始他就产生了对于存在的意义的疑惑，但是在1921年之前我们并没有看到他对于存在问题以及传统形而上学的研究，只有通过对亚里士多德的解读他才意识到了对于实际性生命的研究与存在问题是可以结合起来的，而结合点就是"实际性生命的存在"。作为解释学现象学的哲学固然应该研究实际性生命（因为它是比意识更为原初的现象），但是这种研究不应该是经验性的，也就是说它不应该是一种关于人的生存的经验科学，就像心理学、人类学、经济学、社会学等一样，而应该成为一门先验科学，它的研究对象是实际性生命的"存在"。虽然这种现象学观念的产生与胡塞尔的"本质科学""先验现象学"概念的影响是分不开的，但是亚里士多德哲学才使得他认识到如何将实际性解释学与存在论结合起来。

---

　　①　在此我们看到，海德格尔的早期思想确实可以被理解为一种哲学人类学，在这个意义上胡塞尔将《存在与时间》理解为一种哲学人类学是有道理的，（Husserl, Edmund, "RandnotizenHusserlszuHeideggers*Sein und Zeit* und *Kant und das Problem der Metaphysik*", in *Husserl Studies* 11,1994, p. 27）但这并不构成对于海德格尔早期思想的否定，哲学人类学与基础存在论并不是两个不相容的概念，康德哲学可以被理解为一种哲学人类学，但它同时也是一种先验哲学。

　　在亚里士多德哲学中,形而上学、物理性、逻辑学、伦理学与灵魂论构成了一个统一的理论体系:逻辑学作为"工具论"(Organon)提供了哲学研究的方法论,形而上学是对于作为存在者的存在者的一般研究,物理学研究的是存在者的运动,而灵魂论和伦理学则是对于人这种存在者以及他的运动的研究。反过来看,逻辑学的研究对象逻各斯或者说言语又只不过是一种人类现象,它是人的理解的表达,在这个意义上对于人的生存以及知识的考察甚至比逻辑学更为根本。我们甚至可以认为,在亚里士多德哲学体系中并不存在绝对的原点,对于人的存在与运动的研究、对于一般存在者的存在与运动的研究这两方面是相辅相成的,而这也是海德格尔在亚里士多德那里所发现的:亚里士多德对于人的生存的研究是以"被制作状态"(Hergestelltsein)或者说"现有"(οὐσία,Habe)这种存在的意义为指引的;(GA 62,①373)反过来看,这种存在的意义是通过(哲学)研究被发现的,"研究是注视着的打交道(der hinsehende Umgang,ἐπιστήμη)的一种方式",(GA 62,374)而"注视着的打交道"或者说"ἐπιστήμη(科学)"又只是人类发现真理的一种方式,对于它的理解离不开对于人的生存的考察。在亚里士多德那里海德格尔发现了实践哲学与理论哲学之间的循环,两者互为前提。

　　在不同的文本中海德格尔提出的解读亚里士多德思想的顺序也是不同的:在《亚里士多德哲学的基本概念》(GA 18)中他从λόγος与οὐσία开始,然后过渡到对亚里士多德伦理学中的基本概念的研究;而在《对亚里士多德关于存在论和逻辑学的有关论文的现象学解释》(GA 62)、《那托普报告》以及《柏拉图的智者篇》(GA 19)中他提出的顺序则是从亚里士多德对于知识的界定(《尼各马可伦理学》第六卷、《形而上学》第一卷的第一、二章)到对于存在者以及它的运动的界定(《物理学》第一到第五卷、《形而上学》第六到第八卷)。如果按照《存在与时间》中的基础存在论的思路,那么第二种解读顺序

---

　　① "GA 62"是指"Heidegger, Martin, *Phänomenologische Interpretationen ausgewählter Abhandlungen des Aristoteles zur Ontologie und Logik*, Frankfurt am Main:Vittorio Klostermann,2005",下文同。

更加符合他的方法论,存在的意义并不是不言自明的,而是哲学的最重要的研究对象,传统形而上学对于它的规定则需要被解构,哲学研究的出发点应该是人的实际性生命经验,终点才是对于存在的意义的规定。在亚里士多德那里,"实际性生命经验"在《尼各马可伦理学》第六卷以及《形而上学》第一卷的第一、二章中被规定为了知识或者说揭示真理的方式,海德格尔在《对亚里士多德关于存在论和逻辑学的有关论文的现象学解释》与《柏拉图的智者篇》中对这两个文本进行了详细的解读。下文将对他的解读进行考察,但首先要考察的是他对于亚里士多德的逻各斯与真理概念的阐释。

第一节　逻各斯与真理

在《政治学》中亚里士多德写下了这段话:

> 就作为动物而言,为什么人类达到了比蜂类或其他群居动物所达到的共同体更高种类的政治组织,原因也是很明显的。按照我们的理论,自然不造无用之物。在各种动物之中,唯有人类拥有言语。声音可以表达快乐与痛苦,以这种方式它被传到了其他动物那里。(这些都是动物的本性:拥有对于快乐和痛苦的感知,表达它们并且相互传达。)至于某种事物是有利的还是有害的,是正义的还是非正义的,这是言语才能够开显的。人类不同于其他动物的独特之处在于他拥有对善与恶、正义与非正义以及其他此类事物的感知。人类的共同体构成了家庭与城邦。①

在这段文本中亚里士多德区分了人类的言语(λόγος)与动物的声音(φωνή):动物一般都可以通过声音来"表达"(σημαίνειν)快乐和痛苦,也就是说它们的声音是有意义的,并且可以被传递给其他同类动物,以这种方式群居动物形

---

① [古希腊]亚里士多德:《政治学》,吴寿彭译,商务印书馆1983年版,第8页。(译文有改动)

成了共同体;人类的言语则不仅拥有这些功能,而且还可以"开显"(δηλοῦν)善与恶、正义与非正义、有利与有害,等等,以这种方式人类形成了更高种类的共同体:家庭与城邦。在亚里士多德看来,不仅动物共同体,而且人类共同体(例如家庭与城邦)都是自然(φύσις,本性)的产物,因而"人是天生的政治动物",并且这与"人是拥有言语的动物"是不可分割的。

海德格尔在《亚里士多德哲学的基本概念》(GA 18,1924)中引用了上面这段话并进行了分析,他认为亚里士多德指出了言语的两个重要特征:自我述说(Sichaussprechen)与相互言说(Miteinandersprechen)。(GA 18,46—50)即便动物的声音也表达了它们感知到的快乐与痛苦,并且能够将这种意义传递给其他动物,而人类的言语更加是一种自我表达与相互传达。动物的声音只是具有表达的功能,而人类的言语的功能则在于开显。言语开显的是什么呢?开显与表达的差别又是什么? 就第一个问题而言,亚里士多德认为言语开显了事物是有利还是有害的,是正义的还是非正义的,而根据他在《尼各马可伦理学》中提出的观点,这些事物都是由技艺或者明智来揭示或者说开显的。因而海德格尔指出,言语开显的是实践的目的论结构,"有利的"或者"有害的"总是就某个目的(Ende,τέλος)而言的,对于它的"考虑"或者说"推理"以及相应的言语具有"如果……,那么……"(wenn-so)的结构。(GA 18,58—63)换句话说,言语首先所开显的不是认知性知识,而是实践性知识,在生存实践中人们知道什么是有利的或者有害的、正义的或者非正义的,等等,在言语中它们得到了"自我述说",并且成为了可传达的,正是在这个意义上拥有言语才意味着一种更高种类的政治实践,意味着"共同存在"(Miteinandersein,GA 18,62),只有通过言语人类共同体(例如家庭与城邦)才得以形成。

在亚里士多德看来,虽然动物的声音也是有意义的,但只有人的言语才是一种开显。海德格尔将开显翻译为"使之成为显明的:将某物作为某物来言说"(ausdrücklich machen:λέγειν τι κατὰ τινός)或者"使之成为公开的"(offenbar machen)。(GA 18,73)"使之成为显明的"与"使之成为公开的"这两个概念并不比"开显"这个概念更容易说明言语的功能,真正能够说明它的是"λέγειν τι κατὰ τινός"这个短语,这是亚里士多德在《解释篇》中对于肯定性"命题"(λόγος αποφαντικός,展现性的言语)的定义。根据亚里士多德的观点,并不是所有种类的言语都具有真值,例如请求、命令等言语就既不为真也不为假,只有命题(展现性的言语)才具有真值。① 此外,具有真值的命题都具有主谓结构,例如在"苏格拉底是雅典人"这个命题中(通过主语"苏格拉底")被言说的对象是苏格拉底,并且对于他的言说是通过附加"雅典人"这个谓语来进行的,因而肯定命题意味着"将某物作为某物来言说",否定命题则相反,它意味着"将某物不作为某物来言说"(τι απο τινός λέγειν),例如"苏格拉底不是斯巴达人"就是将苏格拉底不作为斯巴达人来言说。② 亚里士多德还提出,单独的名词或动词并不具有真值,真值是与综合(σύνθεσις)或分离(διαίρεσις)相关的。③ 对于综合与分离的通常理解是将肯定命题视为综合,它将主语与谓语综合在了一起,而将否定命题视为分离,它将主语与谓语分离开了。

海德格尔在《柏拉图的智者篇》中提出,将综合等同于肯定命题、分离等同于否定命题是错误的,无论肯定命题还是否定命题都是综合,因为命题展现(aufzeigen)了它所言说的事物,并且是将它"作为某物"来展现的,而"将某物作为某物来展现"已经意味着综合了。此外,命题同时意味着分离,虽然在"将某物作为某物来展现"中两种事物被结合了,但它们是作为分离的事物被结合的。海德格尔同意亚里士多德的观点,即综合与分离是命题具有真值的前提条件,正是主语与谓语的综合与分离产生了一种两极的可能性:将某物作为它实际上所是的事物来展现,或者将某物作为它实际上所不是的事物来展现,前者意味着真,而后者意味着假。(GA 19,182-186)简而言之,言语的开

---

① [古希腊]亚里士多德:《范畴篇　解释篇》,方书春译,商务印书馆1986年版,第58页。
② [古希腊]亚里士多德:《范畴篇　解释篇》,方书春译,商务印书馆1986年版,第59页。
③ [古希腊]亚里士多德:《范畴篇　解释篇》,方书春译,商务印书馆1986年版,第55页。

显意味着综合与分离,无论"将某物作为某物来言说"(肯定命题)还是"将某物不作为某物来言说"(否定命题)都同时意味着综合与分离,或者说展现,言语由此才具有了真值。

从海德格尔对于亚里士多德的逻各斯(λóγος,言语)概念的解读中我们看到,他是从展现性的言语(λóγος αποφαντικóς,命题)的角度来理解言语的开显功能的,他将展现视为开显的核心意义。此外他还指出,亚里士多德在《解释篇》中也区分了有意义的言语(λóγος σημαντικος)与展现性的言语,所有种类的言语都是有意义的,但并不是所有种类的言语都是展现性的。(GA 19,181)在亚里士多德看来,即便动物的声音也是有意义的,具有意义并不是人类言语的本质特征,它的本质特征在于对于特定事物的开显:某物是有利的还是有害的,某物是正义的还是非正义的,等等。也就是说,言语是将某物作为某物来开显的,在这个意义上开显意味着综合与分离,意味着展现,而言语也就等同于展现性的言语。言语的展现意味着它的真理功能,只有言语才能够揭示真理或者说让某物得以展现,而"人是拥有言语的动物"则意味着:人具有让某物展现或者说揭示真理的能力。

《存在与时间》中的"言语"(Rede)概念实际上就是对于亚里士多德的"λóγος"概念的翻译。言语首先是一种自我述说,被述说的是人在生存实践中的理解,并且它同时也是一种传达,正是言语的传达功能使得人的共同存在得以可能。此外,言语在本质上就是展现性的,它让现象(存在者与存在)本身被看见,对于海德格尔来说,言语与展现性的言语是同义词。在这个意义上我们甚至可以认为,海德格尔窄化了亚里士多德的逻各斯概念,通过这种窄化他重新规定了人本身,"人是拥有言语的动物"被他理解为:人是生存在真理之中的,或者说人的生存是展现性的(揭示性的)。

正如海德格尔在给理查德森的信中所承认的那样,在亚里士多德那里他获得了对于真理概念的一种新理解。在近代知识论中,真理是与思维以及观念相连的,例如在笛卡尔那里真理意味着观念的清楚性与明晰性;而在传统逻辑学中,真理是与命题(判断)相连的,命题是真值的承载者,它或者为真或者为假,这种真理理论连同其背后的整套逻辑学都被认为是来源于亚里士多德。海德格尔则指出,这实际上是一种误解,亚里士多德并没有将命题视为真理的承载者,虽然命题具有真值,但这并不意味着真理只有在命题中才存在,并且在亚里士多德那里它首先应该从动词的意义上去理解,ἀλήθεια(真理)首先意味着ἀληθεάειν,他将它翻译为"Aufdecken"(揭露)。① 对于亚里士多德来说,真理并不必然是与言语(逻各斯)相连的,感觉或者努斯的知觉并不是言语性的,但是它们同样可以发现真理。它们甚至是更加原初的揭露方式,它们并没有"将某物作为某物"来展现,因而也就不包含遮蔽或者说错误的可能性。(GA 19,② 181-183)在此海德格尔并没有提供相应的文本上的依据,但我们知道他的这个论断实际上来源于对《形而上学》第九卷第十章的解读,在那里亚里士多德区分了通过逻各斯以及通过纯粹的(感性的或理性的)知觉去发现真理的方式,前一种发现真理的方式可能是正确的或者错误的,而在后一种方式中则不存在错误,真理或者被知觉到或者没有被知觉到,没被知觉到并不意味着错误,而是纯粹的无知。③ 简而言之,海德格尔对于传统逻辑学中的批评是成立的。

　　海德格尔认为,真理的符合论是不成立的,根据这种理论,真理意味着主观事物(观念、判断……)与客观事物的符合,但要把握这种符合,认知主体必须先把握客观事物,然后再比较主观事物与它是否符合,而对于客观事物的把握已经意味着对于真理的把握了,也就是说,符合论意义上的真理实际上预设了后一种真理。(GA 19,26)虽然亚里士多德认为真理可以通过言语被揭示,但他并不是在符合论的意义上来理解真理的,而是将真理视为对于存在者本

---

　　① 在《存在与时间》的第 44 节中他再一次提出了这个批评,并认为命题的地点是原初的真理,而不是倒过来。(SZ 226)

　　② "GA 19"是指"Heidegger, Martin,, *Platon：Sophistes*, Frankfurt am Main：Vittorio Klostermann,1992",下文同。

　　③ Cf. Aristotle, *Metaphysics*, translated by W. D. Ross,中央编译出版社 2012 年版,p. 203。

身的揭露。真理并不是自在地就存在的,而是被揭露出来的,海德格尔将被揭露出来的真理称为"无蔽"(Unverborgenheit),它不是思维或判断的一种属性,也不是思维或判断与客观事物之间的符合,而是"存在者的一种存在特征"(ein Charakter des Seins des Seienden)。(GA 19,186-187)这个论断同样来源于对《形而上学》第九卷第十章的解读,在那里亚里士多德讨论了存在者的一种意义:作为"真者"。真者是被发现的、被揭露的,它在真理中呈现自身,因而虽然真理与揭露方式(命题、单纯的知觉)相关,但它也是存在者本身的一种特征。它并不像颜色、形状、位置等那样是存在者的属性,海德格尔将它解读为这样一种存在特征:真理是存在者的一种特征,当它[与人]遭遇的时候。(GA 19,23)在这个意义上真理既属于存在者,也属于人。海德格尔将揭露理解为"人的此在的一种存在方式"(eine Seinsweise des menschlichen Daseins)、"人的存在方式"(Seinsweise des Menschen,GA 19,17)、"人的生命的一种存在样式"(eine Seinsart des menschlichen Lebens),(GA 19,186)而这与他对《尼各马可伦理学》第六卷以及《形而上学》第一卷前两章的解读是分不开的。

第二节　揭露真理的方式与实践性知识

在《柏拉图的智者篇》中,海德格尔对《尼各马可伦理学》第六卷以及《形而上学》第一卷的前两章进行了详尽的阐释,而这项工作是他在《那托普手稿》中就已经规划了的,正是在亚里士多德那里,他发现了揭示真理的各种方式,或者说各种知识形式。在《尼各马可伦理学》第六卷中,亚里士多德区分了灵魂通过肯定或否定发现真理的五种方式:技艺($\tau\acute{\epsilon}\chi\nu\eta$)、明智($\varphi\rho\acute{o}\nu\eta\sigma\hat{\iota}s$)、科学($\dot{\epsilon}\pi\iota\sigma\tau\acute{\eta}\mu\eta$)、智慧($\sigma o\varphi\acute{\iota}\alpha$)与努斯($\nu o\hat{\upsilon}s$)。[①] 海德格尔对它们的翻译如下:

---

① ［古希腊］亚里士多德:《尼各马可伦理学》,廖申白译,商务印书馆 2002 年版,第 169 页。

《尼各马可伦理学》	《那托普手稿》（GA 61，376）	《柏拉图的智者篇》（GA 19，21）
τέχνη	verrichtend-herstellendes Verfahren	Sich-auskennen
技艺	操办—生产过程	熟识
ἐπιστήμη	hinsehend-besprechendes Verfahren	Wissenschaft
科学	注视—论述过程	科学
φρόνησις	fürsorgendes Sichumsehen（Umsicht）	Umsicht（Einsicht）
明智	关心者的环顾（环视）	环视（洞见）
σοφία	eigentlich-sehendes Verstehen	（das eigentliche）Verstehen
智慧	本真的—观看似的理解	（本真的）理解
νοῦς	reines Vernehmen	vernehmendes Vermeinen
努斯	纯粹的觉察	觉察性的以为

对于亚里士多德来说，它们是灵魂揭示真理的方式，而在海德格尔看来，灵魂意味着"人的存在"（Sein des Menschen，GA 19，23），因而它们都是人的存在方式，他将亚里士多德对于它们的考察视为对于人的存在方式的考察，而将自己的阐释称为"此在现象学"（Phänomenologie des Daseins，GA 19，62）。

亚里士多德将人的存在方式划分为了制作与实践，而海德格尔在阐释过程中则淡化了这种区别，并将实践普遍化或者说存在论化，"此在的每个行为都被规定为了实践与真理。"（GA 19，39）换句话说，人（此在）的存在与实践是等同的，无论认识还是生产都只是不同形式的实践而已，在此我们可以看到，《存在与时间》中的操心（Sorge）概念实际上就来源于亚里士多德的实践概念。① 操心

---

① Volpi 已经指出海德格尔的此在概念来自于亚里士多德的实践概念，（Cf. Volpi，Franco，„Sein und Zeit'：Homologien zur, Nikomachischen Ethik' "，in *Philosophisches Jahrbuch* 96（2），1989，S. 231–238.）而 Taminiaux 则错误地将制作与实践分别对应非本真性与本真性，并由此指责海德格尔的本真性概念缺失了亚里士多德赋予实践的政治性与主体间性含义（Cf. Taminiaux，Jacques，*Heidegger and the Project of Fundamental Ontology*，translated by Michael Gendre，Albany：State University of New York Press，1991，p. 111ff.）。

包含两个层面(而不是部分):操劳(Besorgen)与关心(Fürsorge),关心指的是与他人打交道,而操劳指的是人在世界内的上手者(Zuhandene)或者说用具(Zeug)打交道,海德格尔指出古希腊人将"物"称为 pragmata,"用具"是对 pragmata 的翻译,而用具的存在方式是被制作(herstellen)。(SZ 68)由此可见,"操劳"对应着亚里士多德那里的"制作",海德格尔认为它只是实践、生存或者说操心的一部分。此外,海德格尔还认为科学(ἐπιστήμη)也只是人的一种存在方式或者说实践,与制作不同的是,它并不生产出某个产品,而是以追求真理为目标。(GA 19,38)

如果说人的存在等同于实践,那么人的知识是不是等同于明智(φρόνησις),也就是海德格尔翻译的"环视"(Umsicht)呢?值得注意的是,《那托普手稿》《柏拉图的智者篇》与《存在与时间》中的环视概念的意义是不一样的:在《存在与时间》中它指的是指导操劳的知识,相当于亚里士多德那里的技艺,而在前两份文本中它是对于明智的翻译,它指导的是与他人打交道的活动,①这种知识在《存在与时间》中被称为顾惜(Nachsicht)与顾视(Rücksicht)。因而明智或者说环视只是知识的一种形式,此外还有其他种类的知识。

在亚里士多德那里,明智被规定为一种"考虑",它考虑的对象是人自身的生存实践,并且它考虑的不是生存实践的某个方面,而是生存实践整体。与技艺一样,它对应的也是灵魂中的推理部分,它表现为一种假言命令"如果……,那么……",其中条件句所代表的目的是无需考虑的,明智所追求的永远是好生活或者说幸福,它所考虑的对象是实现目的的手段,即具体的行动。对此海德格尔的理解是:明智所指涉的是人自身,它所考虑的不是行动的结果,而是好的行动方式;作为一种揭示真理的方式,它所受的主要威胁是(快乐与痛苦)情绪的干扰,因而作为一种理智德性它的作用在于排除这种干扰而选择正确的行

---

① 亚里士多德认为伦理学与政治学代表着明智这种知识形式,而伯里克利(而不是泰勒斯)才是明智的人的代表,由此可见,明智是关于如何与他人打交道的实践性知识。

动,它使得行动变得透明或者说清晰可见。(GA 19,48-53)

在关于海德格尔哲学与亚里士多德哲学关系的研究文献中存在一个普遍的误解,即认为海德格尔用良心(Gewissen)翻译了明智(φρόνησἶς)。① 当他在《柏拉图的智者篇》中分析明智概念时,他确实认为亚里士多德涉及的是"良心现象"(Phänomen des Gewissens),"phronesis 无非就是处于运动中的良心,它使得行动变得透明"。(GA 19,56)在《那托普报告》中他写到:"aletheia praktike(实践真理)就是实际性生命的未被遮蔽的时刻(Augenblick)。"(GA 62,384)由这两个文本我们可以看到,海德格尔将良心视为实践主体对于自己的生存的一种本真理解(eigentliches Verstehen),而这也正是他在《存在与时间》中对于良心的规定,他认为在良心中包含了本真的揭示性(eigentliche Erschlossenheit),并且将这种本真的真理称为决心(Entschlossenheit)。(SZ 296-97)决心指的是实践主体在摆脱非本真的常人理解后对于自身以及自己的生存境况的理解,它之所以是本真的原因在于它不再依赖于他者(他人与它物)。从以上的论述中我们似乎可以得出一个和菲加尔相同的结论:在海德格尔这里实践性知识(明智)成为了生命的清晰(Lebensklarheit)。② 但这种解释包含着一个根本性的缺陷:海德格尔分别使用了环视与良心来翻译明智,但环视代表的是一种非本真的理解,良心则被规定为本真的理解,因而在海德格尔这里明智对应的究竟是非本真的环视还是本真的良心? 明智意味着实践主体对于自己行动的理解,但这种自我理解却是本真的良心的对立面,在《存在与时间》中海德格尔写到:"每个行动事实上必然是'没良心的'(gewissen-

① 在《柏拉图的智者篇》正式出版前伽达默尔就已经透露了海德格尔在早年弗莱堡的授课中将明智解释为了良心,参看 Gadamer, Hans-Georg, *Heideggers Wege. Studien zum Spätwerke*, Tübingen: Mohr, 1983, S. 32;另外参看 Volpi, Franco, „Sein und Zeit': Homologien zur, Nikomachischen Ethik'", in *Philosophisches Jahrbuch* 96(2), 1989, S. 237; Blattner, William D., "Authenticity and Resoluteness", in *The Cambridge Companion to Heidegger's* "*Being and Time*", ed. by Mark A. Wrathall, New York: Cambridge University Press, 2013, p. 332。

② Figal, Günter, „Ethik und Hermeneutik", in *Hermeneutik als Ethik*, hrsg. von Hans-Martin Schönherr-Mann, München: Fink, 2004, S. 124.

los)"，(SZ 288)，换句话说，"处于运动中的良心"实际上意味着良心的被遮蔽，在这个意义上任何行动都是"没良心"的。"处于运动中的良心"并不是真正的良心，而是被遮蔽的良心，也就是所谓的"关心着的环顾"或者说"环视"，它是由本真的良心转化而来的，代表着一种非本真的常人的自我理解。在此我们也可以看到海德格尔是如何解构亚里士多德关于人的存在的分析的，在他看来亚里士多德并没有关注本真的良心现象，而只是关注了明智或者说环视（"处于运动中的良心"）。

在《存在与时间》中海德格尔提出，用具（pragmata）或者说实践对象并不是孤立存在的，而是构成了一个用具整体，并且用具之间有着一种指引（Verweisung）关系，例如铁矿石是用来炼钢的，钢是用来制作菜刀的，菜刀是用来切菜的……；这种指引关系的来源是实践主体的目的，用海德格尔的话来说就是：用具的所为（Wozu）终结于一个原初的所为，即人的何所为（Worumwillen）。（SZ 84）他对于与用具打交道的操劳活动的这种描述来自于对亚里士多德的"制作"和"技艺"概念的解读。他指出，在亚里士多德那里技艺的对象是产品，产品是制作活动的何所为或者说目的，但它并不是最终的目的，而是具有"为了某人用于什么"的结构，例如鞋子是制作出来给其他人穿的。（GA 19，41）与亚里士多德一样，海德格尔也赋予了日常制作（操劳）活动一个目的论结构，在用具之间存在着手段—目的或者说指引关系，而最终的目的则是来源于人自身。由此可见，《存在与时间》中的环视概念实际上就来源于亚里士多德的技艺概念，它们都是一种实践性知识，指导着与物（用具）打交道的制作（操劳）活动。作为实践对象的物不是理论认知对象，实践主体并没有将它们视为承载各种属性的实体，而是将它们视为处于目的论结构整体中的用具，并且实践主体对用具以及目的论结构整体事先已经拥有了某种实践性知识，即亚里士多德所说的技艺或者海德格尔所说的"熟识"、环视。

在制作活动中，技艺作为一种揭示真理的方式首先揭示的是制作的目的，即产品，但技艺并不是将产品作为一个抽象的理论对象来把握的，而是将它作为制作活动的出发点或者说"始基"(arche),例如当一个鞋匠要制作一双鞋子时,"鞋子"并不是作为抽象的观念存在于鞋匠的脑海之中的,而是一种蓝图或者说原型,柏拉图与亚里士多德都将它视为一种"理念"(eidos),它是纯粹的形式并且构成了制作活动的出发点,制作活动意味着将它在质料之中实现出来。因而在海德格尔看来,技艺意味着一种言语,它所言说的是"理念",(GA 19,45)即作为形式而存在的产品,并且在这个意义上它也是一种揭示真理的方式,通过言语它让有待制作的产品作为某物展现了出来。(GA 19,43)

从上面的论述我们可以看到,正是通过对亚里士多德的技艺与明智概念的解读,海德格尔发展出了自己的实践知识论。在亚里士多德那里,技艺与明智分别是指导制作与实践这两种行动的两种实践性知识,海德格尔则将实践概念普遍化了,认为与物打交道的活动以及与他人打交道的活动构成了一个不可分割的整体,因而指导它们的实践性知识(环视、顾视与顾惜)实际上也是不可分割的。

无论在《尼各马可伦理学》第六卷还是在《形而上学》第一卷中,亚里士多德都认为认知性知识是优于实践性知识的。虽然技艺与明智都是揭示真理的方式,但它们涉及的对象是与人相关的、可变的、非永恒的存在者,它们揭示的并不是永恒真理。与之相对,无论科学还是智慧涉及的对象都是不可变的、永恒的存在者,亚里士多德甚至认为它们是神性的(而非与人相关的),因而两种认知性知识发现的都是永恒真理。海德格尔则认为,当亚里士多德主张认知性知识的优越性时,他实际上预设了这样一种存在论:永恒存在的存在者才是本真意义上的存在者。(GA 19,137)属于实践领域的价值判断与纯粹理论性的存在论是不可分的,实际上亚里士多德不仅预设了上述的存在论观点,而且还预设了关于人的存在的一种存在论观点。《形而上学》的第一句话"按其本性人都在追求知识"就是关于人的存在的一种存在论规定,人的存在被规定为与真理是不可分的,它意味着对于真理或者说知识的追求,而这也意味着将人的生命或者说存在规定为了朝向一个特定方向的运动:它总是追求更高种类的真理与知识。从上述的两个存在论规定不难得出的结论是：就存在方式而言，把握永恒的存在者与永恒真理是比日常性生存实践更好的生活方式，对于亚里士多德来说它意味着科学与沉思，与沉思对应的知识形式则是智慧。在海德格尔看来，亚里士多德对于种种知识形式的优劣的比较并最终将智慧规定为最高种类的知识实际上意味着"对于此在的解释"。（GA 19,67）

认知性知识意味着更高等级的揭示真理的方式，它所认知的对象是永恒的存在者也是更高等级的存在者，与之对应的理论性的生活方式也比日常生活方式（制作与日常性的实践）更好。海德格尔认为，在亚里士多德以及其他古希腊哲学家那里，存在者的存在是由时间来规定的，存在意味着"在场存在"（Anwesendsein）、"当下存在"（Gegenwärtigsein），（GA 19,33-34）永恒的存在者是永恒地在场存在的或者说永恒地当下存在。正是在这个意义上永恒的存在者优先于具有生灭的存在者，而揭示它们的知识形式也更高级，与之相应的理论性的生活方式则更加接近于神的生活方式，即便人无法永远过这种生活，但理论认知（科学与沉思）也使得人的生存具有了神性。

在亚里士多德那里，海德格尔发现了人的本真的（eigentlich）与非本真的（uneigentlich）存在方式的区分。亚里士多德将沉思视为最好的生活方式或者说存在方式，也将它规定为幸福（εὐδαιμονία），也就是对人而言的至善，用海德格尔的话来说："它形成了人的此在的存在的本真性"。（GA 19,172）我们知道，亚里士多德之所以将沉思规定为最好的生活方式以及幸福，这与他的目的论形而上学或者说存在论是分不开的。人与动物的差别在于人是拥有言语或者说理性的，因而人的存在特征在于追求真理或者说知识，也就是说获得真理与知识是人所特有的潜能，而它的真正的实现则体现为对于永恒的存在者的把握，也就是沉思活动以及与之对应的智慧。换句话说，只有在沉思之中人才成为了本真的人、成为了本真的自己。

沉思在亚里士多德那里被视为一种实践，它的前提是"闲暇"（σχολή），即从生活必需品的生产中解放出来，并且它的目的并不是某个产品，它甚至不再追求某个目的,因为在它之中人的最终目的已经被实现了,用亚里士多德的话来说,沉思作为幸福意味着"完善",我们是因其自身之故,而不是因为某个更高的目的去追求它的。① 此外,沉思还意味着"自足",它是一个人可以独立完成的,而不需要依赖于其他人,换句话说,沉思并不是一种政治的(在城邦中的)生活方式。海德格尔的本真性理论与亚里士多德的幸福论有着很多相似的地方:首先,本真性同样意味着因其自身之故而存在,非本真的日常生活意味着常人的(Man)生存方式,也就是说一种社会性的生存方式,而真正的自身是"向死而存在"(Sein-zum-Tode)以及"想要有良心"(Gewissen-haben-wol-len),在本真性中人不再为他者所规定,而是仅仅自我规定着,或者说仅仅因其自身之故而存在;其次,本真性意味着一种摆脱他者(他人与它物)束缚的存在方式,虽然与亚里士多德一样,海德格尔承认本真的存在方式是建立在非本真的、日常性的存在方式基础之上的,只是它的某种变更,然而就其自身来说本真的存在方式是自足的,用海德格尔的术语来说它是"非关联性的"(unbezüglich,SZ 263);最后,本真的生活方式是"此在的最本己的可能性"(die eigenste Möglichkeit des Daseins,SZ 263),它是真正意义上的属我的存在方式,如果说亚里士多德认为努斯的沉思是人的最本质的规定性,那么在海德格尔看来无论"向死而存在"还是"想要有良心"都构成了人的本真的存在特征。

但不难发现的是,他对于人的本真的存在方式的看法与亚里士多德也有着根本性的差异:首先,他没有继承亚里士多德的目的论形而上学,在他看来人的存在是无法通过潜能—实现的目的论形而上学来规定的。虽然人的生存是目的性的,然而在其本真的存在方式意味着向死而存在与想要有良心,而死亡与良心都不是可以作为现成者而被拥有的东西,本真性在这个意义上是一

---

① 参见[古希腊]亚里士多德:《尼各马可伦理学》,廖申白译,商务印书馆2002年版,第18—19页。

种不完善,而不是完善或者幸福;①其次,按照亚里士多德的观点,智慧是最高的知识形式或者说揭示真理的方式,沉思所代表的也正是智慧,它的对象是永恒的存在者,而在海德格尔看来,在本真的生存方式中人被揭示的不是关于永恒存在者的永恒真理,而是人的生存真理,它只是一种"决心"(Entschlosssen-heit)。换句话说,在海德格尔那里本真的真理也是一种实践性知识,而不是认知性知识。亚里士多德将沉思视为一种本真的生活方式,它比享乐的生活方式与政治的生活方式都更优越,在这个意义上他的伦理学最终扬弃了(狭义的)实践,沉思不再是在城邦中的(狭义的)实践。而对于海德格尔来说,无论非本真的还是本真的存在方式都意味着生存实践,他所说的"此在"(人)始终是实践主体,而非先验自我或者是努斯。

亚里士多德思想中知识论、存在论与伦理学的复杂关联深刻地影响了海德格尔,通过对亚里士多德的解读他的思想不再停留于实际性解释学,而是将知识论与存在论也纳入了进来。我们甚至可以认为,《存在与时间》中的实践知识论是他对亚里士多德知识论进行解读的直接成果,②正是由于这个原因,当他谈论对于存在者以及存在的揭示时,他的视角完全摆脱了近代知识论的束缚;但他并不是毫无保留地接受亚里士多德的知识论,他不仅颠倒了实践性知识与认知性知识之间的优先关系,而且解构了其背后的形而上学或者说存在论,甚至对人的生存也给出了全新的规定。

---

① 他也否定了亚里士多德幸福论背后的目的论形而上学,在他看来潜能—实现的目的论形而上学不能用来规定人的存在。

② Cf. Volpi, Franco, „ Sein und Zeit': Homologien zur, Nikomachischen Ethik' ", in *Philosophisches Jahrbuch* 96(2), 1989, S. 231-38; Figal, Günter, „ Heidegger als Aristoteliker", in *Heidegger und Aristoteles* (= Heidegger-Jahrbuch, volume 3), Alfred Denker/Günter Figal/Franco Volpi/Holger Zaborowski(hrsg..), Freiburg /Munich: Karl Alber, 2007, S. 53-76.

第三篇

《存在与时间》中的
实践知识论

3

第八章　生存、实践与知识

第一节　生存与实践

笛卡尔哲学是西方哲学史中的一个重要转折,他将"我思"确立为了近代西方哲学的基本原则,思维(cogitare)被规定为自我(ego)的存在方式,自我等同于思维主体(res cogitans)。根据这种理论,一方面人与其他动物一样是一种肉身性的存在者,另一方面人与其他动物的不同之处在于能够思维并且拥有自身意识,人作为"能够思考的芦苇"确立了自身的尊严。从笛卡尔开始,"思维动物"渐渐取代"理性动物"成为了人的本质性规定。

在亚里士多德那里,"思维"并没有成为一个类概念,感觉、经验、技艺、明智、科学、智慧、努斯等都是灵魂发现真理的方式,并且在它们之中存在一种等级次序。与其他动物一样,人首先是作为一种拥有感觉与记忆能力的存在者存在于世界之中的,为了满足自身的物质需要,人必须首先进行生产,因而享乐的生活方式是最基础的生活(生存)方式;但人是介乎兽与神之间的一种存在者,人拥有理性,因而在共同体中的实践也是一种自然需求,政治的生存(生存)方式奠基于并且优越于享乐的生活(生存)方式;而最终使人的存在获得神性的是努斯的沉思,它的对象是永恒不变的存在者,而其自身也是永恒不朽的,在沉思中人的存在实现了它的最终目的,这也意味着幸福,沉思的生活

(生存)方式是奠基于生产以及实践的,并且只是少数人才能享有的。① 亚里士多德的知识论与伦理学是建立在目的论形而上学基础之上的,这使得在各种知识形式与各种生活方式中都存在一个等级秩序。

与亚里士多德哲学相对,在笛卡尔哲学中无论物质领域还是心灵领域都不包含一种目的论秩序,物质世界遵循的是机械论式的自然法则,而自我(心灵)则拥有自由意志,它按其自身的独特法则来运行。物质的本质在于广延,心灵的本质则在于思维,心灵与物质之间的区分不仅意味着两种实体之间的区分,而且意味着自我与世界之间的分离。与此相应,笛卡尔还开创了近代哲学的另外一个重要传统:知识论与伦理学,或者说理论哲学与实践哲学的分离。虽然亚里士多德就已经区分了实践性知识与认知性知识,但是他的知识论与伦理学是共同奠基于目的论形而上学基础之上的,在他的伦理学中代表形而上学的沉思构成了最好的生活方式与幸福(人的目的的实现),因而他的理论哲学与实践哲学构成了一个相互勾连的有机整体。在笛卡尔那里,虽然形而上学与知识论仍然被视为“第一哲学”(prima philosophia),但是一方面他的伦理学并不需要以此为基础,人的幸福并不意味着任何形而上学性的目的的实现,另一方面形而上学或者说追求知识的活动在他的伦理学中也并没有占据显著的位置,知识无关乎幸福,由此理论哲学与实践哲学彻底地分离了开来。

通过对亚里士多德伦理学的解读海德格尔认识到,不仅揭示真理的方式(知识的形式)是多样的,而且每种揭示方式都对应着人的一种生存方式:技艺对应着生产者的生存方式,明智对应着实践者的生存方式,科学与智慧则对应着理论家的生存方式。尽管他并不赞成亚里士多德的认知性知识优先于实践性知识的观点,他也没有继承亚里士多德的目的论形而上学,然而他对于人的日常生存的看法与亚里士多德却是一致的:在日常生活中人是作为生产者

————————

① 亚里士多德关于三种生活形式的区分参见[古希腊]亚里士多德:《尼各马可伦理学》,廖申白译,商务印书馆 2002 年版,第 11—13 页。

与实践者而生存的,而理论家的生存方式则是特殊的。这也意味着,对于人的生存的考察应该首先着眼于生产实践,而不是思维或者意识。从这个角度看,《存在与时间》中的生存论分析确实是对于亚里士多德《尼各马可伦理学》的一种存在论变更,①海德格尔不再使用"思考""认知""意识""主体""客体"等近代哲学的基本概念来刻画人的生存,而是将人规定为"此在"(Dasein),将此在(人)的存在规定为了"操心"(Sorge,SZ 57)。

海德格尔对于人的生存(此在的存在)的最基本规定包含以下三个方面:

1. 人或者此在不是一种现成者(Vorhandenes),生存也不能被理解为现成存在(Vorhandensein)或者说现成性(Vorhandenheit)。德语"Vorhandensein"或者"Vorhandenheit"是对于拉丁文哲学术语"existentia"的翻译,海德格尔认为它只能用来规定此在之外的存在者的存在方式,而不能用来规定此在的存在或者说生存。(SZ 42)在中世纪经院哲学中"essentia"(英语:essence)与"existentia"(英语:existence)是一对重要的哲学概念,它们是对于亚里士多德在《形而上学》第九卷中提出的一对概念"δύναμις"(潜能)与"ἐνέργεια"(实现)的翻译,在汉语中前者一般被翻译为"本质",后者一般被翻译为"实存"。在《现象学的基本问题》(GA 24)中海德格尔对这组概念进行了分析,"existentia"在他看来对应着德文概念"Wirklichkeit"(实在性)或者说"Vorhandensein"(现成存在),而"essentia"对应着"Washeit"(什么性)或者"Sachheit"(实事性)。(GA 24,118-123)他认为,人或者此在的存在方式与其他事物是不同的,因而实存或者现成存在无法被用于规定此在;不仅如此,"此在是什么(Was)?"这样一种发问方式也不适用于人或者此在,而是应该采用"此在是谁(Wer)?"这样一种发问方式,也就是说,本质或者"什么性"也无法用于规定此在。(GA 24,169-171)此在的"本质"("essentia")在于生存(Existenz),生存与实存(existentia)并不相同,海德格尔将它规定为"向……存

---

① 关于这一点笔者在一篇论文中曾有详细论述,参见陈勇:《生存、知识与本真性——论亚里士多德与海德格尔的实践哲学》,《哲学研究》2017 年第 4 期。

在"(Zu-sein,SZ 42)。简而言之,人不同于物,两者的存在方式是不一样的,人(而不是动物)或者此在的规定(例如张三是中国人、教师、登山爱好者等)不能被视为物的属性(Eigenschaften),而是"存在的可能方式"(mögliche Weisen zu sein)。(SZ 42)由此可见,在生存论分析中人的自由占据着关键位置,它并不是对于人的形而上学规定,而是根本性的生存规定。在日常生活中人以某种方式去存在或者说扮演某种社会角色,例如作为一名教师而存在,但这种规定并不是他的固定属性或者说本质,而是可能的存在方式或者说"生存可能性"(existentielle Möglichkeit):"此在每每是它的可能性,并且实际上此在不是把它作为现成者而'拥有'它的"。(SZ 42)海德格尔对于生存的这种规定也就是萨特后来所说的"存在先于本质"。①

从语言分析的角度来看,此在的"是"与物的"是"的含义是不同的,例如在"张三是一名教师"与"这张桌子是黄色的"这两个语句中的"是"有着不同的含义。受亚里士多德影响,西方哲学一直将这种定言判断中的主语与谓语视为实体与属性的表达,"这张桌子"作为实体是"黄色"这种属性的承载者,除了颜色它还是形状、种类、位置等属性的承载者,这个意义上的"是"可以被称作"谓述性的是或存在"。② 而对于海德格尔来说,在"张三是一名教师"这个判断中的"是"并不是谓述性的,"教师"固然可以是张三的一种规定,除此之外张三还可以有其他的规定,但张三与教师之间的关系并不是实体与属性的关系。"教师"可以被视为张三所扮演的社会角色,但它并不是张三的某种现成的(实在的)属性,而是张三的生存可能性,只要张三决定停止以这种方式来生存,那么它将不再是张三的规定了。换句话说,海德格尔注意到了人与物在存在论上的差别,人的规定与物的属性是不同的,因为它是自由的生存可

---

① [法]萨特:《存在主义是一种人道主义》,周煦良、汤永宽译,上海译文出版社 2012 年版,第 6 页。

② 关于存在或是的多重意义参见[德]科赫:《真理、时间与自由》,陈勇、梁亦斌译,人民出版社 2016 年版,第 36—37 页。

能性,而不是现成的或者说实在的,人也不是现成的或者说实在的实体。因而传统哲学语言与逻辑是无法用来对人的生存进行分析的,生存论分析必须摆脱传统哲学语言与逻辑的束缚,使用一种新的语言,正是在这个意义上海德格尔将此在的存在特征称为"生存规定"(Existenzialien),而将此在之外的存在者的存在规定称为"范畴"(Kategorien),(SZ 45)后者是从亚里士多德开始使用的哲学术语,它同时意味着判断的形式。

　　海德格尔的生存论分析并没有从"人是自然界的一员""人是理性动物""人是会思考的动物"或"人是上帝的造物"等关于人的形而上学规定出发,因为这些规定都是建立在传统的存在论基础之上的。虽然存在(是)分别被定义为了"潜能"与"实现"、"本质"与"实存"、"可能存在""现实存在"与"必然存在"等,但是这些存在论都是从"实体"与"属性"的视角来规定人与其他存在者的,从而忽略了人的独特的存在方式,忽略了人与其他存在者在存在论上的差别。人不能首先被视为一种物,然后再通过某种特殊的属性(理性、思维、自由等)与其他种类的物区别开来,这种哲学思维方式从一开始就错误地理解了"人"。正是在这个意义上海德格尔提出,对于传统形而上学的解构(Destruktion)以及从日常生存的视角来进行生存论分析对于建构起正确的人的存在论,即基础存在论来说是必要的。(SZ 19)

　　2. 人是一种与自身发生关联的存在者,"此在能够与之这样地或那样地发生关联的,并且总是以某种方式与之发生关联的存在本身我们称为'生存'"。① (SZ 12)作为一种自我关联的存在者,此在的存在或者说生存对于它自身来说始终是显现的,用海德格尔的话来说它是"每每属我的"(je meines, SZ 42)。人与自身的关联并不是海德格尔的发现,在哲学史中这一点早已被揭示,海德格尔观点的创新之处在于对人的自我关联方式进行了新的界定。海德格尔认为自我关联并不是一种物与物的关系,而是此在与它的存在之间

---

　　① „Das Sein selbst, zu dem das Dasein sich so oder so verhalten kann und immer irgendwie verhält, nennen wir *Existenz*."

的关联,而它的存在意味着生存可能性,所以自我关联意味着此在与它的生存可能性之间的关联,换句话说,自我关联意味着"向……存在",生存可能性始终是有待实现的(ist zu verwirklichen),生存意味着朝向在自己前面①的生存可能性并且去实现它。此外,生存可能性是"每每属我的",与自己的生存可能性的关联也就意味着一种自身理解,确切来说是对于自己的生存的理解,它不是一种主客关系,因为主客关系意味着两个现成存在者之间的关系,而无论此在还是它的存在都不是现成的,这也就意味着自我关联与自身理解是无法在近代哲学的自身意识理论中得到阐明的。

海德格尔指出,自我关联使得对于此在的称呼必然是与人称代词相连的,例如"我""你"等,(SZ 42)换句话说,与自己的生存可能性发生关联使得此在具有了人格。人并不是由于拥有理性、能够思考或者被上帝创造才是人,只要作为一种自由的存在者与自己的存在发生关联,人就获得了对于自身人格的理解。在这一点上海德格尔是近代哲学的继承者,自由是理解人格或者说人性的关键,只不过他所关注的并不是形而上学上的意志自由,②而是生存论上的自由。拥有生存可能性意味着此在始终是未完成的,它始终拥有自我实现的可能性,在这个意义上它始终拥有生存论上的自由,并且自由与自我关联是不可分的,正是在与自己的生存可能性的关联中此在的存在才是自由的。

3. 此在的存在或者生存意味着"在世界中存在"(In-der-Welt-sein, SZ 53)。在生存中人不仅与自身发生关联,而且也与其他存在者发生关联,"他者"不仅包括它物,还包括他人,因而此在的存在或者生存同时意味着与自身、它物以及他人发生关联。当海德格尔将生存规定为"与……发生关联"(sich verhalten zu …)的时候,他实际上将生存理解为了(广义上的)实践,德语"Verhalten"的意思是"行为",认知(Erkennen)与行动(Handeln)只是不同

---

① 这里的前应该从时间,而不是从空间的角度去理解,生存可能性并不是在空间中位于人的前面,而是在时间上属于未来,它不是现成的。

② 不受自然法则约束、作为自然决定论的对立面的自由。

种类的行为,因而生存意味着与自身、它物以及他人发生关联(打交道)的行为。在这一点上海德格尔显然受到了亚里士多德的影响,尽管他没有区分制作(poesis)与实践(praxis),然而他认为,人的生存首先并不意味着思维、认知或者意识,而是作为自我关联的存在者与它物以及他人发生关联,即在世界之中的生产与实践,用他的术语来说:作为操心(Sorge)的生存包含操劳(Besorgen)与共在(Mitsein)两个方面。他是这样来定义和描述"操劳"的:

此在的在世界中存在连同它的实际性(Faktizität)已经分散甚至分解在……之中存在(In-sein)的特定方式之中。在……之中存在的方式的多样性可以通过列举以下方式展现出来:和某物打交道、制作某物、安排和照顾某物、使用某物、放弃和浪费某物、从事、贯彻、探究、询问、考察、谈论、规定,等等。在……之中存在的这些方式都具有将被深入探讨的操劳的存在方式。操劳的方式还包括:遗弃、错失、放弃、苟安等缺憾的样态(die defizienten Modi),涉及操劳的可能性的一切"还未"(Nur noch)样态。(SZ 56-57)

由此可见,操劳意味着实践,它的方式不仅包括积极的,而且包括消极的实践样态。此外,操劳或者实践不仅包括生产活动,而且包括理论活动:"探究、询问、考察、规定,等等",在这个意义上它等同于生存或者说此在的存在。生存意味着各种各样的实践活动,在这些活动中此在与自身以及它物发生着各种各样的关联。值得注意的是,在海德格尔对于"操劳"的定义与描述中并不包含与他人的交往活动,他把这种存在方式称为"共在"(SZ 120),并且提出:

但是此在作为共在与之相关联的这种存在者并不具有上手的用具的存在方式,它自身也是此在。这种存在者不是被操劳的,而是处于关心(Fürsorge)之中。(SZ 121)

他人是关心的对象,而它物是操劳的对象,由此似乎可以产生这样一个结论:共在与操劳是两种不同的存在方式。但海德格尔认为操劳与共在实际上是不可分的,它们一同构成了生存:"他人的共同此在(Mitdasein)常常是通过世界内的上手者才和此在照面的"。① （SZ 120）即便某个实践主体独自地与物打交道，例如使用某种工具时，他也已经与他人共在了，因为他所使用的这个工具可能是他人制造的，他可能是从他人那里购得这个工具的，等等。与物打交道、与他人打交道这两种活动是不可分割的，虽然海德格尔区分了操劳与共在，但他并没有像亚里士多德一样区分制作与实践，而是认为这两种活动不可分地共同构成了人的生存（操心），在这个意义上我们可以说：生存就是实践，它包含此在与自身、与它物以及与他人打交道这三个方面。

海德格尔还指出，"在……之中"并不是一种空间关系，此在与世界不是作为两种现成存在者或者说实在物而存在的，此在在世界之中也不是如同"衣服在衣柜之中"这种空间关系。（SZ 54）也就是说，此在并不是作为一种物而存在于世界之中的，对于此在与世界的关系的误解来源于对此在自身以及世界的误解。如果将此在视为一种像石头、树木一样的实在物，并且将世界理解为宇宙或者自然界，那么它们之间的关系就是一种实在物之间的空间关系，但海德格尔认为，不仅此在不是一种实在物，而且世界也不是。②

即便在近代哲学史中，人与世界的关系也并没有被单纯地理解为一种空间关系，相反，心灵的非空间性在笛卡尔、康德等哲学家那里都是作为一个显而易见的事实而被肯定的。心灵的本质是思维，而世界是作为思维对象而存在的，心灵与世界的关系被理解为了一种主客关系。但在海德格尔看来，这种对于人和世界关系的规定同样意味着一种误解。主客关系固然是存在的，正如在人与世界之间可以存在一种空间关系一样（例如在物理学视野中），但这两种关系都不是原初的，主客关系或者说"认知世界"（Welterkennen）是奠基于更为原初的"在……之中"关系之上的。（SZ 59）海德格尔认为，认知只是

---

① 海德格尔的这个观点遭受到了许多质疑，参见 Theunissen, Michael, *Der Andere: Studien-zurSozialontologie der Gegenwart*, Berlin: de Gruyter, 1977, S. 170; Nancy, Jean-Luc, "The Being-with of Being-there", in *Continental Philosophy Review* 41. 1 (2008): pp. 1–15.

② 参见下一章对于海德格尔的"世界"概念的分析。

在世界中存在的方式之一,日常生存实践(操劳与共在)是比它更为原初的存在方式,它的发生是以操劳的中断或者说缺憾(Defienz)为前提的。(SZ 61)主客关系理论或者说意识理论的一大难题在于主体(意识)是如何超出自身而达至实在的客体(外部世界)的:这种理论的预设是主体作为意识囚禁在自身之中的,它是观念性的,而实在物则是物质性的,它们之间的关联意味着心与物的关联,并且这种关联既不能是观念性的,也不能是物质性的,这就使得心灵与世界的关系变成难以理解的了。对于海德格尔来说,解决这个问题的方式既不是采用观念论的立场,也不是采用实在论的立场,而是重新理解人与世界的关系,在 1919 年(战后紧张学期)的讲授课中我们就已经看到他的这个思路的端倪了。

"在世界之中存在""与……发生关联"标示了生存的意向性,生存始终意味着超出自身而进入世界之中去,①但是这种意向性与意识意向性是不同的:此在不是作为主体或者意向行为,世界也不是作为客体或者意向对象而存在的。"在世界中存在"意味着此在始终已经在世界之中、与它物和他人发生关联了,换句话说,此在始终超越了自身,始终是在自身之外的。(SZ 62)在日常生活中此在首先面对的是世界,它是从对于世界的理解中才获得了对于自身的理解,或者说它首先是迷失在世界之中的,然后才在世界之中发现了自身。在此我们看到,虽然海德格尔依然使用"在……之中"这样的概念,但是他不再从(物理)空间关系的角度来理解人与世界的关系,人与世界的关系既不是

---

① 在德语中"Da"指的是在自己之外的某个地方,因而可以被翻译为"这里"(此)或"那里"(彼),因而"彼在"是对于"Dasein"的很确切的翻译,在海德格尔看来,人的生存(Existenz)始终意味着超出自身的在世界中存在或者说是"绽出性的"(ekstatisch),海德格尔在后期文本中甚至创造了"Ek-sistenz"这样一个概念来替代"Existenz"这个容易引起误解的概念。但考虑到汉语学界对于"此在"这个翻译的广泛接受度,本书也沿用这个翻译,关于"Dasein"的译名问题可参见张祥龙:《"Dasein"的含义与译名——理解海德格尔〈存在与时间〉的线索》,载于《从现象学到孔夫子》,商务印书馆 2001 年版,第 69—93 页;张柯:《论海德格尔思想之"Dasein"的翻译窘境》,《江苏社会科学》2010 年第 1 期;方向红:《也谈"Dasein"的翻译》,《淮阴师范学院学报》2011 年第 3 期;王庆节:《论海德格尔的"Dasein"与其三个主要中文译名》,《中国高校社会科学》2014 年第 2 期。

两种实在物之间的关系,也不是意识与外部世界之间的关系;人或者此在没有内外之分,世界并不是在人之外,因为人始终已经在世界之中了,换句话说,人与世界(就像混在一起的咖啡与牛奶一样)是一个不可分割的整体,在这个整体中没有哪一方面是在另一方面之外或之内的。

综上所述,对于此在的存在或者生存的最恰当理解是将它视为自由的实践,①并且它是发生在世界之中的,它本身就意味着在世界之中存在,而这又包含与自身、与它物以及与他人打交道这三个方面,在实践中人与世界构成了一个不可分割的整体。

第二节　视见与实践性知识

我们甚至可以认为,在《存在与时间》中发生了实践哲学的转向,意识与认知让位于生存与实践,在这个意义上海德格尔的早期哲学构成了对从笛卡尔到胡塞尔的近代知识论传统的批判。② 但是简单地认为海德格尔用实践取代了认知,并且仅从实用主义的视角去理解他的哲学是不够的。《存在与时间》的出发点是存在问题,更确切地说是存在的意义问题,而对于人的生存的分析的目的在于让人对于存在的理解成为显明的,也就是说,海德格尔将存在论与实践哲学(生存论分析)融为了一体。正如上文所提到的那样,在这个意义上《存在与时间》可以被视为对于《尼各马可伦理学》的存在论变更,对于人的生存的分析不再以伦理学的形式出现,而是成为了基础存在论。但这并不意味着在海德格尔那里就不再有实践哲学了,相反,他赋予了生存与实践一种更为基础性的意义,并且作为实践哲学的生存论分析取代近代知识论成为了"第一哲学",这才是所谓的"基础存在论"。从笛卡尔开始的近代哲学试图用

---

① 海德格尔也将生存规定为"能在"(Seinskönnen,SZ 144)。

② Cf. Dreyfus, Hubert L., *Being-in-the-world: a commentary on Heidegger's being and time*, *division* 1. Cambridge(Mass.) / London: Cambridge University Press, 1991, p. 108ff.

意识理论为形而上学奠基，因而前者取代了后者成为了事实上的第一哲学，而在海德格尔看来，这种奠基是不成功的，甚至是错误的，哲学的真正基石应该是作为实践哲学的生存论分析，而不是意识理论，因为生存实践是比认知更为根本的人的存在方式。生存论分析扮演着为存在论奠基的角色，它取代了意识理论成为了第一哲学，并且在这个意义上海德格尔继承了亚里士多德哲学传统，重新将实践哲学（生存论分析）与理论哲学（存在论）融为一体。

生存论分析可以被视为近代知识论或者说意识理论的一种替代，知识问题在西方哲学中始终处于核心位置，在海德格尔哲学中同样如此。在《存在与时间》中，海德格尔是从两方面来对知识论进行奠基的：一方面，认知被视为一种生存方式，而且不是原初的生存方式，在日常生活中人首先是作为实践主体与自身、它物以及他人打交道的，日常性的生存实践的中断（缺憾）才使得单纯的认知得以出现，因而认知是奠基于具有普遍意义的生存或者实践之上的；另一方面，实践与认知并不是对立的两极，认知可以被视作一种实践，而实践也并不是无知的。正如亚里士多德认为生存意味着对于真理的揭示一样，海德格尔也认为此在与自身、它物以及他人打交道的活动都不是盲目的，而是带有"视见"（Sicht）的：

> "实践性的"（praktisch）行为并不是在无视见（Sichtlosigkeit）的意义上非理论性的（atheoretisch）。它与理论性行为的区别并不仅仅在于在后者那里有着观察，而在前者那里只有行动（Handeln），也不在于行动必须运用理论性认知（Erkennen）才能使得自身不是盲目的。相反，观察究其本源也是一种操劳，就像行动也有它的视见（Sicht）一样。理论性行为是非环视的纯粹注视（Nur-Hinsehen）。注视是非环视的，但并不因此就是无规则的，它在方法中形成了自身的规范。（SZ 69）

认知与行动只是两种不同种类的实践活动，它们都是由"视见"或者说知识所引导的。认知行为并非是知识的最终来源，它本身也需要受某种"视见"或者说知识的引导。如果说生存意味着实践,那么指导着它的"视见"就是一种实践性知识或者说"知道如何"(Knowing-how),海德格尔所说的(引导操劳的)"环视"与(引导认知的)"方法"都属于知道如何。也就是说,他在《存在与时间》中提出了一种新的知识论,他认为,视见是比认知更为原初的知识形式,并且它是一种实践性知识,指导着日常性操劳的环视(Umsicht)与指导共在的顾惜(Nachsicht)、顾视(Rücksicht)都属于它。如果说在亚里士多德那里形而上学、知识论与伦理学是不可分割的,那么在海德格尔这里存在论、知识论与生存论分析同样属于一个整体。

海德格尔意识到,"视见"这个概念容易引起误解。(SZ 147)从柏拉图开始,视觉隐喻在西方哲学中就一直占据主导地位。在《理想国》的"太阳比喻"中,柏拉图将人的理性认知能力(νόησις)类比为眼睛,将真理(ἀλήθεια)类比为光,将善的理念(εἶδος)类比为太阳,因而理念是被灵魂的眼睛(理性)看到的,认知意味着观看(Sehen),而知识则意味着视见(Sicht,视觉)。① 但对于海德格尔来说,"观看"或者"视见"既与肉体的眼睛无关,也与灵魂的眼睛无关,而只是形式性概念,它们意味着"对于存在者与存在的通达方式",(SZ 147)在这个意义上他将视见称为"理解"(Verstehen,SZ 146)。通过视见或者理解存在者与存在对于人来说称为可通达的,它们不再处于黑暗之中,而是进入了光亮,让自身得以显现或者说成为了现象。但在此我们看到,海德格尔的知识论并没有与传统哲学完全割裂,视觉隐喻在《存在与时间》之中依然发挥着效力。

海德格尔在《存在与时间》中提出了一种新的知识论,进一步说是一种实践知识论,但"视见"与"理解"还不足以概括他眼中的知识,更重要的一个概念是"揭示性"(Erschlossenheit)。海德格尔甚至将此在与之相等同:"此在是他的揭示性"。(SZ 133)理解是构成揭示性的要素之一,此外它还包含其他

---

① 参见[古希腊]柏拉图:《理想国》,商务印书馆 1986 年版,第 266—267 页。

两个构成要素:置身性(Befindlichkeit)与言语(Rede),这三个要素也一起构成了此在的生存论—存在论结构(existenzial-ontologische Struktur)。也就是说,"此在""揭示性""生存论—存在论结构"是三个对等的概念。海德格尔指出,它们对应的是哲学史上的"自然之光"(lumen naturale)。(SZ 133)在中世纪哲学中,拉丁文术语"lumen naturale"所指的是人类理性的认知能力,笛卡尔在《第一哲学沉思集》中也同样在这个意义上使用了该术语,他认为使得我们肯定真(清楚的与明晰的)观念的动因有两个:"lumen naturale"与"lumen gratia"(神恩之光)。[①] 无论是自然界的光还是人造光源所发出的光使得我们的眼睛能够看到物体,在这个意义上光不仅是连接眼睛与物体的一种媒介,而且还是视力的一部分,没有光的话那么人类也不会有看到物体的视力。柏拉图在"太阳比喻"中不仅指出了光的上述两个属性,而且将光比喻为真理,真理是连接人类理性认知能力与理念的媒介,同时也是构成前者的一个组成部分。中世纪的经院哲学家将人类理性的认知能力称为"自然之光"不过是柏拉图主义的一种延续,虽然感性能力使得感性世界向我们呈现,然而这种呈现却不是真理性的,真理本身只在我们的理性能力中存在。在这个意义上"自然之光"既可以被理解为是人类理性的认知能力,也可以被理解为真理本身。如果说《存在与时间》与传统西方哲学保持着延续,那么下面这段话就是最好的证明:

> 对在人之中的自然之光(lumen naturale)的存在者上的、形象性的言说所意味的不过是这个存在者的生存论—存在论结构:他以这种方式成为他的此。他是"被照射的"(erleuchtet)意味着:作为在世界中存在的他在自身之中被照亮着(gelichtet),不是通过另外一个存在者,而是他自己就是林中空地(Lichtung)。只有对于这样一个在生存论上被照亮的存在者来说,在光(Licht)之中现成者才是可通

---

① Descartes, René, *Meditationen de prima philosophia*, übers. und hrsg. von ChristanWohlers, Hamburg:Meiner,2009,S. 157.

> 达的,在黑暗中它是隐藏着的。此在原本就携带着他的此,不仅他实
> 际上并没有丧失他的此,而且如果丧失他的此的话,他根本就不再是
> 他所是了。此在是它的揭示性。(SZ 133)

虽然海德格尔认为光的隐喻是存在者上的、形象化的言说方式,但是他依然借助它来解释人(此在)的生存论—存在论结构。从这个隐喻的结构上来看,海德格尔同样继承了柏拉图的思路:一方面"光"是沟通人与世界的媒介,即此在的"此",此在是在"光"之中存在的;另一方面"光"意味着真理(揭示性),此在就是他的"光"。与柏拉图不同的是,经院哲学家以及笛卡尔并不认为"自然之光"来源于外在于人的"太阳",而毋宁说人类理性自身就是光源;同样海德格尔认为人自身就是"Lichtung",虽然"Lichtung"在德文中的原意是"林中空地",一个光影共存之地,然而"Lichtung"一词本身来源于"Licht"(光)一词,当海德格尔将人称为"Lichtung"时,实际上他认为"光"(以及"黑暗")已经存在于人之中了,但这并不是说"光"来源于人,而是说"光"就是人本身,"此在是他的揭示性"。①

在生存论分析中"光"与"光源"不再被分开,人同时是这两者,这也带来了人的双重特征:一方面人是"光"、真理、揭示性,"光"并非存在者,而是存在者得以显现的媒介;另一方面人又是"光源",它是一种存在者,无论是柏拉图所说的太阳、善的理念,还是经院哲学以及笛卡尔所说的理性能力都是存在者,同样海德格尔也认为人或者说此在也是一种存在者。在此我们看到光的隐喻与海德格尔对此在(人)以及生存的规定之间的对应关系,他认为此在(人)是一种存在者,然而此在(人)在其存在之中始终与自身的存在发生关联,他始终拥有对自己的存在(以及其他存在者的存在)的理解,换句话说,此在(人)同时是"光"与"光源"。当海德格尔描述此在(人)的生存论—存在论

---

① 正如海德格尔在《人文主义书信》中所言,《存在与时间》的语言依然带有主体性形而上学色彩,而在其后期思想中,真理与光不再被视为来自于此在,而是来自于存在本身,真理意味着存在本身的无蔽。

结构时，他所描述的不仅仅是构成此在（人）的某个部分，而且也是此在（人）的存在方式，即"作为如是的在……中存在"。此在（人）的生存论结构或者说存在方式构成了他的揭示性或者说真理，此在（人）的存在始终是真理性的，他在"光"之中"看见"了世界与自身。在这个意义上此在（人）在其存在之中始终拥有着知识，真理与知识是密不可分的，发现真理意味着拥有知识，反之亦然。简而言之，"揭示性"这个概念具有双重含义：真理与知识。

在柏拉图的太阳比喻中，光与眼睛共同构成了人的视觉能力，真理与理性共同构成了人的理性认知能力，无论感性的还是理性的认知能力都是以实现的样态，而不是以潜能的样态出现的；而在海德格尔这里，人的知识能力被统称为"揭示性"，它不是人的灵魂的某种潜能，而是人的实际的（faktisch）存在方式。海德格尔并没有讨论人的灵魂以及它的不同能力，而也许更令人不解的是，在他对人的存在方式的讨论中身体也没有被论及。当然这并不是说他认为人在世界之中的存在既不是灵魂性的也不是身体性的，他只不过是想用现象学的方法来描述或者说解释实际上人在世界之中是如何存在的，因而回避"身体""灵魂""心灵"此类形而上学术语是一个明智的选择。

图根特哈特认为，为了超越胡塞尔的意向性意识理论，海德格尔用"揭示性"（Erschlossenheit）替代了近代哲学中的"意识"（Bewusstsein），但是他指出在德语中这两个词都是没有复数形式的，揭示性相当于英语中的"注意力"（awareness），这种术语上的转换并没有很大的实际意义。[①] 他没注意到（或者是故意忽视）的是，海德格尔在《存在与时间》中指出了揭示性理论与传统意识理论的不同：在近代知识论中，意识被视为主体与客体之间的中介，主体只有通过意识才能通达客体，客体也只有通过意识才能通达主体，而主体、客体、意识都被视为了现成者。（SZ 131）换句话说，在近代知识论中人与世界的关系被规定为了表象关系，而意识就是人对世界的表象，真理也只能在它中才得

---

① Tugendhat, Ernst, *Selbstbewusstsein und Selbstbestimmung*, Frankfurt a. M.: Suhrkamp, 1979, S. 171−172.

以显现,知识与真理都被统摄于意识之下,胡塞尔的纯粹意识现象学也依然处于这个传统之中。与此相对,海德格尔认为人在世界之中首要的存在方式不是对世界的意识或者说表象,而是生存实践;知识与真理也必须得到重新理解,知识不再是表象或者说认知性知识,而是人在与自身、它物以及他人打交道时所需要的实践性知识。正如图根特哈特所指出的那样,正是为了摆脱胡塞尔(以及近代哲学中)的意识理论,海德格尔用"揭示性"代替了"意识",但并不像他所说的那样仅仅是术语上的转换,而是意味着一种新的知识论的产生,在其中知识与真理都得到了新的定义。

通过上面的论述我们看到:一方面,人的生存、此在的存在意味着在世界中存在,此在以自由的方式与自身、它物以及他人发生着关联,并且这种关联首先是实践性的,此在是在实践中与这些存在者发生关联的;另一方面,生存或者实践是带有视见的,在生存或者实践中此在始终拥有对于自身、它物以及他人的理解。此在的生存结构不仅包括理解,而且包括置身性与言语,用海德格尔的话来说,此在是它的揭示性。知识与实践并不是对立的两极,此在也不是先获得了知识,然后再用它去指导实践,它们始终是一体的。这两方面并不是彼此孤立的,在海德格尔看来它们是不可分割的。"在世界中存在"(In-der-Welt-sein)意味着"在此存在"(Da-sein),即此在(Dasein),对于此在来说它自身的存在是被照亮的、被揭示的,而这也意味着世界或者说"此"是被照亮的、被揭示的。(SZ 133)此在的揭示性首先涉及的是整体性的在世界中存在,也就是说,首先被揭示的是此在的存在本身,而这就意味着不仅此在本身,而且世界(他人、它物)也是被揭示的,此外,此在与世界的关系,即"在……中存在",也是被揭示的。

揭示性与生存实践的关系不能被理解为认知与行动的关系,此在并不是先对世界进行认知,然后用认知来指导行动。此在始终都是实践主体,在世界中存在始终意味着与自身、它物以及他人打交道,并且它的打交道的活动并不是盲目的,无论是它自身、它物还是他人都始终已经被揭示了。也就是说,生存实践始终是带有揭示性的,海德格尔甚至认为"在世界中存在""此在"与"揭示性"是同义词,在这个意义上揭示性是指导生存实践的实践性知识。

从赖尔对于实践性知识的论述我们看到,它不是命题性知识,即知道什么(knowing-that),而是实践性的素质或者说能力,即知识如何(knowing-how)。图根特哈特则告诉我们,实践性知识所涉及的不是客观的事态,而是未来的可能性,它们的实现与否取决于实践主体的自由选择。在海德格尔这里我们可以看到:一方面,生存意味着实践,即与自身、它物以及他人打交道,而此在具有揭示性(视见)则意味着它知道如何与这些存在者打交道,揭示性甚至可以被视为是此在的实践性能力;另一方面,生存意味着"向……存在",此在的存在对于它来说不是现成的(实在的)事态,而是自己的生存可能性,生存意味着去与它们发生关联,而揭示性则意味着知道如何去与它们发生关联,知道如何"向……存在"。由此可见,海德格尔对于揭示性的论述与赖尔、图根特哈特对于实践性知识的论述是一致的,他们所谈论的并不是不同种类的,而是同一种实践性知识。但与赖尔以及图根特哈特不同的是,对于海德格尔来说,对于实践性知识(揭示性)的考察与对于此在的存在或者说生存的考察是不可分割的,它们都属于生存论分析,而不是语言分析;并且生存论分析与存在论也是无法分割的,对于人的生存的理解或者误解都已经蕴含了对于存在的理解或者误解了,反过来说,存在论(对于存在的意义的追问)也并不像图根特哈特所认为的那样等同于语言分析,它必须从人对于存在的理解(包括对于自身存在或者说生存的理解),而不是从对"存在"这一词语在语言中的用法的分析出发。

在《存在与时间》中,揭示性理论是作为生存论分析的一部分而存在的,虽然生存论分析的目的不是发展出一种新的知识论,但是没有对于近代知识论的解构以及对于实践知识论的建构,生存论分析也是无法进行的。任何一种知识论都包含对于知识的拥有者、对象以及两者关系的考察,此外它还应该包括对于真理概念的考察。海德格尔的实践性知识(揭示性)理论同样如此,它不仅包括对于作为实践性知识的拥有者的此在以及对于作为实践性知识对象的世界的考察，而且包括对于此在的生存论结构或者说"在……中存在"的方式以及作为揭示性的真理概念的考察。此外，他还考察了实践性知识与认知性知识之间的关系，作为近代哲学主要论题的认知与判断在他看来是由实践性知识（例如环视）衍生出来的。为了准确地把握他的实践知识论，在接下来的章节中这些方面将逐一得到考察。

第九章　生活世界

　　世界是构成"在世界中存在"或者说生存的第一个要素。在日常理解中，世界是我们生存实践的场所，在世界之中我们与他人以及其他存在者发生关联或者说打交道。对于世界的这种理解是不言自明的，但这并不意味着关于世界以及世界中的事物的存在论规定也是不言自明的。对于世界本质的追问构成了西方哲学史的起点，亚里士多德的四因说物理学曾经在一千多年的历史长河中构成了解释世界的范式，直到现代物理学颠覆了它，将目的因与形式因从世界中驱逐了出去，世界被认为是由物质构成的并且按照机械论式的自然规律运行的。海德格尔曾指出，近代自然科学是西方形而上学的最终完成，（GA14，72）在对世界的形而上学解释上哲学无法再与自然科学相竞争，但这并不意味着对于世界的哲学反思就由此终结了，相反，无论在海德格尔的前期还是后期思想中"世界"概念都是一个重要的主题。在《存在与时间》中，他从对笛卡尔"世界观"的批判开始对"世界"概念进行论述，并最终提出了生存论—存在论上的世界概念。

第一节　对笛卡尔世界概念的批判

　　笛卡尔在《第一哲学沉思集》的"第六沉思"中区分了心灵（mens）与身体

(corpus):心灵是不可分的思维物(res cogitans),而身体是可分的广延物(res extensa),①在两者之间有着实在的区别(distinctio reali)。② 在《哲学原理》中他对"实在的区别"的定义是:存在于两个或多个实体(substantia)之间的区别。③ 也就是说,他认为心灵与身体是两种不同的实体,而不是同一个实体的两种属性,心灵这种实体的本质属性(attributus)是思考(cogitare),而身体以及其他物体的本质属性是广延(extensio),心灵不具有广延或者说不可分,而任何广延物都不能思考,这就是他的心物二元论。虽然这种二元论颠覆了亚里士多德的质料形式一元论,但是笛卡尔依旧沿袭了亚里士多德对实体的定义:"关于实体我们所能理解的只有这样一种东西:它能够独立存在,不需要任何其他的东西"。④ 在这个意义上他认为只有上帝才是真正意义上的实体,因为一切其他事物都需要依赖于上帝而存在,而心灵以及身体并不是在同一种意义上(univoce)被称为是实体的,因为它们的存在依赖于上帝。此外他还指出,我们不能将实体仅仅作为实存物(res existens)来认知,因为在这个意义上实体并没有与我们发生关联,我们只有通过实存的本质属性倒推出实存的实体。⑤ 换句话说,实体不仅是独立的存在者,它还具有特定的本质属性(attributus),例如我们可以从思想的存在倒推出思维物或者说心灵的存在。在确定了心灵与物质这两种实体后,笛卡尔认为所有其他存在者都只是它们的状态(modus)或者说属性(qualitas)而已。

海德格尔指出,笛卡尔关于思维物与广延物的区分就是近代哲学史中自然与精神的区分。(SZ 89)他还认为,在笛卡尔那里"substantia"这个概念既

---

① [法]笛卡尔:《第一哲学沉思集》,庞景仁译,商务印书馆1986年版,第205页。

② [法]笛卡尔:《第一哲学沉思集》,庞景仁译,商务印书馆1986年版,第177页。

③ Descartes, René, *Die Prinzipien der Philosophie* (Latein-Deutsch), übers. und hrsg. von Christan Wohlers. Hamburg:Meiner,2005,S. 65-67.

④ Ibid.,S. 56-57.

⑤ Descartes, René, *Die Prinzipien der Philosophie* (Latein-Deutsch), übers. und hrsg. von Christan Wohlers. Hamburg:Meiner,2005,S. 56-59.

有实体(Substanz),也有实体性(Substanzialität)的含义,并且这种含义的双重特征来自于古希腊哲学中的οὐσία概念。(SZ 90)我们知道,在亚里士多德那里οὐσία这个概念既有本质又有实体的含义,但笛卡尔的substantia概念却只有实体这一种含义,因而海德格尔对笛卡尔的解释并不完全准确。海德格尔指出,广延物的实体性是广延,由此可见,他所说的实体性实际上对应的是笛卡尔哲学中的本质属性(attributus)。在笛卡尔那里,本质属性也是一种存在者,并且它与实体之间只存在理性的差别(distinctio rationis),也就是说,本质属性与实体所指称的是同一个事物,只不过在思想中存在两个不同的概念而已。① 就广延构成了广延物的本质属性或者实体性而言,海德格尔认为广延是广延体的存在特征(Seinsverfassung,SZ 90)。

对于笛卡尔来说,实体与它的本质属性都是存在者,对于海德格尔来说,这意味着对于存在与存在者之间的存在论区分的遗忘,这一点构成了他对笛卡尔的批评的核心内容。在《存在与时间》的第20节他指出,笛卡尔认为心灵与身体可以在与上帝同样的意义上被称为实体,而这在中世纪经院哲学中曾经是被不断争论的。在中世纪的经院哲学家们看来,"上帝存在"与"世界存在"这两个命题中存在的含义是不同的,上帝是无限的存在者,而世界是有限的,上帝是世界的创造者,而世界是上帝的创造物,因而这两种存在有着无限的差别。(SZ 93)在海德格尔看来,笛卡尔一方面继承了亚里士多德与中世纪经院哲学家关于实体的规定,另一方面却忽视了他们对于存在的不同意义的区分:在中世纪经院哲学家那里,"上帝存在"与"世界存在"中的存在一词是在类比(Analogie)的意义上被使用的,而到了笛卡尔这里存在意义的差别却被抹平了。实际上这个批评也并不准确,笛卡尔显然注意到了上帝与心灵以及物质作为实体的差别,真正意义上的实体(能够独立存在的东西)只有上

---

① Ibid.,S. 68-71.

帝,而心灵与物质只不过是在不严格的意义上被称为实体,①也可以说是在类比的意义上被称为实体。海德格尔还指出,中世纪经院哲学家只是注意到了存在的不同意义,而没有追问存在本身的意义,因为对于他们(以及笛卡尔)来说,存在的意义都是不言自明的。(SZ 93)

在《存在与时间》的第21节中,海德格尔提出了这样一个知识论上的问题:笛卡尔是从人的哪种存在方式出发而将世界的本质把握为广延的呢? 他的回答是:"对于这个存在者的唯一的和真正的通达径路是认知,是intellectio,而且是在数学—物理学认知的意义上。"(SZ 95)我们可以这样来理解海德格尔的问题以及答案:他认为正是笛卡尔所选择的知识形式决定了他所把握到的世界的本质。这一点在《第一哲学沉思集》中是可以得到印证的,在"第二沉思"中笛卡尔通过"我存在"(sum, existo)的确定性克服了普遍怀疑,而紧接着在"第三沉思"中提出了"普遍的真理准则":"我清楚地与明晰地知觉到的东西都是真的"。② 在"第五沉思"中他认为当我们思考外部世界时,我们所能清楚地与明晰地思考的事物是量(quantitas),进一步说是广延的量,包括长、宽、高,还有形状、数、运动等,这些种类的量是算术或者几何学的研究对象,笛卡尔将这两种科学称为"纯粹的与抽象的数学"(pura atque abstracta mathesis)。③ 算术与几何学之所以是纯粹的与抽象的原因在于:它们既不依赖于我们的感官,也不依赖于我们的想象力。笛卡尔认为存在这样一种可能性:当我们看到一个三角形的东西或者想象一个三角形时,这个三角形对象或者三角形可能在外部世界中是不存在的,但是三角形的"本质或者说形式是不变的与永恒的,它不是我虚构出来的,也是不依赖于我的心灵而存在

---

① 正如后来斯宾诺莎所指出的那样,心灵与物质只不过是上帝这个唯一实体的两种属性而已。(参见[荷兰]斯宾诺莎:《伦理学》,贺麟译,商务印书馆1997年版,第14页)
② [法]笛卡尔:《第一哲学沉思集》,庞景仁译,商务印书馆1986年版,第100—101页。
③ [法]笛卡尔:《第一哲学沉思集》,庞景仁译,商务印书馆1986年版,第164—165页。

的",①例如三角形的三内角之和等于两直角之和,这个命题是永恒为真的。因而不难理解的是,笛卡尔认为"纯粹的与抽象的数学"是关于外部世界(自然)的清楚的与明晰的观念,并且它不是通过感觉或想象力,而是通过理智(intellectus)被把握的。笛卡尔研究自然的方法与近代自然科学中占主导地位的观察与实验方法是对立的,在他看来我们不是通过观察与实验,而是通过永恒的真观念(永恒真理)把握到了自然的本质。而在海德格尔看来,笛卡尔通过将认识自然的知识形式规定为数学—物理学而规定了自然的数学—物理本质,自然成为了广延物,而它的本质则是通过永恒的数学真理而被揭示的,用海德格尔的话来说,自然的存在特征被规定为了"持续的现成性"(ständige Vorhandenheit,SZ 96)。

当然我们可以对海德格尔提出这样的质疑:即便他对于笛卡尔哲学的剖析是正确的,但这并不意味着笛卡尔的知识论与自然哲学是错误的,自然的本质难道不是只有在数学—物理学中才能够被揭示么? 自然的本质难道不是广延以及广延物的运动么? 正如海德格尔所指出的那样,笛卡尔的知识论在西方哲学史中有着悠久的传承,在古希腊哲学中 νοεῖν (理性)与 διανοεῖν (理智)就已经被认为是比 αἴσθησις (感知)更加本真的知识形式了。(SZ 96)这种知识论是从巴门尼德开始就存在于西方哲学史之中的,"存在与思维是同一的",这里的思维(νοεῖν)指的是理智直观,柏拉图在《理想国》的"线段比喻"中也将 νόησις 与 διάνοια 看成是比 αἴσθησις 更加本真的知识形式,感知只是对于可变的存在者的把握,而只有理性才真正地把握到了永恒不变的存在者:理念。由此可见,即便笛卡尔的知识论不是一种柏拉图主义,至少也是它的一个翻版,他与巴门尼德以及柏拉图分享了同一种形而上学信念:自然的本质是永恒不变的。

海德格尔对于笛卡尔的批评与前文所述的对胡塞尔的批评是异曲同工

---

① ［法］笛卡尔:《第一哲学沉思集》,庞景仁译,商务印书馆 1986 年版,第 162—163 页。

的,他认为他们都遗忘了人的存在,进而遗忘了存在的意义问题:

> 作为持续的现成性的存在观念所引起的不仅是对世界内存在者的存在的极端规定以及将它与世界相等同的做法,而且它同时在存在论上阻碍了他[指笛卡尔——作者注]将此在的行为恰当地收入眼帘。如此一来他完全偏离了正确的道路,以至于不能看到一切感性的以及理智的觉察的被奠基特征以及不能将这两种觉察理解为一种在世界中存在的可能性。就像对 res extensa(广延物)的把握一样,笛卡尔以同一种方式将"此在"的存在也把握为了实体,而在世界中存在才是它的存在的基本特征。(SZ 98)

这段引文表达了对于笛卡尔的三个批评:一是由于将存在理解为了持续的现成性,笛卡尔将世界内存在者(das innerweltliche Seiende),即自然,规定为了广延物,并且将人所生存的这个世界等同于自然或者说广延物;二是笛卡尔没有看到感知与理性认知都是奠基于人的生存,即在世界中存在的,因而也没有看到这两种认知方式只是两种不同的生存可能性,而在它们之外还有其他生存可能性;三是由于错误地理解了世界以及人与世界的关系,笛卡尔也错误地理解了人在世界中的存在方式,并将人(此在)规定一种实体。

上述三个批评实际上也从反面陈述了海德格尔的主张:第一,世界不等于自然,自然只是一种世界内存在者,世界的存在方式不是持续的现成性;第二,人的生存实践以及实践性知识比理论性的认知更为原初,前者为后者奠基;第三,人不是一种实体,人的"本质"是在世界中的生存实践。后两个观点将在本书的其他章节中得到具体的论述,在本章中将被进一步分析的是第一个观点,它实际上就是海德格尔对笛卡尔以及其他哲学家的一个著名批评,即"对世界的跳跃"(Überspringen der Welt, SZ 100):由于将世界等同于自然("世界"),而实际上自然只是一种世界内存在者,因而世界本身被跳跃了。但为什么海德格尔认为世界与自然并不相等同? 世界与自然之间存在怎样的关系? 世界的存在方式是什么?

第二节　世界与世界性

正如前文所述,海德格尔在1919年的讲授课(KNS)中已经关注世界问题了,在他看来世界首先不是作为外在于意识的超越对象而被人所认知的,对于世界的原初经验是周遭世界体验(Umwelterlebnis),在这种体验中世界是作为周遭世界(Umwelt)或者说生活世界(Lebenswelt)而被把握到的。经验世界的不同方式与世界的不同意义是对应的,在认知中世界被把握为自然、广延物,而在周遭世界体验中它被把握为生活世界。在《存在与时间》中,海德格尔进一步区分了世界概念的四种意义(SZ 64-65):

1. 现成者的总体(All des Vorhandenen),即实在物的总体,实在物既包括日月星辰、山川河流之类的自然物,也包括金字塔、阿拉伯数字等人工物,这个意义上的世界是被认知到的实在物的总体,它还没有被赋予某种本质(例如广延),或者说它还没有在存在论层面上被规定,它只是存在者上的(ontisch)。

2. 区域(Region),这个意义上的世界是存在论上的(ontologisch),它意味着现成者或者说实在物的存在,例如自然界、文明世界、数学世界、物理世界等都是某种特定的存在区域,任何一个特定的存在区域都有其本质,这种本质使得这个区域与其他区域相区别,例如在笛卡尔看来思维与广延就分别是精神与自然的本质。海德格尔并没有对是否存在一个整全区域进行说明,在传统形而上学中这个整全区域就是宇宙(κόσμος,universum),古希腊自然哲学从一开始就在追问宇宙的本原(άρχή,本质与起源)。

3. 周遭世界或者说生活世界,它是人(此在)所生存的场所。生活世界中的事物首先不是作为认知对象,而是作为人在生活中打交道的对象而存在的,或者说它们是实践对象。生活世界不仅包括作为实践对象的物,而且还包括"我"自身与他人,它意味着实践对象的总体。在这个意义上"生活世界"概念同时是存在者上的(ontisch)与生存上的(existenziell)。

4. 世界性(Weltlichkeit),它意味着生活世界中的存在者或者说实践对象的存在,它是生存论—存在论上的(existenzial-ontologisch)。与区域类似,世界性也可以指各种各样具体的世界,例如自我世界、他人的世界、用具世界等,但它首先是整体性的,它首先意味着生活世界整体的存在。

海德格尔用"世界"(Welt)来指称第一种意义上的世界,即实在物的整体,而用世界(Welt)来指称第三种意义上的世界,即周遭世界或生活世界。因而作为在世界中存在(In-der-Welt-sein)的此在的存在(生存)意味着在周遭世界或者说生活世界中存在,而不是作为一个实在物在宇宙中存在,更不是作为一个自然物在自然界中存在。世界概念的这四种意义可以分为两类:前两种意义的世界对应的是传统形而上学以及近代知识论,世界被规定为了实在物的总体或者区域,这两种意义上的世界都是作为认知对象而存在的;后两种意义的世界对应的是人的生存实践以及探究它的生存论的存在论(existenziale Ontologie)、解释学的现象学或者说基础存在论,生活世界是人的实践交往对象,虽然对于它的研究也构成了一种存在论,但是这种理论同时是人的自我解释,是让世界作为一个现象如其自身所是的那样呈现自身。

实际上在1919年的讲座中海德格尔就已经区分了作为认知对象的世界(世界1)与作为实践对象的生活世界或者说周遭世界(世界3),并且区分了作为区域的世界(世界2)与世界性(世界4)。他做出这个区分的背景是那托普对胡塞尔现象学的批评,正如前文所述,在那托普看来由于现象学描述必须使用语言,所以它必然会使用范畴,胡塞尔赋予现象学描述的那种直接性是一种虚构。作为对那托普的回应,海德格尔提出了解释学直观的研究方法,并且这种方法逐渐演变为了《存在与时间》中的解释学的现象学。虽然在1919年的讲座中他没有澄清解释学直观究竟是怎样一种方法,但是他已经指出解释学直观与理论化(Theoretisierung)的对象是不同的,前者的对象是前世界的某物(das vorweltliche Etwas),而后者的对象是可认知的某物(das Etwas der

Erkennbarkeit）。（GA 56/57,112）他将理论化或者说认知视为一种去生命化（Entlebung），并且理论化过程是有着不同的层次的，他所举的例子是讲台，当我们对它进行理论化（认知）时，我们会说"它是棕色的；棕色是一种颜色；颜色是真正的感觉与料；感觉与料是物理与生理过程的产物；物理事物是首要的原因；这种原因、物理事物是一定数量的以太的振动；以太的核分解为一些简单元素；在这些简单元素之间存在一些简单法则；元素是最终极的事物；元素是一般的某物（etwas überhaupt）"。（GA 56/57,113）在这个例子中理论化或者说认知的层次是越来越高的，它的出发点是在生活世界中为人所熟知的讲台，而终点是"一般的某物"，这也意味着去生命化的程度是越来越高的，讲台是生活世界中的一个用具，颜色则毕竟还与我们的视觉相关，而以太的振动、元素、一般的某物就与我们的生活经验，甚至与生物学意义上的生命没有太大关联了，对于它们的认知不是由某个具体的人或者说实践主体，而是由特定种类的理论主体来完成的。

海德格尔还指出，"某物"这个概念是不受理论化的层次的束缚的，无论在哪个理论化层次，我们都可以形成"它是某物"这个判断，例如棕色是某物，元素是某物等，也就是说"某物"这个概念不是上述的那种理论化的结果，而是始终伴随着它的一个概念，海德格尔认为这个概念来源于一种特殊的理论化：形式性的理论化（formale Theoretisierung），并且它是自由的。（GA 56/57,114）此外，"某物"这个概念不仅能够自由地运用于理论对象，而且可以运用于一切体验对象，例如我们同样可以说"讲台是某物"，"有价值的东西是某物"，等等，在这个意义上"某物"不仅是最高层次的理论对象或者说认知对象，而是"一般的可体验事物"（Erlebbares überhaupt）。由此可见，"某物"这个概念不仅是前理论化的，而且是前周遭世界体验的，在任何理论化行为或者任何周遭世界体验之前，它就已经被理解了，它既不是理论化的产物，也不是周遭世界体验的产物，它与特定的世界（无论是自然界、文明世界，还是生活世界、周遭世界）还没有发生关联，而是"本质性的前世界事物"（das wesenhafte

Vorweltliche），它是"生命的最高潜能的指示词"。（GA 56/57, 115）海德格尔赋予了"前世界的某物"一种规定性，即它是一种可体验事物或者说是生命经验的"对象"，而作为最高认知对象的"可认知的某物"则是从它之中衍生出来的，也就是说前者虽然是先于周遭世界体验的，但毕竟也是可被体验的，并且它不是认知对象（现成者），只有当我们采取理论化态度时，它才转变为了认知对象（现成者）。

通过上面的论述我们不难发现，1919 年讲座中的"可认知的某物"与"前世界的某物"概念对应的就是《存在与时间》中的"区域"（世界 2）与"世界性"（世界 4）概念：可认知的某物意味着最原初的也是最高的区域，一切现成者或者说认知对象都可以被包括在这个区域之中，也就是说，任何认知对象都可以作为"可认知的某物"而被认知；世界性则不是认知对象，而是在生存中被体验到的事物，对于它的理解不仅先于可认知的某物，而且先于生活世界，用海德格尔的话来说，它是"前世界的"。"可认知的某物"或"最高的区域"是认知对象的一般性意义，而"前世界事物"或"世界性"则是体验对象的一般性意义。在海德格尔看来，当我们对某个对象进行认知时，我们不仅能够根据层级结构来认识它，例如"黄色是一种颜色；颜色是一种感觉与料；等等"，我们还能摆脱层级结构的束缚而自由地将任何认知对象把握为"（可认知的）某物"，例如"黄色是（可认知的）某物；颜色是（可认知的）某物；等等"，也就是说我们同时把握到了对象的两种意义：一种是具体的，例如作为一种颜色的黄色；另一种则是一般性的、空洞的，例如作为（可认知的）某物的黄色。用海德格尔的术语来说，它们分别是"存在者上的"与"存在论上的"意义。同样地，当我们在生存实践中遭遇某个事物时，我们不仅能根据它所处的内在结构来把握它，例如"砖块是造房子的材料；房子是用来居住的事物；等等"，我们同样可以摆脱它的内在结构的束缚而自由地将它把握为"（前世界的）某物"，例如"砖块是（前世界的）某物；房子是（前世界的）某物；等等"。由此可见，我们既可以把握实践对象的具体意义，也可以把握它的一般性的、空洞的意义，海德格尔将前者称为"生存—存在者上的"，而将后者称为"生存论—存在论上的"。

我们将"前世界的某物"或者说"世界性"解释为实践对象的一般性的、空洞的意义，并且它本身不是作为实践对象被理解的，而是对实践对象的生存论上—存在论上的规定，也就是说对生活世界的一般性规定。这种对于世界性的理解还不完整，在海德格尔看来，世界性不仅是对生活世界的一般性规定，而且是对于人（此在）的一般性规定，是"生命的最高潜能的指示词"：

> "世界性"是一个存在论上的概念，它意味着在世界中存在的一个建构性要素的结构。我们将在世界中存在作为此在的生存论规定。因此世界性本身是一种生存论规定（ein Existenzial）。（SZ 64）

> 它［世界］的结构就是构成了世界的世界性的东西，向着它（世界）（woraufhin）此在指引着自身（sich verweisen）。（SZ 86）

世界性意味着周遭世界或者说生活世界的结构，而生活世界本身是生存或者说在世界中存在的一个构成要素，因而世界性也是一种生存论规定，即对人的生存的一般性规定。在《存在与时间》的第 69 节 C 部分中海德格尔指出，世界（世界性）既不是上手者，也不是现成者，而是超越的视域（Horizont）或者说时间图型（Schemata）：

> 将来、曾经与当下的视域图型的统一性奠基在时间性的绽出统一性中。整体的时间性视域规定着这样一种事物，向着它（woraufhin）实际性地生存的存在者得到了本质性的揭示。……由于时间性的绽出统一性的视域性状态（horizontale Verfassung），被揭示的世界这种东西才是属于每每总是它的此的存在者的。（SZ 365）

在此世界被规定为时间性视域、时间图型，它作为揭示性的"所向"（Woraufhin）本身是属于此在的。因而当此在的存在被规定为在世界中存在时，这里的世界也可以被理解为作为时间性视域的世界性。对于此在来说，无论是与实践对象打交道的活动还是理论活动都是以世界性这个视域为前提的,因为只有通过它存在者才能被"看见"、被发现。

上面的论述呈现了世界概念的多义性,"在世界中存在"既可以意味着"在生活世界中存在",也可以意味着"在世界性(时间性视域)中存在",在《存在与时间》以及其他文本中,海德格尔并没有始终清晰地区分使用这两个意义上的世界概念,例如在《存在与时间》的第 69 节中他所谈论的世界的超越(Transzendenz der Welt)实际上指的是世界性的超越。他将世界性解释为时间性视域(Horizont der Zeitlichkeit),这个视域始终是向人呈现自身的,只有在这个视域之中,人才能"看到"(揭示)其他一切存在者,因而世界性这个视域是揭示性的所向(Woraufhin)。(SZ 364)在海德格尔看来,世界性或者时间性视域对人而言始终是超越的(transzendent),它的超越并不意味着在人的意识之外存在一个外部世界,而是意味着在生存实践中人始终超出自身而跃入世界之中、在世界中存在,在这个意义上我们才能理解为什么海德格尔将世界性定义为世界的结构。术语上的这种复杂性使得我们必须注意,当海德格尔谈论在世界中存在时,它究竟是在哪种意义上谈论世界以及在它之中的存在的,在生存实践中人既可以与其他存在者打交道,例如桌子、椅子、父母等,在这个意义上人存在于生活世界之中;但人同时拥有对于生活世界的理解,例如"它是人生存实践的地方","它是所有物质与能力的总体"等,世界整体本身对于我们来说是有意义的,它的意义就是所谓的世界性,它是生存实践以及伴随着它的揭示性(包括置身性、理解与言语)的视域。

在 1919 年的讲座中海德格尔已经提出,可认知的某物(世界 2)来源于前世界的某物(世界 4),这个观点用《存在与时间》的术语来表述就是:作为区域的世界(世界 2)来源于世界性(世界 4),例如物质世界、数学世界等概念来源于世界性概念。在《存在与时间》中海德格尔继续持有这个观点,世界性比作为区域的世界更为原初,而对于前者的忽略意味着"对世界性现象的一种跳跃"(ein Überspringen des Phänomens der Weltlichkeit,SZ 65)。他指出,我们通常是通过自然的存在来解释世界的,(SZ 65)而从他对笛卡尔的世界理论的批评中我们看到,他认为对于自然的存在方式以及相应的知识形式的理解是先于对自然本身的理解的:只有将理性认知规定为把握外在世界的最恰当方式,并且将外在世界的存在方式规定为广延性的,我们才获得了"自然"概念,由此才能够将外在世界中的一切事物规定为自然物。这种形而上学并没有恰当地把握世界,因为自然或者说自然物只是构成世界的一部分,除此之外世界还包括其他事物,例如我们所使用的桌子、椅子等,也就是说除了自然物之外还存在人造物,除了自然界外还存在着人类世界或者说文明世界。此外,他在1919年的讲座中就已经批判了这样一种世界观:将我们所使用的用具或者说人造物视为客观的自然物与主观价值的混合物;在《存在与时间》中他又重复了这个批评,这种世界观实际上预设了笛卡尔的世界观,只不过试图通过某种价值哲学去弥补它在解释上的不足,(SZ 99-100)而在他看来人与世界的关系首先不是一种认知关系,而是人在世界中的生存实践,世界也首先不向人显现为广延物或自然界,而是显现为生活世界。换句话说,笛卡尔哲学与价值哲学都误解了生活世界的世界性,并且从抽象的理论态度出发将世界理解为某种区域:自然界、文明世界等。值得注意的是,在对笛卡尔的批评中他使用的表述是"对世界的跳跃",而不是"对世界性现象的一种跳跃",这两种表述之间实际上有着细微的差别,笛卡尔以及整个近代形而上学对于世界的误解是两方面的:一方面忽视了生活世界,另一方面误解了世界的意义或者说(作为视域的)世界性。

第三节　生活世界

海德格尔将人所生存的生活世界称为周遭世界(Umwelt)。在《存在与时间》中他指出这个术语有两个含义:其一,周遭世界中的"周遭"(um)暗示着生存的空间性(Räumlichkeit);其二,周遭世界意味着人与之打交道(Umgang)的世界。他也将打交道称为操劳(Besorgen),并且将两个术语组合起来使用:操劳着的打交道(der besorgende Umgang),他在这个术语后面加注了一个古希腊语"πρᾶξις"(实践)。(SZ 66)但正如前文已经指出的那样,海德格尔的实践概念的含义要比亚里士多德的 πρᾶξις 更加广泛,无论 πρᾶξις 还是 ποίησις(制作)都属于操劳着的打交道或者说实践,人的生存在海德格尔看来就是实践,即便认知也只是实践的一种方式而已。他认为,最普通、最日常的操劳方式不是认知,而是操作、使用等,操劳的对象也首先不是认知对象,而是被使用的事物、被生产的事物等,在这个意义上他用古希腊语的 πρὰγματα①代替了拉丁文的 res,相应的德文也不再是 Ding(物),而是 Zeug(用具)。(SZ 67–68)换句话说,生活世界中的事物不能简单地被视为"物",更不能被视为作为认知对象的现成者(Vorhandenes),而是人的实践对象或者说用具(Zeug)。

在日常生活中我们需要使用各种各样的用具,例如烹饪用具、交通用具、建筑用具、缝纫用具等,用具一方面是人的实践对象,而另一方面是被生产出来的人工制品:"用具的存在形式是被生产。"②当然这里存在一个疑问:纯粹的自然物能不能成为用具?答案是肯定的,例如在路边的一颗石头可以被捡起来作为伤人武器使用,在这里石头并不是被生产出来的,而是被作为武器使用的,这意味着对于用具的存在形式来说使用比生产更为根本。海德格尔似乎也赞同这个观点:"但有待被生产的作品不仅仅是可使用于……,而且生产本身就是为了某物而使用(verwenden)某物",(SZ 70)生产是一种使用,而反过来使用不一定是生产。如果用具的本质是被生产,那么自然物就不是用具,而这使得两者之间存在一道裂痕,生活世界中的物就必须被区分为自然物与人工物。更有甚者,在许多哲学家看来自然物是比人工物更为根本的,人工物是从自然物中产生的,自然物是人工物的"质料",因而世界等同于自然。由此可见,生产不能成为生活世界中的实践对象的本质性规定,实践对象既包括各种各样的用具,又包括自然物,而自然物以及其他一些用具不是被生产出来

① 这个词来源于 πρᾶξις,字面意思是被实践的东西,即实践对象。

② „Die Seinsart von Zeug ist herzustellen."(SZ 68)

的。毋宁说,使用(Verwenden,Gebrauch)是实践对象的更加本质性的规定,因为无论人工物还是自然物都可以被使用,海德格尔实际上也是持有这个观点的:

> 在作品中同时存在着对于"材料"的指引。……因而在周遭世界中有些存在者也是可通达的,它们就其自身而言是无需被生产的,它们总是已经在手边的(zuhanden ist)。锤子、镊子、针在自身中指引着构成它们的钢、铁、铜、石头、木头。在被使用的用具身上通过使用"自然"也同时被发现了,它在自然产品中的光芒中被发现了。(SZ 70)

正是由于自然物被使用,它们才得以被人发现,也就是说自然物首先并不是作为认知对象、现成者,而是作为实践对象、上手者(Zuhandenes,SZ 70)而被发现的。不过这个观点并不是不言自明的,也许我们可以赞同海德格尔所说的:"植物学家的植物并不是莱茵河边的花,地理学所确定的河流'起源'并不是'地上的泉流'"(SZ 70),自然并不是只有在科学中才能被发现,在日常生活中我们早已发现了自然,例如天上的日月星辰、地上的江川河流,但这不也同时否定了他的观点,即我们在使用中才首先发现了自然么? 对于生活在旷野的原始人来说,他们不是只要睁开眼睛就能发现自然么? 这个意义上的自然难道不是认知对象么? 它们难道不是在人类产生之前就已经存在了么?① 我们知道,在古希腊语中自然"φύσις"一词意味着能够自我产生的东西,②也就是说自然是现成者,是无需生产就已经存在的。③

---

① 洛维特在这一点上对海德格尔提出了批评,他认为自然世界是比我们所生活的人类世界更为原初的,我们必须承认在人类产生以前自然世界早已存在了。(Löwith, Karl, Heidegger-Denker in dürftiger Zeit, in *Sämtliche Schriften*, Bd. 8, Stuttgart: J. B. Metzlersche Verlagsbuchhandlung, 1984, S. 286–289)然而就像下文将要指出的那样,海德格尔的周遭世界概念并不仅仅意味着人类世界或文化世界,而是包含了自然世界,并且他所说的自然并不是形而上学意义上的自然,例如笛卡尔所说的 res extensa。

② 用亚里士多德的话来说,自然是在自身内包含着运动和变化的根源的事物。(参见[古希腊]亚里士多德:《物理学》,张竹明译,商务印书馆 1982 年版,第 43 页)

③ 海德格尔在"论φύσις 的本质"一文中指出了这一点,参看 GA 9,239。顺便值得指出的是,古希腊人的自然观与中世纪的创世论是对立的。

　　海德格尔将自然物视为实践对象、上手者的唯一理由似乎是：我们总是在周遭世界或者说生活世界中发现自然物的。（SZ 70）这固然不错，但无论生产还是使用都不是发现自然的必要条件，通过认知（通过感性或者理性）自然也是可以作为认知对象而被发现的，因而我们很难同意海德格尔的观点，即自然是通过用具或者说在"自然产品的光芒"中被发现的。但他的观点也并非是无意义的，人在世界上的首要存在方式是生存实践，例如吃饭与睡觉、照顾家人等，在生存实践中无论用具还是纯粹的自然物都是首先作为实践对象而被发现的，换句话说，认知不是人的首要存在方式，即便自然物也首先不是作为认知对象而被人发现的。对于没有经过哲学或科学反思的"常人"来说，世界并没有被划分为自然物与人工物，它们都是人的生存实践的对象。

　　海德格尔所主张的物的上手性（Zuhandenheit）先于现成性（Vorhandeneheit）的观点也是合理的，①（SZ 72）世界首先是作为人的生存场所，即作为生活世界而被发现的，它首先并没有自我呈现为与生活世界对立的自然，自然反而是它的一部分，例如"我们所生活的村庄周围是群山与河流"，这种对于世界的理解是前反思的，也就是说是先于形而上学与自然科学的。当海德格尔在对笛卡尔世界观的批评中将自然规定为一种世界内存在者时，他也是在这个意义上来使用"自然"一词的，并且他发明了"周遭世界自然"（Umweltnatur）这一概念：

> 被操劳的作品不仅在工坊这种家庭世界中，而且在公共世界中是上手的。与这个世界一起，周遭世界自然也被发现了并且对任何人来说都是可通达的。在小路、大街、桥梁、房屋中自然也在特定的方向上通过操劳被发现了。带有顶盖的月台考虑到了恶劣天气……

---

　　① 也有学者批评海德格尔忽视了现成性的优先地位，参见 Pocai, Romano, Die Weltlichkeit der Welt und ihreabgedrängteFaktizität, in *Martin Heidegger*: *Sein und Zeit*, hrsg.von Thomas Rentsch, Berlin: Akademie Verlag, 2001, S. 57f。

（SZ 71）

"周遭世界自然"意味着周遭世界中的自然,周遭世界是先于自然被揭示的,而自然是它的一部分;并且自然首先不是通过理论观察或者认知,而是通过人的生存实践而被发现的。

在海德格尔看来,生活世界或者说周遭世界是人的生存场所,并且是人的实践对象,但它不仅包含各种用具以及自然物,而且也包含人自身,它们共同构成的整体才是生活世界。首先,用具不是单独存在的,而是在一个用具整体(Zeugganzheit,SZ 68)中存在的,例如"石头是用来造房子的,房子是用来遮风避雨的,遮风避雨是为了保障人的健康,等等",用具与用具之间存在着一个目的论结构,海德格尔将这个结构称为"为了的结构"(Struktur Um-zu,SZ 68);其次,正如上文所述,在用具与自然物之间也存在着一种关联,自然物是生产用具的质料;最后,海德格尔认为一切用具都指向人,人是用具的生产者与使用者。在生活世界中人首先不是作为理论观察的主体,而是作为实践主体而存在的,无论是用具的生产、携带还是使用都指向人的手,进一步说是人的身体,实践主体是活生生的、肉身性的人,但他并不等同于肉体或者说动物,他首先是作为用具的生产者与使用者而存在的。因而笛卡尔式的唯我论对于海德格尔来说是不成立的,实践主体不仅生活在家庭世界中,而且生活在公共世界之中,生活世界不仅对于某个特定的实践主体来说是可通达的,而且对于任何实践主体来说都是可通达的,例如街道是供所有居民使用的,将它视为一个私人对象意味着从根本上误解了人在世界中的存在方式。

自然物、用具与人之间存在着"为了"(Um-zu)的关系,海德格尔也将这种关系称为"指引"(Verweisung,SZ 68),"为了"或者"指引"无疑都是一种目的论关系,并且这种关系并不是自在地就存在于自然物、用具与人之间的。从笛卡尔开始,目的因就被从对物的规定中剔除出去了,正如康德所指出的那样,自然的合目的性既不是一个自然的概念,也不是一个自由的概念,而只是判断力的一个主观原则,①换句话说,自然的合目的性并不是客观存在的,而是人的主观投射。海德格尔也继承了这一思路,目的论关系只有在生活世界中才存在,而不是一种自在的自然关系。但与笛卡尔以及康德不同的是,海德格尔认为,世界首先不是作为自然科学或者形而上学的对象而存在的,而是在生存实践中向人呈现为生活世界,而目的论关系则是生活世界的一个本质性结构。

海德格尔认为,每一种自然物与用具都有特定的所为(Wo-zu),例如锤子是用来敲打东西的,衣柜是用来放置衣服的,石头是用来建造房子的,等等,并且自然物或者用具的所为不是它的属性,而是它的因缘(Bewandtnis)。(SZ 83-84)因缘实际上指的是自然物或用具的功能,但功能并不是它们的内在属性,或者说目的因不是内在于这些事物的,它们的功能来自人对它们的使用,只有在使用中,它们才被赋予了各种各样的功能。用海德格尔的话来说,首要的所为是人的何所为(Worumwillen),而何所为不是人的所为或者说功能,而是涉及人(此在)的存在本身。(SZ 84)当然海德格尔的意思并不是人不能被赋予某种功能,在日常生活中人常常是被用作实现某种目的的手段的,他想表达的是:自然物与用具的功能来自人的使用,而只有人才是目的的最终来源。人的何所为或者说目的赋予了自然物或用具功能,例如人的填饱肚子的目的使得树上的苹果能够成为食物,人的遮风避雨的目的使得一个山洞或一所房子能够成为居所。从结构上来看,人与世界之间的实践关系也体现为一种目的论关系,在生活中人总是具有某种目的,世界因而获得了某种意义,也就是说世界的意义来源于人的目的,用海德格尔的话来说,生存的所在(Worin)是与存在者照面的所向(Woraufhin),这种所向也被他称为世界的意蕴(Bedeutsamkeit)。(SZ 86-87)对于自身的目的(何所为)以及世界的意义(意蕴)的理解是人在世界中生存实践的前提,而且在日常生活中它们常常是不言自明的,实践主体无需对其自身行动的目的以及世界的意义进行任何反思,海德格

---

① [德]康德:《判断力批判》(上卷),宗白华译,商务印书馆 1985 年版,第 22 页。

尔将这种现象描述为"对意蕴的熟悉"（Vertarautheitmit der Bedeutsamkeit），它是与实践对象打交道并且发现它们的前提。（SZ 87）

　　总而言之，海德格尔的世界概念是具有双重含义的，一方面它意味着人所生存的周遭世界或者说生活世界，另一方面它指的是生活世界的结构，即世界性，它构成了生存实践的视域。在他对生活世界的分析中我们同样可以看到，一方面生活世界意味着生存的场所，它是由自然物、用具与人构成的，另一方面生活世界是整体性的，他将这个整体称为指引整体（Verweisungsganzheit，SZ 82）、因缘整体（Bewandtnisganzheit，SZ 84），对于它的意义（意蕴）的理解是日常性生存实践的前提条件。

第十章　实践性知识与生存论结构

第一节　生存论结构

正如前文所述,在世界中存在或者说生存意味着实践,它包含三个方面:与自身、它物(上手者)以及他人打交道。与此相应,也存在多种形式的实践性知识:决心(Entschlossenheit)、①环视、顾惜,以及顾视等。实践性知识指导着人们如何与实践对象打交道,在这个意义上它意味着与实践对象打交道的方式,或者说人在世界中的存在方式。海德格尔在《存在与时间》第一部分第五章讨论了此在的"生存论—存在论结构"(existenzial-ontologische Struktur)以及"作为如是的在……中存在"(In-Sein als solches, SZ 130),这部分的分析固然是对于人的存在方式的分析,但同时也可以被视为对于实践性知识的构成要素的分析。环视(Umsicht)、顾视(Nachsicht)与顾惜(Rücksicht)都是一种视见(Sicht)或者说理解。但实践性知识或者说揭示性(Erschlossenheit)不仅包括视见或者说理解,而且包括"置身性"(Befindlichkeit)与"言语"(Rede),这三者是生存论结构或者说实践性知识的三大构成要素。

对于海德格尔来说,生存论结构意味着人(此在)在世界之中的存在方

---

① 对于这种形式的实践性知识的分析将放到最后一章。

式,或者说意味着人(此在)与世界发生关联的方式。关于这种关联值得注意的是:首先它不是两种物(现成者)之间的关系,"张三在北京生活"与"故宫位于北京"表达的是两种不同的存在方式,人在世界之中的生存始终是伴随着知识与真理的,用海德格尔的话来说:人在"此"(Da),并且"此"是被"光"所照亮的;其次,人在生存中所具有的知识与真理是实践性的,而不是对世界的意识或者说表象,人与世界的关系首要的是一种实践关系,而不是认知或者说理论关系;再次,世界是由此在、他人以及它物所共同构成的,因而人与世界的关系也包含三方面:与自身的关系、与他人的关系以及与它物的关系,构成实践性知识的理解、置身性与言语都应该包含这三个方面;最后,将"在……中存在"理解为关系意味着不再将人的存在理解为人的某种偶性,关系始终是处于相关联的各方之间的,生存论结构或者说实践性知识不是心灵的某种能力,而是人在世界中的存在方式。①

对于理解、置身性以及言语的考察意味着对于生存论结构(实践性知识)的三大要素的考察,被考察的不是各种各样具体的实践性知识,例如建筑知识、农业知识、经济知识、钓鱼知识等,对于具体的实践性知识的考察不是哲学的,而是各种具体学科的任务。哲学,进一步说知识论,研究的是知识的一般特征,例如知识的主体、知识的对象、知识的构成要素、真理等。在近代知识论中,理智与感性通常被视为(理论性)知识的两大构成要素。正如康德在《纯粹理性批判》的开篇就指出的那样,在知识的这两大构成要素中,感性意味着接受性(Rezeptivität),通过它对象被给予了认知主体,而知性是形成概念的能力,同时也是对对象进行思考的能力。② 由此可见,康德将知识的两大构成要素理解为认知主体与对象进行关联的两种方式,感性是主体被动接受对象的方式,而知性是主体主动思考对象的方式。当康德分别对感性与知性进行分析的时候,他并没有对具体的感性直观(例如各种颜色、声音等)以及概念进

---

① 在《关于人道主义的书信》中海德格尔更加明确地指出:"存在是关系"。(GA9,532)

② Kant, Immanuel, *Kritik der Reinen Vernunft*, Hamburg: Meiner, 1998, A 19/B 33.

行考察,而是分析了经验知识的可能性条件,他认为这些条件先天地(a priori)就为认知主体所具有,而对这些先天条件的分析分别构成了先验感性论(transzendentale Ästhethik)与先验逻辑学(transzendentale Logik),并且它们共同组成了先验要素论(transzendentale Elementarlehre)。①

在海德格尔看来,生存论—存在论结构意味着揭示性(此在的"此"),它既意味着实践性知识,又意味着与之对应的真理,理解、置身性、言语是构成它的三大要素。这三大要素并不是内在于主体的先天知识形式,而是人在世界中的存在方式,在海德格尔看来存在是绝对的超越,无论是人(此在)还是其他存在者在世界中的存在都不能被理解为存在者,因而对于生存论—存在论结构的分析是先验的。我们甚至可以认为,将对生存论—存在论结构的分析视为实践知识论中的"先验要素论"(transzendentale Elementlehre)也并无不妥,当海德格尔对理解、置身性与言语这三种要素进行分析时,他都指出了它们在生存上—存在者上的(existentiell-ontisch)对应物,例如置身性是一种生存论—存在论结构要素,它在存在者层次上所对应的是"心情"(Stimmung,SZ 134)。

需要被探讨的是这种"先验要素论"的方法论问题:此在是如何获得关于这种结构的知识的? 在《纯粹理性批判》中康德对如何获得知识的先天形式进行了解释,他认为时间和空间是先天的感性条件,而范畴是先天的知性条件,而把握到这些先天条件的方法是将知识中的经验性要素都排除出去,而留下的则是先天要素:在感性中将属于印象(Empfindung)的东西都排除掉,那么剩下的就是纯粹的直观(reine Anschauungen)或者说直观的形式(Formen der Anschauung);②在知性中将经验性的概念从判断中都排除掉,那么剩下的就只是判断的逻辑形式(logische Formen des Urteils),而它们在传统的形式逻辑中早就具备了,因而只要将传统的形式逻辑转变为先验逻辑,那么逻辑形式也

---

① Ibid.,A 21 /B35-36.

② Ibid.,A 22/B 36.

就转变为了纯粹的知性概念(reine Verstandesbegriffe)或者说范畴。① 也就是说,在康德看来知识的先天的可能性条件在认知主体中都是原本就具备的,认知主体只要将后天的、通过经验获得的感性因素从知识中排除出去,那么他就在自身中发现了知识的先天条件,它们都不涉及感性的质料(Materie),而只是纯粹的形式(Form)。简而言之,康德的方法论在于:排除质料,让形式得以显现。

正如前文所述,在《存在与时间》的第7节中海德格尔将存在规定为现象学的现象,并将它与康德的直观形式进行了类比,在这个意义上生存论分析的方法论也可以被看成是"让形式得以显现",这种方法论也就是"形式显示"或者说"解释学的现象学"。生存论—存在论结构作为人在世界中的存在方式也是一种形式,而正如前文指出的那样,对它的分析意味着此在(人)的自我解释,解释学的现象学的任务不仅在于让存在的意义得以被揭示,也在于让此在的生存论—存在论结构得以被揭示。在日常生活中,此在(人)的存在方式或者说生存论结构并不总是呈现自身,此在操心于与他人以及它物打交道,用海德格尔的话来说,日常性的存在意味着"沉沦",只有通过自我解释此在才会"觉醒",或者说才会把握到自身在世界中的存在方式。虽然海德格尔要处理的不是认知性知识的先天形式或者说要素,而是实践性知识的结构要素或者说形式如何得以显现的问题,但与康德一样,为了让形式得以显现,"质料"必须从知识中排除出去。对于海德格尔来说,"质料的排除"以及"形式的显现"不仅是一个先验哲学的方法论问题,而且也是此在(人)自身的存在方式问题,只有摆脱了非本真的(uneigentlich)日常性生存,换句话说,只有在本真的(eigentlich)存在方式中,此在自身的存在方式或者说生存论—存在论结构才得以向自身显现。

在1927年的《现象学的基本问题》中海德格尔提出,存在具有先天性

---

① Kant, Immanuel, *Kritik der Reinen Vernunft*, Hamburg: Meiner, 1998, A 50/B 74f.

（Apriorität），而为了把握存在的先天特征，我们需要一种"先天认识"（die apriorische Erkenntnis）（GA 24,27）。由此可见，与康德以及胡塞尔一样，海德格尔也同样致力于发展一种先验哲学。在《时间概念史导论》中海德格尔回顾了西方哲学史中的"先天"概念，他指出拉丁文术语"a priori"的原意是"较早"（früher），因而"先天事物"（das Apriori）意味着在某个事物上较早存在的事物，或者说"较早事物"（das Frühere）。当然这只是对于先天概念的形式性规定，具体到哲学史，在柏拉图的理念论那里就已经存在了关于先天事物的论述，而在近代知识论中笛卡尔的天赋观念以及康德的先天形式都是指存在于主体自身之中的、不依赖于后天的经验知识而存在的认识原则。此外海德格尔指出，胡塞尔关于先天概念的主要贡献有三点：一是先天事物的普遍性，无论在实在物的领域还是在观念性事物的领域，通过范畴直观的观念化行为都能得出先天的观念；二是将先天事物从主体性中解放了出来，先天的观念首先不再是内在于主体的"天赋观念"；三是先天事物是可以在范畴直观中被直接把握到的，先天性不是存在者的特征，而是存在者的存在特征或者说存在的结构特征。（GA 20,99-101）也就是说，与康德哲学不同，在胡塞尔那里"先天的"不再对应着"主体性"（subjectivity），"后天的"也不再对应着"客体性"（objectivity），即便在客体性的领域内也有可以被发现的先天事物，并且胡塞尔发现先天事物的方法是范畴直观或者说本质直观。

如果说康德通过将认识中的经验因素与先天因素相分离而获得了先验知识，而胡塞尔的方法是现象学还原与本质直观，那么海德格尔的方法是什么呢？在《现象学的基本问题》中海德格尔认为，作为先验哲学的现象学方法有三块基石：还原（Reduktion）、建构（Konstruktion）与解构（Destruktion）。与胡塞尔不同，海德格尔所说的现象学还原并不是指悬置对于事物的实在性的设定并将现象学的关注目光转移到剩余的纯粹意识上来，而是指："对于我们来说现象学还原意味着现象学目光从通常那种对于存在者的特定把握返回到对于这种存在者的存在的理解（对于存在的无蔽的方式的筹划）"，（GA 24,29）

现象学还原在这里意味着从对存在者的把握上升到对于存在的理解,而这种上升并不是通过特定的方法论或者说"技术"(Technik,GA 24,29)实现的,而只是一种理解方式,或者说是人在世界中的一种存在方式。与胡塞尔一样,海德格尔也认为现象学还原并不构成现象学方法的全部,此外还需要某种"本质直观",当现象学目光转移到存在上之后,存在本身还必须被理解,"将被给定的存在者向着它的存在以及存在的结构进行筹划,我们称它为现象学建构"。(GA 24,30)现象学建构是一种对于存在的筹划或者说理解,它依然是一种人在世界中的存在方式。而对于海德格尔来说,还原与建构并不是现象学方法中依次渐进的两个步骤,而是同一种理解,因为并没有纯粹地回到存在,它与对存在的理解是不可分割的,也就是说,还原同时就是建构。但与胡塞尔不同,海德格尔认为对于存在的理解并不拥有绝对的确然性(Apodiktizität),理解或者说筹划只有在前结构(Vor-struktur)中才得以可能,在前存在论的层次或者说在日常生活中我们对于存在的理解实际上是受前人的存在理解的影响的,因而当我们在生存论—存在论层次上(在哲学中)理解存在时,对于前人的存在理解的反思是必不可少的。"因此必定属于对存在以及它的结构的概念性解释的,是对遗存的、必然会被使用的概念进行批判性的拆解(der kritische Abbau),这种拆解一直要追溯到产生概念的源头,也就是说,解构是必然属于对存在的还原性建构的"。(GA 24,31)值得注意的是,解构与还原是不同的,在海德格尔看来前结构是理解的必要前提,因而前结构不是在现象学还原中能够被悬置的存在者,而是存在结构本身的一部分,我们只能对它进行"批判性的拆解"。

在《存在与时间》的第 6 节中海德格尔指出,历史性(Geschichtlichkeit)本身就是此在(人)的存在特征之一,它并不依赖于特定的历史学或者对历史的反思,当此在(人)在日常生活中与各种存在者打交道时,他不仅倾向于从这种活动出发来理解与解释自身,而且他会沉沦于"传统"(Tradition)之中。(SZ 21)传统的效力并不依赖于对历史与传统的反思,当人在世界中存在、与各种存在者打交道时,他就已经继承了从历史与传统中存留下来的存在方式,例如在中国开车靠右行驶,而在英国开车则靠左行驶,传统的效力是百姓日用而不知的。按照同样的逻辑,海德格尔认为在前存在论层次或者说在日常生活中,我们对于存在的理解同样是历史性的,也许我们从来没有读过柏拉图与亚里士多德的著作,甚至没有听说过他们的名字,然而这不意味着他们对存在的规定,即他们的形而上学或者说存在论没有在我们身上发生作用。在海德格尔看来,从古希腊哲学到中世纪经院哲学,再到笛卡尔与黑格尔,在西方文明史中有一种"存在史"(Seinsgeschichte),即对于存在的规定的历史或者说形而上学史,并且我们对于存在的理解也依然处于这种存在史之中,它属于我们习而不察的理解的前结构。因而为了获得对于存在以及生存论结构的本真的理解,对遗存的哲学概念进行批判性的拆解或者说解构是必要的,并且这种解构要一直回溯到存在论的源头,也就是古希腊的存在论。解构的目的并不在于摧毁整个西方形而上学史,从而让我们安然地生活在一个后形而上学的科学时代,而是为了让我们对于存在的理解从形而上学中解脱出来,并在这个基础上对存在的意义进行真正属于我们"今天"(Heute)的并且是本真的理解与解释。

从上面的论述我们可以看到,海德格尔的先验哲学或者说基础存在论实际上是关于存在(以及人的存在、生存)的解释学,正如他在《存在与时间》的第4节中所指出的那样,在前存在论的层次或者说日常生活中我们已经具有对存在的理解了,而解释学的现象学任务在于让这种理解得以显现,或者说对这种理解进行解释,在这个意义上解释学的现象学或者说基础存在论不过是一种自我解释。当海德格尔对此在(人)的生存论—存在论结构或者说实践性知识的结构进行解释时,他的出发点是哲学史上"遗存的、必然会被使用的概念",例如在生存解释学中"自然之光"不再指人的理性能力以及它所把握的真理,而是指人的此在或者说揭示性。同样,理解、置身性与言语这些概念在哲学史上也有其来源,例如理解(Verstehen)在狄尔泰解释学那里是一个重要概念,置身性则对应着传统哲学中的情绪(pathos,Affekt)概念,而言语则对应着传统哲学中的逻各斯(logos)概念,海德格尔所做的工作是对这些传统概念进行生存论—存在论上的(再)解释,即上文所提到过的形式显示。在生存论分析中,理解、置身性以及言语都不再停留在生存—存在者的层次上,而是在现象学目光中被视为了生存论—存在论结构的构成要素。

第二节　置身性与情绪

人在世界中的存在方式之一是置身性(Befindlichkeit),它也是构成生存论—存在论结构的一个要素,海德格尔指出,在生存—存在者层次上对应的则是人的情绪(Affekt)或者说心情(Stimmung)①:"我们在存在论上用'置身性'这样一个名称所显示的,在存在者上是最熟悉的与最日常的事物:心情,有心情(Gestimmtsein)"。(SZ 134)通常我们认为,心情与情绪首先不是哲学,而是心理学的研究对象,例如当一名足球前锋在比赛中进球时,他会非常兴奋,在心理学中兴奋会被看成是与高兴、激动等同属一类的积极情绪,它们与沮丧、失落、难过等消极情绪构成了对立面,而在生理学的心理学中兴奋被确定为大脑中释放的一种叫作多巴胺的物质,这种物质引起了我们大脑皮层某个区域的活动,这种活动就是兴奋。此外,对于兴奋现象我们还有自己的"大众心理学"理解,例如一个足球前锋进球后之所以很兴奋是由于他能够帮助球队获得比赛胜利、为自己的职业生涯增添一份战绩等。但在海德格尔看来,所有这些对于兴奋情绪的理解与解释都只是生存—存在者层次上的,无论是仅仅作为心理现象还是作为生理—心理现象,兴奋情绪都被视为了一种存在者,

---

①　正如有的学者指出的那样,海德格尔并没有区分心情(mood)和情绪(emotion)。(Cf. Ratcliffe, Matthew, "Why mood matters?", in *The Cambridge Companion to Heidegger's Being and Time*, ed.by Mark A.Wrathall, New York: Cambridge University Press, 2013, p. 163.)学者们一般认为,心情并不指向特定的对象,持续时间较长,而情绪则相反。

这种存在者在存在者整体中有其自身的位置,并且我们可以追问其前因后果;与生存—存在者层次上的因果解释相对的是生存论—存在论上的解释,在这种解释中兴奋这种情绪不再被视为一种存在者,而是人在生活世界中的存在方式,这种存在方式是"一种基础性的生存规定"(fundamentales Existenzial,SZ 134)。

一、置身性与 πάθος

海德格尔对于情绪的生存论分析同样是受亚里士多德启发,在 1924 年夏季学期的讲授课《亚里士多德哲学的基本概念》(GA 18)①中,他将πάθος(情绪)视为亚里士多德哲学的基本概念之一。他指出πάθος这个古希腊语词来源于πάσχειν(遭受),在《形而上学》第五卷中亚里士多德列举了πάθος的四种意义:一是能够改变的素质,如白变黑、甜变苦等,海德格尔将这个意义上的πάθος理解为改变的可能性、发生(passieren);二是这些改变的实现(ενέργεια);三是专指有害的改变与运动,这个意义上的πάθος与痛苦是联系在一起的;四是不幸的、痛苦的改变的巨大,海德格尔将这个意义上的πάθος理解为打击(Schlag)。他认为亚里士多德所说的这四种意义上的πάθος都指向"生命体的存在"(Sein des Lebenden)或者说"每每如此置身"(Je-und-Je-sich-so-Befinden)。(GA 18,194—195)

需要指出的是,海德格尔对πάθος的解释并不完全符合亚里士多德的原意,虽然亚里士多德从πάθος的第三种意义开始将它与生命体的情绪性状态联系在了一起,但是前两种意义上的πάθος并不特指生命体的情绪性状态,而只是指事物的某种改变能力。πάθος的这两种意义在它的拉丁文翻译 affectus(激情)中也得到了保留,虽然 affectus 的一般含义是"被激发的情绪",然而它来源于动词 afficere,它的意思是"作用于,产生影响",因而 affectus 的原意是

---

① "GA 18"是指"Heidegger,Martin,*Grundbegriffe der Aristoteleschen Philosophie*,Frankfurt am Main:Vittorio Klostermann,2002",下文同。

"被激发的状态"。德语词 Affekt 直接来源于拉丁语的 affectus,然而 Affekt 已经专指"激情""情绪"或者说"心情"了,"被激发的状态"已经不是它的字面意思了。当海德格尔将 Affekt 或者说πὰθος解释为置身性(Befindlichkeit)时,一方面他将πὰθος狭义化为人的情绪或者说心情,也就是说他完全是从德语 Affekt 的意义去理解和阐释亚里士多德的πὰθος概念的,因而在他看来πὰθος指向的无非就是"生命体的存在";另一方面,他试图摆脱关于 Affekt 的流俗化理解,即作为人的情绪,在他看来置身性这种生存论结构或者说存在方式是为情绪奠基的,忽略了人的存在方式我们是无法理解情绪或者说心情的。

关于情绪与人的存在方式之间的关联在亚里士多德那里也有相关论述,海德格尔正是在亚里士多德的文本中找到了对πὰθος进行生存论—存在论解释的灵感。在《尼各马可伦理学》的第二卷第三章中,亚里士多德指出德性所关涉的是人的情绪(πὰθος)与实践,而情绪是指感受到苦与乐的能力,[①]海德格尔认为亚里士多德在此将情绪规定为了一种潜能(δυνάμεις),用他的话来说情绪意味着生存的可能性,例如愤怒的可能性、悲伤的可能性、高兴的可能性等。在这个意义上情绪是一种发生现象,意味着人的生存状态的变化,例如从高兴变为悲伤,因而它是人的存在方式或者说变化方式。(GA 18,168-169)

在《论灵魂》的第一卷中亚里士多德认为"即便这么说'灵魂恰在愤怒'这样的言语,正同于话说'灵魂在织布或造屋'一样,这是不妥帖的。也许较为聪明的是,不说灵魂在怜悯,或学习,或思想(理解),而毋宁说,那个人因应于灵魂而织布而造屋"。[②](GA 18,197)亚里士多德并不将灵魂看成是某种独立于身体的实体,而是将身体与灵魂分别看成是人的质料与形式,正如在一栋房子中质料与形式不可分离一样,在人之中质料与形式也是不可分离的,质料始终是具有形式的质料,而形式始终是在质料之中的形式,所以就"人"而言

---

① ［古希腊］亚里士多德:《尼各马可伦理学》,廖申白译,商务印书馆 2002 年版,第 39 页。
② ［古希腊］亚里士多德:《论灵魂》,吴寿彭译,商务印书馆 1999 年版,第 69 页。

第一实体既不是身体也不是灵魂,而是具体的个人,如苏格拉底、柏拉图等。因而在海德格尔认为,《论灵魂》的内容是一种存在论,进一步说是关于人的存在论,πάθος不是灵魂的体验,也不存在于意识之中,而是"在其整全的身体性的在世界中存在中人的此在的被裹挟(Mitgenommenwerden)"。(GA 18,197)简而言之,πάθος是人在世界中的存在方式的一个方面,人既不等同于灵魂,也不等同于身体,也不等同于灵魂与身体的复合物,而是"整全的身体性的在世界中存在"。由此对于海德格尔生存论分析的一种常见的误解也可以得到澄清,在《存在与时间》中他既没有使用"身体",也没有使用"灵魂"这类概念,但这并不意味着他忽视了生存的身体性与精神性。虽然在某种意义上海德格尔是亚里士多德主义者,强调"人的整全的在世界中存在",但是他同时也回避使用"身体""心灵""质料""形式"这类亚里士多德形而上学术语。

在《存在与时间》中海德格尔写到:

> 亚里士多德在《修辞学》的第二章中研究了情绪(πάθη)。与通俗的将修辞学视为一门学科的理解相对,它必须被视为第一部对于与他人共在的日常性的系统解释学。公共性(Öffentlichkeit)作为常人的存在方式不仅伴随着有心情的状态,它需要这种状态并且为了自身"制造"了这种状态。演说家正是渗透进其中并由其出发来进行演说的。他需要拥有对心情的各种可能性的理解,以便用正确的方式唤醒与操控它。(SZ 138)

不管他对《修辞学》中的情绪理论的理解正确与否,这段话确实指出了情绪的一个重要方面:情绪是一种与他人共在的方式(Weise des Miteinanderseins),一个好的演说家必须对于人的各种情绪有很好的理解,从而通过言语来唤起与操控他人的情绪,而他所要追求的真正目标是对他人的存在方式的操控,让他人按其所希望的方式去存在。海德格尔指出,演说的这种效用是建立在情绪作为一种公共的、与他人共在的方式(常人的公开的存在方式)基础之上的。换句话说,情绪是一种人与人之间的交往方式,即便一个人对另一个人漠不关心,但这种漠不关心也是他们之间的一种交往方式。绝大多数的人类情绪只有在社会共同体之中才会产生,例如荣誉感、对考试的恐惧、怜悯等,独自生活在孤岛上的鲁滨逊是不会有这些情绪的。换句话说,社会共同体是情绪得以产生的生存场域、周遭世界,只有当一个人置身(sich befinden)于其中时,在他身上才会产生种种情绪,因而置身性(Befindlichkeit)是心情或者说情绪的生存论—存在论条件。

置身性与情绪的关系并不是一种因果关系,它们是处于两个层面的事物,在海德格尔看来置身性不是一种"物"或者说存在者,而是人在世界中的存在方式。置身性与理解、言语共同构成了人的生存论—存在论结构,这个结构是生存的"先天"形式。置身性与情绪之间存在的也不是一种"岩层关系",①海德格尔并不认为置身性是深层的心情,而情绪只是浅层的或者说表层的心情。虽然他提出的"基础置身性"(Grundbefindlichkeit)概念似乎包含这层意思,但心情与情绪都只是存在者,而置身性是构成它们的"先天"形式,在两者之间有着一种存在论区分。

我们可以将海德格尔对于亚里士多德的 πάθος 概念的解释归纳为以下几点:第一,他将 πάθος 限定为人的情绪,情绪是被激发的,是一种遭受(Leiden);第二,他将 πάθος 从人的情绪性状态"还原"为了人的存在方式,通过这种"现象学还原"πάθος 成为了先验的(生存论—存在论上的)置身性;第三,置身性不是人的某种意识状态,而是整全的人的存在方式(既是"精神性的"也是"身体性的");第四,这种存在方式是公共的,是与他人共在的方式。

二、置身性作为情绪性的自我关联

德语词"Befindlichkeit"(置身性)是一个生僻词,它来自于反身动词"sich

---

① Ratcliffe 用"情绪的岩层理论"来解释置身性与情绪之间的关系,也就是说情绪这种"岩层"是奠基在置身性这种更深的"岩层"基础之上的,参见 Ratcliffe, Matthew,"Why mood matters?",in *The Cambridge Companion to Heidegger's Being and Time*, ed. by Mark A. Wrathall, New York:Cambridge University Press,2013,p. 166。

befinden"（置身），它的原意是"处于某个状态、情形、地点等"，例如"Ich befinden mich im Irrtum."的意思是"我置身于错误之中"；"Ich befinde mich wohl"的意思是"我感到（置身于）舒适"；"Sein Auto befindet sich im Garten"的意思是"他的汽车位（置身）于花园之中"。① 由此可见，"Befindlichkeit"的字面意思是事物所处的实际状态，正是在这个意义上海德格尔将它解释为生存的"实际性"（Faktizität, SZ 135）。另外从这个词的构造来说，它来源于德语动词"finden"（发现、找到），因而"Befindlichkeit"还包含有"发现"的意思，上面的三个例句所表达的都是对某种实际状态的发现，用海德格尔的术语来说就是：置身性是揭示性（Erschlossenheit）的一部分。此外，置身性作为发现或者说揭示固然是人的活动与实践，然而被发现、被揭示的实际状态在被发现、被揭示之前就已经存在了，因而海德格尔认为置身性不仅意味着人的存在的实际性，而且也意味着"被抛性"（Geworfenheit, SZ 135）。"被抛性"这个概念容易引起误解，它指的并不是某个人被其他存在者（通常是父母）抛入世界之中的，而是指被揭示的、实际性的在世界中存在的被给予性。当海德格尔将置身性刻画为被抛性时，无疑他又回到了πάθος这个概念的原初含义，即遭受以及被激发的状态。对于海德格尔来说，置身性意味着置身于世界之中（Sich-in-der-Welt-befinden），这种在世界中的存在方式包含了上述的三个方面：实际性、揭示性与被抛性。接下来我们将分别对这三个方面进行简要的论述。

置身性是一种揭示性或者说知识，但它并不是一种认知（Erkennen）。海德格尔指出，置身性与理解是两种原初的揭示性，而言语则是奠基在这两者基础之上的。（SZ 160）也就是说，置身性是前语言的，即便在无法通过语言来描述世界的情形下我们依然可以拥有关于世界的知识，而情绪或者说置身性就是这样一种前语言性的知识或者说揭示性。叔本华在《意志与表象的世界》中曾指出，感受（Gefühl）是理性认知的对立面，但它也拥有知识属性，它是一

---

① 在这个意义上常见的中文翻译"现身情态"也大致准确，但笔者认为"置身性"这个翻译更为简洁明了。

种模糊的、不如理性认知那么清晰的知识。① 虽然他与海德格尔一样都把知识属性赋予给了情绪或者说感受，然而当他认为情绪性的知识比理性认知低一等的时候，他依然没有摆脱近代知识论的认知主义立场。海德格尔则认为，情绪对于人的存在的揭示甚至比认知更为原初，揭示的范围也更广："因为相对于心情的原初揭示来说，认知的揭示可能性的所及范围就太小了，在心情中此在被带到了他的作为此的存在面前"。（SZ 134）情绪与认知在通常情况下是相伴随的，例如在"当在街上看到一个正在乞讨的残疾人时，在我心中会产生怜悯之心"这种情况中，即便并不是认知激发了我的情绪，但它们至少也是共同出现的，也就是说情绪的产生通常是有原由的，高兴有高兴的原由，失落有失落的原由，常言道："没有无缘无故的爱与恨"。海德格尔的理论则还可以解释这样一种情形，即有的时候某个人的心情既不好也不坏，而是"心如死灰，形同槁木"，但这并不意味着人是无心情的或者说无情绪的，在海德格尔看来这也是一种心情或者说情绪，就这种情绪而言，它不是由某种认知引起的，并且没有某种认知相伴随，或许可以被描述为"平静"或者"无聊"。② 海德格尔指出，这样一种心情或者说情绪同样向人揭示了他的存在："存在作为一种负担（Last）公开出来了。为什么？人们不知道。"（SZ 134）正是这种不知其原由的情绪印证了有时候情绪这种揭示性的所及范围比认知更广，即便在这样一种"感性的"存在方式中，人依然存在于世界之中，而此时他所处的实际状态不是通过认知，而是通过情绪向他展现的。

此外，作为揭示性的情绪与置身性意味着一种实践性的自身知识或者说

---

① Schopenhauer, Arthur, *Die Welt als die Vorstellung und der Wille*, Erster Band. Frankfurt am Main: Suhrkamp, 1986, S. 95-97.

② 在《什么是形而上学》以及《形而上学的基本概念》中海德格尔都将无聊规定为了一种基本心情（Grundstimmung），与普通心情不同的是，基本心情揭示了世界整体以及此在的纯粹的在世界中存在这种生存论结构，因而它是一种生存论—存在论层次上的心情。（Cf. GA9, 110; Heidegger, Martin, *Die Grundbegriffe der Metaphysik*: *Welt-Endlichkeit-Einsamkeit*, Frankfurt am Main: Vittorio Klostermann, 1992, S. 239.）关于海德格尔无聊概念的分析亦可参见王珏：《技术时代的时间图像——海德格尔论无聊情绪》，《现代哲学》2018 年第 4 期。

自身关联,因为它向处于情绪中的人揭示了:"我"在世界中存在。海德格尔认为,无论是有原由的,还是没有原由的情绪都向人揭示了他自身在世界中的存在,即这样一种实际状态:"我"在世界中存在。情绪所揭示的这种实际状态使我们回想起了笛卡尔在《第一哲学沉思集》中所主张的"我存在"(*sum. existo.*)的无可怀疑性,以及胡塞尔现象学中先验还原后拥有绝对存在的纯粹意识,对于三位哲学家来说,"我存在"都具有第一人称视角中的"明见性"(Evidenz),它是无可置疑的。但在笛卡尔与胡塞尔那里,"我"的绝对存在是通过意识、进一步说是通过认知而被揭示的,而在海德格尔这里它则是首先由情绪所揭示的。"我在世界中存在"作为一种实际状态具有不可怀疑性或者说明见性,但这并不是说在理性中找不到一个怀疑它的理由,也不是说它在我的意识中拥有其绝对的内在存在,用海德格尔的话来说它不是"现成者的简单事实"(factum brutum eines Vorhandenen,SZ 135),而是说这种实际状态在进入认知与怀疑领域之前就已经通过情绪被揭示了。情绪向人揭示的是他自身所处的实际状态,用海德格尔的话来说,作为被揭示的此在人的存在被托付给了他自身,在这个意义上情绪所揭示的实际状态意味着"托付的实际性"(Faktizität der Überantwortung,SZ 135)。

情绪揭示的"在世界中存在的我"不是一个认知对象,"我"既不是一种心灵实体(例如笛卡尔的思维物,res extensa),也不是纯粹意识(reines Bewusstsein)或者说先验自我(transzendentales Ich),而是"整全的身体性的在世界中存在"。但需要指出的是,仅仅将人规定为情绪"主体"或者"整全的身体性的在世界中存在"是不够的,通过这种规定"我是谁?"这个问题并没有得到回答。从原则上来说,"我"的意义甚至是无法被确定的。在日常生活中"我"通常是通过"他者"来定义自身的,"他者"既可以指他人也可以指它物,例如当"我"在买卖股票时,"我"就是一个股民;而当"我"与女儿玩耍时,"我"就是一位父亲。"我"只是一个指示词,它的意义根据环境是变化的,而且发生变化的不仅仅是"我"这个词的意义,作为情绪"主体"的"我"的意义也会随着生存场域的变化而变化。如果说作为一种生存论—存在论结构的置身性意味着"我置身于世界中",那么由上面的分析将可以得出这样一个结论:置身性也有其具体的规定性,或者说它有着不同的样态,因为作为它的构成要素的"我"与"世界"的意义是变化着的。

对于海德格尔来说,人的生存意味着实践性的自我关联,而情绪只是自我关联的方式中的一种,通过情绪人的存在被托付或者说被给予给了他自身,因而这种自我关联的方式是一种"被抛性"(Geworfenheit)。在情绪中"我"与"我的存在"发生关联,并且这种情绪性的自身关联并不是一种自身认知(Selbsterkenntnis)或者自身规定(Selbstbestimmung),在情绪之中"我"并没有规定自身,而只是揭示了或者说发现了"我"实际之所是或者说"我"的实际生存状态。假如自我规定是人的"意志"(Wille)的作用,那么情绪或者说揭示性绝不是意志:

> 此在实际上可以、应该而且必须通过知识与意志成为心情的主宰者,这在有些生存可能性中也许意味着意愿与认知的优先性。但这不能对我们产生这样的误导,即在存在论上否认心情作为此在的原初的存在方式,因为通过心情此在已经向他自己揭示了自身,先于一切认知与意愿并且超出了它们的揭示范围。(SZ 136)

也就是说,情绪性的自身关联(affektiver Selbstbezug)作为一种揭示性或者说实践性知识既不是自身认知,也不是自身规定,毋宁说它是一种自身发现。通过情绪人发现了自身之所是,被发现的"自身"或者"我的存在"已经是实际性的了,在情绪中它只是被给予"我"而已。这种给予不是在感性直观中完成的,人所发现的不是关于他自身的某种感觉印象,而是他在世界中的生存或者说实践,它对于人来说是有意义的,它的意义在情绪中得到了揭示或者说表达,只有从这个角度情绪性的自身关联才能得到正确的理解。

三、置身性的揭示与遮盖

海德格尔将置身性视为揭示性的一个方面,置身性是一种自身关联的方式,这种自身关联不是自身规定,而是自身发现。随着生存场域(周遭世界)的变化,不仅"我"的意义会发生变化,而且置身性本身也会发生变化。置身性变化的具体体现是情绪的变化,例如"置身于朋友之中"与"置身于敌人之中"是两种具体的置身性,它所揭示的世界的意蕴(Bedeutsamkeit)与生存的意义(Sinn)是不同的,与之对应产生的情绪也是不同的。如果说在"平静"或者"无聊"中纯粹的在世界中的存在被揭示了出来,那么在日常生活中占据着人的往往不是这种中性的情绪,而是正如亚里士多德所说,情绪是感受苦与乐的能力,它通常体现为正面情绪与负面情绪。在这两种情绪中被揭示的不是纯粹地在世界中存在,而是特定的生存状态,例如"置身于朋友之中"与"置身于敌人之中",因而海德格尔认为,无论正面情绪还是负面情绪都意味着对于纯粹地在世界中存在的"回避性的背离"(ausweichende Abkehr,SZ 136)。

> 具有此在特征的存在者是以这样一种方式来是他的此的:他置身于他的被抛性之中,无论是以显明的还是非显明的方式。在置身性之中他总是被带到了他自身面前,他总是发现了自身,不是作为知觉性的遇见,而是作为带有心情的置身。作为将自己的存在托付给自身的存在者,他也托付给了自身这样一个任务:他必须总是已经发现自身了,并且他是在这样一种发现中发现自身的,这种发现并不来源于直接的寻找,而是来源于逃避。心情并不是以观望被抛性的方式来揭示的,而是以趋就和背离(An-und Abkehr)的方式。它通常并不趋就在它之中被展现的此在的负担特征(Lastcharakter),尤其不在昂扬的心情中作为已被解脱的状态去趋就这种特征。这种背离,无论它是什么,都是存在于置身性的方式之中的。(SZ 135)

反过来说,只有在中性的不带(正面的或负面的)情绪的情绪中,纯粹地在世

界中存在才得以被揭示,它被给予了人自身,并且呈现为一种"负担"。"不带
情绪的情绪"或者"没有心情的心情"这种说法本身是矛盾性的,这种矛盾性
使得我们似乎应该将所谓的中性心情或情绪从心情与情绪中排除出去,并且
回到亚里士多德对于情绪的定义:感受到苦与乐的能力,也就是说情绪或者是
正面的或者是负面的,而没有中间地带。但在海德格尔看来,"平静"与"无
聊"毕竟也是一种心情或者说情绪,在《什么是形而上学》一文中他甚至将"无
聊"(Langeweile)与"恐惧"(Angst)并列为两种基本情绪,因为它们能够揭示
存在者整体(Ganze des Seienden)与无(Nichts)。(GA 9,110-112)在《存在与
时间》中他将恐惧称为"基础置身性"(Grundbefindlichkeit)。(SZ 184)由此可
见,他认为苦乐感并不是心情或情绪的本质性特征,即便某种情绪不带有苦乐
感,它依然是一种情绪。当他将负担视为人的生存的本质性特征,并将揭示这
种特征的置身性视为一种情绪时,他回到了πάθος这个古希腊语词的原意:
πάσχειν(Leiden,遭受)。

　　生存的负担(遭受)特征只有在中性的情绪中才得以被揭示,而正面与负
面情绪使得人"背离"了这种特征,用海德格尔的术语来说就是"遮盖"
(verschließen,SZ 136)。在他看来,情绪的遮盖特征在沮丧(Verstimmung)这
种情绪中体现得尤为明显:

　　　　在它之中此在是看不到他自身的,被操劳的周遭世界也遮掩自
　　身,而操劳的环视则被误导了。置身性远远不是反思性的,以至于它
　　在此在毫无反思地委身于被操劳的"世界"时袭击了他。情绪进行
　　了袭击。它既不是来自于"外面",也不是来自于"里面",而是作为
　　在世界中存在的方式而从这种存在中出现的。(SZ 136)

沮丧不是在反思中被把握到的某个意识状态,而是当人在世界中生存实践时
向他显现的一种现象。即便它的前因后果能够为人所了解,然而它依然是一
种"袭击"。在被它击中时,人的整个"身心"都为它所占据,从而关于人自身、
周遭世界以及与周遭世界打交道的知识都被遮盖了。在海德格尔看来,从形

式上看正面情绪与负面情绪都同时意味着对于人的存在的揭示与遮盖,但揭示与遮盖的内容则是不一样的,情绪揭示的是具体的实际性生存状态,例如"置身于朋友之中",而遮盖的则是人的存在的(形式性的)负担特征。

海德格尔赋予了作为揭示性的置身性三个特征:第一,置身性或者说情绪将人在世界中的存在作为一个整体进行了揭示;第二,由于它揭示了整体性的在世界中存在,因而也就揭示了这个整体的构成性要素:世界、他人(共同此在,Mitdasein)、自己的生存;第三,它揭示了人对于世界的依赖性(Angewiesenheit)。(SZ 137)第一个与第二个特征其实是同一回事,置身性揭示的总是"我置身于如此或如此的世界中",即整体性的在世界中存在,而构成这个整体的不仅包括我自身、也包括他人与它物,因而情绪作为一种实践性知识同时揭示了我、他人与它物。在生存实践中环视这种实践性知识首先所发现的是实践对象(上手者),而海德格尔进一步指出,环视这种实践性知识也是情绪性的,这使得它对实践对象的揭示与认知性知识是不同的:

> 恰恰是在最底层的通过心情对"世界"的闪烁不定的看中,上手者在其特定的世界性中自我呈现出来,这种世界性没有一天是固定不变的。理论性的注视始终已经将世界简化为纯粹现成者的整齐划一性了,在这种整齐划一性中不言自明地包含了一个通过纯粹规定就可以被发现的事物的新领域。(SZ 138)

正如前文所述,周遭世界作为实践背景或者说生存场域并不是作为一个认知对象(现成者)而被人把握的,这是日常性生存实践的前提条件。但这并不意味着作为背景的世界整体并不为人所理解,在海德格尔看来,无论是实践性知识还是认知性知识都以对于世界的理解作为前提条件:在实践性知识中世界被事先(先天地,a priori)理解为作为实践主体的"我"、它物以及他人构成的生活世界(周遭世界);而在认知性知识中世界被事先理解为由现成者构成的现实世界。从存在方式来看,人首先在世界中生存实践,作为"整全的在世界中的存在"人始终是带有情绪的,而情绪对实践对象以及生活世界的揭示始终是"闪烁不定的"。只有当日常性的实践活动受到阻碍或者对世界采取理论化的抽象态度时,生活世界才转变为了"整齐划一的"现实世界,用海德格尔的话来说这就是"周遭世界的去世界化"。在日常的置身性中,生活世界作为一个整体得到了情绪性的揭示,在其中它被作为具体的有意义的生活世界而被揭示。通过置身性、情绪被揭示的除了此在自身与它物之外还有他人,即便在他人不在场的情况下,他们也在世界中被揭示了,例如当我在郊外看到一辆被废弃的汽车时,我看到的是"人类的"交通用具,换句话说,我与他人都可以使用的交通用具,在这个意义上即便他人不在场,他们也能够作为"常人"(Man)而被揭示。海德格尔指出,置身性、理解以及言语是共同存在的,它们共同构成了此在的揭示性,但就置身性或者情绪来说,在它之中人自身的生存、他人以及它物是作为一个整体而被给予的。借用叔本华的话来说,这种知识是模糊的,它没有理性认知来得清晰,但即便承认情绪的揭示性是模糊的,这也不意味着在知识等级中它是比理性认知低一级的,相反海德格尔认为,置身性与理解是为言语奠基的,也就是说置身性或情绪是比言语更为原初的知识形式。

置身性的前两个特征说明了它的揭示范围以及原初性,但没有说明它的情绪性特征,为什么置身性总是情绪性的? 当"我"在世界中的存在被给予"我"时,为什么这种被动性的自我关联总是情绪性的? 实际性与被抛性在这里都难以解释置身性的情绪性特征。为了解释这种特征,先对情绪这种现象加以考察是必要的。上文已经提及,情绪分为三种:正面的、中性的与负面的,其中正面情绪与负面情绪都是有其原由的,例如"当某人考试获得满分时,他会很高兴","当我被路人甲辱骂时,我会很愤怒",等等。为什么这些原由能够导致正面或负面情绪的产生呢? 因为它们对于我们来说具有重要性,无论是食物、荣誉、财富、健康、爱等都是我们所珍视的,我们认为它们具有价值,同样不可否认的是,这些东西之所以重要或者具有价值首先不是由于我们的价值判断,而是由于某种人类的自然本性,或者说这些东西对于我们来说天然地具有吸引力。用海德格尔的话来说,此在能够为世界内的存在者所牵涉(be-troffen)或者说牵连(angegangen),而且"这种牵连性是奠基于置身性之上的。作为置身性它揭示了世界,例如是向着威胁性。只有处于害怕或者不害怕的置身性中的事物才能够将周围世界中的上手者揭示为具有威胁的事物"。(SZ 137)换句话说,只有可被牵连的存在者才能被牵连,例如黄金对于驴来说就没有吸引力,或者说驴不能被黄金所牵连。从逻辑上说,可被牵连性是先于实际的牵连的,这种先天的可被牵连性就是海德格尔所说的对于世界的依赖性(Angewiesenheit)。他将依赖性规定为置身性的一个本质特征,也就是说,这种依赖性是先天的,是先于认知或反思的,并且它表现为情绪。用亚里士多德的术语来说,作为依赖性的置身性是一种情绪上的潜能,只有拥有这种潜能的人才能在现实生活中产生相应的情绪或者说情绪性反应。当然对于海德格尔来说,置身性与情绪的关系不是潜能与实现的关系,置身性与情绪是同时存在的,前者是为后者奠基的生存论—存在论结构或者说存在方式,它不是一种存在者。

人对于世界具有先天的依赖性,反过来说世界对于人具有先天的牵连性,这意味着世界对于人来说先天地就具有意义,并且这种意义表现为情绪性的。这种先天的情绪性意义就是上文所提到的存在的负担特征(Lastcharakter),它在平静、无聊之类的中性情绪中能够得到揭示,而在正面的与负面的情绪中则被遮盖了。但是这并不完全符合海德格尔的意思,在他看来有一种负面情绪同样能够揭示存在的负担特征或者说人对于世界的依赖性,这种情绪就是恐惧(Angst)。在德语中"Angst"(恐惧)与"Furcht"(害怕)是同义词,它们都能够被视为负面情绪,但海德格尔在《存在与时间》中严格地区分了这两种情绪。在他看来,害怕只是人的一种日常情绪,它总是指向一个害怕的对象,这个对象是威胁性的,并且在切近之处,而当人对威胁性的对象产生害怕时,他"沉沦"在了这个对象之中,或者说他的存在为这个对象以及对它的害怕所占据了,因而存在的负担特征就被遮蔽了,也就是说,害怕并不揭示,而是遮盖了存在的负担特征。与此相对,恐惧并没有一个具体的威胁性的对象,或者说在恐惧之中没有一个世界内的存在者能够让人感到害怕,当然它们也并不令人感到高兴或喜悦,它们既不能引起正面情绪也不能引起负面情绪,它们对于人来说变得"不相关"(nicht relevant)与"不重要"(ohne Belang)了,"世界有着完全无意蕴(Unbedeutsamkeit)的特征"。(SZ 186)

　　世界的无意义性并不意味着它从人的眼前消失了,它依然存在在那里,只不过它失去了对人的存在的规定能力,无论在人面前出现的是什么,它们都变得无关紧要了,这种状态就是存在主义哲学家们所热衷讨论的"人生的虚无"。就像上文所提到的那样,在《什么是形而上学》一文中海德格尔认为无聊与恐惧揭示了"无"(Nichts)与"存在者整体",但严格来说它们揭示的只是世界(对于此在来说)以及人的存在的无意义,而不是绝对的"无",相反在虚无中世界作为无意义的整体反而获得了一种整体性的揭示。在《存在与时间》中海德格尔写到:"在恐惧所面对的事物中如下这点将会变得公开:它(所面对的事物)是无并且不存在于任何地方"(Nichts ist es und nirgends. SZ 186)。恐惧所面对的是世界的无意义或者说无意义的世界,进一步说,它真正面对的是人在世界中的无意义的存在。(SZ 187)害怕不仅有对象,而且也有原因,例如"害怕失去自身的健康",海德格尔认为恐惧同样也有原因。但是当人面对无意义的世界以及自身无意义的存在时,似乎并没有恐惧的原因,既然一切都是无意义的,那么为何人要恐惧呢? 实际上恐惧的原因恰恰是人在世界中的无意义的存在,人对自身存在于一个无意义的世界中产生了恐惧,这种无意义的存在对人来说显得是阴森森的(unheimlich)。"阴森森的"一词海德格尔是作为一个双关语来使用的,一方面它刻画了人的恐惧,另一方面从构词上来说它来源于"Heim"(家),在这个意义上它意味着一种"不在家的状态"(Nicht-zuhause-sein)。在日常生活中人通常生活在一个有意义的周遭世界之中,在这个世界中它物与他人都是有意义的,海德格尔将这种存在状态比喻为"理所当然的在家状态"。(SZ 188)但他同时认为,将日常性的在世界中存在理解为在家状态实际上是"反认他乡做故乡",因为人的生存的本真状态恰恰是纯粹地在世界中存在,而日常生活的情绪使得人"背离"了这种本真状态,与其他情绪相比,揭示本真地纯粹地在世界中存在的恐惧反而是一种"基础置身性"。(SZ 189)

与无聊一样,恐惧使得一切世界内的存在者对人而言都显得是无意义的,这就是海德格尔所说的"世界的无意蕴性",这并不意味着世界对于人来说是彻底无意义的,作为生存场域的周遭世界依然具有某种意义,这种意义并不来自于世界内的存在者,也就是说并不来自于他人与它物,而是来自于此在自身。在恐惧中人的纯粹地在世界中存在被给予给他自身,这种方式的存在一方面显现为无意义的,但另一方面却具有"负担特征",它是恐惧的对象和原由。至于纯粹地在世界中存在为何具有这种特征或者说为何对于人来说是有意义的,这并没有在恐惧之中得到揭示,而是有待理解,并且是本真的理解。在对"理解"概念的分析中我们将回到这个问题上来。

四、自然知觉

在西方哲学中,人的感性通常被认为包括两个方面:一方面是情绪、心情或者说情感,另一方面则是感觉或者说知觉。正如在上一节中所提到的那样,康德认为感性与知性是知识的两大构成要素,其中感性意味着接受性,通过它对象被给予认知主体,也就是说感性是对象被给予主体的方式,在这个意义上置身性也属于人的"感性"。虽然海德格尔在《存在与时间》中注意到了感性的这一方面,但就像"身体"与"灵魂"这类形而上学术语在这本书中没有出现一样,近代知识论的核心概念之一"知觉"(Wahrnehmung)在这本书里中同样没有出现。① 这并不意味着海德格尔没有对于知觉的思考与分析,对于胡塞尔现象学来说,知觉或者说感知是一个很重要的论题,而海德格尔在其早期讲

① Taminiaux,Jacques,*Heidegger and the Project of Fundamental Ontology*,translated by Michael Gendre,Albany:State University of New York Press,1991,p. 69.

稿中同样也很关注这个论题。

　　为了说明海德格尔的知觉理论,先对近代哲学中关于知觉的基本界定进行回顾是必要的。康德实际上并不认为感性是完全被动的,在他看来印象(Empfindung)与知觉(Wahrnehmung)是不同的,印象只是纯粹的感觉与料,而知觉意味着对感觉与料的综合,即将时空形式赋予给它,这个工作是由作为知性一部分的先验想象力所完成的,因而实际上知觉已经包含了判断,或者说已经是认知了。康德的知觉理论是对英国经验论,尤其是对休谟的知觉理论的一个修正。休谟将知觉分为了印象(impression)与观念(idea)或者说思想这两大类:①印象是生动的知觉,而观念或思想则是不那么生动的知觉;此外,印象意味着感官的原初知觉,休谟也将它称为感觉(sensation),而观念或印象则是通过对它的反思而获得的,无论是通过想象、回忆还是符号性思维。② 由此可见,休谟认为感觉或者印象是前概念性的,当某个人感到饥饿时,即便他无法用语言去形容这种饥饿感,甚至不知道他知觉到的这种感觉叫作"饥饿感",他也拥有这种生动的感觉。③ 而在康德看来,即便感觉也并不等同于一堆杂乱无章的感觉与料,它至少已经拥有了时间与空间这两种直观形式,例如饥饿感与胃相关,而牙疼则与牙有关,只有当我们懂得将时空形式赋予给感觉与料时,我们才会有"这种"或"那种"感觉,换句话说,即便在人类认知中的最基本的感觉层次上,主体性(subjectivity)与客观性(objectivity,客体性)这两个方面已经缠绕在一起了。在康德哲学之中,这两个方面是彼此不能还原的,因

---

　　① 休谟的"perception"(知觉)概念依然没有偏离笛卡尔的"perceptio"概念,笛卡尔将它等同于"cogitatio"(思想),perceptio 与 cogitatio 既可以是感性的,也可以是纯粹抽象的。与此不同,康德的"Wahrnehmung"概念已经专指感性知觉了。

　　② Hume, David, *An Enquiry concerning Human Understanding*, New York: Oxford University Press, 2007, pp. 12−13.

　　③ 塞拉斯将这种认为感知是完全被动的、而事物是不经过认知主体的附加活动而被直接给予的观点总结为"被给予神话",参见 Sellars, Wilfrid, *Empiricism and the Philosophy of Mind*, Cambridge(Mass.) / London: Harvard University Press, 1997, p. 79;相似的批判也可参见 McDowell, John Henry, *Mind and World*, Cambridge(Mass.) / London: Harvard University Press, 1996, p. 46ff。

而它无法摆脱观念论与实在论的纠缠。

正如前文所述,海德格尔在 1919 年的讲授课中所关注的焦点之一是体验（Erlebnis）问题,虽然他并没有使用"知觉"这个术语,然而他提出的体验问题实际上就是近代知识论一直关注的知觉问题。在海德格尔看来,所谓的"批判的实在论"与"批判的先验观念论"对于体验（知觉）的分析都是不可取的,它们都预设了内在的直接的感觉经验与外在的超越的物理世界,由此所引申出了两个问题:第一,心灵或者说意识是如何超越自身而认识到外部世界的?第二,外部世界的实在性是如何被证明的? 无论是休谟式的经验主义实在论还是康德式的先验观念论实际上都是从这样一种形而上学预设出发的:意识与它所认知的外在世界是不同的。而对于海德格尔来说,被直接给予我们的既不是感觉与料,也不是物理对象,而是生活世界中的实践对象（用具）,在他关于讲台的分析中他提出了"周遭世界体验"（Umwelterlebnis）的概念,它与近代认知论中的"知觉"概念是不同的。当人在周遭世界或者说生活世界中生存时,他首先所遭遇到的既不是他的意识中的感觉经验,也不是由原子所构成的物理对象,而是实践对象,例如吃饭用的碗筷、居住的房子、房子所位于的平原地带,等等。生活世界中的"物"既不能被还原为内在于意识的认知对象,也不能还原为外在的物理对象,它也不是客观的物理对象与主观价值的组合,而是被给予人的实践对象,在这个意义上所谓的认知对象、物理对象、主观价值等概念都是理论抽象的产物。简而言之,海德格尔的"知觉"理论包含两个重要的方面:一是周遭世界体验是对于物的直接性经验,体验的直接对象不是意识内容,而是物本身;二是物首先不是作为认知对象,而是作为实践对象呈现自身的。

在《时间概念史导论》中,受胡塞尔启发海德格尔区分了简单知觉（schlichte Wahrnehmung）与图像知觉（Bildwahrnehmung）。在简单知觉中,被知觉到的是事物本身,例如当我们看到一座桥时,被看到的是桥本身;而当我们看到一张明信片时,被看到的是明信片本身,明信片中的图像所刻画的对象则是被想象到的,只有基于对明信片本身的简单知觉以及对于其中图像所刻画的对象的想象,明信片才成为了一种图像事物(Bildding)。与胡塞尔一样,海德格尔也认为简单知觉是奠基性的,通过它被感知到的事物是活生生地在那里的,也就是说在它之中被给予主体的是事物本身,而不是关于它的想象、回忆等;只有在简单知觉的基础之上图像知觉才得以可能,并且传统知识论中将意识中的感性知觉视为外在事物的图像的观点是不成立的,因为在简单知觉中人所看到的仅仅是事物本身,而不是内在知觉、外在事物以及两者之间的图像关系。传统知识论混淆了简单知觉与图像知觉,将所有知觉都规定为图像知觉,而海德格尔指出,只有在简单知觉基础之上图像知觉才得以可能,即便从逻辑上我们也必须承认简单知觉的存在。(GA 20,55-57)由此可见,简单知觉理论是对周遭世界体验理论的一个补充,周遭世界体验无非就是一种简单知觉,在它之中被感知到的是事物本身,例如我们所居住的房子、走过的街道、天上的白云等,在这种知觉中并不存在内在的知觉经验与外在的客观事物的区分,因而也不存在认知主体如何超出自身的内在经验而通达外在事物的问题,也不存在外在世界的客观性问题。

　　对于海德格尔的知觉理论可能存在这样一个反驳,即他只是用一种前反思的、前理论的日常生活经验代替了知识论中的知觉经验,也就是说他只是取消了或者说回避了知识论的理论难点,而没有从正面解决它。这个反驳实际上从反面正确地归纳了海德格尔的知觉理论:它是近代知识论的一个替代物,而不是后者的某个变种。在海德格尔看来,近代知识论的提问方式从根本上就是错误的,知识问题不是抽象的认知主体与客体之间的关系问题,而是人在世界中的存在方式问题,而在近代知识论中人的存在被遗忘了,人与世界的关系被抽象为了内在的意识经验与外在的客观对象之间的关系。正是在这个意义上,海德格尔才将他的知识论称为回到实事本身的现象学与对人的生存进行解释的解释学,它们的关注对象都是人的活生生的生活经验,在生活经验中人是作为在世界中生存的实践主体而存在的,而世界则是人所生存的生活世界。

除了简单知觉的概念,在《时间概念史导论》中海德格尔还提出了"自然知觉"(natürliche Wahrnehmung)的概念,自然知觉不是指对于自然物的知觉,而是简单知觉或者说周遭世界体验:

> 自然知觉,当我生活于其中,当我在世界中运动时,它通常不是一种独立的对物的观察与研究,而是涉及具体的、实践性的与实事的打交道活动;它不是独立的,我不是为了知觉而知觉,而是为了给自己指出方向并且开辟处理具体事物的道路。我始终生活于其中的不是其他事物,而是自然观察。(GA 20,37-38)

用《存在与时间》中的术语来说,当我们在日常生活中通过自然知觉把握到某物时,我们所把握到的不仅仅是这个物本身,而且还有它的所为(Wo-zu),例如当我们看到一辆汽车时,我们不仅仅看到了它,而且同时看到了它是用于交通的。在这个意义上,自然知觉就是环视,它是一种实践性知识。此外,它与行动融为一体,而且它本身就是一种目的性的实践活动,它的目的是指导具体的行动,例如当我们看向汽车的车门时,我们通常是为了打开它并坐到车里面去。日常生活中的"看"(Sehen)并不仅仅指大脑中的视觉经验,也不是指意识对于对象的感性认知,而是环视这种实践性知识。

> 当我们说"我们看到"时,"看到"在这里不能在视觉印象这种狭隘的意义上被理解,"看到"在这里意味着"对于眼前事物的简单获悉"(schlichte Kenntnisnahme des Vorfindlichen)。如果我们坚持这个表述,那么我们就理解了并且在以下这件事上没有任何困难,即接受直接被给予的事物,就如同它自我呈现的那样。我们会说:"人们是如此来看这把椅子的:它来源于某个工厂"。我们没有进行任何推理,也没有进行任何考虑,而是仅仅看着这把椅子,尽管我们没有关于工厂的任何印象以及诸如此类的东西。在简单获悉中眼前事物的领域从根本上就比以下这个领域来得范围更广:某种知识论或者心

理学通过它的知觉理论想要划定的领域。（GA 20,51-52）

在日常性的"看"中,被给予我们的不仅仅是物本身,而且还有它所指引的东西,例如椅子来源于某个工厂,街对面的房子属于某个人,等等。这种"自然知觉"在传统认知论中会被视为一个复杂现象,它既包括直接被给予的感觉与料,也包括主体对于它们的整理、组织、记忆、联想等;而对于海德格尔来说,它只是意味着"接受直接被给予的事物,就如同它自我呈现的那样",椅子是用来坐的,它来源于某个工厂等都是它的自在的规定性,而不是我们所赋予给它的主观价值,通过看或者说环视我们只是接受、获悉了它的本来面貌。

海德格尔的自然知觉理论与传统知识论或者心理学中的知觉理论之间的差别并不仅仅在于对人的感性经验的不同理解与解释,更在于对世界本身以及人的存在方式的不同理解。在他看来,人是生存于生活世界之中的,并且自然知觉这种实践性知识始终是伴随着这种生存的,在这个意义上我们生活在自然知觉之中;而对于传统知识论以及心理学来说,人是一种信息处理机器,它从外部接受感性信息,并通过理性的运算将它加工成符合规则的可理解的信息。在这个意义上海德格尔也批评了胡塞尔的意向性理论,在《纯粹现象学通论》中胡塞尔将意向性视为 noesis（$\nu\acute{o}\eta\sigma\iota\varsigma$,意向行为）与 noema（$\nu\acute{o}\eta\mu\alpha$,意向内容）之间的关联,从他使用的这两个古希腊术语上就可以看出,他的意向性理论与巴门尼德以来的$\nu o\varepsilon\hat{\iota}\nu$（理性认知）理论之间存在着某种继承关系,至少对于他们两者以及柏拉图、亚里士多德等哲学家来说,知识的首要形式都是理论性的$\nu o\varepsilon\hat{\iota}\nu$;而海德格尔则对此提出了批评:"只要$\nu o\varepsilon\hat{\iota}\nu$是从理论性认知的领域中选取出来的,就会产生一种从理论领域出发对实践领域的阐释"。（GA 20,61）

尽管海德格尔强调在简单的自然知觉中被看到的是生活世界中的事物本身以及它们的功能,然而这并不是他的知觉理论的全部。他认为知觉是分为两个层面的,在存在者层面被知觉到的是事物本身以及它们的功能,而在存在论层面被知觉到的则是它们的被知觉性（Wahrgenommenheit）或者说被知觉方式,例如在对讲台的自然知觉中被知觉到的不仅仅是讲台以及它的功能,而且还有它的被知觉方式:感知,或者说它是活生生地被给予人的,而在对它的想象中它的被知觉方式则是想象,在对它的判断中它的被知觉方式则是判断。(GA 20,52-58)在这里他显然也是继承了胡塞尔的想法,对于胡塞尔来说,所有意向性意识现象都可以分为意向行为(noesis)与意向内容(noema)这两个方面,对于同一张讲台我们既可以通过感性直观看到它,这里的意向行为是感性直观,而意向内容则是活生生的讲台本身,我们也可以对它进行判断:"它是棕色的",这里的意向行为则是判断,而意向内容则是这个命题;由此可见,在对同一对象的不同种类的意向中,它的被意向方式或者说被知觉方式是不同的,而更重要的一点在于,我们所知觉到的不仅是对象本身,而且还有它被知觉的方式,只有这样我们才能区分出感知、想象、判断等意向性意识现象。在这一点上胡塞尔与海德格尔的现象学是类似的,它们所要研究的不是事物本身(存在者),而是它们的被意向方式或者说被知觉方式(存在),用现象学的术语来说就是:事物自我呈现的方式。

与胡塞尔不同的是,海德格尔所要探讨的意向性不是意识的意向性,而是人的生存意向性。在生存中人与世界之间发生着实践性的关联,作为实践对象的物是用具,在《时间概念史导论》中他也将之称为"周遭世界物"(Umweltding),与它相对的则是"自然物"(Naturding);并且被感知到的不仅仅是用具或者自然物,而且还有它们的"物性"(Dinglichkeit),例如自然物的物性是指它的广延、物质性、颜色等普遍性规定,它们不是对于某个具体自然物的规定,而是自然物作为自然物的普遍性规定。(GA 20,48-51)在《存在与时间》中与物性相对应的概念则是上手性(Zuhandenheit)以及现成性(Vorhandenheit),它们分别是实践对象以及认知对象的存在方式;虽然海德格尔认为上手性是实践对象自在的存在方式,但这并不意味着它的这种存在方式是与人无关的,因为只有当人与它打交道时,它才是自在存在的,也就是说上手性意味着人与实践对象打交道的方式,而现成性则是认知主体与认知对象之间的关联方式。

从上面的论述我们可以看到,海德格尔主张的是一种自然知觉理论,自然知觉就是环视(Umsicht),从构词法的角度我们就可以看出,环视是对周遭世界(Umwelt)中的事物的看(Sehen)或者说视见(Sicht)。作为自然知觉的环视是行动中的实践性知识,它把握(或者说看到)的不仅仅是实践对象本身,而且还有它的功能或者说实践对象之间的指引关系,用海德格尔的话来说就是环视揭示的不仅是上手者,而且还有上手者的上手性。即便在环视中没有对于实践对象的上手性的显明的(explicit)理解,但这种理解是默会地(implicit)存在的,因为实践对象是被视为实践对象并作为实践对象而被使用的。此外,环视作为一种实践性知识是奠基于生存论结构的,因而对于实践对象的自然知觉是奠基于置身性这种情绪性的关联方式之上的,在海德格尔看来,任何环视或者说看都是带有心情的并且是闪烁不定的,而不是像理论性认知那样整齐划一、不带有心情的。当实践对象通过环视被直观性地给予人时,这种直观性的给予方式必定是附带着心情的,因为在日常生活中实践对象对人而言通常是具有某种意义的并且它会体现为人的情绪,例如"置身于朋友之中"与"置身于敌人之中"通常具有两种不同的情绪性价值并且会体现为两种不同的情绪。关于情绪与感知之间的关联亚里士多德早已在《论灵魂》中讨论过了,根据他的看法,"我"感知到的任何东西或者说"我"在想象中设想的任何东西,也就是说任何感知内容或者任何想象内容,都必然会对"我"的舒服和不舒服的感觉产生影响,通过这种感觉它们还会对"我"的欲望以及厌恶感产生影响并且最终对"我"的行动产生影响。[①] 日常生活中的感知绝不仅仅是对于对象的被动接受性,也不仅仅是对于感性与料的综合与对象化,而是对于实践对象以及它们之间的目的论关系(所为)的发现,在这个意义上作为环视的感知已经是一种理解了。实践对象与周遭世界始终对人呈现出某种意义,在这个意义上人是为他生存的生活世界所牵连的,并且这种牵连性体现为了情

① ［古希腊］亚里士多德:《灵魂论及其他》,吴寿彭译,商务印书馆1999年版,第91页。

绪或者说心情。环视与情绪是世界的被给予性的两个方面,它们是彼此关联而无法分割的,简而言之,日常生活中的自然知觉始终是情绪性的或者说带有心情的。

第三节　理　解

一、理解与知道如何

理解(Verstehen)是生存论—存在论结构的第二个构成要素,与之相应也存在着生存—存在者层次上的理解:"有时我们在存在者层次的言说中使用'理解某事物'的表述,它的意思是'能够主导某事'、'能够胜任某事'、'能做某事'。"(SZ 143)换句话说,日常生活中存在者层次上的理解不是认知性知识或者知道什么(Knowing-that),即对某种事态的把握,而是实践性知识、知道如何(Knowing-how)或者说行动能力。[①] 就海德格尔经常列举的锤子来说,在日常生活中理解锤子并不意味着知道锤子有这个或那个属性,例如它的质量、颜色、形状、生产厂家等,而是意味着知道如何使用锤子,例如知道如何用锤子将钉子敲进木头中去。

环视(Umsicht)就属于上述的实践性知识或者知道如何,[②]它意味着知道如何与生活世界中的物打交道,并且它还没有上升到理论层面,而是在行动中的实践性知识,例如在开车时知道如何开车,在做菜时知道如何做菜,等等。

---

① Cf. Gadammer, Hans-Georg, Gesammelte Werke: Band 1: Hermeneutik I: Wahrheit und Methode: Grundzügeeinerphilosophischen Hermeneutik, Tübingen: Mohr Siebeck, 1999, S. 264; Haugeland, John, "Heidegger on Being a Person", in Nous, Vol. 16, 1982, p. 22; Dreyfus, Hubert L., Being-in-the-world: a commentary on Heidegger's being and time, division 1. Cambridge(Mass.) / London: Cambridge University Press, 1991, p. 184; Blattner, William D., Heidegger's Temporal Idealism, Cambridge (Mass.): Cambridge University Press, 1999, pp. 34-35; Taylor, Carman, Heidegger's Analytic, Cambridge(Mass.): Cambridge University Press, p. 19.

② Cf. Tugendhat, Ernst, *Selbstbewusstsein und Selbstbestimmung*, Frankfurt a. M.: Suhrkamp, 1979, S. 228.

此外,在日常生活中我们还拥有与他人打交道的实践性知识。正如在上节中所提到的,与他人的共在首先是一种人与人之间的情绪性的照面,但它通常不是盲目的,人们知道如何与他人打交道,因而与他人的共在更多的是一种情绪性的交流。海德格尔将与他人打交道的实践性知识称为"顾视"(Rücksicht)与"顾惜"(Nachsicht):"就如环视属于作为发现上手者的方式的操劳(Besorgen)一样,关心(Fürsorge)是为顾视与顾惜所引导的。"(SZ 123)"关心"指的是与他人打交道的活动,与它对应的(生存—存在者层次上的)实践性知识就是顾视与顾惜。

　　虽然图根特哈特与德雷福斯都正确地指出,海德格尔所说的理解意味着知道如何,但他们对于这种实践性知识的解释却是截然相反的。图根特哈特认为,海德格尔所说的生存意味着"意志性的与情绪性的自我关联"(das voluntative und affektive Sich-zu-sich-verhalten)①,并且正如前文所述,他试图通过意志性的可能性以及考虑的能力来解释理解或者说知道如何。"意志性的可能性"(例如"明天我会去看电影")表达的是实践主体的自由选择,因而意味着"关于自己的实践性知识"(ein praktisches Wissen über sich)②。在图根特哈特看来,通常情况下做与不做某事都取决于实践主体的意志的决定,并且意志并不是一种形而上学实体,它只不过是考虑的能力,即实践性的肯定或否定的能力(选择做或不做某事的能力),这种能力是任何一个有理性的人都具备的。简而言之,知道如何意味着实践主体的意志的决定或者说自由选择。与图根特哈特不同,德雷福斯将人的日常性生存理解为"熟练的应对"(skillful coping),③"我们能够在根本没有思考的情况下进行具体的应对。实际上,在

---

　　① Tugendhat, Ernst, *Selbstbewusstsein und Selbstbestimmung*, Frankfurt a. M.: Suhrkamp, 1979, S. 177.

　　② Ibid., S. 213.

　　③ Dreyfus, Hubert L., Being-in-the-world: a commentary on Heidegger's being and time, division 1. Cambridge (Mass.) / London: Cambridge University Press, 1991, p. 185.

对承担(affordance)的处理中,成年人、婴儿以及动物的反应是相似的"。① 也就是说,在日常生活中人的大多数行动都不是以有意的(delibrate)考虑作为前提的,它们都是自动发生的,相当于动物的本能反应。德雷福斯的这个观点源自对于海德格尔的"打交道"(Umgang)概念的理解,在海德格尔看来,无论与他人还是与它物打交道的活动在大多数情况下都是能够顺利进行的,只有当打交道的活动遇到阻碍时,实践对象才会突显出来并且转变为认知对象,反过来这也意味着顺利进行的行动是不以有意的考虑为前提的,也无需它的伴随。理解意味着"非反思的、日常的、筹划性的活动"。② 如果说图根特哈特对于人的生存的规定是意志主义与认知主义的,那么德雷福斯的观点则是一种行为主义,③他和赖尔对于知道如何的规定是相似的,即知道如何(实践性知识)并非是与行动相分离的知道什么(认知性知识),而是行动或者说活动本身。赖尔认为作为多轨素质的知道如何与其他事物的单轨素质是不同的,而德雷福斯甚至认为它相当于动物的本能反应。总的来说,图根特哈特和德雷福斯对于理解或者说知道如何有着截然相反的两种解释,哪种解释才是正确的?

在海德格尔对于各种实践性知识(环视、顾视、顾惜)的描述中,处于核心位置的是对于实践对象的理解,例如对于锤子的环视意味着知道如何使用锤子,这又意味着知道锤子的功能或者说所为,对于他人的理解意味着知道如何与他人打交道。这种理解是与行动同时发生的,并且还没有上升为命题性知识,这也意味着(存在者上的)理解与情绪一样也是无法被客体化的,"理解某

①　Dreyfus,Hubert L.,"Overcoming the Myth of the Mental:How Philosophers Can Profit from the Phenomenology of Everyday Expertise",in *Proceedings and Addresses of the American Philosophical Association* 79,2005,p.52.

②　Dreyfus,Hubert L.,Being-in-the-world:a commentary on Heidegger's being and time,division 1.Cambridge(Mass.)/ London:Cambridge University Press,1991,p.51.

③　Olafson 对于他的行为主义解读进行了批判,参见 Olafson,Frederick,"Heidegger à la Wittgenstein or'Coping'with Professor Dreyfus",in Inquiry,vol.37,1994,pp.45-64。

物"或者"理解某人"并不意味着实践主体拥有一系列关于如何与某物或某人打交道的命题性知识,也不意味着实践主体拥有特定的意识状态。我们拥有对于某事物的理解或者说做某事的能力并且同时知道自己拥有它,但这种自我理解并不是对于自身的意识状态的把握,即便我们对自己的意识状态进行内省,我们也找不到这种理解或者说能力。实践性知识意味着人的行动能力,而不是意味着拥有某种意识状态或者认知性知识,例如一个医学院的学生熟读了如何治疗肺病的教科书,但这不意味着他知道如何治疗肺病或者说他拥有治疗肺病的能力。但海德格尔并没有像赖尔与德雷福斯一样认为实践性能力与行为是等同的,而是认为实践主体拥有对于事物的理解,环视、顾惜与顾视都是一种视见(Sicht)或者说知识,具有视见的行动或实践与纯粹的动物性活动是不同的。当德雷福斯将知道如何等同于动物或婴儿的本能反应时,他误解了海德格尔,海德格尔并不持有一种行为主义,并且如同下文将要分析的那样,海德格尔区分出了不同层次的理解。实践主体不仅具有生存—存在者层次上的对于实践对象的理解,而且在生存论—存在论层次上具有对于自己的存在以及世界整体的理解。人的生存以及所生存的世界对于他来说始终是有意义的,即便在无聊与恐惧之类的基本心情中,世界也呈现出了它的负担特征,也就是说它对于人始终具有情绪性价值,而这与人对于自己的生存与世界的理解是分不开的。当然德雷福斯的观点也并非毫无道理,人的很多行动确实都是下意识的或者说直觉性的,例如当一个优秀的足球运动员踢足球时,他的大多数身体动作都是直觉性的本能反应,而不是有意地考虑的结果,也无需这种考虑相伴随。

图根特哈特的意志主义与认知主义解释也不能代表海德格尔的理论立场,正如德雷福斯所指出的那样,日常生活中大多数行动都是自动发生的,并不以实践主体的考虑或者自由选择为前提。当然在日常生活中自由选择或者说意志的决定有时也是很重要的,例如我明天是否要去电影院看电影,这取决于我的选择或者说意志的决定,更不用说我是否要结婚,要做什么工作等人生大事了。正如图根特哈特所指出的那样,人作为一种理性存在者拥有进行考虑与决定的能力,这是人区别于动物的一种重要特征。不清楚的是,在何种程度上这种能力是始终为实践主体拥有的,虽然生存实践的意志性特征是重要的,但它并不是生存实践的本质性规定。总的来说,德雷福斯的行为主义解释与图根特哈特的意志主义解释都是片面的,它们都只刻画了一个特定种类的行动,而海德格尔的(存在者上的)理解概念是涵盖所有种类的行动的,无论是在直觉性的本能反应中还是在根据意志决定而进行的行动中,人都拥有着关于他的行动的实践性知识或者说理解,或者说他知道如何行动。我们究竟应该怎样来理解海德格尔所说的理解? 他是怎样来规定生存—存在者层次上的知道如何或者实践性知识的?

二、环视与认知

在海德格尔的术语体系里,前面提到的作为自然感知的环视(Umsicht)是一种生存—存在者层次上的理解,并且它是与认知(Erkennen)相对立的概念:"与上手者的打交道是受'为了'这种多样性的指引的指导的。这种服从性的视见就是环视。"(SZ 69)环视是关于如何与实践对象打交道的实践性知识,或者说它是一种知道如何,并且它实际上意味着对于实践对象之间的指引关系的把握,例如拥有建筑知识意味着知道"石头是为了建房子的,建房子是为了遮风避雨的,等等",并且这种知道并不是静态的对于知识的拥有,而是在行动过程中的知识,拥有与使用知识是合二为一的。在赖尔与图根特哈特那里我们看到,静态的知道如何或者说实践性知识并不能与知道什么或者说认知性知识很好地区分开来,假如某个土木工程系的学生学习了大量建筑学知识但从未运用过这些知识,那么在此知道如何与知道什么是很难得到区分的,难道我们不可以这样说:这个学生只是知道了一些事实,例如"石头是为了建房子的,建房子是为了遮风避雨的"? 只有在行动过程中或者说在实践性知识的运用过程中,它才是真正地被拥有的,拥有与运用它在逻辑上是没有先后之分的。与其说某人(例如通过书本)先拥有了实践性知识,然后在行动过程中运用了它,不如说他先拥有了认知性知识,然后在行动过程中将这些认知性知识转化为了实践性知识。

海德格尔认为,环视这种实践性知识的一个重要特征在于它是非论题化的(unthematisch)或者说默会的(implicit):

> 上手者不仅根本没有被理论性地把握到,而且对于环视来说它自身首先并不是在环视中论题化的。切近的上手者的特征在于:在它的上手性中同时自我抽离,以使得本真地是上手的。(SZ 69)

实践对象不是被认知的或者说不是通过认知性知识而被揭示的,也就是说它并没有在意识经验中作为显明的(explicit)对象而被把握,实践性知识对它的揭示不是命题性的。但是实践对象的“自我抽离”并不意味着它逃离了人的目光(Sicht,视见),通过实践性知识它们始终还是得到了揭示。实践性知识所揭示的首先不是单独的实践对象,而是实践对象之间的指引或者说为了,例如“石头是用来造房子的”。在这个意义上实践性知识首先是默会的,而不需要通过命题成为显明的,例如一个优秀的足球前锋知道如何进球,但这并不意味着它能够用语言来描述他的实践性知识。“锤子这种物越少被凝视,对于它的使用越是顺手,[人]与它之间的关系就会变得越是原初,它就越是无遮掩地作为它所是的用具[与人]照面了。”(SZ 69)德雷福斯将这种与实践对象打交道的方式解释为“日常性的、非故意的、进行着的应对”(the everyday, nondeliberate, ongoing coping),它虽然也包含着注意力(awareness),但是这种注意力不是对于事物的认知,它并不是论题化的,也不是自身指涉的(self-referential)。① 这种解释是合理的,海德格尔将日常生活中与实践对象打交道的活动理解为一种自动进行的、不受干扰的行为,而实践对象本身是触手可及的、容易上手的,用他的术语来说它们是上手者。虽然在实践中实践对象与人

---

① Dreyfus, Hubert L., *Being-in-the-world: a commentary on Heidegger's being and time, division* 1. Cambridge(Mass.) / London: Cambridge University Press, 1991, p. 58.

照面了,但它并不是作为意识的或者说认知对象而自我呈现的,在环视这种实践性知识中实践对象依然保持其为自身,海德格尔强调了实践对象的这种自在存在(An-sich-sein,SZ 69)。"上手性是存在者的存在论—范畴性规定,正如它自在的那样。"①(SZ 71)换句话说,实践对象是自在之物(Ding-an-sich),但与康德不同的是,对于海德格尔来说自在之物并不是超越现象(Phänomen)的东西,反而恰恰是作为它自身所是的那种东西而自我呈现的现象。作为现象的实践对象保持其自身的独立性,虽然它是在人的实践性知识(环视)中自我呈现的,但是它呈现为独立于实践主体的自在之物,而不是意识的内在对象。我们可以认为,它的自在存在不是相对于实践性知识,更不是相对于意识或认知,而是相对于实践主体而言的,对实践主体来说,实践对象必定是外在的与独立的,而不是内在于他自身之中的。反过来说,实践对象的自我抽离不是相对于实践主体或者实践性知识,而是相对于意识或者认知而言的,它并不呈现为意识或者认知的对象,而是抽离于它(但同时在实践性知识中显现自身)的实践对象,即便它在实践中通过环视这种实践性知识与人照面,但环视首先是默会的,没有将实践对象作为一个显明的对象而把握。

环视发现的或者说揭示的实践对象(上手者)是生活世界内的存在者,而正如上文所述,与世界内存在者照面的前提是对于世界整体的意义的理解。在日常生活中,生活世界的意义对于实践主体来说是熟悉的,它通常不会成为考虑或者反思的对象,也就是说,对于生活世界整体的把握是默会的,生活世界是作为生存实践的背景而存在的,用海德格尔的术语来说:它是与世界内存在者照面的视域。为了阐明这一点,我们可以参照塞尔(J.Searle)关于意向性与意识的区分。塞尔认为,人的意向性尤其是实践意向性不一定是一种意识现象,但任何意向性都是以实践背景(Background of practices)以及前意向性的预设(preintentional assumptions)为前提的,并且实践背景不是通过意识或

---

① „Zuhandenheit ist die ontologisch-kategoriale Bestimmung des Seienden,wie es an sich ist."

者说心灵的表象能力,而是通过非表象性的心灵能力(nonrepresentational mental capacities)被把握到的。塞尔举了一个例子来说明他的这个观点:卡特想要成为美国总统,他有这个欲望实际上预设了很多前提,例如他相信美国是一个共和国、实行总统制、定期举行选举、实行两党制等;当卡特有成为美国总统的欲望时,他并没有对这些前提加以思考并加以确认,它们是作为背景知识而存在的。① 塞尔所说的实践背景实际上就是海德格尔所说的周遭世界,对于顺利进行的实践活动来说,它的背景恰恰应该作为默会的背景而存在,也就是说它不应该成为意识的显明的对象。但这并不意味着它是不重要的,例如大地是我们的生活场域,在日常生活中它通常不会被我们所注视,但假如没有它的话人类的生存实践将不再得以可能。因而实践背景或者说周遭世界的非醒目性不是一种缺陷,而是生存实践的一个必要条件,如果它成为了显明的或者说醒目的认知对象,那么实践活动将无法再顺利进行。世界的透明性是一种形而上学的或者自然科学的理想,但对于人的生存实践来说它的隐蔽性则是必要条件。在海德格尔这里,上手性(Zuhandenheit)不仅意味着实践对象的非醒目性、它的自在存在,而且也意味着实践背景或者说周遭世界(生活世界)的非醒目性。在此我们可以看到,海德格尔后期思想关注的世界的开启(entbergen)与隐藏(verbergen)②在《存在与时间》中已经被涉及了。

我们可以将海德格尔的“环视”概念与亚里士多德的“经验($\varepsilon\mu\pi\varepsilon\iota\rho\iota\alpha$)”概念进行比较。在《形而上学》的第一卷第一章中,亚里士多德将感知($\alpha\iota\sigma\theta\eta\sigma\iota\varsigma$)、经验与技艺($\tau\varepsilon\chi\nu\eta$)规定为依次递进的知识形式。后一种知识形式不仅比前一种知识形式更加具有普遍性,例如经验较之于感知、技艺较之于经验;而且更知道事物的原因,也就是说它既知其然,也知其所以然,其中感

---

① Searle,John,*Intentionality*,New York:Cambridge University Press,1983,pp. 19–20.

② 在《艺术作品的本源》一文中海德格尔提出,在艺术作品中一方面世界开启了自身,另一方面大地则自我遮蔽,它们共同构成了存在之真理的两个维度,参见 Heidegger,Martin,*Holzwege*,Frankfurt am Main:Vittorio Klostermann,1977,S. 30f。

知只能知其然,而经验与技艺则能在此基础上知其所以然,例如"气温很冷则水会结冰"这个经验就包含着关于原因的知识。此外,亚里士多德认为只有技艺才是理论性的,因为具有技艺的人不仅懂得事物的原因,而且还能将关于这种原因的知识传授给别人,而仅仅具有经验的人虽然也懂得事物的原因,但是他却不能传授。① 在海德格尔这里,首先,环视这种实践性知识是对于实践对象之间的指引或者说为了关系的知识,"石头是为了建房子的"用亚里士多德的术语来说就是"石头是房子的质料因",因而环视无疑也包含着关于原因的知识;其次,环视也具有一定的普遍性,具有它的人在不同的场合都能知道实践对象之间的关联,例如当我们口渴时,我们会喝水,"水是为了解渴的"在不同的场合中都是不言自明的、默会的知识;最后,环视还没有上升为理论或者说技艺,技艺或理论意味着关于对象的显明的知识,这种显明的知识是可以通过语言来描述的、可传授的,而环视还只是在实践过程中的默会的知识。当然环视与技艺并不是对立的,技艺的前提是经验,并且它是通过经验来得到体现的,一个只是知道了各种各样医学知识而没有任何实践经验的人我们还不能称之为医生,他也还没有具备医术这种技艺。由此可见,即便对于技艺来说,具备相应的实践经验也是它的本质性规定之一,具备环视这种实践性知识的人不一定具备了相应的技艺,然而具备技艺的人必须具备相应的环视。

在《存在与时间》中,海德格尔除了强调认知与环视的对立之外,他还提出认知是奠基于环视的,认知是在世界中存在的"一种被奠基的样态"(ein fundierter Modus,SZ 59)。认知的被奠基性不能被理解为它是被实践所奠基的,即人的首要的存在方式是实践,而认知是在实践的基础之上产生的,或者说"知"来源于"行"。相反,海德格尔认为一方面人的实践是被环视这种实践性知识所指导的,另一方面认知也是一种实践:行动与认知都是操劳或者说实践,"知"也是一种"行",并且知行始终是合一的,行动是被环视所引导的,而

---

① Aristotle,*Metaphysics*,translated by W.D.Ross,中央编译出版社 2012 年版,pp. 1-3。

理论性认知作为一种"行"也有其自身的方法。不过这只是说明了行动与认知是两种不同的"行"或者说实践,而没有说明认知是奠基于行动以及它的环视的。如果海德格尔的观点是成立的,那么环视是如何演变为认知的?

在近代知识论中,认知被视为一种主客体之间的关系,受笛卡尔的影响,许多哲学家都认为认知主体并不是直接通达外在世界中的客体的,认知主体能够直接通达的是它自身之中的观念,而观念是对客体的或者真实的或者虚假的表象。这种知识论模型包含的一个理论难点是外在世界的实在性问题,另一个难点是主客体连接的问题,例如笛卡尔面临的问题是:无广延的思维体是如何与无思维的广延体发生关联的? 这也就是所谓的"心身问题"。在海德格尔 1919 年的讲座中我们已经看到,对于海德格尔来说这是一个虚假问题,人的首要存在方式不是认知,而是在世界中的生存以及周遭世界体验,世界首先不是作为认知对象,而是作为人的生活场域而呈现自身的。在《存在与时间》中他又重复了这个观点,他认为主客体关系与此在—世界关系是不同的,(SZ 60)认知只是人(此在)在世界中存在的一种方式而已,并且是被奠基的存在方式,它的被奠基性体现在:"为了作为对于现成者的观察性规定的认知得以可能,需要与世界之间的操劳性关联的事先的缺憾(Defienz)。"(SZ 61)换句话说,只有当日常性的与实践对象打交道的活动受到干扰并且陷于停顿的时候,对于这种对象的观察或者说认知才会发生;发生转变的不仅是人与世界之间的关系,同时对象本身已经从实践对象(上手者)转变为了认知对象(现成者),而人也从实践主体转变为了认知主体。也就是说,从日常性的生存实践到认知的转变不仅仅是人的实践活动之间的切换,如同从学习活动切换到娱乐活动一样,而是一种存在论变更(eine ontologische Modifikation),通过这种转变我们对于自身、世界以及两者关系的理解都发生了根本性的改变。

海德格尔认为,从日常性的生存实践到认知的转变并不是在近代认知论中才出现的,它在古希腊哲学中就已经出现了,在柏拉图与亚里士多德那里,甚至更早地在巴门尼德那里，$\nu o \varepsilon \hat{\imath} \nu$（理性认知）就已经成为了知识的最高形式，海德格尔将这个古希腊术语翻译为"Vernehmen"（觉察），而相应地将"$\varepsilon \hat{\imath} \delta o \varsigma$"（理念）翻译为了"Aussehen"（外观），(SZ 61)在他看来，从巴门尼德开始人与世界之间的本真关系就在形而上学之中被规定为了对于认知对象的理性认知（对于现成者的觉察）。此外，虽然这种存在论变更在哲学史中一再得到了强化与巩固，但是它的根源却在于人的生存本身，对某个对象进行认知的前提是日常性的实践活动受到了干扰并且陷于停顿，而这在人的生活中是常见的现象。

在《存在与时间》的第16节中海德格尔描述了日常性实践活动的三种缺憾(SZ 70-71)：一是用具的无法使用，虽然用具依然是上手的或者说触手可及的，然而它却无法用于某个目的，因而它变得醒目(auffallen)；二是用具的短缺，在这种情况中用具是无法上手的或者说根本不在手边，因而它又是令人困扰的(aufdringlich)；三是用具的挡路，也就是说虽然用具在手边并且可以被使用，但是它却不适合当下的实践活动，因而它是违逆的(aufsässig)。这三种实践活动的缺憾都是由作为实践对象的用具引起的，在海德格尔看来，即便用具是不适用的，然而它依然保持为用具，发现它的不是理论性认知，而是环视。但环视只是发现了作为实践对象的用具，这种用具是无法被用于当下的实践活动的，环视无法再看到用具之间的指引（目的性关联）的实现，例如某个漏雨的房子是在手边的，然而它却无法用来遮风挡雨，也就是说环视不仅发现了用具，而且也发现了它的功能，但用具与它的功能都无法自我实现。"上手性再一次自我呈现了出来，而且正是在此处上手者的合世界性(Weltmäßigkeit)也自我呈现了出来。"(SZ 74)所谓的"合世界性"指的是存在者对于世界整体的适合性，如同一块拼图对于一幅拼图而言的适合性，而上手者的合世界性也就是上手者的上手性。在不受干扰、顺利进行的实践活动中，实践对象能够自然而然地被用作某个目的，也就是说发挥其功能，例如铅笔能够用来写字，鞋子能够用来穿，等等，在这个时候它与生活世界整体是和谐一致的，不仅实践对象不会成为观察或注视的对象,生活世界以及实践对象的上手性同样不会受到注视或被观察,在环视中对于它们的理解都是默会的(implicit)。相反,当实践活动受到干扰并陷于停顿时,不仅世界对象以及它的功能,而且它的上手性也会成为显明的(explicit)或者说被认知。海德格尔认为,当实践活动受到阻碍时,实践对象一方面依然是作为实践对象而被环视发现的,另一方面却是作为认知对象(现成者)而被认知的。

> 醒目性、困扰性、违逆性这些样态具有一种功能,即在上手者那里使得现成性的特征得以显现。在此上手者还不会仅仅作为现成者而被观察以及审视,已经宣告出来的现成性还是与上手者的上手性捆绑在一起的。(SZ 74)

在此同一个对象有着两种不同的存在方式,一种是作为实践对象,另一种是作为认知对象,而更加重要的是它与世界整体之间的关系的转变。在顺利进行的实践活动中,生活世界是作为实践的背景而存在的,它并没有成为人的认知对象,而且实践对象也是自在地存在于其中的,它并没有显得突兀。"世界不自我告知是上手者不从它的不醒目性中脱离出来的可能性的条件。这种存在者自在存在的现象结构就在于此。"(SZ 75)相反,当实践活动受到干扰并陷于停顿时,不仅实践对象转变为了突兀的认知对象,而且它与生活世界的关系也成为了认知的对象,也就是说当实践活动停顿时,实践主体才突然意识到:这个实践对象原本是存在于这个生活世界(背景)之中的,现在它却突兀于这个世界,海德格尔将这种现象称为"上手者的去世界化"(Entweltlichung des Zuhandenen,SZ 75)。

通过这三种日常性实践活动的缺憾,海德格尔解释了从日常性实践到认知、从实践对象到认知对象的变更,然而值得注意的是,这种变更所形成的认知以及认知对象与传统知识论中所说的认知以及认知对象是不同的。即便实践对象由于缺憾无法再作为实践对象而被使用,并且它作为认知对象而成为被意识到的显明的对象,但是它依然同时被理解为实践对象,进一步说是有缺憾的、不再能够被使用的实践对象。同样,虽然生活世界与实践对象一同进入了人的意识之中,它也成为了一个认知对象,但是它也依然是作为生活世界而被理解的,并且实践对象的去世界化也同时被理解了。换句话说,将实践对象作为认知对象来把握与将认知对象作为认知对象来把握是不同的,海德格尔所描述的实践的缺憾所对应的是前者,而知识论中的认知对应的是后者。缺憾的实践依然是一种实践,落空的环视依然是一种实践性知识,认知本身是附着在它们之上的,而没有成为独立的、封闭的纯粹认知。

普劳斯(G.Prauss)对《存在与时间》中认知与实践(行动)的关系进行了分析,他认为无论是成功的还是失败的行动都是行动或者说作为(Tun),而不是行动的反面或者说放任自流(Lassen);此外,即便认知也包含着一种指向成功的意向性,因而它也是一种行动。① 与海德格尔不同,在普劳斯看来行动与认知之间没有明确的界限,两者都包含成功的意向性,并且两者都可以走向成功或失败。按照这种观点,不仅在日常生活中实践陷于停顿时的认知是一种实践,而且科学研究、哲学研究等理论活动同样属于实践,一言以蔽之,生存即实践。海德格尔实际上也持有这种观点,但是他也在日常性实践与认知、实践对象与认知对象、生活世界与自然、上手性与现成性之间划下了一道鸿沟。他的这种不彻底的实用主义(pragmatism,实践主义)为普劳斯所诟病,②但为什么他没有与普劳斯一样持有彻底的实用主义立场呢?通过对他关于日常性生存实践到认知的变更的论述的分析我们并不能回答这个问题,他对于实践与认知的关系的看法是非常复杂的,其中涉及对于符号、语言、真理、科学等关键概念的厘清,因而我们只有继续沿着《存在与时间》的文本脉络来寻找这个问题的答案。

---

① Prauss, Gerold, *Erkennen und Handeln in Heideggers „ Sein und Zeit "*, Freiburg/München: Verlag Karl Alber, 1977, S. 51, 63.

② Ibid. , S. 91.

三、作为生存论结构要素的理解

从上面的论述我们可以看到,图根特哈特与德雷福斯都没有区分生存—存在者层次上的理解(知道如何)与生存论—存在论层次上的理解,甚至海德格尔自己在《存在与时间》的第 31 节中也没有对此区分进行清晰的界定,但不可否认的是,他认为除了生存—存在者层次上的理解之外,理解首要的是作为生存论结构的一个要素而存在的:

> 置身性是诸种生存论结构中的一种,"此"之在就位于这些结构中。与置身性同等本源地构成此之在的是理解。置身性总是带有其理解的,而这仅仅当它让理解停留于自身之中时才会发生。理解总是带着心情的。(SZ 142)

理解这种生存论结构要素是通过在生存—存在者层次上的对应物而获得命名的,换句话说,前者只有作为后者在生存论—存在论层次上的对应物才能被称为"理解","理解如何使用锤子""理解他人的情绪""理解某段文本"等都是通常所谓的理解,生存论—存在论上的理解无非就是为它奠基的生存论结构要素。从这个角度出发,我们也就明白了为什么海德格尔没有使用传统知识论中的一些概念,例如知识、认知、思考等,而是使用了"理解"来称呼这种生存论结构要素。

在近代哲学史中,"理解"是一个重要的解释学概念,狄尔泰(W. Dilthey)在其著名的《描述的和分类的心理学的观念》(*Ideen über eine beschreibende und zergliedernde Psychologie*,1894)①一文中写道:"我们说明(Erklären)自然,而我们理解(Verstehen)心灵生活。"在狄尔泰那里,"说明"与"理解"这两个概念所定义的分别是自然科学与精神科学(人文科学)的研究方法。自然科学的

---

① 该文收录于《狄尔泰全集》德文版第 5 卷,参见 Dilthey,Wilhelm,*Abhandlungen zur Grundlegung der Geisteswissenschaften*,*Gesammelte Schliften*,Bd. 5.,Leipzig / Berlin:Vandenhoeck & Ruprecht,1924,S. 139-240。

研究对象是在时空世界中重复发生的自然现象,自然科学家通过经验观察和逻辑推导,找到表述自然规律的公式,并且能对自然界所发生的事件进行预测,自然科学的这一系列工作就是对于自然现象的说明;与之相对,精神科学的研究对象是精神现象,即人类的生生不息的心灵生活的表达,例如文学、艺术、历史等。精神科学面临的一个问题在于,尽管我们能直接体验到自己的心灵生活,但是我们却不能体验到别人的心灵生活,因而我们无法像说明自然现象一样来说明人类的心灵生活,而只能去理解它。在这个意义上精神科学的基本方法是解释学的,它意味着作者和读者、今人和古人、自我和他人之间的理解,从而揭示出了贯穿在人类心灵生活中的各种意义。①

狄尔泰区分了自然科学与精神科学,指出了它们在方法论上的差异,其本意在于抵制当时盛行的实证主义对精神科学的侵蚀,保留精神科学及其研究方法的独立性。但他的这一区分也带来了许多问题:自然科学难道不运用理解这种方法吗? 如果没有自然科学家之间的相互理解,如果不理解自然科学的概念、定理和理论体系,他们能够用自然科学来说明自然现象并进行预测吗? 此外,狄尔泰关于自然科学与精神科学,说明与理解的两分法是建立在划分内在世界和外在世界、心灵和自然、主体和客体的基础之上的,而这种划分的合理性也一直受到了质疑。

在《存在与时间》中海德格尔写到:"相反,在作为众多的可能的认识方式之一种这个意义上,也就是说与'说明'相区别,'理解'必须与说明一起被解释为共同构成此之在的原初理解在生存论上的衍生物。"(SZ 143)在这里,海德格尔很明显是在回应狄尔泰对于说明与理解的区分,他并没有否认这个区分,但是他认为在生存论上还有一种原初理解,它是作为自然科学的方法的说明与作为精神科学的方法的理解在生存论上的对应物。生存论上的理解不是任何一门科学的方法,而是每个人在生存中都具有的揭示性的一部分。因而

---

① 参见张庆熊:《维特根斯坦对"说明"与"理解"的重新思考》,《陕西师范大学学报(哲学社会科学版)》2009 年第 2 期。

不仅自然科学的说明方法与人文科学的理解方法,而且日常生活中的知道如何,甚至近代知识论中的认知等理解形式都奠基于它。换句话说,生存论—存在论层次上的理解是一切生存—存在者层次上的理解的普遍形式。但海德格尔是如何来论证他的这个观点的呢?例如为什么知道如何与知道什么这两种理解在生存论上具有一种共同的形式?

对于笛卡尔来说,所有种类的思想(cogitatio),例如认知、回忆、情绪、愿望等,都具有一个普遍的形式"我思"(cogito),并且思考(cogitare)在他看来无非就是思想在意识中向思维主体或者说"自我"(ego)显现,换句话说,思考等于"我"意识到某个思想。布伦塔诺和胡塞尔将意识的本质规定为意向性,即意识总是关于什么的意识,意向性就是意识的关于性(aboutness),而这实际上也是笛卡尔对于思考的规定:思考总是"我"关于什么的意识。尽管笛卡尔、布伦塔诺与胡塞尔对于意向性概念的具体内容也许有着各自不同的理解,然而意向性作为意识的普遍性结构或者说形式这一点是没有争议的。在日常生活中,被我们所意识到的对象通常是世界中的事物,例如食物、房子、道路、同事、家人等,有时我们也会陷入梦境、回忆或者想象之中,这时我们所意识到的对象是我们的思想(尽管我们通常没有意识到这一点),但意识的意向性结构本身在日常生活经验中是没有为我们所意识到的,对意向性结构的把握是一项哲学任务,笛卡尔是通过普遍怀疑的方法,而胡塞尔则是通过现象学还原的方法才把握到它的。由此出发,在海德格尔这里我们需要澄清以下两个问题:首先,所谓的生存论—存在论层次上的理解究竟是怎样一种普遍性的结构或者说形式?其次,海德格尔是通过什么方法把握到这种结构或者说形式的?第二个问题在这里还无法得到回答,因为它涉及本真性问题,海德格尔认为只有在本真的生存状态中,人自身的生存结构才会被揭示,在后面的章节中我们会回到这个问题上来,在此我们先探讨第一个问题:理解究竟是怎样一种普遍的结构或形式?

正如上文所述,生存—存在者层次上的理解意味着实践能力、知道如何或者说实践性知识,例如知道如何使用某种工具,知道如何与同事打交道,等等。生存论—存在论层次上的理解则是为它奠基的对于世界整体以及此在自身的理解:[1]

> 理解这种揭示性同时是对于何所为与意蕴的揭示性,作为这种揭示性它所涉及的是完整的在世界中存在。意蕴是这样一种东西,朝向它世界得以作为如是的而被揭示。何所为与意蕴在此在中被揭示了,这意味着:此在是这样一种存在者,它作为在世界中存在与自身发生着关联。(SZ 143)

海德格尔认为生存论—存在论层次上的理解是指此在对自己的"何所为"(Worumwillen)以及世界的"意蕴"(Bedeutsamkeit)的理解。如果生存意味着自我关联,那么自我关联不仅存在于置身性以及情绪之中,而且也存在于理解之中。在生存实践中,实践主体不仅能够理解他所遭遇到的实践对象,而且也同时理解自身,对于自身的理解在海德格尔看来就是对于自己的何所为的理解。对于实践对象的理解并不能孤立地存在,只有在一个目的论结构整体中它才能被理解,而这个结构整体的终点或者起点就是实践主体的何所为或者说目的;正是因为生存实践是目的性的,因而整个周遭世界对于实践主体来说才具有了某种意蕴或者说意义,它始终意味着生存实践的场域,例如当某人开车驶往某个目的地时,周遭世界就被理解为开车活动的场域。根据海德格尔周遭世界的意义或者说相关性在被人理解以前就已经通过置身性而向人所揭示了,并且这种揭示性体现为情绪,但是置身性与情绪只是将人带到了他的"赤裸"的实际性面前,产生情绪以及周遭世界的相关性的原因并没有因此得到揭示。在海德格尔看来,周遭世界的意义来自于人对于自身实践的目的的理解,只有当人理解了他的当下生存实践的目的,它才能够理解周遭世界的意

---

① Wrathall, Mark A., "Heidegger on Human Understanding", in *The Cambridge Companion to Heidegger's Being and Time*, ed. by Mark A. Wrathall, New York: Cambridge University Press, 2013, pp. 188–189.

蕴;而这两种理解又构成了知道如何这种实践性知识的基础,只有当人理解了自身实践的目的以及周遭世界的意蕴,他才能够知道如何与实践对象打交道。在这个意义上我们可以将对于实践目的以及世界的意义的理解视为实践所需的一种背景知识,这种背景知识在日常生活中通常是未被注意到的,我们关注的通常是关于如何与实践对象打交道的实践性知识,无论它是指与物打交道所需的环视,还是指与他人打交道所需的顾视与顾惜。但为什么知道这种实践性知识必须以对于自身以及周遭世界的理解为前提呢? 为什么它不能是一种熟练的、本能性的应对,正如德雷福斯所认为的那样?

海德格尔将自然物与用具都视为上手者或者说实践对象,而世界是由上手者与人所构成的关联整体,与上手者打交道的活动不是盲目的,而是为环视这种实践性知识所引导的,环视也是一种知道如何,即知道如何与作为实践对象的物打交道。环视对于上手者的揭示不是孤立地发生的,揭示一个上手者意味着同时揭示了它的所为或者说功能,例如石头是用来造房子的,只有把握了石头的功能我们才真正把握了石头本身。更加重要的是,上手者的功能并不是它的内在或者说自然属性,而是来源于人对于它的使用,例如石头并不自然地就是造房子的材料,只有当人将它用来造房子时,它才具备了这个功能。从另外一个角度来看,我们对于上手者的使用始终是带有某种目的的,这种目的就是海德格尔所说的何所为,即便在所谓的无目的的活动中,例如躺在草地上休息,也许这种活动本身是无目的的,但我们也是带着某种目的而与上手者打交道的,例如将草地作为休息的地方,简而言之,我们对于上手者的使用始终是带着目的的。在日常生活中,尽管许多实践活动都属于德雷福斯所说的本能性的应对,但这并不意味着这些实践活动是不包含实践性知识的,而是正如上文所述,在日常生活中环视这种实践性知识通常是默会的;同样,在对于上手者的使用中也许实践主体并没有有意地思考过使用的目的,但这并不意味着使用的目的没有为其所理解,对于目的(何所为)的理解常常也是默会的,例如当我们躺在草地上休息时,我们并不需要考虑与草地打交道的目的,正如德雷福斯所指出的那样,这种生存实践常常是日常性的、非故意的、熟练的应对。在与实践对象打交道的活动中,当人理解了自己的目的时,他也同时理解了世界的意义:"在对于何所为的理解中奠基在它之上的意蕴也被一同揭示了。"(SZ 143)世界并不是抽象的存在者的总体,而是人所生存的生活世界,在不同的实践情境中它作为一个整体向人显现出不同的意义,例如当某人在开车时,生活世界就是开车活动发生的地方;当某人在建房子时,生活世界就是建房子的活动发生的地方。在不同的实践情境中生活世界本身也许没有发生变化,但对于实践主体(此—在)来说,它却显现出不同的意义,生活世界始终是作为周遭世界而存在的。生活世界并不内在地就具有某种意义,它的意义来源于人对于自己的目的的理解,用海德格尔的话来说就是意蕴是奠基于对于何所为的理解的。换句话说,我们对于某物的使用是以对它的功能的理解为前提的,而对它的功能的理解又是以对我们自己的目的以及周遭世界的意义的理解为前提的。①

置身性、理解与言语共同构成了人的生存结构以及揭示性,并且正如上文所述,海德格尔将揭示性比喻为光,但值得注意的是,光的比喻可能会带来误解:光是被眼睛看到的,因而作为揭示性构成要素的置身性、理解与言语也需要被"灵魂的眼睛"看到。如果这一点成立,那么基础存在论也必须谈论人的理性、心灵或精神,也就是说生存论结构必须被对象化,而这正恰恰是海德格尔想避免的。在他看来,生存论结构并不是某种认知对象,而只是人在世界中的存在方式。他将作为生存论结构的理解称为"视见"(Sicht),它是为环视(Umsicht)以及顾视(Rücksicht)与顾惜(Nachsicht)奠基的知识形式:

就其筹划的特征而言,理解在生存论上构成了我们称之为此在的"视见"的东西。在生存论层面上与此之揭示性一同存在的视见就是此在,根据已经被刻画的此在存在的基本方式,它与操劳中的环

---

① 同样,我们与他人打交道的活动也是在顾视与顾惜的引导下而进行的,而它们也是以我们对自己的目的以及周遭世界的意义的理解为前提的,在此就不赘述了。

视、关心中的顾视以及对于作为如是的存在——此在总是为了它才
如其所是地那样存在的——的视见是同等本源的。首要地并且整体
性地与生存相关联的视见我们称为"透明性"（Durchsichtigkeit）。我
们选择这个术语来刻画已经得到很好理解的"自身认识"（Selb-
sterkenntnis），以此表明：它指的不是知觉性的察觉或者对于自身这
个点的观察，而是对于在世界中存在的完整的揭示性的理解把握，这
种揭示性贯穿了在世界中存在的所有本质性环节。（SZ 146）

此在一方面意味着揭示性，另一方面意味着把握揭示性的视见，视见作为"自
身认识"是对于在世界中存在或者说生存的完整揭示。虽然在上面的这段话
中海德格尔认为，作为视见的理解与存在者上的、具体的实践性知识是同等本
源的，但生存论上的理解或者视见的奠基作用也是毋庸置疑的。（SZ 147）
"视见"的德文"Sicht"来源于动词"sehen"（看），但海德格尔提醒我们，"视
见"这个概念所包含的视觉隐喻不应该误导我们认为它是一种感性知觉或理
性认知，它应该在最普遍的意义上被理解为"对于存在者以及存在的通达"
（Zugang zu Seienden und zu Sein）。他进一步指出，不仅实践性知识，而且直观
与思考都只是它的衍生物。（SZ 147）上文已经说明了存在者层次上的实践性
知识是奠基于生存论上的理解（视见）的，此外还需要得到说明的是知觉、判
断、认知等认知性知识是如何奠基于它的，在《存在与时间》中海德格尔论证
了认知性知识是奠基于实践性知识的，在后面的章节中我们会回到他的论证
上来。

四、理解与自由①

　　置身性、理解与言语是生存论结构的三种构成要素，与其他两个要素不同
的是，在海德格尔看来只有理解才体现了人的自由，在这个意义上他将理解称

————————

　　①　关于《存在与时间》中的自由问题可参见笔者已发表的一篇论文陈勇：《〈存在与时间〉
中的自由概念》，《现代哲学》2016 年第 5 期。

为能在(Sein-können,SZ 143)。如果说置身性以及情绪揭示了生存的实际性(Faktizität),那么理解则揭示了生存的可能性(Möglichkeit)。海德格尔并没有将"可能性"看成是一个用来规定自然物的知性范畴,他区分了用来规定人的生存规定(Existenzial)与规定其他存在物的范畴(Kategorie),生存的可能性在他看来既不是"空洞的、逻辑上的可能性"(leere,logische Möglichkeit),也不是"现成者的偶然性"(Kontingenz eines Vorhandenen)。(SZ 143)后两种可能性都是规定人之外的存在者的范畴,例如"北京是中国的首都"是一个事实,但在逻辑上相反的情况"北京不是中国的首都"也是可能的,这种反现实的可能性就是一种空洞的、逻辑上的可能性;而所谓的现成者的偶然性对应的是传统哲学中"未来的偶然性"(futura contingentia)概念,例如明天可能会下雨。在存在论上这两种可能性作为一种模态是低于现实性与必然性的,例如"张三明天可能中双色球"是比他实际中了双色球更低的一种存在论上的规定,而生存的可能性或者说能在海德格尔看来却是人的最原初的规定性,(SZ 143)它是规定人之为人的本质性特征,并不比人的事实性存在状态(例如中了双色球)的地位更低。

在近代西方哲学中,自由问题是在自然决定论的背景中出现的,在一个被因果律所决定的自然中自由如何得以可能成为了近代哲学中的一个核心议题。对这个问题的最著名的解决方式当属康德的现象(phenomena)—智思物(noumena)—二元论,他通过将人的理性以及意志安放在一个形而上学领域来调和自然决定论与自由意志之间的矛盾:一方面,人是自然界的一员,在这个意义上人也要受自然法则的束缚或者说人是他律的;另一方面,康德在实践哲学中将自由规定为实践理性或意志的自律(Autonomie)。如果在生存实践中人所遵循的不再仅仅是自然法则,而且同时遵循着自身理性所赋予的实践法则(praktisches Gesetz),那么他的行动就是自发的(spontan)并且他是自律的。①

---

① Kant,Immanuel,*Kritik der Praktischen Vernunft*,Hamburg:Meiner,2003,S. 44~45.

在这个意义上人不仅是自然界的一员，而且同时是自由王国的一员。在康德的自由理论中，人的实践理性以及自由意志是超出自然界或者说现象界的，它们都是自在之物或者说智思物。虽然康德不断强调他的自由概念只有在实践哲学中才是有意义的，但不可否认的是，他的自由理论是一种形而上学，用他的术语来说就是"道德形而上学"（Metaphysik der Sittlichekeit）。①

　　人与其他存在物是不同的，这也是海德格尔的生存论分析的出发点，他认为人的存在方式不是现成存在（Vorhandensein）或者说不是一种实在性（existentia），而是能在，也就是说人的生存实践始终是自由的。人与自然存在物的区别不仅是康德哲学的核心议题之一，而且也是海德格尔哲学的出发点，并且他们都认为自由是人区别于自然物的本质特征。但是他们分析自由的理论视角却是不同的，海德格尔并没有像康德一样从自然决定论出发，并把自由作为一个先验理念置入形而上学领域，他明确反对笛卡尔将世界规定为广延体（res extensa，即自然界）的形而上学，世界在他看来首先是人所生存的周遭世界或者说生活世界。生活世界中的物不仅包括自然物，而且还包括作为实践对象的用具，而用具之间的关系并不是由自然因果律所决定的力学关系，而是指引。指引是指用具之间的一种目的论关系，并且这种目的论关系并不是自在自为的，而是奠基于作为实践主体的人的何所为，只有在人的目的性的实践活动中用具与用具、用具与人才构成了一个目的性的世界整体，即生活世界。对于世界的分析有着这样两种视角：一种是将世界看成是现成者或者说自然物整体的理论视角，另一种是将世界看成是用具与人所构成的整体的实践视角，在这两种视角中海德格尔赋予了后者优先性，因为它是人理解世界的最平常的方式，而前者则是建立在对于人与物的抽象的基础之上的。海德格尔在其理论出发点就反对笛卡尔以来的世界观，他认为世界对于人来说首先不是客观实在的自然物整体，而是人与用具所构成的生活世界，因此自然决定论并

———————————
　　① ［德］康德：《道德形而上学的奠基》，李秋零译，中国人民大学出版社 2013 年版，第2 页。

不必然,甚至也不应该是我们考察自由的理论前提。人的生存、在世界中存在一种能在,这就意味着自由已经蕴含于生活世界之中了,他对自由的考察并不是从自然决定论,也不是从自由意志的形而上学,而是从人的实践自由出发的。①

海德格尔所说的理解不仅指具体的实践能力或者说知道如何,而且还指为这种能力奠基的"筹划"(Entwurf),进一步说是实践主体对于自身的何所为以及对于世界的意蕴的筹划,(SZ 145)或者说人对于自身以及周遭世界的理解。人的生存实践是奠基于筹划的,在筹划中实践主体规定了自身行动的目的以及周遭世界的意义,在这个意义上人始终是自我规定的,他的行动的根据(而不是原因)是他自己的筹划。因此人的生存实践首先不能被看成是被自然规律决定的自然现象,而是自发的(spontan),是一种自由的存在方式。在海德格尔看来,正是筹划使得人的生存成为了可能性:"作为筹划的理解是此在的生存样式,在这种生存样式中他是作为可能性的可能性。"(SZ 145),或者说是人的生存成为了自由的能在。

当海德格尔的自由理论不是一种自由意志理论这一点得到了澄清时,我们会发现图根特哈特对于海德格尔的自由概念的解释并不成立。理解或筹划并不等同于有意的考虑与选择,因为人的实践自由常常并不体现在有意的考虑与选择之中,即便没有基于考虑的选择,人的生存实践也是自由的。只要它是奠基于自我理解或者说自我筹划的,或者说它是自发的,那么它就不是被自然法则决定了的自然现象。图根特哈特将生存的可能性解释为意志的可能性,它的实现或不实现取决于人的选择或者说意志的决定,例如我明天是否去电影院看电影就取决于我的选择,在这种解释中实践自由被视作自由意志,而

---

① 关于海德格尔对康德自由意志理论的批判可参见蔡文菁:《自由与有限性——对海德格尔〈论人类自由的本质〉的解读》,《哲学分析》2018 年第 5 期。

它又意味着考虑的能力（Fähigkeit zur Überlegung）。① 相反，海德格尔眼中的实践自由是人的一种生存规定，也就是说自由本身就蕴含于人的生存结构之中，无论我们是否进行了考虑并做出了决定，我们的生存实践都是自由的，因为我们的任何生存实践都是基于对自身的目的以及世界的意义的理解或者说筹划的，也就是说它是自发的，而不是由自然法则所决定的。

被理解或者说被筹划的是人自身的何所为与世界的意蕴，并且在逻辑上对于前者的理解（筹划）是先于后者的，只有当人理解了自身生存实践的何所为时，周遭世界才会呈现为具有某种意蕴的。人的生存总是意味着对于自身生存的何所为的理解或者筹划，在这一点上海德格尔实际上也是受亚里士多德启发：亚里士多德认为人的生存本质上是目的性的，人所追求的目的或者是更好的生存本身（实践），或者是某个外在于自身的作品（创制）；而在海德格尔看来，这两种目的都是人自身的目的（何所为），而对于它的理解或者筹划则是本质性的生存规定。对于亚里士多德来说，日常的生存总是向着某个尚未被实现的目的的运动或者说"潜能"，而用海德格尔的话来说，生存始终是"能在"。当我们带着对于自身的何所为的理解或者筹划而生存时，我们始终已经处于实现这种何所为的运动之中了，何所为对于我们来说既不是空洞的逻辑可能性，也不是未来的偶然性，而是有待实现或者说正在被实现的生存目标，例如张三的一个目标是成为优秀的小提琴手，那么当他在练习拉小提琴时，即便他没有考虑自身行动的目的，他的行动也是始终带着对于这个目的的理解或者筹划的，并且正是在这个意义上他的行动才是实现这个目标的能在或者说潜能。在现在与将来之间，或者说在人实际上之所是与他将成为的之间并不存在一条鸿沟，生存可能性作为生存的一个向度为人打开了未来这个维度，并且打开了自由的"游戏空间"（Spielraum, SZ 145）。海德格尔写到：

---

① Tugendhat, Ernst, *Selbstbewusstsein und Selbstbestimmung*, Frankfurt a. M.: Suhrkamp, 1979, S. 218.

如果有人想要并且能够根据此在的组成成分来将它作为现成者来记录，那么基于由筹划这种生存规定所构成的存在方式，此在始终比它事实上所是的"更多"。但它从来不比它实际上所是的更多，因为能在在本质上属于它的实际性。但此在作为可能存在也从来不会更少，这就是说，在它的能在中它还未是的东西，在生存论上它已经是了。只是因为此之在通过理解和它的筹划特征获得了它的建构，只是因为它是它将成为的或者将不成为的，所以它可以带着理解对自己说："成为你所是的！"（SZ 145）

实践主体对于自身何所为的理解（筹划）使得周遭世界也获得了某种意蕴，从而生活世界的意义丰富性也就不难理解了，例如对于生活在工业文明时代的无神论者与生活在新石器时代的图腾崇拜者来说，他们的生活世界所显现出的意蕴是不一样的。海德格尔并不是一个意志论者，他并不认为生活世界的意义是人所赋予的，也不认为人可以重估自己的生存与生活世界的价值。毋宁说他是一个"宿命论者"，在他看来理解始终是置身性的，或者说筹划（Entwurf）与被抛（geworfen）是一同发生的："此在是……彻底的被抛的可能性"。（SZ 144）当人在世界之中生存时，不仅与它物以及他人打交道的方式，而且自身的何所为都已经是被社会性地、历史性地规定了的，实践性知识或者说知道如何并不是先天的，而是需要通过学习才能获得，而这种学习恰恰也就是被社会教化的过程。也就是说，人对于自身的何所为以及世界的意蕴的筹划或理解通常是被社会性地、历史性地规定了的，即便它同时是自我规定并且意味着人的行动的自发性。

由此我们也就能够理解海德格尔对于"本真的"（eigentlich）与"非本真的"（uneigentlich）这对概念理解的区分。两者都是针对人对于自身何所为的理解而言的，非本真的理解意味着人并不是从其自身，而是从其所生存的周遭世界赋予他的生存意义或者说何所为出发来理解（筹划）自己的何所为的，例如在日常生活中我们将自身理解为父亲、公民、厨师、司机等，我们所扮演的这些角色是社会性的与历史性的,而不是来源于我们对于自身的规定,自身筹划或理解在这里只是意味着对于这些社会性的、历史性的规定的内化。与之相对,海德格尔认为我们也可以在摆脱周遭世界束缚的情况下来规定自身,这种自我规定、筹划或者说理解是本真的。

> 理解可以首要地位于世界的揭示性之中,这意味着此在首先并且通常是通过它的世界来理解自身的。或者理解也可以首要地将自身抛入何所为之中,这意味着此在作为自身而生存着。理解或者是本真的,即来源于作为如是的自己本身,或者是非本真的。(SZ 146)

由此可见,除了社会性的、历史性的、非本真的生存方式,我们还可以有一种本真的生存可能性,这种可能性不是来源于社会或历史,而是"来源于作为如是的自己本身"。在海德格尔看来,在日常生活中这种可能性是被遮蔽的,对于"常人"(Man)来说社会性的、历史性的生存方式就是自身的宿命,除此之外不再有任何其他生存可能性。从这个角度看,"常人"的日常生活方式是有歧义的,一方面它是基于对自身的何所为以及周遭世界的意蕴的筹划或者说理解的,因而它是自发的、自由的,另一方面它则是社会性地与历史性地被规定的,因而是不自由的。作为常人而存在的我们就如同柏拉图"洞穴比喻"中的囚徒,囚徒以为自己是自由的,而实际上他并不自由;并且与柏拉图一样,海德格尔也认为人应该"走出洞穴",成为真正自由的人。本真的、自由的生存方式与对本真的、自由的生存可能性的理解实际上是相等同的:只要我们理解了自己的本真的生存可能性时,我们就以本真的方式生存着。

第四节　言　语

一、符号

"言语"(Rede)是构成生存论—存在论结构的第三种要素,在生存—存在者层次上与之对应的是"语言"（Sprache）："语言的生存论—存在论基础是言语。"（SZ 160）"言语的被言说即是语言"。（SZ 161）根据我们的通常理解，"语言"是比"言语"外延更广的一个概念，语言不仅包括声音语言或者说言语，还包括文字语言、图像语言、肢体语言等。在此需要避免的一个误解是将海德格尔所说的"言语"理解为声音语言，作为声音语言的言语在海德格尔看来属于生存—存在者层次上的语言，而非生存论—存在论层次上的言语。

无论是文字语言、图像语言还是肢体语言，它们的一个共同特征都是由符号（Zeichen）构成的，与不同种类的语言相对应，也存在着不同种类的符号，例如商店售货员身上佩戴的姓名标志、公路上的禁行标志、书本上的汉字、数学符号，等等。在《存在与时间》的第 17 节海德格尔对"符号"（Zeichen，标志）这个概念进行了分析，在他看来，所有种类的符号都有着共同的特征：符号总是某物的符号，也就是说符号是以"一种普遍的关联方式"（eine universale Beziehungsart）指涉事物的。这种指涉方式是怎样的呢？例如"珠穆朗玛峰"这个汉语单词与现实的珠穆朗玛峰之间是怎么形成指涉关系的？公路上的禁行标志又指涉什么？它是如何指涉它所指涉的事物的？

在 20 世纪的语言分析哲学中，指涉（Bezug）或者说意谓（Bedeutung）是其核心论题之一，在此我们无需卷入各种指称理论之间的争论旋涡，而只是对海德格尔的符号理论进行简短的论述。海德格尔认为，符号首先是用具（Zeug，SZ 77）。正如其他种类的用具一样，符号之间同样存在着指引（Verweisung）关系，例如在"天黑了"这个语句中"天"与"黑了"这两个语词之间就存在着这种关系，并且它们也可以和其他语词形成这种关系。虽然海德格尔没有明确地加以论述，但所有符号形成了一个指引整体（Verweisungsganzheit）是一个毋庸置疑的事实，需要进一步探究的是符号整体与现实世界之间的关系，也就是语言与世界之间的关系。语言与世界之间存在的是一种摹画（Abbildung）

关系么?① 如果是,那么在非现实的、抽象的语言与现实世界之间的这种关系又是如何得以建立的? 它们之间需要心灵表象这个中介么? 海德格尔将符号规定为用具,也就是说符号在他看来也是世界内的一种实践对象或者说上手者,符号以及符号整体不在世界之外,而是在世界之内,因而对于海德格尔来说语言与世界之间似乎并不存在摹画关系。

海德格尔区分了事物之间的三种关系:显示(Zeigen)、指引(Verweisen)与指涉(Beziehen)。指涉是一种"形式性的规定"(formale Bestimmung),在任意的关联中它都存在,(SZ 77)也就是说,指涉是一种抽象的关联,不仅在实践对象(上手者)之间,在人与实践对象之间,而且在抽象的认知对象(现成者)之间都存在,例如自然数"1"与"2"之间也存在一种指涉关系。与指涉不同,指引则是一个外延较小的概念,"每一个指引都是指涉,但并不是任何一个指涉都是指引"(SZ 77),指引只存在于实践对象与实践对象,以及实践对象与实践主体之间,它们共同构成了一个指引整体。显示则是这三个概念中外延最小的概念,"每一个显示都是指引,但并不是任何一个指引都是显示",在海德格尔看来,显示仅仅是符号这种用具的功能。(SZ 77)简而言之,如果将符号视为一种用具或者说实践对象,那么在符号与符号之间、符号与其他实践对象之间存在的首要关系不是抽象的指涉,而是实践性的指引;此外,在符号与它所指涉的事物之间还存在着显示关系。

海德格尔认为,符号的指引功能与显示功能之间存在着这样一种关系:只有当它作为用具被顺利使用时,也就是说当它顺利地指引着其他用具时,它才能发挥它的显示功能。"作为一种工具显示工具是通过指引而被建构的。它具有为了这样一种特征,具有它自身特定的作用,它是用来显示的。"(SZ 78)为了说明这一点,海德格尔举了当时机动车上的可旋转的红色指向标的例子,红色指向标是一种用具,它的功能或者作用是显示机动车将要行驶的道路。

---

① 语言的摹画理论的最典型表述是维特根斯坦的《逻辑哲学论》,相关表述参见[奥]维特根斯坦:《逻辑哲学论》,贺绍甲译,商务印书馆1996年版,第45页。

它不仅被机动车驾驶员使用,而且也被行人使用,它告诉行人是应该等候还是站在原地。它发挥这个作用的前提是处于交通工具、驾驶员、行人、道路、周遭环境等一同构成的用具整体之中,并且被正确地顺利使用,也就是说它顺利地指引着其他用具。但与其他用具不同的是,作为一种符号它的功能(所为)是显示,也就是说作为一种用具它同时指引和显示机动车将要行驶的道路。符号的显示功能作为一种指引与其他用具的指引是有很大差异的,例如红色指向标显示了机动车将要行驶的道路,"珠穆朗玛峰"一词显示了珠穆朗玛峰,原始的图腾符号显示了原始部落所崇拜的神,等等,这些显示并不仅仅是指引,而是更接近于所谓的摹画。我们究竟该怎样来理解符号的这种显示功能呢?

符号是一种实践对象或者说用具,而不是认知对象或者说现成者,因而只有当它在实践中被顺利地使用时,它才作为它自身而被理解。"如果我们注视着这个符号,把它视为出现的显示物,那么它恰恰没有本真地被'把握'。"(SZ 79)当符号作为用具被把握时,被把握的不仅仅是它本身以及它所显示的事物,同时还有它所处的用具整体(Zeugganzes),无论是道路标志、语言符号,还是图腾符号,它们都是处于用具整体之中的,它们无法脱离所处的用具整体而被把握。当然这种整体性不仅是符号的特征,而是所有用具都具有的特征,任何用具都无法脱离用具整体而被把握。但海德格尔指出,符号的特别之处在于它的"明确性"(Ausdrücklichkeit):

> 它(符号)依赖于操劳着的打交道活动中的环视,也就是说,跟随着它的指示的环视在与其同行的过程中将周遭世界的周遭性带入了明确的"综观"(ausdrückliche Übersicht)之中。环视着的综观没有对这个上手者进行把握,而是在周遭世界中找到了一个方向。(SZ 79)

换句话说,符号的意义(Sinn)在于给人一个行动方向(Orientierung),而不是让人把握某种抽象的事态,例如红色指向标的意义是它所显示出的机动车将要行驶的道路,当行人把握住它的意义时,也就在周遭世界中获得了一个行动的方向,或者说"知道"了这个方向;并且行动或者实践总是发生在周遭世界之中的,方向也总是在周遭世界中的方向,因而把握一个符号的意义也就意味着把握周遭世界中的某个方向,也就是说被把握到的不仅有行动的方向,而且还有"周遭世界的周遭性"(das Um-haft der Umwelt);更为重要的是,无论行动的方向还是周遭世界的周遭性都是被显示出来的,也就是说它是明确的(ausdrücklich)或者说显明的(explizit)。

也许上面的论述容易使人产生这样一种印象:海德格尔持有一种实用主义的符号理论。① 他将符号视为一种用具,它的作用或者说意义(Sinn)在于指引与显示行动的方向,而符号的意谓(Bedeutung)则不在他的考虑范围内。他对于原始崇拜与巫术的分析更是加强了这种印象,他认为原始人对于符号的使用不是以理论性思辨的方式进行的,而是直接性地在世界中存在,并且他反对这样一种符号理论的观点:对于原始人来说符号与被符号显示的事物是合在一起的,在他看来在原始人那里根本就没有符号与被符号显示的事物的分离,更不用说合在一起了,毋宁说符号就是它所显示的事物。(SZ 81-82)海德格尔否定了在原始崇拜与巫术中符号之外还存在某种与之相分离并由它所显示的事物,也就是说他不认为这些符号具有与之相分离的、客观的意谓。符号只是具有显示功能的用具,它指引着其他用具,并且与它们共同构成了用具整体,例如"喜马拉雅山"这个语词与喜马拉雅山之间存在着指引关系,而不是摹画关系,当"喜马拉雅山"这个语词或者喜马拉雅山被作为符号使用时,它给人一个在周遭世界中行动的方向(例如作为藏民的敬拜对象或者定向参照物),这是它所显示的意义。

---

① Fultner 将这种语言理论称为"工具性的"(instrumental),参看 Fultner, Babara, "Heidegger's Pragmatic-Existential Theory of Language and Assertion", in *The Cambridge Companion to Heidegger's Being and Time*, ed. by Mark A. Wrathall, New York: Cambridge University Press, 2013, p. 201。

对于海德格尔来说,符号或者语言的实用主义特征是毋庸置疑的,但这并不足以解释符号的显示功能。符号不仅给人以一个行动的方向,而且还显示了"周遭世界的周遭性",也就是说符号还具有揭示(周遭)世界的功能。这个功能是由于显示的明确性而存在的,所谓的明确性(Ausdrücklichkeit)也就是醒目性(Auffälligkeit,SZ 80)。正如前文所述,醒目性是当上手者(实践对象)转变为现成者(认知对象)时所具有的一个特征,并且在这个过程中周遭世界的合世界性(Weltmäßigkeit)也得以被揭示。实际上符号所显示的"周遭世界的周遭性"就是符号的合世界性,但这并不意味着符号是一种有缺憾的(defizient)用具:一方面,与其他用具不同的是,当符号被顺利地使用时,它也具有醒目性的特征;另一方面,与其他用具相同的是,当符号被顺利地使用时,它具有不醒目性(Unauffälligkeit)的特征,因而当它被顺利使用时,它具有"不醒目性的醒目性"(Auffälligkeit der Unauffälligkeit,SZ 81)。如果将符号仅仅视为某种认知对象或者说现成者,那么被把握到的仅仅是它的醒目性的特征;如果将符号仅仅视为某种用具或者说上手者,那么被把握到的仅仅是它的不醒目性的特征;而海德格尔的符号理论的最大特点恰恰在于强调符号的这种双重面向。使用符号的实践活动的特征在于使用者在这个过程中"意识到"了符号的存在,并且它是具有某种意义的,例如一个厨师在炒菜的过程中想要拿一把铲子,①当他抬起头看见铲子的时候,通常他不会对他看见的实践对象产生这样一种认知:"这是铲子",而是直接看到了铲子这样一个符号或者显示用具,它的作用在于给人一个行动的方向,在这个例子中就是"用来炒菜"。对于"铲子"这个符号的使用同时具有醒目性与非醒目性的特征:一方面,厨师抬起头看见铲子、将它取下、用它来炒菜等一系列动作是顺利进行的,在这个过程中铲子这个用具与其他用具之间的指引也是顺利发生的,相对于其他用具铲子并不醒目,厨师无须注视它并思考它的作用;另一方面,当厨师看见

---

① 值得注意的是,海德格尔所说的符号并不特指语言符号,见下文的分析。

"铲子"的时候,它恰恰具有醒目性特征,它不仅显示了厨师的行动方向,而且也显示了厨师所处的整个环境,用海德格尔的话来说就是:周遭世界的周遭性或者说符号的合世界性被带入了"明确的综观"之中。

从上面的例子我们也可以看到,语言符号相对于其他符号并不具有优先性,所有种类的符号都具有显示功能,使得符号区别于其他种类用具的特征是它的明确性或者醒目性。海德格尔认为在"设立符号"(Zeichenstiftung)的活动中被用作符号的用具依然是一个上手者,只不过通过它的醒目性特征让环视得以揭示周遭世界,因而即便是周遭世界中的熟识之物也可以被用作符号,例如在农耕时节人们把南风用作雨的符号。(SZ 80-81)由此还可以得出的一个结论是:符号以及符号的意义并不存在于人的心灵之中,而是在世界之内。不仅文字、声音、图像可以被用作符号,明显具有醒目性特征的物(例如黄金、贝壳、雪山的山峰等)可以被用作符号,而且我们熟识的世界内的日常性事物同样可以被用作符号。从另外一个角度来看,符号正是生活(周遭)世界中的物的基本特征,无论是日月星辰、山川河流、飞禽走兽,还是人工制品对于我们来说都已经是符号了,在日常的生活实践中我们无需辨认这些事物,也无需为它们命名,而是直接使用这些符号,并且它们通常都是有意义的,我们知道如何与它们打交道。①

符号的显示功能以及醒目性的特征也解释了为什么在日常生活中我们几乎总是"意识"到了所遭遇到的对象的意义。在海德格尔看来,我们并没有先对这些对象进行认知、为其赋予意义并且用符号来标示它们。它们原本就是我们所熟识的实践对象或者说上手者,并因而能够成为有意义的符号。当我们使用它们时,它们是作为有意义的符号而被使用的,例如铲子是用来炒菜的。对于符号以及其意义的把握或者说"意识"并不意味着认知,而是实践性

---

① 海德格尔将生活世界中的物的这个特征称为"Ausgelegtheit"(被解释性),而解释(Auslegung)与理解的区别也恰恰在于它的明确性(Ausdrücklichkeit),因而解释必定是言语性的(discursive),在下文对于解释的讨论中我们会回到这个问题上来。

的知识、环视。此外,具有醒目性特征的符号与其他不醒目的用具总是同时出现的,这是符号得以作为用具而被顺利使用的前提条件,因而对于符号的"意识"并不意味着对于它的注视(Hinsicht),而是对于它与其他用具之间的指引的环视(Umsicht),在这种环视之中所有用具都具有不醒目性的特征。简而言之,对于符号的把握意味着环视这种实践性知识,并且它是明确的、显明的。

虽然海德格尔认为符号具有醒目性的特征,但他并不认为它是一种现成者(认知对象),而是始终将它视为显示用具(Zeigezeug)。当符号被顺利使用时,它并没有脱离周遭世界,而是始终在世界之内,尽管它同时作为醒目的用具显示了周遭世界的周遭性,这个周遭世界是人所生活的地点,是一切实践活动(操劳、关心)发生的场所。从这个角度来看,海德格尔的符号理论不仅是实用主义的,而且具有生存论—存在论上的意涵。只要我们在日常生活中使用符号,那么周遭世界(通过符号的合世界性)就必定已经被揭示或者说为我们所理解了,作为我们所生活的世界与实践活动发生的场所它总是具有某种意蕴(Bedeutsamkeit)。只有理解了符号的这个功能,我们才能理解为什么海德格尔会将"言语"规定为生存论—存在论的三大构成要素之一。

二、言语

"言语"(Rede)是对古希腊语词"λóγοs"的翻译,海德格尔认为它的意义是"使……变得显明","让……被看见"。这个意义上的言语对于此在的揭示性来说是"建构性的"(konstitutiv),[①]并且它与置身性以及理解是"同等原初的"(gleichursprünglich,SZ 161)。何种事物通过言语成为显明的或者说被看见了呢?

---

① Cf.Fultner,Babara,"Heidegger's Pragmatic-Existential Theory of Language and Assertion",in *The Cambridge Companion to Heidegger's Being and Time*,ed. by Mark A. Wrathall,New York:Cambridge University Press,2013,p. 201.

言语是可理解性的刻画(Ärtikulation der Verständlichkeit)。① ……
我们曾把在解释中,更原初的是在言语中可刻画的东西称为意义。
在言语刻画中被作为如是的而划分的东西我们现在称为意谓整体
(Bedeutungsganze)。它可以被分解为各种意谓。意谓作为可刻画的
东西的被刻画总是有意义的。……可理解性的意谓整体达乎言辞
(Wort)。言辞附着在意谓上得以增长,而非言辞事物被配上了意
谓。(SZ 161)

正如富尔特纳(B.Fultner)所指出的那样,海德格尔持有一种存在论上与语言
学上的整体主义,并且前一种整体主义蕴含了后一种整体主义,正是由于意谓
是整体性地被建构的,刻画它的语言也才是整体性地被建构的。② 在海德格
尔看来,被理解的始终是在世界中存在这样一个整体,实践主体自身的何所
为、世界的意蕴以及实践对象的所为或者说指引都只是构成这个整体的部分,
而这个整体也就是言语所刻画的意谓整体。例如当某个小孩在夜晚抬头看天
上的月亮,并发出了"月亮很圆"的赞叹,他(或她)所刻画的不仅仅是月亮的
形状,而且还是对于自身以及世界的理解,这个语句作为符号显示的不仅是月
亮的意义——"很圆"或者"对我显得很圆",而且还是这个小孩所处的世界以
及他(或她)在这个世界中的存在。

在海德格尔看来,我们并不是先用言辞进行刻画,然后再为其附加上某个
意谓,言辞与它的意谓以及意谓整体是融为一体的,甚至意谓以及意谓整体在
逻辑上是在先的,言辞只是它们的刻画或者说表达。在这个意义上意谓甚至
是前语言的,它在被言辞表达之前就已经存在了,并且已经被实践主体把握

---

① 德语"Ärtikulation"与英语"articulation"都来源于"articulatio",意思是"发音"或者"关节
的分环勾连",从上下文来看,海德格尔是在发音的意义上来使用这个概念的,但在他这里言语
作为一种生存论—存在论结构要素并不一定体现为声音,因而在此将这个词翻译为"刻画"。

② Fultner, Babara, "Heidegger's Pragmatic-Existential Theory of Language and Assertion", in
The Cambridge Companion to Heidegger's Being and Time, ed. by Mark A. Wrathall, New York:
Cambridge University Press, 2013, pp. 205−206.

了,它意味着"可理解性"。但意谓并不能被认为是前言语的,虽然海德格尔一方面认为言语是对于置身性的可理解性的刻画,在这个意义上它是奠基于理解与置身性的,但另一方面言语作为生存论—存在论的一个构成要素与两者是平行的,或者说是"同等原初的"(SZ 161)。换句话说,在世界中存在始终是已经被刻画的,即便在事实上它没有被表达出来,但从可能性上来说它始终可以达乎言辞。

在海德格尔看来,语言意味着言语的被言说,而且被言说的方式并不局限于声音语言与文字语言,"倾听"(Hören)和"沉默"(Schweigen)同样是"言语性的言说"(redendes Sprechen, SZ 161)。他对于"倾听"的分析强调了这样两点:第一,倾听是直接的,声音和意义始终是融为一体的,或者说根本没有声音与意义的分离和结合。"比较起人们在心理学中'首先'规定为听的东西亦即感知声响,听到声音倒更原初些。我们从不也永不'首先'听到一团响动,我们首先听到辚辚行车,听到摩托车。我们听到行进的兵团、呼啸的北风、笃笃的啄木鸟、啪啪作响的火焰。要'听'到'纯响动',首先就需要非常复杂的技艺训练。"(SZ 163)换句话说,在日常生活中我们通常听到的是具有意义的声音符号,它们是明确的或者显明的,听到它们同时也意味着理解了它们,听与理解不是两回事,而是同一回事。第二,倾听意味着对于他人的倾听。"这种互相倾听,通过它共在得到了培育,可能有追随、共进的方式,也可能有不听、反感、抗拒、背离等缺损的方式。"(SZ 163)此外,对于他人的倾听并不局限于直接地倾听他人的话语,阅读同样也是对于他人的倾听。海德格尔认为"沉默"是"言谈"(Sagen)的对立面,只有能够言谈的人才能保持沉默,植物人既不言谈也不沉默,而只是静默(stumm)。因而沉默甚至是比言谈更好的言语方式,在沉默中我们回避了话语的喧嚣,而真正地获得了对于事物的理解,海德格尔甚至认为真正的倾听与共在是产生于沉默的。(SZ 165)他对于"听"以及"沉默"的分析论证了他的主要论点,即言语与理解以及置身性是同等原初的。

海德格尔对言语的结构也进行了分析,他认为言语是由"被言说者"(Be-redetes)、"作为如是的所言"(ein Geredetes als solches)、传达(Mitteilung)、公布(Bekundung)这四种"建构性要素"所构成的,(SZ 162)对这四种要素我们可以进行如下的分析:

1)言语是有意谓(Bedeutung)的,用海德格尔的话来说就是:言语有它的"何所谓"(Worüber)或者说"被言说者"(Beredetes)。不仅陈述句或者说命题具有意谓,请求、命令、赞许、协商等形式的语言也同样具有意谓,例如在"月亮很圆"这句话中被言说的是月亮,而在"请你保持沉默!"中被言说的是"你"。当然对于海德格尔来说,言说者首先理解的是他(或她)的生存或者说在世界中存在的整体,被言说的也首先是这个整体,对于特定对象的注意是由符号的醒目性特征带来的,作为最重要的符号形式的语言符号不仅指引着特定对象,而且使得它们被显示出来、被"注意到",正是符号的显示功能使得言语或语言能够具有特定的意谓。

2)言语是有意义(Sinn)的,用海德格尔的话来说就是"作为如是的所言"(ein Geredetes als solches),例如"月亮很圆"这句话的意义是:月亮是(作为)很圆的。正如我们从海德格尔对于符号的分析中所看到的那样,在他看来符号以及语言的意义在于给在世界中存在的人以行动方向,也就是说符号以及语言的意义是实践性的。这种意义理论用于解释某些形式的符号或语言的意义无疑是有优势的,例如祈使句、交通标志等,但似乎很难用以解释名称、陈述句等形式的符号或语言的意义,例如我们通常认为"地球是圆的""地球绕着太阳转"这类命题的意义并不是实践性的,而是表达了某个事态。然而实际上这并不构成海德格尔的实用主义意义理论的缺陷,相反却促进了他对于命题、意义等问题的思考,并且提出了命题的衍生性理论,在下文中我们会回到这一点上来。

3)言语意味着传达(Mitteilung),传达并不仅仅指告诉某人某事,即便个人独白也是一种传达,因为言语的意谓和意义都是公共的,或者说是可分享的。在海德格尔看来,传达并不意味着"输送体验",即将一个人的内在体验输送到另外一个人的心灵中去。无论符号还是其他用具都是周遭世界内的存在者,它们对于世界内的其他人来说也是可通达的。在这个意义上言语不仅对于实践主体自身的存在,甚至对于与他人的共在来说都是建构性的:"在言语中共在被'明确地'分有(geteilt)了"。正如前文所述,亚里士多德早就洞察了这一点,他认为人作为一种拥有言语的动物(ζῷον λόγον ἔχον)必然是一种城邦或者说政治动物(ζῷον πολιτικόν),拥有言语意味着与他人共在,并且与他人分有了一个共同的生活世界。在海德格尔看来,无论理解还是置身性都同时是在世界中存在以及与他人公在的方式,这对于言语来说也是一样的,通过言语被揭示的存在方式通常不是私人性的,而是公共的,例如一个优秀的厨师可以通过文字传达给我们他的烹饪经验并且他的经验可能是非常独特的,然而从本质上来说烹饪是一种公共的在世界中存在的方式,也就是说烹饪经验对于他人来说是可通达的。

4)言语是一种自我表达(Sichaussprechen)或者说公布(Bekundung)。尽管言语所言说的并不是私人的、内在的体验,而是生活世界中的可理解性,但它所刻画的始终是人对于自己生存的理解以及置身性。无论"我"这个词语是不是在言语中出现,也无论言语主体是不是指涉了自身,"我"实际上就已经蕴含在所有被"我"言说的言语中了。这里的"我"不是思维物(res cogitans),也不是伴随所有表象的"逻辑主体"(das logische Subjekt),而是在周遭世界中生存的实践主体。"我"时时刻刻都拥有着对于自身、世界内的物以及世界本身的理解,并且还是置身性的,因而言语所刻画、表达的始终是"我"的理解以及置身性,无论是以默会的还是显明的方式。

通过上面的论述不难发现,对于海德格尔来说,语言无非就是对于符号这种用具的使用。无论是大声的朗读,还是听到汽笛声或北风呼啸,还是对某件事保持沉默,在这些过程中行动主体都已经理解了自身在世界中的存在,并且言语已经被言说了。在言语与语言中人自身的存在以及世界都不再是默会的

（implizit），而是具有了明确性与显明性，生存或者说在世界中的存在被带入了一种新的光亮之中，在这个意义上言语与语言构成了此在的揭示性或者说生存论—存在论结构的一部分。正如置身性与情绪、理解与知道如何一样，生存—存在者层次上的语言与生存论—存在论层次上的言语是融为一体的，言语必然通过语言而得到言说，也就是说必然是符号性的，反之语言作为世界内的上手者或者用具是奠定在言语这种生存论—存在论结构要素之上的。在这个意义上我们无法将生存论—存在论结构视为比语言更为原初的揭示性，反之亦然。①

正如富尔特纳所指出的那样，海德格尔持有一种"实用主义—生存论的语言理论"，与其他用具不同的是，语言对于我们来说并不是可有可无的，而是如同身体一样是本质性的。② 换句话说，一方面，语言像其他用具一样是我们所使用的用具，对它的使用要遵循一些规则，并且这种使用既可能顺利进行，也可能不顺利地进行。虽然符号具有醒目性特征，但符号与语言不是现成者或认知对象，理解它并不意味着去认知它的意义，而是按照一定规则顺利地使用它，并且对于它的使用是受环视或者实践性知识所引导的。③ 另一方面，语言是奠基于言语这个生存论—存在论结构的要素的，言语刻画了生存或者说在世界中存在的整体，也就是说使得它成为显明的，由此符号以及语言才具有了揭示周遭世界的世界性的功能，被言语与语言揭示的不仅是某个语句的

---

① Lafont 认为言语或者说语言是比其他生存论结构要素更为原初的揭示性，只有在语言中存在才得以被揭示，因而海德格尔是一个语言学观念论者（linguistic idealist），但这是对于海德格尔的过分解读，这种解读忽视了海德格尔赋予符号的工具或者说上手者特征，进而忽视了语言的实用主义面向。（Cf. Lafont, Cristina, „Die Rolle der Sprache in *Sein und Zeit*", in *Zeitschrift für philosophische Forschung*, Bd. 47:1, 1993, S. 41–59；Lafont, Cristina, „Welterschließung und Referenz", in *Deutsche Zeitschrift für Philosophie*, Bd. 41:3, 1993, S. 491–507.）

② Fultner, Babara, "Heidegger's Pragmatic-Existential Theory of Language and Assertion", in *The Cambridge Companion to Heidegger's Being and Time*, ed. by Mark A. Wrathall, New York: Cambridge University Press, 2013, p. 214ff.

③ Okrent, Mark, *Heidegger's Pragmatism*, Ithaca and London: Cornell University Press, 1988, p. 52ff.

意谓,而且还是在世界中存在的整体。海德格尔分别用"语言"与"言语"刻画了这种揭示性的两个层面。

只有我们理解了语言—言语的这种结构,才能理解为什么海德格尔宣称要将语言从逻辑学以及语法中解放出来。(SZ 165-166)在他看来,传统的逻辑学以及语言学都将语言视作现成者或者说认知对象,然后去研究它的用法以及意谓;并且将优先地位赋予给了命题(Aussage),语言—言语的揭示功能被等同于命题的判断功能,语言可以揭示或掩盖实事本身意味着命题可以符合或不符合事实,即或为真或为假。这就意味着传统的逻辑学与语言学不仅误解了语言的生存论—存在论上的规定性,而且误解了语言的揭示性或者说真理功能,因为在前判断的言说中语言就已经揭示了世界内的存在者、世界以及人自身的存在,也就是说,作为前判断真理的揭示性并不是通过命题或判断才首先被把握的。在后面的章节中我们将具体地分析海德格尔的真理理论与传统真理理论的差异。

第十一章　从解释到常言

第一节　解释与实践性知识

在上一章中我们讨论了生存论—存在论结构的三大要素:置身性、理解与言语,它们一同构成了人在世界中的存在方式以及揭示性;它们在存在者层次上也有着各自的对应物:心情(情绪)、知道如何与语言。接下来我们将讨论《存在与时间》中的另外两个重要概念:解释(Auslegung)与命题(Aussage),通过讨论我们将会看到:解释意味着一种显明的实践性知识,而命题则意味着认知性知识。

正如上文所述,理解在生存—存在者层次上意味着知道如何这样一种实践性知识,而在生存论—存在论层次上意味着人对自身与世界的理解,并且后一种理解是为前一种理解奠基的。海德格尔认为,在日常生活中生存论—存在论层次上的理解通常是前存在论的(vor-ontologisch),即默会的,并且生存—存在者层次上的知道如何通常也是默会的,它体现为各种具体的实践能力。从这个角度看,两个层次的理解都缺乏人类知识的一个重要特征:显明性,即通过语言与文字而得到表达。因而我们或许会认为,理解只不过是尚不成熟的知识形式,而真正成熟的知识是由命题组成的,它是客观的或者说是不依赖于具体的个人的,并且是普遍有效的。这种观点在西方哲学史中长期都是主流观点,在亚里士多德那里,认知性知识被规定为优先于实践性知识,近代知识论则遗忘了这两种知识的区分,将知识等同于认知性知识。由此出发,下文对于海德格尔的揭示性理论或者说实践知识论的阐释将分为两个部分:一是阐明默会的实践性知识是如何变得显明的;二是回应传统的命题性知识(认知性知识)的优先性理论。

一、作为实践性知识的解释

海德格尔认为,理解按其本性就能够成为显明的、明确的:

> 理解的筹划有着自我培育这样一种本己的可能性。理解的培育(Ausbildung)我们称为解释(Auslegung)。……解释不是对于被理解者的获悉,而是对于在理解中被筹划的可能性的制定(Ausarbeitung)。(SZ 148)

由此可见,解释是理解的表达(Ausdruck),它意味着明确的(ausdrücklich)或者说显明的(explizit)理解。虽然在日常生活中实践性知识常常是以默会的形式存在的,例如我知道如何踢足球,却不能够表达这种知识,或者说我并不拥有关于踢足球的命题性知识;但它并不是完全默会的,例如我至少知道踢的是足球、它可以被脚踢、被射到门里去等。这是否意味着在默会的实践性知识之外,我们还拥有一些命题性或者说认知性知识呢?海德格尔的回答是否定的,他认为这些显明的知识依然属于实践性知识(环视):

> 环视发现着,这意味着:已经被理解的"世界"被解释了。上手者明确地(ausdrücklich)进入了理解的视见。一切调整、整顿、安排、改善、补充都是以这样的方式得到实施的,即在环视中上手者通过它的为了(Um-zu)而被分离开来,……在环视中按照它的为了并且作为如是的而被分离开来的、明确地被理解的事物,拥有某物作为某物的结构。(SZ 148-149)

在这段话中海德格尔反复强调,发现了实践对象(上手者)的实践性知识(环视)可以是明确的,实践对象是通过它的作用(为了)而被理解并且与其他实践对象分离开来的。换句话说,在日常生活中理解一个实践对象意味着知道它的作用,并且将它与其他实践对象区分开来,而如果这样一种理解是明确的,那么它就成为了解释。解释不仅意味着明确地知道"这是 X",而且意味着明确地知道"X 是用于 Y 的",理解与解释某物意味着知道如何使用它,即知道它的作用,对于理解与解释来说"这是 X"与"X 是用于 Y 的"是不可分的。在海德格尔看来,即便明确的解释也还不是判断或者说命题,而是"前谓述性的素朴的看"(das vorprädikative schlichte Sehen),也就是他在《时间概念史导论》中所说的"自然感知"。即便对于日常生活中素朴的看来说,周遭世界中的事物通常并不是"沉默"的,而总是显现自身为具体的某物"X",例如桌子、椅子、房屋、山川、河流等,这些事物作为"X"而被看到或者说知道"这是 X"意味着对于它们的解释,海德格尔也称之为"解释性的作为"(der herme-neutische Als,SZ 158)。但在何种意义上这种"素朴的看"或者"解释性的作为"是前谓述性的,也就是说不是一种判断呢?

葛雷泽(A.Graeser)认为,海德格尔所说的"解释"的命题形式是"这是 S",而不是"S 是 P",但这两种形式的命题都是判断或者谓述,因而海德格尔没理由认为解释("这是 S")是前谓述性的。[1] 他的观点一方面是正确的,"这是 S"作为命题当然也是一种谓述,如果我们将谓述(Prädikation)理解为分类(Klassifikation),那么"这是 S"这个命题就将它所指涉的对象规定为 S,并且我们还可以进行这样的推理:"因为它是 S,所以它不是 G"。简而言之,"这是 S"与"S 是 P"这两类命题都是谓述;另一方面,他的批评的出发点就是错的,虽然海德格尔认为解释意味着明确的"解释性的作为",即它是可以通过语言来表达的,例如"这是 X"与"X 是用于 Y 的",但对于他来说这些语言表达并不是命题或判断,也不是谓述。将一个实践对象解释(或者理解)为"X"意味

---

① Graeser, Andreas, „ Das hermeneutische Als. Heidegger über Verstehen und Auslegung ", in *Zeitschrift für philosophische Forschung*, Bd.47, H. 4(1993), S. 561–563.

着将它作为"X"来使用,意味着将它用于"Y",例如将一把锤子解释(或者理
解)为"锤子"意味着用它来敲钉子,虽然通过解释实践对象"X"被与其他实
践对象区分了开来,但是这种区分不是通过判断或者谓述的分类功能,而是通
过前谓述性的实践性知识(例如环视、素朴的看、自然感知)而实现的。

　　海德格尔将解释定义为明确的解释性的作为,即默会的实践性知识的一
种表达,在这个意义上解释是奠基于言语的。(SZ 161)言语或者逻各斯
(logos)的作用在于"让……被看到""展现",正是言语使得解释具有了表达
功能。由此可见,解释不仅(作为"理解的培育")奠基于理解,而且同样奠基
于言语,这也使得它并不仅仅是理解的一种衍生形式,也并不仅仅是言语的一
种形式,而是两者的综合物。与置身性、理解以及言语不同的是,海德格尔并
没有将解释规定为一种生存论结构要素,也就是说解释对于人的生存来说并
不是一种必然的存在方式,而是具有某种偶然性的。并非所有的理解或言语
都是解释,只有当它们得到发展与培育之后,它们才能成为解释,例如踢足球
的某个动作可以单纯地来自于对他人的模仿,通过模仿我们就可以知道如何
完成这个动作,而对这个动作的解释则需要反复的操练以及对它的熟识。

　　德雷福斯认为,解释是理解的一种衍生形态,而不是它的缺憾形态。[1] 也
就是说,解释并不意味着与实践对象打交道活动的中断,也不意味着对于某个
认知对象(现成者)的认知,而是指导与实践对象打交道活动的实践性知识
(环视)的发展。他的这个观点是符合海德格尔的原意的,海德格尔明确区分
了对于某个实践对象的解释与对于某个认知对象的认知:

　　　　如果对上手的用具的一切知觉都是理解性的与解释性的,即通
　　过环视让某物作为某物来照面,那么这岂不是说:首先被经验到的是
　　纯粹的现成者,然后它才作为门、作为房子而被把握? 这将是对于解
　　释所特有的揭示功能的误解。解释并非将一种"意谓"抛给赤裸裸

　　① Dreyfus, Hubert L., *Being-in-the-world: a commentary on Heidegger's being and time*, division
1. Cambridge(Mass.) / London: Cambridge University Press, 1991, p. 195.

的现成者,也并非将一种价值粘贴在它上面,此在对于作为如是的世界内的照面者已经具有了通过对世界的理解而被揭示的因缘,它通过解释只不过是被摆放出来(herausgelegt)了。(SZ 149-150)

由此可见,一方面,与实践对象打交道的活动并没有因为对它的解释而被中断,实践对象依然保持为实践对象,而没有变更为认知对象,在这个意义上解释是一种"行动中的知识";另一方面,通过解释默会的实践性知识("因缘")不再是默会的,而是被"摆放出来"了,这种摆放将某物作为某物而揭示出来,这种揭示所需要使用的用具是语言。但我们不能由此将解释仅仅视为一种语言形式,解释固然无法离开语言而存在,但它并不仅仅是一种语言形式,更重要的是作为得到培育的理解,换句话说,它意味着明确地、显明地知道如何,它的作用在于指导我们与实践对象打交道的活动。值得注意的是,虽然语言与解释都可以被视为用具,它们不是认知对象,而是实践对象,但与锤子、石头之类的实践对象或者用具不同,它们是奠基于人的生存论—存在论结构的,是人的揭示性或者说实践性知识的一部分。

二、解释的结构

正如上文所述,作为显明的、明确的实践性知识的解释是默会的实践性知识(知道如何、因缘)的表达,因而前者是以后者为前提的。如果我们没有对自身以及作为实践活动的背景的生活世界有着一定的理解,如果我们没有默会地理解了一个实践对象以及它的作用,那么我们是无法对它进行解释的。实际上这一点是各种版本的解释学都共同持有的一个基本立场:理解与解释不是凭空产生的,而是有其特定的背景与基础的,解释学的任务则在于阐明理解与解释的这一结构,并且将背景知识揭示出来,让其进入光亮之中。在《存在与时间》中海德格尔同样进行了这项解释学工作,他认为解释是奠基于理解(筹划)的前结构(Vorstruktur)的,它包含了三个要素:"先行具有"(Vorhabe),"先行视见"(Vorsicht)与"先行掌握"(Vorgriff)。(SZ 150)下面我们将分别论述这三个概念：

1）先行具有指的是对于世界整体的理解。实践主体知道如何与实践对象打交道的前提是对于自身的何所为以及世界的意蕴有着理解，在日常生活中我们将世界理解为生存的场所，即生活世界，它是一切实践活动的背景。在不同的实践活动中它向我们呈现出不同的意蕴，例如对于一个在田间耕作的农民与一个在流水线旁进行组装的工人来说，周遭世界对他们所呈现出的"面貌"（意蕴）是不同的。对于解释来说，它的先行具有与存在者上的理解（知道如何）的先行具有是相同的，它们所面对的都是周遭世界或者生活世界。海德格尔指出，对于生活世界的先行具有是默会的："即使它被某种解释所贯穿了，它也会再次退回到不显著的理解中去。"（SZ 150）换句话说，无论对于实践对象的理解与解释发展到了何种程度，周遭世界总是保持为生存实践的背景，而不会成为一个实践对象或认知对象，这恰恰是与实践对象打交道的活动得以顺利进行的前提条件。

2）先行视见指的是对于实践对象的被解释的可能性的理解。日常生活中与实践对象打交道的活动不是盲目的，而是受环视（Umsicht）指导的，环视指的是对特定实践对象的特定作用的理解，它是一种行动中的知识；而在与特定的实践对象打交道前，实践主体通常已经知道自己会与哪类实践对象打交道以及与之打交道的可能方式是什么，例如在使用一把锤子之前，使用它的人应该事先知道它是一种敲击用具，它可以用来敲钉子，却不可以用来烤面包，等等。我们看到，先行视见与先行具有相比意味着对于实践对象的更进一步的具体了解。

3）先行掌握指的是对于实践对象及其作用的概念性的理解。"一如既往，解释总是已经断然地或有所保留地选择了特定的概念形式（Begrifflichkeit）。解释是奠基于一种先行掌握（Vorgriff）之上的。"（SZ 150）解释的一大特征是它的显明性或者说明确性，它将默会的实践性知识带入了语言。在被解释之前，实践主体应该已经具有对于实践对象与其作用的某种程度的概念性的把握。值得注意的是,这种概念性的把握并不是关于实践对象的认知性知识,例如"锤子可以用来敲钉子"这个概念性的把握并不是关于锤子的某个理论或者假设,而这个理论或者假设是可以被证实或证伪的,毋宁说这个概念性的把握代表了一种行动可能性,它给实践主体指示了一个行动的方向,并且能够变更为解释,即显明的实践性知识。

先行具有、先行视见与先行掌握这三个要素共同构成了理解与解释的前结构,它是理解与解释的"何所向",因而海德格尔也将它称为"意义"(Sinn):

> 在理解性(Verständlichkeit)的揭示中可被刻画的东西就是意义。意义这个概念指的是必然属于理解性的解释所刻画的事物的形式架构(das formale Gerüst)。意义是由先行具有、先行视见与先行掌握所构成的筹划的何所向(Woraufhin des Entwerfens),由它出发某物作为某物才是可理解的。(SZ 151)

我们看到,海德格尔所说的意义是指理解与解释的前结构或者说视域("形式架构"),它是一种事先知识(Vorwissen),由它出发世界内的存在者才是可被理解与解释的。前结构、意义或者说事先知识并不属于世界内的存在者,而是属于人本身,用海德格尔的话来说就是:

> 意义是此在的一种生存规定,而不是附着在存在者上的、在它"身后"的或者作为"中间领域"悬浮于某处的一种性质。只有此在才"具有"意义,……因而只有此在才可能是有意义的或没意义的。(SZ 151)

在日常生活中我们会说"做这件事是有意义的","这句话是有意义的","人生的意义在于……"等,这些意义的一个共同特征是它们都是与某个存在者相关联的,无论这个存在者是指一个行为、一句话、一个人,还是指其他事物,也就是说它们都是存在者的意义。但海德格尔认为,存在者并不自在地就具有意义,而是正如通俗意见所认为的那样,存在者的意义是由人赋予的,换句话说,存在者的意义来自于人,原初的意义是人的一种生存规定,是理解(筹划)

的何所向。

即便就理解的意义而言,它也必须被区分为存在者上的与存在论上的。在存在者层次上,人不仅可以理解自身的作用或者意义,也可以理解行为、用具、语句的作用或者意义,例如挣钱的作用或意义在于养家糊口,锤子的作用或意义在于敲打东西,等等。被实践主体理解的存在者的作用或意义实际上充当了行动指引,或者说它赋予了实践主体行动方向。当实践对象对于实践主体不再具有意义,或者说实践主体不再理解它的意义,他(或她)就失去了行动的方向。简而言之,存在者上的意义意味着行动的方向。它并不是海德格尔所说的作为生存规定与理解(筹划)的何所向的意义,后一种意义指的是世界的意蕴以及人的何所为,它们是存在论上的意义。这种意义是内在于人的生存结构的,即便人在生活中失去了所有的行动方向,"人生变得没意义了",但是世界对于他(或她)来说始终具有某种意蕴,他(或她)的生存的何所为也永远不会消失。海德格尔认为,在日常性生存中,生存的生存论—存在论意义并不被人所把握,只有在向死而生、恐惧等极限情形(Grenzsituationen)①中它才会显现出来:"时间性"。(SZ 323)需要指出的是,这两个层次的意义是不可分的,实践主体对于世界的意蕴以及自身的何所为的理解是理解存在者的前提条件,换句话说,对于存在的意义的理解是理解存在者的意义的前提条件。

虽然海德格尔认为原初的意义不是语言的意义,而是一种生存规定,但作为前结构、事先知识的意义必定是语言性的,因为前结构的构成要素之一,先行掌握(Vorgriff)已经是一种语言现象了。② 从对言语的分析我们看到,海德

---

① "极限情形"(Grenzsituation)这个概念来自于雅斯贝斯,在这种情形中生命或者说生存的整体得以被把握,海德格尔在对雅斯贝斯《世界观心理学》一书的评论中对这个概念进行了分析,并对雅斯贝斯的"生存"与"生命"概念的多义性提出了批评(GA9,15-16)。"极限情形"在《存在与时间》中对应的是"本真性",在本真的生存方式中生存的整体得以自我显现。

② 伽达默尔尤其强调语言的存在论面向,即"语言作为世界经验(Welterfahrung)",世界只有通过语言才向人显现。(Gadamer, Hans-Georg, *Gesammelte Werke*: *Band* 1: *Hermeneutik* I: *Wahrheit und Methode*: *Grundzüge einer philosophischen Hermeneutik*, Tübingen: Mohr Siebeck, 1999, S. 442f.)

格尔将言语或者语言的意义称为"作为如是的所言"(ein Geredetes als solches),实际上它与解释的意义是同一的,在解释中某物作为某物(etwas als etwas)而被刻画与言说,在这种言说中被表达的解释的意义也无非就是"作为如是的所言",虽然解释是理解的进一步发展,但它同样是一种语言现象。此外,正如前文所一再强调的那样,言语或语言的意义并不是抽象的语义或者思想内容,而是一种实践性的行动指引,解释所表达的意义也正是这样的。

在《存在与时间》中海德格尔还分析了一种特殊形式的解释:考虑(Überlegung),它指的是"对于被操劳事物的特殊的、环视性—解释性的接近",而它的语言表达形式则是"如果……,那么……"(wenn-so)。(SZ 359)与普通形式的解释不同的是,考虑并不是一种行动中的知识,例如"如果明天下雨,那么我就带雨伞出门"这样一个考虑并不指导当下正在发生的行动。当然它更加不是"单纯的表象"(bloße Vorstellung,SZ 359),因为它并不是对于客观事实或被构想的情形的认知,或者说它不是一种理论认知活动,而是对于实践对象的操劳。"考虑"这个概念使得我们回想起了图根特哈特的观点:考虑的能力,即实践性的肯定或否定的能力意味着意志自由。虽然海德格尔回避谈论自由意志这样一个形而上学概念,但是他并不否认人的实践活动的自发性或者说意志性特征,反而他甚至认为人的一切实践活动都是奠基于对自身的何所为的筹划的。与图根特哈特不一样的是,他并不认为实践性的肯定或否定的能力是说明生存实践的意志性特征的关键,这种能力以及"如果……,那么……"这样的考虑能力只不过是理解与解释的两种特殊形式而已。对于海德格尔来说,作为解释的考虑涉及的是手段与目的的关系:"如果这或那应该被制作、被使用、被隐藏起来,那么他就需要这个或那个手段、途径、环境或者机会。"(SZ 359)通过"如果……,那么……"这种解释不仅行动的目的,而且它的手段都被带入了语言或者说被表达了出来,但它并不是对于某个行动的认知或判断,解释所起的作用是实践性的行动指引。由此可见,实践性知识是可以被表达的,即成为显明的或明确的,并不是所有(陈述性)的语言表达都意味着知道什么或者说认知性知识，它同样可以意味知道如何或者说实践性知识。显明知识与知道什么、默会知识与知道如何并不是一一对应的关系，赖尔正是因为没有理解这一点，所以无法对知道如何或者说实践性知识进行充分的说明。

三、解释学循环

海德格尔关于理解与解释的前结构以及意义的观点代表了他对于传统解释学的继承。与传统解释学不同的是，他的解释学关注的不是陌生的文本或者言语，而是对于人的生存的理解与解释，并且他认为理解与解释是构成人的生存论—存在论结构的要素之一，是人的"本质"，在这个意义上这种解释学不是文本解释学，而是"生存解释学"。但是与所有解释学一样，生存解释学同样要面临这样一个指责：如果对于某个事物的解释需要以对它的事先理解为前提，那么解释并没有提供任何新知识，在事先理解与解释之间存在着一个循环，这就是所谓的"解释学循环"（der hermeneutische Zirkel）。海德格尔是这样来定义解释学循环的："一切解释——它们原本应该对理解是有所助益的——必须已经理解了有待解释的事物。"（SZ 152）对于很多理论家来说，解释学循环给解释学提出了这样一个问题或者说挑战：解释何为？例如，对于某个文本的解释已经预设了对于它的理解，那么还有必要去解释它么？这里所涉及的问题不是经典解释学中的"整体与部分难题"：对于某个文本的理解以对于它的各个部分的理解为前提条件，而对于它的部分的理解以对于文本整体的理解为前提条件，因而无论对于文本整体还是部分的理解似乎都是不可能的；而是解释的前提与解释的结果之间的关系，或者说解释主体的事先知识与通过解释而获得的知识之间的关系。

正如前文提到的那样，狄尔泰区分了人文科学（精神科学）与自然科学，前者的方法论是理解，而后者的方法论是说明。简单来说，自然科学是去发现客观真理，因而它意味着一种新的知识的获得，没有所谓的循环问题，而人文科学的作用则不是发现客观真理,很多解释学的理论家甚至否认人文科学中存在客观真理,人文科学知识与提出这些知识的人的理解视角是不可分的。由此产生的一个更大的问题是对于人文科学本身的合法性的质疑:如果人文科学知识都是视角性的,那么它本身作为科学的合法性何在? 回应这种质疑的途径有两种:或者采取狄尔泰式的策略,彻底地区分人文科学与自然科学,这种策略为人文科学保留了独立的研究领域与研究方法;或者持有科学主义态度,承认传统人文科学的缺陷,并采纳自然科学的方法来彻底改造人文科学。

只有将海德格尔关于解释学循环的观点置入解释学史之中,他的观点的独特之处才能得以彰显。他指出,所谓的解释学循环并不是一种恶性循环(circulus vitiosus),将它视作无法避免的不完满性以及种种避免循环的努力才是"对理解彻头彻尾的误解"。(SZ 152–153)我们应该从两方面来理解这点:一方面,海德格尔承认在理解与解释中都存在着循环,它们都是奠基于前结构或者说事先知识的,"理解的这种循环不是任意的认知方式在其中运动的圆圈,相反它是此在自身的生存论上的前—结构的表达",(SZ 153)作为一种生存论结构的解释学循环是无法避免的,"关键的不是从这种循环中走出来,而是以正确的方式走进去";(SZ 153)另一方面,试图避免解释学循环意味着认为存在非视角性的、无预设的理解,也就是说否认解释学循环作为一种基本生存论—存在论特征,这在海德格尔看来是对于理解的彻底误解。对于他来说,不仅日常生活中的实践性知识以及人文科学研究是视角性的、有预设的,而且自然科学研究同样如此,自然科学的说明同样是基于理解与解释的前结构的,没有这种事先知识自然科学同样是不可能的。换句话说,海德格尔认为上述两种回应人文科学合法性的策略都是错误的,它们都预设了自然科学知识是非视角性的与无预设的,而这一点并不成立。当然这并不意味着他否认自然科学与人文科学之间的差异,正如亚里士多德早就指出的那样,数学、物理学等理论科学与伦理学、政治学等实践科学的研究对象并不一样,它们的精确性也不一样,海德格尔并不反对这种观点。他反对的是认为只有数学、物理学等自然科学才是严格(streng)科学,而历史学等人文科学则不严格,因为他认为数学与历史学所涉及的生存论基础(existentiale Fundamente)并不相同,前者的比后者的要更狭窄(eng)。(SZ 153)他认为即便数学也是奠基于特定的生存论基础之上的,虽然与历史学不同,数学并不涉及人对于自己的存在的理解以及生存的社会性与历史性,但是它也预设了对于数学对象的存在论上的理解,即对于数学对象的存在的理解,例如"什么是数?","数是实在的么?",而这种理解同时也是生存论—存在论上的,它意味着人与数学对象的特定的打交道的方式或者说人的特定存在方式。历史学所涉及的生存论基础与数学所涉及的并不相同,历史学研究预设了对于人的自己的存在的理解,而人的存在方式不仅包括与数学对象打交道,而且包括与用具与他人打交道,并且对于历史学研究来说关键的是理解生存的历史性,因而海德格尔的观点是有道理的,历史学所涉及的生存论基础比数学所涉及的要更宽广。以正确的方式进入解释学循环不仅意味着首先承认它的普遍性存在,而且意味着要对不同的解释学循环进行区分,数学与历史学所涉及的前结构或者事先知识并不相同,因而解释学现象学或者基础存在论的任务之一就是要揭示出各种科学的前结构。①

　　海德格尔没有指出的是,解释学循环之所以不是一种恶性循环的原因在于:它并不是一个封闭结构或者说闭环。从上文对于前结构的分析我们看到,无论先行具有、先行视见,还是先行掌握都不是对于特定存在者的具体规定,而是对于与它打交道的可能性的总体性把握。在这个意义上解释学循环的"输入"与"输出"并不相等,它的输入是对于世界的意蕴、此在自身的何所为以及实践活动可能性的理解,而输出则是对于特定的实践对象的具体规定。无论在日常生活中,还是在科学研究中,我们都是带着前结构或者事先知识而

----

① 在下一章中我们会讨论海德格尔对于科学的生存论分析。

与具体的实践对象打交道的,而理解或解释的结果则是对于它的具体知识,在这个过程中一方面它被我们的事先知识或者说前结构规定了,在这个意义上理解与解释都是视角性的、有预设的,另一方面最终产生的知识同样被事物(实践对象)本身规定了。在海德格尔看来,实践对象(上手者)不仅是为我们(für uns)而存在的,而且也是自在(an sich)存在的。① 因而通过与它打交道的活动而被我们所揭示的是它自身的规定性,我们不过是发现了它们。无论自然物、人造物,还是人(自我与他人)都有其自身的秘密,如果我们的实践性知识是正确的,那么我们就发现或者揭示了它们的秘密,而如果我们的实践性知识是错误的,那么它们就不会公开自身的秘密,而是对我们显现为隐藏着的、自在的存在者。例如,现代农民在种植庄稼之前必须已经掌握了这门技艺,也必须对种子、土壤、气候等因素有一定的了解,但这不意味着他们的种植活动只是对于这些事先知识的运用,实际上在具体的劳作中他们需要根据具体情况不断地去理解与解释实践对象:何时施肥? 暴风雨后如何挽救庄稼? 等等,这些具体的实践性知识只有在实践活动中才能产生,并且它们是被实践对象所规定的。简而言之,在理解与解释过程中并不存在恶性循环,所谓的解释学循环只不过意味着一切理解与解释都是奠基于前结构或者说事先知识之上的,但它的结果却是新知识的产生,在这个意义上解释学循环是一种螺旋式上升的结构。

第二节 命题与常言

一、命题与常言

在西方知识论中,知识通常被认为是由真命题所构成的,②并且只有命题

---

① „Zuhandenheit ist die ontologisch-kategoriale Bestimmung von Seiendem, wie es »an sich« ist." (SZ 71)

② 柏拉图被认为是这种观点的提出者,在《泰阿泰德篇》中他提出了所谓的 JTB 理论:知识等于确证的真信念。

才具有真值。海德格尔在《存在与时间》中却提出:命题是"解释的一种衍生实现形式",(SZ 154)换句话说,解释是一种比命题更为原初的知识形式。他将解释规定为解释性的作为(der hermeneutische Als),而将命题规定为判断性的作为(der apophantische Als)。(SZ 158)如果说解释意味着一种明确的实践性知识,那么接下来需要探讨的一个问题是:命题是怎样一种知识? 为什么命题是由解释,判断性的作为是由解释性的作为衍生而来的? 正如上文所述,意义首先并不属于对象或者概念,而是理解与解释的前结构或者说事先知识,它通过解释而得到了表达或者说被带入了语言之中。如果命题是解释的一种衍生形式,那么它应该与解释一样都具有意义,命题的意义又是什么呢?

在语言分析哲学中,弗雷格的意义(Sinn)与意谓(Bedeutung)理论无疑是奠基性的。在弗雷格看来,专名的意谓是它指称的对象,而意义则是对象的被给予方式,例如(作为专名的)晨星与暮星所指称的对象都是金星,也就是说它们的意谓是相同的,但它们的意义是不一样的,它们的不同的意义表示了金星的两种被给予方式:作为晨星与作为暮星。[①] 与专名不同的是,弗雷格认为命题的意谓是它的真值,而它的意义则是"思想"(Gedanke),并且思想不是主观的心理活动中的表象,而是超越主观心理活动的、能够为不同的思维主体所分有的客观存在。[②] 最符合弗雷格意义理论的知识形式当然是数学或逻辑学,数学命题与逻辑学命题的意义都是客观的,无论什么场合,也无论为谁所断言,这些命题的意义始终保持不变,因而心理主义是无法解释数学与逻辑学的。由此可见,弗雷格与胡塞尔分享了共同的基本哲学立场:反心理主义与逻各斯中心主义。

葛雷泽认为,弗雷格—胡塞尔传统中的意义理论是正确的,因而他站在这

---

① Frege, Gottlob, „Über Sinn und Bedeutung", in *Zeitschrift für Philosophie und philosophische Kritik*, NF100(1892), S. 25–27.

② Frege, Gottlob, „Der Gedanke. Eine Logische Untersuchung", in*Beiträge zur Philosophie des deutschen Idealismus* 2(1918), S. 61.

个立场上批评了海德格尔的意义理论,他认为海德格尔混淆了事物的意义与语词以及命题的意义。[①] 事物的意义是具体的,是随着场合以及使用方式而变化的,例如一把青铜剑对于春秋战国时代的武士与对于现代的博物馆参观者的意义显然是不同的,然而语词以及命题的意义则是抽象的,例如"晨星"的意义始终是早晨在天空出现的那颗星,而"3"的意义始终是第三个自然数,"P 与非 P 不能同时成立"的意义对于亚里士多德与对于我们是相同的。因而当海德格尔认为命题是解释的一种衍生形式时,他也必须假定命题的意义来自于解释的意义,在葛雷泽看来这种意义理论无法解释语词以及命题的意义的客观性。

海德格尔会如何回应这种批评呢? 他似乎并不认为命题的意义是客观的,虽然判断(命题)[②]是有意义的,但"意义却不可以被定义为这样的东西,即除了判断行为之外附于判断而出现的东西",(SZ 154)如果判断的意义、判断以及判断行为这三者是不可分割的,那么判断的意义如何可能独立于具体的判断行为而成为客观的呢? 也就是说,海德格尔并不赞同弗雷格式的意义理论,对于他来说意义不是存在于逻辑空间中的抽象的语义内容,只有当具体的判断行为发生时,命题(判断)才具有意义。海德格尔是从实践的角度来考察命题的,命题首先不是作为真值的承载者,也不是作为某个客观的认知对象而存在的,而是判断行为这样一种实践活动,并且这种行为是使用语言符号的。这种意义理论当然不是毫无风险的,正如葛雷泽所批评的那样,它似乎无法合理地解释数学命题、逻辑命题以及其他种类的命题的客观意义。即便如此,我们需要避免这样一种误解,即认为海德格尔持有一种唯名论,这种唯名论将命题与语词视作一些没有意义的符号,而海德格尔显然不是这样一种唯

---

① 　Graeser, Andreas, „ Das hermeneutische Als. Heidegger über Verstehen und Auslegung", in *Zeitschrift für philosophische Forschung*, Bd.47, H. 4(1993) , S. 567.

② 　在德语中"Aussage"(命题)与"Urteil"(判断)是同义词,海德格尔也没有区分对于这两个词的使用。

名论者,他认为命题是解释的一种衍生形式,两者都是奠基于理解与解释的前结构或者说意义的,因而命题毫无疑问也是有意义的。

在《存在与时间》中海德格尔赋予了命题三重规定:展现(Aufzeigung)、谓述(Prädikation)与传达(Mitteilung),下文将简要地对这三重规定进行论述:

1)命题意味着展现。实际上这是亚里士多德对于命题的规定,他认为命题不仅具有意义,而且与其他种类的言语不同的是,只有命题才具有真值,正是在这个意义上他将命题称为"λογος αποφαντικός"(展现性的言语),①这也是为什么海德格尔将命题规定为判断性的作为(der apophantische Als)的原因。对于海德格尔来说,作为展现的命题的首要功能不是具有真值,而是展现存在者本身,并且在日常生活中通常被命题展现的不是认知对象(现成者),而是实践对象(上手者):"在'这把锤子太重了'这个命题中被目光所发现的东西不是'意义',而是以上手性的方式而存在的存在者"。(SZ 154)但正如上文所述,将实践对象及其作用带入语言是解释的功能,而我们通常认为命题的作用在于对认知对象(现成者)进行规定,因而海德格尔是不是混淆了解释与命题? 他的确混淆了两者,并且是故意的,因为在他看来两者之间并没有本质性的差异,命题只是解释的一种衍生形式。"这把锤子太重了"这个命题对于海德格尔来说意味着一种边界情况:使用锤子的实践活动遭遇了障碍,因而锤子脱离了作为实践活动背景的生活世界而成为了一个醒目的对象,但它并没有成为一个纯粹的认知对象,而是同时显现为一个实践对象。在前一个意义上这个命题确实展现了一个认知对象,但在后一个意义上它则展现了一个实践对象,在这个意义上它就如同"这把锤子是用来敲钉子的"一样是一种解释。在此我们也可以看到在何种意义上海德格尔认为命题是解释的一种衍生形式,从发生学的角度来看"这把锤子太重了"这类命题构成了解释与命题之

---

① 参见[古希腊]亚里士多德:《范畴篇 解释篇》,方书春译,商务印书馆1986年版,第58页。

间的过渡区域,并且是从解释到命题的过渡,而非相反。

2)命题意味着谓述。谓述指的是命题的主谓结构,在"这把锤子太重了"这个命题中谓语"太重了"是对于主语"这把锤子"的谓述。海德格尔指出,被谓述的不仅是主语,而且是主语所指称的对象,在"这把锤子太重了"这个命题中被谓述的是这把锤子自身。(SZ 154)在《康德与形而上学问题》中他区分了两种综合(Synthesis):"真理性的综合"(veritative Synthesis)指的是"遭遇到的存在者的公开",而主语与谓语的结合则是"谓述性的或判断性的综合"(prädikative oder apophantische Synthesis)。(GA 3,29)这两种综合分别对应了命题的两种规定性:展现与谓述,并且在这两种综合中,前一种综合是为后一种综合奠基的,只有当存在者本身被展现或者说被发现时,它才能够被进一步规定。换句话说,任何一个命题具有意义的前提条件是它的主语所指称的对象必须是被展现了的,例如"当今法国国王是个秃子"这类命题是无意义的,"当今法国国王"无法被规定为"是个秃子"或者"不是个秃子",在谓述的层面上这个命题既不为真也不为假,因为首先在展现的层面上它就没有展现任何存在者,因而是无意义的。

受亚里士多德的影响,海德格尔试图通过"综合"(σύνθεσις)与"分析"(διαίρεσις)这组概念来分析命题。他指出,一个命题无论是肯定的还是否定的,无论为真还是为假,它都同时是"结合与分离"(Zusammen-und Auseinandernehmen),①而这又体现了命题的"某物作为某物"的结构,(SZ 159)即判断性的作为的结构。在这个结构中,主语是通过谓语而被理解的,例如在"这把锤子太重了"这个命题中"这把锤子"作为"太重了"的锤子而得到了理解,"太重了"这个谓语不仅是对主语"这把锤子",而且是对这把锤子本身的谓述。在海德格尔看来,命题的主谓结构同时意味着主语与谓语的结合与分离,并且这个结构来源于"解释性的作为",即实践对象之间的指引关系,后一种

---

① 这是古希腊语 σύνθεσις 与 διαίρεσις 的原意。

"某物作为某物"的结构是更加原初的,①而在传统的逻辑学中这一点却被遗忘了。(SZ 160)

明确的指引关系(解释性的作为)的意义在于给予实践主体行动的方向,而命题(判断性的作为)的意义则不是实践上的,例如"这把锤子太重了"这个命题意味着实践活动遭遇到了障碍,太重了的锤子本身作为一个醒目的(实践以及认知)对象而得到了展现或者说被看到。与单纯的展现相比,谓述意味着"对于目光的明确的限制"(die ausdrückliche Einschränkung des Blickes,SZ 155),换句话说,谓述意味着特定视角下的观看(Sehen),这种观看不再是实践性的,而是认知性的。

3)命题还意味着传达。正如前文所述,言语就已经具有这种特征。言语之所以是传达,首先是因为人在世界中的存在方式是与他人的共在;其次,言语或者语言使用的语言符号是一种用具,而使用这种用具的方式是公共的,也就是说可以为他人所分有。无论是在(存在论层次上的)言语还是在(存在者层次上的)语言的层面上,命题的意义都是公共的。当然这并不意味着它对于此在来说没有一种个人性的(personal)意义,语言符号的使用始终是依赖于生活世界这个实践活动的背景的,并且任何对于用具的使用最终所指向的都是此在的何所为,因而作为解释的一种衍生形式的命题始终是奠基于人的生存论—存在论结构的,从这个角度看,命题始终都是个人(此在)自身的公布或者说表达。海德格尔并不主张任何形式的私人语言观点,但他同样反对弗雷格—胡塞尔式的意义理论,②这种意义理论来源于对数学命题与逻辑学命题的有效性的反思,并且在阐释这些命题的意义的客观性上具有优势。海德

---

① 海德格尔认为命题与解释的结合与分离实际上都来源于此在自身的时间性结构,曾经、当下、未来构成了时间性的三个维度,并且它们本身就是结合与分离的,在这个意义上时间不仅是理解人自身的存在,也是理解实践对象与认知对象的存在的视域。

② 海德格尔明确地反对洛采的命题有效性理论,(SZ 156)这种理论与弗雷格—胡塞尔式的意义理论在很大程度上是一致的。

格尔偏离了这个传统，试图从生存论—存在论的角度给予言语、语言以及命题一种全新的规定。在他看来，命题的首要作用在于展现存在者本身或者说让存在者被看见，其次在于对它的谓述或者说规定，而无论被展现的存在者自身还是它的规定都是可以被他人分有的，因而命题的第三重规定性是传达。

海德格尔认为，传达并不是由于人与人之间的交流才发生的，而是意味着"让以规定的方式而被展现的事物共同被看见"（Mitsehenlassen，SZ 155），换句话说，语言以及命题的意义与意谓是公共的，这种公共性①本身就意味着传达，它是交流的前提，而非相反。严格地说，首先被他人所分有或者说共同看见的不是命题所展现的存在者，而是言说者的经验或者说知识，"被分有的是向着被展现的事物的共同的、视见性的存在"（SZ 155），例如当张三打电话告诉他的朋友"他所使用的锤子太重了"时，他的朋友可以立刻分有他的经验，即知道"张三所使用的锤子太重了"，并且因而也"共同看见"了张三所使用的锤子，即便他从来未曾亲眼看见过这把锤子。这个例子说明在日常生活中个人的生存经验是可传达的，通过语言上的传达被他人所分有的是关于被言说事物的经验或者说知识。

但由此而产生的一个后果是言语的歧义性（Zweideutsamkeit）：它可以是"真切的"（echt），也可以是"不真切的"（unecht）。（SZ 146）因为言语的意义与意谓都是公共的、可传达的、可以被他人所分有的，所以无论言说者与听众是否拥有对于被展现的存在者的亲身经验，他们都可以共同分有关于被展现的存在者的经验以及存在者的展现，即共同分有言语的意义与意谓。真切的与不真切的言语的区别在于它的使用者（言说者或听众）是否拥有对于被言说的存在者的亲身经验，如果有，则被言说的言语是真切的，否则就是不真切的。海德格尔将不真切的言语称为"常言"（Gerede）："传达'分有的'不是对被言说的存在者的首要的存在关联，共同此在的活动方式在于彼此交谈以

---

① 在此公共性可以被理解为"主体间性"，但这里的主体应该被理解为实践主体，而不是认识主体或者意识主体。

及操劳于常言(Besorgen des Geredeten)。对于常言来说关键的是:被言说(ge-redet wird)。"(SZ 168)对于常言来说关键的是在日常生活中不断地被使用,而关于被它言说的存在者的亲身经验或者说真正的理解则是无关紧要的。换句话说,对于常言来说关键的是它的公共意义,而不是被它言说的存在者本身,即言语的意谓:

> 根据在自我表达时被言说的语言包含的平均可理解性,被传达的言语可以广泛地被理解,而听者无需将自身置入对于言语之所涉的原初的理解性的存在中去。常人并不非常理解被言说的存在者,常人听到的只是作为如是的所言。所言被理解了,而被言说者只是大致地、粗略地被理解了。常人的意思是同样的,因为常人共同地通过同样的可理解性理解了被言及的东西。(SZ 168)

这段话指出了常言的双重规定性:首先,对于常言(das Gerede)来说重要的不是对于被言说的存在者的真正理解,而是根据"平均的可理解性"把握常言之所言(das Geredete),例如我们通过新闻报道听说了引力波的发现,这个新闻报道对于常人来说是可理解的,然而我们并没有关于引力波的亲身经验,也对它背后的物理学原理一窍不通,海德格尔将这种现象称为"常言的无根基性"(Bodenlosigkeit des Geredes,SZ 169);其次,正是常言的无根基性使得它的意义的齐一性得以可能,关于引力波现象的描述的意义对于所有理解了它的人来说都是同样的,因为他们都是通过"同样的可理解性"理解了这种描述(包括它的意义与意谓)。由此可见,海德格尔的常言理论使得对于理论性命题的意义的客观性解释在他这里成为可能,尽管他并不仅仅是从这个角度来解释理论性命题的意义的客观性的。

常言与解释是有很大差别的。解释是明确的实践性知识,它是基于与实践对象打交道的活动以及指导这种活动的理解而产生的;并且解释与实践活动是不可分离的;此外,解释意味着专业知识(expertise),拥有关于某个实践对象的解释意味着明确地知道如何与它打交道。与解释不同的是,常言的来源不必是实践活动以及相应的理解,它可以是由传达与交流、由道听途说而被获得的,这也意味着它与具体的实践活动是可以分离而存在的,它也更不是专业知识。由此可见,常言不是一种实践性知识,而是与实践相脱离的、认知性的知识。虽然与解释一样,常言也揭示了存在者自身,不仅它的意谓可以保持为同一的,而且它的意义也可以保持为同一的,例如引力波的报道展现了引力波,它对于所有理解它的人来说具有同样的意义,所言说的都是同一个对象,但是常言与解释对于存在者的揭示方式却是不一样的。常言对于存在者的揭示方式不是“解释性的作为”,而是“判断性的作为”,常言是以命题,进一步说是以不真切的命题的形式而存在的。常言像货币一样在人与人之间流通着,作为一般等价物重要的是它的交换价值,而不是劳动价值。

二、前理论命题与理论命题

通过前文的分析我们看到:解释是明确的、前谓述性的实践性知识,而命题与常言则是谓述性的认知性知识。此外还需要考察的是:为什么海德格尔认为命题是解释的一种衍生形式?

正如上文所述,命题可以分为真切的与不真切的,当真切的命题在传达和交流过程中失去了它的根基,即对于被言说的存在者的亲身经验时,它就变成了不真切的命题或者常言,在“平均的可理解性中”常言的意义保持为同一的。由此可见,海德格尔并没有将命题作为一个单一的现象来考察,命题有其自身的内部结构,或者说它可以被划分为不同的种类,在不同种类的命题之间有着发生学上的先后关系。在海德格尔看来,常言还不是命题的极端形式,他认为在逻辑学中充当最简单的命题现象的例证和例句的命题,例如“锤子是重的”,才是“命题的极端情形”(Grenzfälle von Aussagen),他也将这一种类的命题称为“理论判断”(das theoretische Urteil)。(SZ 157)为什么“锤子是重的”这类理论判断构成了命题的极端形式呢?

当逻辑学将定言命题语句作为论题时,例如“锤子是重的”,在

任何分析之前它就已经"逻辑学地"来理解这个命题了。确定无疑

地被预设为这个命题的"意义"是:"锤子这物具有重这一性质"。

(SZ 157)

理论命题具有这样一种特征:在它之中被言说的存在者被设定为现成者(认知对象),这种存在者具有客观的性质,并且它的意义是客观的,例如"锤子这物具有重这一性质"在任何场合对于任何人来说都是成立的。由此可见,理论命题恰好构成了解释的对立面:被前者所言说的是纯粹的认知对象(现成者),而被后者所言说的是纯粹的实践对象(上手者);前者所表达的是认知性的知识,而后者所表达的则是实践性的知识。海德格尔认为在这两者之间还有许多中间情形,例如"关于周遭世界中的事件的命题,对于上手者的描绘,'时事报道','事实'的记录与确定,事态的描述,事情的叙述"。(SZ 168)他并没有在认知与行动中划下一道清晰的分界线,他不仅将解释,而且也将判断(形成命题)视作行动,并且区分了命题的不同种类与不同层次。传统意义上的认知(Erkennen,纯粹的认知活动)与行动(Handeln,独立于认知的实践)实际上都是非现实的理想情形,海德格尔认为行动始终是为实践性知识所指导的,并且从他对于科学的分析中我们也可以看到,科学也并不是纯粹的认知活动,而是使用用具的行动。①

海德格尔不仅认为解释与命题是两种不同的语言形式:前者是解释性的作为,而后者是判断性的作为,而且认为命题是解释的一种衍生形式,命题是解释通过"生存论—存在论的变更"(die existential-ontologische Modifikation,SZ 158)而形成的。解释到命题的变更并不是单纯的语言形式的变更,解释与命题在语言形式上甚至很难被区分开来,例如"这把锤子是用来敲钉子的"与"这把锤子是重的"这两个语句都具有主谓结构,在语言形式上并没有什么区别。海德格尔认为,真正发生变更的是作为理解与解释的前提条件的生存的

① 详见下文的分析。

前结构(Vorstruktur)或者说前知识,在这个意义上这种变更是生存论—存在论上的。(SZ 158)下面我们将分别从先行具有、先行视见与先行掌握这三个方面来分析前结构的变更:

1)解释是一种实践活动,它的对象是用具(实践对象、上手者),而且用具是存在于用具与人自身所构成的因缘整体(生活世界)之中的。对于解释来说,生活世界是人的先行具有,而当判断活动发生时,先行具有就从生活世界变更为由认知对象(现成者)构成的整体。换句话说,发生变更的不仅仅是对判断活动所涉及的对象的理解,而且是对所有对象或者说世界整体的理解,世界不再是人的生存实践的场域,而是现成者(认知对象)的总体。对于世界整体的理解的这种变更是生存论—存在论层次上的,发生变更的不仅有对于具体对象的理解,而且还有对于对象本身的存在方式的理解,即从上手性(Zu-handenheit)变更为现成性(Vorhandenheit)。①

2)先行视见成为了对于认知对象(现成者)的"注视"(Hin-sicht)。解释的先行视见是对实践对象与其作用的理解,而注视所把握的则是认知对象及其性质。海德格尔指出,在注视中不仅认知对象本身,而且其性质都被把握为现成者。由此解释性的作为变更为了判断性的作为,判断或者命题的作用不是指导与实践对象打交道的活动,而是去认知客观的世界。

3)作为先行掌握(Vorgriff)的概念(Begriff)本身也发生了变更。语言符号以及语句不再被视作用具,而是被视作具有客观意义的认知对象(现成者),并且语言和世界的关系变成了符合、摹画等。因而不仅命题言说的对象,而且命题本身都被从生活世界中抽离了出来,语词成为了抽象的概念,语句成为了命题。

从这三方面来看,从解释到命题的变更是一种彻底的变更,只有经过这种生存论—存在论上的变更,认知与理论判断才可能得以出现。如果海德格尔

---

① 海德格尔将这个过程描述为"遮盖上手性的对于现成性的发现"(das die Zuhandenheit verdeckende Entdecken der Vorhandenheit,SZ 158)。

关于这种变更的论述是正确的,那么解释与命题就是截然不同的。值得注意的是,他在这里关于命题的论述与他赋予命题的三重规定是矛盾的,在这里命题所展现的只能是认知对象(现成者),而在那里他认为命题也可以展现实践对象(上手者),例如"这把锤子太重了"展现的锤子就是一个实践对象(同时也是认知对象)。产生这个矛盾的原因在于他在这里所考察的命题都已经完成了这种变更,而不包括处于过渡区域的那些命题——它们展现的存在者既是实践对象又是认知对象。

为了消除这个矛盾,海德格尔必须区分出前理论命题(die vor-theoretische Aussage)与理论命题(die theoretische Aussage)。正如上文所述,他认为在实践性的解释与理论判断(命题)之间有许多中间情形,虽然它们也都是以命题的形式出现的,但它们并不是理论性的,例如"这把锤子太重了"这个命题是基于关于如何使用锤子的理解与解释的,尽管在这种情形中锤子不再是纯粹的实践对象,而是同时也成为了认知对象,但是这个命题与理论命题是有区别的,因为后者所言说的事物是纯粹的认知对象,而前者则不是。在日常生活中我们言说的许多语句实际上既非纯粹的解释,也非理论命题,而是前理论命题,这类命题所言说的事物既非纯粹的实践对象,也非纯粹的认知对象,而是两者兼而有之,例如"张三的汽车是红色的"这个语句一方面可以被视为解释,它的意思可以是"张三与李四的汽车的颜色是不一样的,我们不应该将它们搞混了",另一方面也可以被视为命题,因为在它之中"张三的汽车"被视为了一个认知对象并被赋予了"红色"这样一种属性。在前理论命题中前结构发生了生存论—存在论变更,命题所言说的对象不仅被视为实践对象,而且也被视为认知对象,并且它具有客观的属性,展现它与它的属性的概念与命题也都是认知对象,也就是说,先行具有、先行视见与先行掌握都发生了变更。与理论命题不同的是,在前理论命题中前结构的变更并不是彻底的,它与被它展现的存在者都依然可以被视为实践对象。

通过上面的论述我们可以看到,海德格尔区分了多种形式的理解及其表达方式:理解、解释、前理论命题与理论命题,并且它们所涉及的对象以及所包含的对于存在的理解也是不一样的。我们可以通过下面这个表格来列明它们:①

理解及表达形式	存在者	对于(存在者的)存在的理解
(存在者上的)理解	实践对象	上手性
解释	实践对象	上手性
前理论命题	实践对象/认知对象	上手性/现成性
理论命题	认知对象	现成性

海德格尔不仅区分了不同种类的理解及其表达形式,而且(更为重要的是)认为它们之间有着发生学上的变更关系。最原初的是(存在者层次上的)理解,它意味着知道如何与实践对象打交道,并且它还没有被表达出来,也就是说没有被带入语言,因而它是默会的实践性知识。解释是理解的表达,它是显明的,但这种表达是前谓述性的,也就是说它还不是谓述性的命题,它所表达的是对于实践对象及其作用的理解。前理论命题与理论命题都是由解释衍生而来的并且谓述性的。

虽然海德格尔指出了从解释到命题的前结构的变更,但是他却并没有说明这种变更的过程究竟是如何发生的。德雷福斯对这一点进行了补充,他认为命题(判断性的作为)是解释(解释性的作为)的一种有缺憾的形式(a deficient mode)。② 他的这个观点当然是有根据的:在解释周遭世界的周遭性时

---

① 德雷福斯也列出了一个类似的表格,在其中区分了理论命题与其他命题,但他对于理论命题与形式逻辑命题的区分并没有道理,海德格尔恰恰是将逻辑学中的命题称为理论命题的,具体分析见下文。(Cf.Dreyfus, Hubert L., *Being-in-the-world*: *a commentary on Heidegger's being and time*, *division* 1.Cambridge(Mass.) / London:Cambridge University Press, 1991, p. 210)

② Dreyfus, Hubert L., *Being-in-the-world*: *a commentary on Heidegger's being and time*, *division* 1.Cambridge(Mass.) / London:Cambridge University Press, 1991, p. 212.

海德格尔曾指出,当行动被干扰或者说遇到障碍时,实践对象不能被继续顺利地使用了(不再上手了),因而成为了认知对象,在这里发生了从实践对象的上手性到认知对象的现成性的变更;而在从解释到命题的变更过程中海德格尔再次指出,在这里发生了从上手性到现成性的变更。但如果德雷福斯的观点是正确的,那么所有前理论的命题都必须被视为"这把锤子太重了"这样的命题,它同时展现了作为实践对象与认知对象的锤子,上手性与现成性也同时被理解了。仔细查看海德格尔的论述,我们就会发现他并不认为(纯粹意义上的)命题同时展现了实践对象与认知对象:

> 先行视见在上手者上瞄向现成者。通过这种注—视并且对于它来说,作为上手者的上手者被掩藏了。在这种遮盖上手性的对于现成性的发现中,遭遇到的现成者就其如是这般的现成存在而得到了规定。(SZ 158)

由此可见,虽然(纯粹意义上的)命题所言说的实际上是实践对象,但是先行视见所指向的却是认知对象,这意味着实践对象不再被理解为实践对象,而是被视为认知对象,实践对象的上手性被遮蔽了,而认知对象却在其现成性中得到了规定。纯粹意义上的命题与"这把锤子太重了"这类命题并不一样,因为后者同时展现了作为实践对象与认知对象的存在者,而前者所展现的只是作为认知对象的存在者。① 因而德雷福斯的观点并不成立,命题不能简单地被视作有缺憾的解释形式,从解释到命题的变更是生存论—存在论上的,而非仅仅是生存—存在者上的。

布兰登(R.Brandom)认为命题具有存在论上的建构功能:"从上手性的用具(它具有被社会性地建立起来的意义)到现成的客观事物的变动,并不是一种语境的解构(decontextuxtulization),而是一种语境的重构(recontextu-

---

① 我们并不打算将后者划为独立的一类命题,它构成了解释与命题之间的过渡区域,因而它既可以被视作解释,也可以被视作命题,而它作为命题显然是前理论的。

alization)";①他进一步认为,语境的重构之所以出现的原因在于论证(justifi-cation)与推理(inference)这类理论活动所具有的独立性,通过这类活动具有联系的命题形成了论证体系,即理论,并且使得对存在的理解从上手性变更为现成性。② 他所说的语境的重构实际上就是海德格尔所说的先行具有的变更,即从实践对象与人构成的生活世界到认知对象构成的"世界"的变更,布兰登认为这种变更发生的关键在于判断、论证与推理等理论活动具有的独立性。这个观点与海德格尔是一致的,并且布兰登正确地指出了判断、论证与推理等理论活动实际上也是实践活动,它们与其他种类的实践活动的根本差异就在于这种存在论上的建构功能。与德雷福斯的"缺憾论"不同,布兰登的"重构论"强调了命题的独立性,而不是仅仅将它作为解释的一种有缺憾的形式,但是这种重构论的问题也恰恰在于过分强调了命题的独立性。在海德格尔看来,命题毕竟是解释的一种衍生形式,如果它(以及其他语言表达形式)本身也是一种用具,那么它所言说的实际上是实践对象,只不过由于在理解中发生的生存论—存在论上的变更或者说重构这一点被掩盖了。也就是说,命题的重构作用与遮盖(遮蔽)作用是它的一体两面,命题是解释的一种衍生形式,在这个意义上它依然是一种解释,但它同时遮盖了这一点,正是这种遮盖使得它的独立得以可能。

如果说命题是对于解释的重构,那么理论命题则是对于前理论命题的重构。从海德格尔关于符号与语言的论述我们看到,任何种类的语言表达在他看来都是用具或者说实践对象,虽然这种用具的特别之处在于它的醒目性,它可以脱离生活世界而将自身显现为一种现成者或者说认知对象,但是作为用具它与其他实践对象之间存在着指引关系,与其他实践对象一样它也是生活世界的一部分。也就是说,作为用具的命题无法完全实现相对于解释的独立,

---

① Brandom, Robert, "Heidegger's Categories in *Being and Time*", in *A Companion to Heidegger*, ed. by Hubert L. Dreyfus and Mark A. Wrathall, Blackwell Publishing, 2005, p. 227.

② Ibid., p. 229.

不仅它自身无法成为纯粹的认知对象,它所言说的也不可能是纯粹的认知对象。① 那么理论命题是如何产生的呢?

正是由于哲学对于前理论命题的重构才产生了理论命题,正如上文所述,海德格尔认为逻辑学中的范例或者说标准命题是一种理论命题,原因在于在逻辑学中命题都是逻辑学地被理解的。简而言之,前理论命题要成为理论命题,它必须脱离日常生活实践,它不再被用于解释或认知某个对象,而是自身成为认知对象。与其他认知对象一样,命题以及其他种类的语言表达本身可以被视作认知对象,而这是在哲学中才发生的。对于语言的认知或者研究首先并不是以语言学的形式出现的,而是发生在哲学中,早在赫拉克利特那里"λóγοs"(道、理性)就成为了一个重要的哲学概念。海德格尔指出,在古典存在论那里λóγοs是被视作现成者(认知对象)的,而柏拉图与亚里士多德对它的研究都得出了一个相同的结论,即它是一种"作为"。海德格尔似乎也认为,两位哲学家对于这种作为的理解是歧义性的,即同时将它理解为了解释性的作为与判断性的作为,他们的研究不能被理解为"判断理论",海德格尔甚至将亚里士多德的研究称为"现象学进路"。更进一步的变更是发生在后来的逻辑学之中的,它将命题或判断仅仅视作概念或表象的结合与分离。(SZ 168)换句话说,海德格尔不仅认为在逻辑学中出现了理论命题,而且认为逻辑学的理解方式是理论命题得以出现的原因。在此我们或许可以补充,在近代知识论中命题完全被视作认知对象,而语言与世界的关系就是符合(真)或者不符合(假)。由此可见,理论命题是被逻辑学与近代知识论构造出来的,实际上并不存在纯粹的理论命题或理论语言。② 虽然日常生活中的常言可以

---

① Fultner, Babara, "Heidegger's Pragmatic-Existential Theory of Language and Assertion", in *The Cambridge Companion to Heidegger's Being and Time*, ed. by Mark A. Wrathall, New York: Cambridge University Press, 2013, p. 211.

② 普劳斯认为,即便判断或命题也是一种认知实践活动,而认为存在纯粹理论命题的观点是一种"乌托邦式的理论主义"(utopischer Theoretizismus)。(Cf. Prauss, Gerold, *Erkennen und Handeln in Heideggers „Sein und Zeit"*, Freiburg/München: Verlag Karl Alber, 1977, S. 91.)

被视作前理论命题,但在常人的素朴的对于存在的理解中,这种命题并没有完全被视作认知对象,它所言说的存在者也没有完全被视作认知对象。素朴的对于存在的理解并没有区分上手性、现成性与此在的存在,因而常人无论对于自身还是实践对象(包括语言)的理解都是歧义性的。只有在逻辑学或者近代知识论的理论构想中,理论命题才得以(非现实地、理想性地)存在,它是对于常言或者前理论命题的哲学重构。

三、生存论上的科学概念

虽然理论命题是一种哲学建构,但它以及与之相关的符合论真理观对于理解现代科学来说却是至关重要的。在《存在与时间》的第 69 节中,海德格尔提出了"生存论上的科学概念"(der existenziale Begriff der Wissenschaft),与这个概念相对的是"逻辑学上的[科学]概念"(der logische Begriff),后者将科学理解为"真的,也就是有效命题的论证关联(Begründungszusammenhang)",而前者则将科学理解为一种生存或者说在世界中存在的方式,一种发现与揭示存在者以及存在的生存方式。(SZ 357)简而言之,生存论上的科学概念将科学视为实践,而逻辑学上的科学概念则将科学视为理论,即由真的理论命题构成的论证体系。对于科学概念的这种划分是完整的么?难道不是还有另外一种重要的科学概念,即将科学视为人的一种认知活动,并且我们可以将这个概念称为"知识论上的科学概念"?正如前文所提到过的那样,海德格尔反对认知与行动(实践)的划分,在他看来认知也是一种实践,而且任何实践都是为实践性知识(环视、顾视、顾惜等)所指导的,因而生存论上的科学概念实际上已经包含了知识论上的科学概念。也许我们还有这样一个疑虑:所谓的生存论上的科学概念难道不是显而易见的么?科学当然来源于科学家的实践活动,但是对于科学来说真正重要的却不是科学家的实践活动,而是他们得出的(具有客观有效性的)理论、发现的(客观)真理。这种疑虑也是合理的,海德格尔不能仅仅提出所谓的生存论上的科学概念,他还必须告诉我们这个概念对于理解科学来说具有怎样的意义。

　　海德格尔将科学视为一种实践活动,并且它是一种与日常生存实践不同的实践活动,因而科学或者理论命题体系的产生不能通过实践活动的中止来得到说明,他认为理论与实践的这种对立实际上并不存在:"如同实践活动具有其特殊的视见('理论'),理论研究也并不是不具有其本己的实践。"(SZ 358)理论研究之所以是一种实践的原因并不仅仅在于科学家在研究过程中需要使用仪器、与同行交流等,更重要的是科学研究本身也是为实践性知识所指导的,科学家必须知道如何进行其研究,例如如何从日常生活中摆脱出来而进入科学研究的状态,研究步骤应该如何一步一步地展开等,这不仅对于考古学家、历史学家、自然科学家等来说是成立的,即便对于数学家这种纯粹从事"精神活动"的人来说也是成立的。在这个意义上科学与日常生活实践并没有什么不同,它们都是人的生存或者说在世界中存在的方式。①

　　日常生活中的实践活动是由实践性知识指导的,即便它们遇到了障碍,"实践"停止了,实践性知识也不会就变成认知性知识或者理论命题。"使用用具的停止并不已经就是'理论'了,因此逗留着的、'观察着的'环视依旧完全附着于被操劳的、上手性的用具。"(SZ 358)对于海德格尔来说,实践或行动的有缺憾的形式意味着"去世界化",即实践对象不再非醒目地存在于(作为实践活动的背景或者说语境的)生活世界整体之中,而是成为了醒目的认知对象,但同时也保留其作为实践对象这一面向,"环视依旧附着于用具"。因而理论命题或者科学的出现是无法通过实践的被干扰来解释的。从默会的理解,显明的、前谓述性的解释到谓述性的命题的变更是一种生存论—存在论变更,而非仅仅是不同的实践活动之间的切换,更不是从实践到理论的变更。

　　逻辑学上的科学概念的合理之处在于指出了科学是由真命题组成的论证

————————————

　　① 亚里士多德就已经将科学看成是一种生活方式,甚至是最能体现人的本质的最高生活方式,即"沉思的生活方式"(bios theoretikos)。(参见[古希腊]亚里士多德:《尼各马可伦理学》,廖申白译,商务印书馆 2002 年版,第 305—309 页)

体系,在这个意义上科学是独立于产生它的周遭环境的,更进一步说,产生科学的研究活动对于科学本身的有效性没有影响,科学命题或者为真或者为假,关键在于它是否符合客观事实,而与科学家本身的视角、态度、兴趣等无关。逻辑学上的科学概念的主张者并非没有注意到具体的科学研究活动,它们是显而易见的,但他们认为对于科学的定义(概念)来说它们并不扮演任何角色。根据这种科学概念,科学是由真的理论命题组成的,无论这些命题本身还是它所涉及的对象都是认知对象,它们之间存在着的是符合或不符合关系。逻辑学上的科学概念并没有阐明的是:非视角性的、普遍有效的科学是如何得以可能的,难道科学不也与艺术、诗歌、哲学等一样是带着创造者的视角的么?与周遭环境(科学研究的语境)无关的、客观的、普遍有效的科学理论是如何得以产生的?

　　生存论上的科学概念的真正意义并不在于指出科学理论产生于科学研究这种实践活动,这是不言自明的,而在于从发生学的角度指出科学实践是如何从日常生活实践中产生的。在《存在与时间》中,海德格尔是通过"论题化"(Thematisierung)这个概念来说明这个变更的:

　　　　这种[科学的]筹划的整体,它包括对于存在理解的刻画、被存在理解所引导的对实事领域的划界、适合存在者的概念形式的拟定,我们称之为论题化。论题化的目标是公开世界内遭遇到的存在者,并且是以这样一种方式,即存在者能够将自身"对抛"(entgegenwer-fen)给一种纯粹的发现活动,也就是说它能够成为客体。论题化进行了客体化。……有关科学的发现活动唯一期待的就是现成者的被发现性(Entdecktheit)。(SZ 363)

简而言之,论题化就是让日常生存实践中的理解与解释变更为一种纯粹的认知(reines Erkennen),它包含以下几个方面:首先,生活世界被理解为了"世界",即现成者的总体;其次,通过它原本在生活世界中生存的人变更为了纯粹的认知主体,而原本的实践对象则变更为了纯粹的认知对象、客体;再次,认知的手段不是解释或前理论命题,而是理论命题;最后,纯粹认知的唯一目标是发现客观真理(现成者的被发现性)。

关于论题化海德格尔举的一个例子是近代物理学,他称之为"数学物理学"(mathematische Physik,SZ 363)。在"这把锤子是有重量的"这个命题中,不仅锤子不再被理解为实践对象,而是被理解为认知对象,而且它的"处所"(Platz)变更为了一个"时间—空间—位置""世界中的点",而在自然界或者说宇宙中任何一个时间—空间—位置相对于其他的都不具有优先地位。换句话说,在近代物理学的世界图景中,不仅生活世界变更为了自然、宇宙,而且存在者处所也变更为了抽象的时间空间位置,海德格尔将这种变更成为"周遭世界的脱缰"(Entschränkung der Umwelt,SZ 362)。正是由于这种生存论—存在论上的变更,自然的数学化才得以可能,数学物理学才得以产生,因而海德格尔也将这种变更称为"对于自然本身的数学筹划"(der mathematische Entwurf der Natur selbst,SZ 362)。这种筹划并不意味着物理学家在科学研究过程中运用了数学这种用具,而是意味着对于被研究领域的一种事先筹划,用海德格尔的话来说,它是一种生存论—存在论上的理解或者筹划,即对于被研究对象的存在方式的理解或者筹划,"它揭示了一种先天事物"(SZ 362)。物理学的非视角性、普遍有效性的来源并不是由于物理学家都使用了同样的研究方法或者科学标准,而是由于他们对于自然本身的数学筹划都是一样的,由此物理学才只有一种标准语言或者说标准理解:数学。

> 一旦从基本概念上对于引导性的存在理解进行了界定,以下这些方面也得到了确定:方法上的线索,概念结构,相应的真理与确定性的可能性,论证与证明的方式,约束性的样式以及传达的方式。这些环节组成的整体构成了完整的科学概念。(SZ 362-363)

在海德格尔看来,从日常生活中的理解与解释到理论判断(命题)或者科学实践的变更不仅意味着对于世界的重构,而且意味着理解与解释的前结构的变更。对于理解与解释来说,世界是周遭世界、生活世界,而对于理论判断来说,世界变成了现有者的总体、自然、宇宙,这是前结构中的先行具有的变更。就先行掌握而言,虽然解释也是概念性的,但是解释中的概念以及解释本身并不拥有抽象的客观意义,它们的意义是依赖于解释者的视角以及实践语境的;而对于理论判断或者科学理论来说,概念与命题必须拥有固定的使用方式与客观的意义,理论命题或者为真或者为假,它们的真值也是客观的。就先行视见而言,在理解与解释中,实践主体所把握到的实践对象及其作用,而"有关科学的发现活动唯一期待的就是现成者的被发现性",并且真理作为命题与事实的符合这样一个真理概念是被预设的。谓述性的理论判断意味着对于真理的诉求,而这种诉求可以被满足或不被满足,因而科学发现意味着对于理论命题(假设)的证实,无论它的手段是直接性的感知还是复杂的科学实验,真理意味着被证实或者能够被证实。

海德格尔对于解释、前理论命题、理论命题等语言形式以及科学概念的反思最终所导向的是对于传统的真理观的反思,其中最主要问题包括:真理等同于命题真理么? 传统的真理符合论对于命题真理的解释成立么?

第十二章　作为被发现性与
揭示性的真理

　　真理理论在西方哲学中始终是一个核心议题。在《理想国》中柏拉图就已经提出，"真理之光"是连接理性与存在者（理念）的媒介。但由此产生的问题是：真理之光从何而来？来自于人的理智还是来自于存在者自身？柏拉图的回答是：真理来自于太阳的父亲，即"善的理念"。① 但这个回答并没有使得我们更加了解真理的本质，因为善的理念甚至比真理之光更加难以理解。真理之光的比喻揭示了真理理论至少包含以下两个方面：真理与知识之间的关系问题，真理的存在论规定问题。

　　亚里士多德之后的西方哲学关于真理问题的探究基本遵循这样一个传统：将真理看成是思想与世界之间的符合关系，用托马斯·阿奎那的话来说："veritas est adaequatio rei et intellectus"。在当代哲学关于真理问题的讨论中，除了符合论之外至少还存在这样两种真理理论：真理的实用主义理论②（融贯论、冗余论等）、真理的现象主义理论。前一种理论把真理看成是语言或者说

---

　　① 　［古希腊］柏拉图：《理想国》，商务印书馆 1986 年版，第 264—267 页。
　　② 　虽然"实用主义"并不是对"pragmatism"最好的翻译，如实的翻译应该是"实践主义"，但在此还是沿用"实用主义"这个约定俗成的翻译，同时需要指出的是，当我们谈论海德格尔的实用主义时，我们谈论的其实是他的实践主义。

命题系统的一种属性,一个命题只有在能融入一个(被广泛认可和使用的)命题系统时才当且仅当为真;①后一种理论则认为真理意味着知识的明见性(evidence),也就是说真理是向我们显现的某种东西,而不是思想和世界之间某种超验的符合,也不是命题与命题系统的和谐一致。需要指出的是,这三种真理理论并不必然是相互排斥的,科赫提出,真理概念包含以下三个方面:实在论(符合论)方面、现象方面以及实用主义方面,它们对于定义真理概念来说都是必不可少的。② 如果我们赞同这个观点,那么真理就同时意味着思想与世界之间的符合、思想的融贯性以及明见性。在下文中我们将看到,从这三个方面来分析海德格尔的真理理论是不无裨益的。

海德格尔在《存在与时间》中提出了自己的真理理论,它通常被认为是对于胡塞尔的明见性真理理论的继承,两者是真理的现象主义理论的两个代表。为了阐明海德格尔的真理理论,先对胡塞尔的真理理论进行简要的考察是必要的,海德格尔在何种意义上继承与发展了胡塞尔的真理理论? 此外我们还将看到,海德格尔区分了存在者层次上的真理,即命题真理(被发现性),与存在论层次上的真理,即先验真理(揭示性)。

第一节 《逻辑研究》中的真理理论

在《逻辑研究》中胡塞尔对传统的真理符合论进行了修正。他认为,知识论中的真理概念不能直接被定义为思想和世界之间的符合,因为这种超验的(transzendent)符合是超出思想的把握范围的,③知识论应该研究思想所能把握到的真理。胡塞尔将思想能够把握到的、内在的(immanent)真理称为"明

---

① Cf. Quine, Willard Van Orman, "Two Dogmas of Empiricism", in *The Philosophical Review*, 60(1)(1951), pp. 20–43. 在这篇论文中奎因提出一个命题不能被单独证伪或证实,而只有在一个命题系统中才能被赋予真值。

② [德]科赫:《真理、时间与自由》,陈勇、梁亦斌译,人民出版社 2016 年版,第 10—11 页。

③ 也就是说,思想无法逾越自身去把握它与世界的符合关系。

见性"(Evidenz),它意味着"充足的理想"(Ideal der Adäquation)。① 从存在论上来看,《逻辑研究》中的"真理""明见性""符合"都不再是思想与世界之间的一种媒介,而只是思想的一种内在属性。

按照胡塞尔的观点,明见性作为"充足的理想"是存在于"意见"(Meinung)与"感知"(Wahrnehmung)这两个思想行为之间的。这两种行为都是意向性的,即都指向某个对象,并且它们也都是设定性的(setzend),也就是说它们指向的是带有存在设定的对象,而不是仅仅被表象的东西;这两种行为的区别在于在意见中对象本身并不能被给予,在这个意义上胡塞尔认为意见作为一种"符号化的行为"(ein signitiver Akt)并不包含任何"充实"(Fülle),只有在感知这种"直观化的行为"(der intuitive Akt)之中对象自身才可能被给予。② 因此明见性意味着在意见(判断)之中被意谓的对象通过感知被呈现出来,也就是说明见性是"证明"(Bestätigung)这样一种行为,通过它命题被"证实"(Bewahrung)或者"否证"(Widerlegung)。③

通过上面的论述我们不难发现,《逻辑研究》中的真理理论实际上是一种证实论(verificationism):一个命题只有在能被证实的时候才当且仅当为真(反之则为假)。而根据传统的真理符合论,一个有意义的命题或为真或为假,无论它是否能够被证实。真理符合论实际上是一种逻辑学理论,真理和认知之间的关系并不被包含在这种理论之中,这种理论的意义在于确立了命题的二值性(或者为真或者为假)原则。真理的证实论所要面临的一个困难也正是对命题的二值性的解释:当一个命题不能够被证实的时候,它究竟为真还是为假?例如"十亿年前的今天在地球上的我现在所处的地点正在下雨"这个命题极大可能既不能被证实也不能被证伪,那么这个命题是不是既不为真也不

---

① Husserl, Edmund, *Logische Untersuchungen. Zweiter Teil. Untersuchungen zur Phänomenologie und Theorie der Erkenntni*, Den Haag: Martinus Nijhoff, 1984, S. 593.

② Ibid., S. 588f.

③ Ibid., S. 593.

为假？

《逻辑研究》中的明见性理论实际上蕴含了这样一种假设：命题的二值性原则并不必然是与真理概念连接在一起的。胡塞尔指出，对象在感知中是通过"不同层级的完整性""不同层次的侧显"被给予的，[1]也就是说被感知到的往往不是对象自身，而只不过是它的某些方面，因此命题判断也会在不同的程度上被充实（证实）。那么我们是否应该认为明见性或者真理是有不同层次的呢？答案可以是肯定的，胡塞尔认为"在不严格的意义上"明见性只是意味着命题通过感知被证明，因此"谈论明见性的层次和层级是很有意义的"；[2]答案也可以是否定的，因为胡塞尔认为明见性在严格意义上是充足的理想，也就是说明见性作为对象自身在感知中被完整地给予、判断意向被完全地充实是一种理想化的行为。严格意义上的明见性确保了命题的二值性原则以及矛盾律的有效性："假如某人经验到了明见性 A，那么下面一点也是明证的，即没有任何一个其他人能够经验到 A 的悖谬性。……人们可以看到，这里涉及的是这样一种实情，通过它矛盾律得到了表达"。[3] 根据这种明见性真理理论，"十亿年前的今天在地球上的我现在所处的地点正在下雨"这类命题也存在对应的"充足的理想"或者说严格意义上的明见性行为，尽管它们不是现实存在的，而是作为理想而存在的。

不仅在涉及二值性原则时明见性的真理理论与传统的真理符合论是相似的，而且这两种真理理论还有更加深层的相似性。虽然明见性作为一种符合首先意味着命题（判断）与感知之间的符合，但严格意义上的明见性还包含另外一种符合：感知与对象的符合。按照胡塞尔的看法，感知也是一种设定性的意向行为，因此它也可以被充实或不被充实。感知完全被充实意味着对象自

---

[1]　Husserl, Edmund, *Logische Untersuchungen. Zweiter Teil. Untersuchungen zur Phänomenologie und Theorie der Erkenntni*, Den Haag：Martinus Nijhoff, 1984, S. 589.

[2]　Ibid., S. 593.

[3]　Ibid., S. 599.

身在感知之中被给予,而假如在感知中被给予的只是对象的某个侧显,那么感知就只是部分被充实了。在严格意义上的明见性或者说真理那里存在着双重的符合,而符合关系是传递性的,因此严格意义上的明见性和真理最终意味着命题(判断)与对象的符合(adaequatio intellectus et rei),在这一点上《逻辑研究》中的明见性真理理论与传统的真理符合论是一致的。明见性的真理理论只不过是从知识论或者现象学的角度描述了真理自身是如何被给予的,对于胡塞尔来说,命题判断和对象之间的符合必须被还原为上述的双重符合才是可理解与可把握的,对象或者实事自身(die Sache selbst)并不是与人类认知无关的自在之物,而是在命题(判断)中被意谓的并且在感知中被给予的现象。关于对象或者实事自身在胡塞尔的现象学中存在着这样一种循环:实事自身只有通过"充足的感知"(adäquate Wahrnehmung)才能被给予,而感知只有在呈现实事自身时才是充分的。换句话说,严格意义上的明见性行为是自身确证的,在此之外并不存在一个超验的、客观的真理标准。

明见性被胡塞尔视作一种证实行为,但我们通常并不把真理理解为某个思想行为,而是理解成命题(判断)的一种属性。为了进一步解释真理概念,在"第六研究"的"明见性与真理"一节中胡塞尔区分了真理的四重意义:①

1. 真理是明见性行为的相关项(Correlat),在这里明见性作为判断和感知的符合自身也是一种(二阶的)思想行为,而真理是被这种行为把握到的符合,是这种行为的相关项。胡塞尔认为从先验的角度看,通过充分的感知"现成的"(vorhanden)真理作为一种符合"随时"都可以被经验到。

2. 真理是明见性行为的本质,换句话说,明见性行为自身也有着某种规定,而且它不是指个别的、具体的明见性行为的规定,而是指明见性行为作为明见性行为的本质性规定,换句话说,明见性行为本身都是真的,它是"经验的、偶然的明见性行为的本质,它是认知性的并且是被当作理念的"。

---

① Husserl, Edmund, *Logische Untersuchungen. Zweiter Teil. Untersuchungen zur Phänomenologie und Theorie der Erkenntni*, Den Haag:Martinus Nijhoff,1984,S. 595.

3. 真理意味着设定性的意向行为（判断与感知）的充实（证实），这种充实也可被称为是"真"（das Wahre）或"存在"（Sein）。这种充实不能仅仅被视作个别的、具体的意向行为的某个经验，而是任何一个意向行为的"理想化的充实"。

4. 真理意味着意向行为的正确性（Richtigkeit）。被充实的（被证实的）意向行为与未被充实的意向行为在属性上当然也有差别，就如同在黑暗中与在光明中"看"这个视觉行为是不同的，在这个意义上被充实的意向行为意味着正确的行为，而未被充实的意向行为则意味着错误的行为。此外，胡塞尔指出正确性并不是个别的、具体的意向行为的一个偶然属性，而是意向行为的"理想的，也就是普遍的可能性"（die ideale, also generelle Möglichkeit）。

从胡塞尔对于真理概念的四重意义的论述中我们不难发现，他的真理概念一方面是现象主义的，另一方面则是逻辑主义的。真理被定义为明见性行为、判断和感知的符合、判断意向和感知意向的被充实，这也就从现象学的角度说明了真理是如何被把握到的；但胡塞尔始终强调真理是充足的理想、本质、理念，也就是说，真理概念是理想化的和普遍性的。胡塞尔现象学的基本立场是反心理主义的，他的真理理论也很好地体现了这一点。虽然真理是被经验到的或者说被明证的，但是明见性的真理经验绝不是一种"感觉"（Gefühl），①相反真理"是非时间性的理念世界中的一种效力单元（Geltung-seinheit）"。② 在这里我们可以看到胡塞尔真理理论中的逻辑主义或者说柏拉图主义面向。

胡塞尔的真理理论也包含了实在论方面，严格意义上的真理或者明见性最终意味着命题（判断）和实事本身（对象本身）之间的符合。此外，真理的实用主义方面也是可以被包含在他的真理理论中的，因为他区分了不同层次的

---

① Husserl, Edmund, *Logische Untersuchungen. Erster Teil. Prolegomena zur reinen Logik*, Den Haag: Martinus Nijhoff, 1975, S. 189.

② Ibid., S. 130.

明见性,即不同层次的命题(判断)与感知之间的符合,这使得我们可以在不同的真理标准下赋予判断真值,不严格的意义上的明见性概念无非意味着一种实用主义的真理概念。由此可见,真理的现象方面、实在论方面与实用主义方面在胡塞尔的真理理论中融为了一体。

虽然胡塞尔修正了传统的真理符合论,但是《逻辑研究》中的真理概念还是间接地承认了命题(判断)与实事自身的符合。根据这种真理理论,严格意义上的真理(明见性)只有在先验现象学①等"严格科学"中才能被获得,因为只有在这些种类的知识中实事自身(对象自身)才在感知中被完整地给予了,被感知的对象与被意谓的对象才完全是重合的,也就是说感知与判断这两种意向才完全地被充实了。胡塞尔认为,当命题判断涉及感知对象(物理对象)的规定性时,它们只能以侧显(Abschattung)的方式在直观中被给予,②因而这类命题判断是无法被完全充实的。由此可以得出的结论是:无论关于感知对象的日常经验判断还是经验科学中的理论命题都无法拥有严格意义上的明见性。从这个角度看,胡塞尔似乎暗示了经验科学是不可完结的,看上去确定无疑的科学原理(牛顿力学的三大定理,爱因斯坦的相对论等)也无法完全符合作为物理对象的实事本身,因为它们按其(作为物理对象的)本性就是向人类经验隐藏的。正如图根特哈特所说的那样,严格意义上的明见性在胡塞尔那里不过是"一个规控性的理念"(eine regulative Idee)。③ 即便如此,这种真理理论并没有对经验科学提出挑战,相反它是对人类科学发展历程的反思与描述:旧的明见性或者真理为新的明见性或者真理所替代,而且这种替代过程会

---

① 胡塞尔在《逻辑研究》中就已经指出假如被直观的对象是在内在体验或被反思把握的东西,那么直观意向就能够和实事本身相符合(Cf.Husserl, Edmund, *Logische Untersuchungen. Zweiter Teil. Untersuchungen zur Phänomenologie und Theorie der Erkenntni*, Den Haag: Martinus Nijhoff, 1984, S. 591),因此先验现象学的描述是具有严格意义上的明见性的。

② Ibid., S. 591.

③ Tugendhat, Ernst, *Der Wahrheitsbegriff bei Husserl und Heidegger*, Berlin: Walter de Grutyer, 1970, S. 104-105.

一直延续下去。

　　实际上被这种真理理论挑战的是我们的日常生活经验,按照这种真理理论,我们在日常生活中形成的判断(例如"我家的电冰箱是白色的"这样的判断)只具有不严格意义上的明见性,它们只是在实用主义的意义上是真的。虽然日常生活经验通常是不精确的,或者说是不具有严格意义上的明见性的,甚至还可能是错的,例如"太阳每天东升西落""X 是一个优秀作家"等判断,在这个意义上经验科学对于日常生活经验的修正是有意义的。但是由此认为任何日常生活经验不具有严格意义上的明见性或者真理并不一定合理,例如"我家的电冰箱是白色的"(假设我家的电冰箱确实是白色的)这个判断在何种意义上不具有严格意义的明见性或真理呢?《逻辑研究》中对于严格意义上的与不严格意义上的明见性的区分并不与我们日常生活经验的真理观相契合,而是对它的一种修正。

第二节　被发现性与命题真理

　　海德格尔在《存在与时间》中对真理概念的论述也是从真理符合论开始的,进一步说是从对它的批判开始的。他认为,将真理视作一种符合关系并没有真正地给出它的定义,我们可以进一步追问:什么是符合关系呢? 他指出,符合关系不同于符号与指涉对象之间的指涉关系,并且真理作为一种符合关系不同于算术上的相等(例如 6 = 16-10)这种符合关系,"从哪个角度看 intel-lectus(理智)与 res(事物)是相符的呢?"(SZ 215-216)也就是说,思想与世界的符合关系并不足以定义真理,必须被进一步阐明的是真理究竟是怎样一种符合关系。值得注意的是,海德格尔并没有否认(命题)真理是一种符合关系,①而只是认为单纯的实在论方面并不足以完整地定义真理,真理符合论是

---

　　① Cf. Wrathall, Mark A., "Heidegger and Truth as Correspondence", in *International Journal of Philosophical Studies*, 7:1(1999), pp. 69–88.

一种"幼稚的实在论",(SZ 215)在这一点上他和胡塞尔是一致的。

自笛卡尔以来的近代知识论大都包含这样一个基本的哲学立场:真理不是外在于心灵的一种客观实在的符合关系,而是思想自身的一种属性。笛卡尔树立了"真理的普遍规则":凡是清楚与明晰的观念都是真的,真理等同于观念的清楚与明晰。即便胡塞尔也分享了这一哲学立场,甚至在术语上他都沿袭了笛卡尔,那么海德格尔是不是也继承与发展了这种哲学立场呢?

海德格尔指出,在知识论中真理或者被视为主客体之间的一种关系,或者被视为内在于主体或者说意识的一种思想属性,但是这两种理论都面临着巨大的困难。虽然他并没有明确地提到代表这两种立场的分别是哪些哲学家,但前一种立场显而易见地为许多近代哲学家所分享,例如笛卡尔、洛克、康德等,而后一种立场则指向胡塞尔。首先,如果真理是主客体之间的一种关系,那么主体是如何超越自身而把握到这种关系的呢?这个困难与外部世界的实在性问题是异曲同工的,主体(意识)如何超出自身而达至超越的现实世界并且把握自身与世界的关系始终是近代知识论所面临的核心问题。海德格尔还指出,如果真理被规定为"观念性的判断内容"(der ideale Urteilsgehalt)与"实在事物"(das reale Ding)之间的符合,那么这种符合关系在存在论上是难以被理解的。(SZ 216)换句话说,如果真理是这两个领域中的两个存在者之间的符合关系,那么它就必须同时具有这两种存在论规定:观念性与实在性,而这是不可能的。

其次,如果真理是被"内在的真理意识"或者明见性意识所定义的,那么这种理论是否也面临困难呢?海德格尔是否与胡塞尔一样都是从现象学角度去理解真理的呢?后一个问题的答案是肯定的:"在认识活动中真理什么时候才会在现象上可通达呢?当认识活动证明(ausweisen)自身为真的时候。自我证明赋予了它真理。"(SZ 217)海德格尔举的例子也诱使我们将他的真理理论理解为一种明见性理论:一个人背对着墙壁的时候做了"墙上的画挂斜了"这样一个判断,只有当这个人转过身看到墙上斜挂的画时,这个判断才被证明了。(SZ 217)按照明见性真理理论,我们可以认为在这个例子中命题(判断)通过感知被充实(证明)了,或者说判断与感知是相符合的,或者说被意谓的与被感知的对象显现为同一个。"那么什么东西通过感知被证明了呢?仅仅只有这样一点,即它就是在命题中被意谓的存在者自身。"(SZ 218)在脚注中海德格尔甚至承认,"证明"(Ausweisung)作为一种"辨识"(Identifi-zierung)的想法来自于《逻辑研究》第六卷的"明见性与真理"这一节。(SZ 218)他与胡塞尔的分歧似乎仅仅只有这样一点:在胡塞尔看来,物理对象在感知中只能通过侧显被给予,因此对于物质对象的单个感知是无法完全充实关于它的命题(判断)的;而在海德格尔看来,关于物质对象的命题(判断)通过对它的单个感知就能够被证明了,他并没有区分严格意义上的和不严格意义上的明见性或者真理。假如以上论述都成立,那么《存在与时间》中的真理理论只不过是《逻辑研究》中的明见性理论的实用主义版本。

海德格尔举的关于牛顿定律的例子会进一步加强对于《存在与时间》中的真理理论的上述理解:

> 只有当此在存在的时候,才会"有"真理。……牛顿定律,矛盾律,进一步说是任何真理都只有当此在存在的时候才会是真的。……在牛顿定律被发现(entdeckt wurden)之前,它们不曾是"真的";从这点并不能得出它们曾是错的的结论,更不会得出这样的结论:在存在者层次上,当被发现性(Entdecktheit)不再可能时,它们将会是假的。(SZ 226)

如果说胡塞尔通过作为"充足的理想"的严格意义上的明见性的假设保留了真理的客观性与二值性原则,那么海德格尔的真理理论似乎完全是主观主义的,在他的理论中不再有绝对的真理标准,并且他明确地否定了真理的永恒性。(SZ 227)

图根特哈特正是在这一点上对海德格尔提出了批评,在他看来,海德格尔的真理理论放弃了对于"批判性论证"的要求,而将真理规定为了某种直接被

给予给此在的东西。① 他归纳总结出了《存在与时间》中的三个真理定义,第一个定义是:

> 被意谓的存在者如其所是地那样来显现自身,也就是说,当它通过命题被展现、被发现的时候,如它存在的那样,它在同一性中存在着。(SZ 218)

在他看来,将真理定义为"如……那样"(so -wie)或者"同一性"只是重复了胡塞尔的观点。同一个对象通过两种方式被给予了我们并且它们是相符合的,因而真理意味着两种被给予方式中的对象的同一性,这不仅是海德格尔的观点,而且首先是胡塞尔的观点。② 但图根特哈特并没有注意到,虽然海德格尔与胡塞尔都谈论到了"证实""证明""充实""同一性"等概念,但是他们的侧重点却不同,胡塞尔所强调的是两种意向行为(被给予方式)之间的关系,而海德格尔所强调的却是存在者自身的同一性,他并没有谈论到(命题)判断被感知所充实或者两者之间的符合关系。虽然《存在与时间》中的真理理论有着明显的现象主义特征,但是将它简单地等同于一种明见性真理理论却是错误的。海德格尔不仅没有使用"明见性"这个概念来定义真理,而且明确地否定了这种真理理论:

> 在表象之间并没有任何的比较,无论是就它们自身而言,还是就它们与实在物的关系而言。证明既不是认识活动和对象,也就是说心理事物和物理事物之间的符合,也不是"意识内容"自身之间的符合。(SZ 218)

在海德格尔看来,证实并不意味着命题(判断)与感知之间的符合,而是意味着"存在者的自我显现"。(SZ 218)此外,"让存在者如其所是地那样来显现

---

① Tugendhat,Ernst, *Der Wahrheitsbegriffbei Husserl und Heidegger*, Berlin:Walter de Grutyer,1970,S. 384;Frede,Dorotha,"The Question of Being", in *The Cambridge Companion to Heidegger*,ed. by Charles B.Guignon,London / New York:Cambridge University Press,2003,pp. 133–134.

② Tugendhat,Ernst,„Heideggers Idee von Wahrheit ", in *Heidegger:Perspektiven zur Deutung seines Werks*,Köln:Kiepenheuer & Witsch,1969,S. 288.

自身"是言语自身的功能,因而在上面的定义中感知没有任何位置,真理是命题(判断)的作用,它意味着命题的展现(aufzeigen)或者发现(entdecken):

> 命题是真的,这意味着:它在存在者自身上发现了它。它在存在者的被发现性(Entdecktheit)中对它进行陈述,它展现着,它"让⋯⋯被看见"(ἀπόφανσις)。命题的为真(Wahrsein)或者真理必须被理解为发现状态(entdeckend-sein)。(SZ 218)

从这段话中图根特哈特归纳出了海德格尔对于真理的第二个与第三个定义,即真理分别意味着"存在者在其自身的被发现性"与"此在的发现状态"。图根特哈特认为第二个定义依然没有问题,但在第三个定义中"如⋯⋯那样"这种特殊的真理现象就被遗忘了,因为任何命题都是展现,都可以被理解为发现状态,命题真与假的区分标准就丧失掉了。① 图根特哈特正确地指出,海德格尔对于"发现"(entdecken)这个概念的使用是歧义性的:一方面任何命题都意味着展现,都意味着对于存在者的发现;另一方面真理不仅意味着命题对于存在者的发现或展现,而且也意味着在存在者自身上对它的发现或展现。同一性或者"如⋯⋯那样"是定义真理概念的关键点,真理不能被简单地定义为命题的发现或展现、存在者的被发现性以及此在的发现状态这三个方面中的任何一个方面。但图根特哈特忽略了,海德格尔从来没有将这些"定义"分开,更没有将发现状态作为真理的最终"定义",毋宁说这三个"定义"所表述的不过是真理的不同方面而已。

> 发现是一种在世界中存在的存在方式。环视性的或者也是逗留—注视性的操劳发现了世界内的存在者。世界内的存在者成为了被发现的事物。它在第二种意义上是"真的"。首要地"真的",也就是说发现着的是此在。真理在第二种意义上不是意味着发现状态(发现),而是被发现状态(Entdeckt-sein),即被发现性。(SZ 220)

----

① Tugendhat, Ernst, *Der Wahrheitsbegriff bei Husserl und Heidegger*, Berlin: Walter de Grutyer, 1970, S. 289–290.

由此可见,存在者在同一性中的自身显现或者说被发现性、此在的发现状态只是命题真理的两个方面,如果说前者是它的现象方面,那么后者则是它的实用主义方面。但命题真理的这两个方面并不是平行的,海德格尔将此在的发现状态视为真理概念的首要意义,而存在者的被发现性则是它的次要意义。在这一点上他继承与发展了笛卡尔—胡塞尔式的真理理论,两位哲学家都认为真理首先不是命题与对象之间抽象的符合关系,而是思想的明见性,但他们忽略的是,明见性的前提是正确的判断行为,因而真理的实用主义方面比现象主义方面更为根本。"作为被发现性与发现状态的真理'定义'也不仅仅是术语解释,它来源于对此在的行为(Verhaltungen)的分析,我们首先将这些行为称为'真的'。"(SZ 218)进一步说,只有当真理拥有了实用主义方面与现象方面的时候,它才能够拥有实在论方面,即它意味着思想或命题与对象的符合,判断(命题)的正确性(发现状态)与对象自身的显现(被发现性)是这种符合存在的前提。简而言之,海德格尔的(命题)真理概念包含了真理的三个方面,尽管他将优先性赋予给了实用主义方面。

海德格尔认为,即使在世界中存在的人没有做出任何判断(命题),他(或她)也依然可以发现存在者:"寓于世界内的存在者之中的存在,即操劳,是发现性的"(SZ 223)。对存在者的发现首先并不是发生在命题判断之中,而是在前谓述性的理解与解释之中,例如在关于锤子的例子中,他指出对"这把太重的锤子"的发现首先并不是通过任何命题判断,而是体现在将不合适的用具放在一边或者替换它的实践活动中。(SZ 157)理解和解释的发现比命题判断的发现更为原初,并且它不能被视为对于存在者的感知。"这把太重的锤子"并不是在感知中被动地被给予锤子的使用者的,而是在目的性的实践活动被理解或者解释为了"这把太重的锤子",并且这种理解只有在实践对象构成的整体语境中才是可能的,只有指向某个实践目的锤子才会显现为太重,它并不自在地就拥有这样一种特征。因此对于存在者的原初的发现状态并不是认知活动(命题判断或者感知)的发现状态,存在者的被发现性也不等同于认知对象的被给予性,发现状态与被发现性首先是发生在前理论、前认知层面上的。在海德格尔看来,命题判断作为一种言语只不过是前理论的、前谓述性的发现状态与被发现性的表达与传达,(SZ 224)在这个意义上命题真理的衍生性可以被理解为:它是从理解或解释的揭示性(发现性)中衍生出来的。

正如在前面的章节中所提到的那样,海德格尔将命题视作一种用具或者说实践对象,①并且这种用具所展现的存在者也是一种实践对象(例如"这把锤子")。作为用具的命题并不存在于某个与物理领域相分离的心理领域、观念领域或者逻辑领域之中,而是在实践活动中被实践主体使用的一种用具,它与其他所有用具一同存在于(作为实践背景或者语境的)生活世界之中。用具之间,即实践对象之间有着指引(Verweisung)关系,这种关系并不是一种自在自为的存在物,而是在生存实践中事物之间形成的一种联系,例如只有在劳作中锤子才会指引石头,石头才引指向道路,道路才会指引交通用具,等等。作为用具的命题与它所展现的存在者之间的关系也应该被理解为一种指引,而不是某种抽象的符合,海德格尔所谓的被发现性与发现状态也就是这样一种指引关系。在这个意义上盖特曼(C.Gethmann)对于海德格尔真理理论的理解无疑是正确的:它是一种"坚决的实用主义","符合并不意味着照片和原型之间的这种符合,而是钥匙和锁之间的这种符合"。②

命题作为一种用具可以被分为合适的和不合适的,也就是说作为用具的命题也可以是正确的或者错误的,而区分正确的与错误的命题的标准也无非就是区分合适的和不合适的用具的标准。不难理解的是,合适的用具意味着通过对它的使用实践活动能够顺利进行,而不合适的用具则会使得实践活动不能够顺利进行,例如用一把合适的钥匙我们可以顺利地打开一把锁,而用一把不合适的钥匙我们是无法做到这一点的,因此区分正确的和错误的命题的

---

① "被说出的命题却是一个上手者……。"(SZ 224)

② Gethmann,Carl Friedrich,*Dasein*:*Erkennen und Handeln—Heidegger im phänomenologischen Kontext*,Berlin & New York:Walter de Gruyter,1993,S. 157.

标准是命题判断这种实践活动的顺利与否。通过一个正确的判断此在被指引到判断的对象自身或者说存在者自身,在海德格尔所举的墙上斜挂的画的例子中,通过一个正确的判断——"墙上的画挂斜了",此在发现了墙上的斜挂的画,用海德格尔的术语我们可以说:墙上的斜挂的画在同一性之中(in Selbigkeit,SZ 218)被发现或者说展现了。在这种情况中命题判断的实践活动顺利进行,它与此在的其他实践活动无阻断地融为一体;而通过一个错误的判断则不能发现判断所意谓的对象,例如假如在上述例子中被断言的是"墙上的画没有挂斜",那么当背对墙的人转身时他是不能发现墙上没有挂斜的画的,这就意味着命题判断这种实践活动不能顺利进行,它与其他实践活动不能无阻断地融为一体,此在必须修正自己的命题判断。在这里我们看到,真理首先不是符合这种逻辑关系,而是指引这种实践关系,真理意味着命题判断这种实践活动的顺利,因而它首先应该从实用主义方面得到理解。

与图根特哈特的主张相反,实用主义层面的真理不是二阶的规控性理念,不是通过批判性论证得出的结论,因为命题判断这种实践活动的顺利与否并不是任何反思的结果,而是在实践中被直接给予判断主体的。在这个意义上图根特哈特认为海德格尔的真理概念缺乏批判性的观点倒是一种正确的归纳。虽然海德格尔在《存在与时间》的§44a.中谈论到了证明(Ausweisung)与证实(Bewährung)并且援引了胡塞尔的明见性理论,但他却没有将真理视作判断与感知的符合或者明见性,而是视作此在的发现状态与存在者的被发现性。此外,他没有将命题判断首先视作一种认知,而是视作一种实践,被命题所意谓(展现)的存在者也首先被视作上手者或者实践对象,而不是认知对象。但在他的真理理论中真理并非是无标准的,而是命题判断这种实践活动无需一种特殊的标准。① 原初意义上的命题真理意味着命题对作为它的对象的存在

---

① 在"论真理的本质(1930)"一文中海德格尔将真理的本质规定为"自由"(Freiheit)、"存在者的存在"(Sein-lassen vom Seienden,参看 GA 9,186)。笔者认为,只有从实践的角度我们才能理解海德格尔的这两个概念,即将它们理解为实践的顺利进行。

者自身的顺利指引,在命题和它的对象之间首先并不存在一种抽象的符合关系。因此命题真理的衍生性还可以被理解为:作为符合的(实在论方面的和现象方面的)真理是从作为指引的(实用主义方面的)真理中衍生出来的。

在§44b.中海德格尔描述了这种衍生是如何发生的。如果命题(判断)作为一种语言形式是一种表达与传达用具,那么命题真理不能首先被规定为明见性或者证实,因为存在者在前判断的理解与解释中已经被发现了,命题(判断)只不过是将它表达了出来,换句话说,真理是判断的前提,而不是判断作为一种意向行为被充实的结果。"最原初的'真理'是命题的地点,它还是命题得以为真或为假(发现着的还是遮蔽着的)这种可能性的存在论条件。"(SZ 226)在海德格尔看来,将真理看成是命题的二阶属性完全颠倒了真理和命题的关系,原初意义上的(前谓述的)真理是判断的前提,而非相反。这个意义上的命题的真或假意味着它作为一种用具是合适的或不合适的,而不是意味着它作为一种意向行为的被充实或未被充实。命题作为一种语言用具将存在者自身表达(展现)了出来,由此存在者自身也就成为了命题的一个相关项,虽然在这个意义上二者之间的关系还是一种实践性(上手的)的指引关系。而当命题作为一种传达用具被使用时,被传达的不仅是命题自身,而且还有命题的相关项,也就是存在者自身①。

海德格尔指出,在命题对于存在者自身的传达中蕴藏着一种遮蔽实事自身的风险:"此在自身并不需要将自己带入对于存在者自身的原初经验中去,……被发现性在很大程度上并不是通过此在自身的发现,而是通过对于被言说之物的听说而获得的"(SZ 224)。换句话说,命题虽然是一种表达与传达真理的用具,但是对于存在者自身的原初经验是无法被传达的,例如很多人都听说"毕加索是20世纪最伟大的画家之一",但他们也许从来没有看过毕加索的画,从来不曾获取毕加索的艺术成就的原初经验,因而实事(存在者)

---

① "命题就存在者的被发现性是怎样的这一点传达了存在者。而获悉这个传达的此在在获悉的过程中将自身带入了对于被言说的存在者的发现性。"(SZ 224)

自身被遮蔽了。用胡塞尔的话来说,这种命题只是未被充实(证明)的符号性的意向行为,判断主体在这里并没有获得明见性。但海德格尔认为,这种命题在某种意义上仍然是真的,因为在这其中存在者自身的被发现性被保存了,也就是说,他并不认为命题判断自身是不含有任何充实的空的意向行为,在作为真理和人类经验的传达用具的命题中存在者自身的被发现性在某种程度上始终被保存了。这种真理(被发现性)的保存并不意味着命题与对象之间的客观的符合关系,而是两者之间的实践性的指引关系,而且这种指引关系具有主体间性,或者说它是可以被传达的。从这个角度看,海德格尔的实用主义真理理论同样解释了真理的"客观性",即它的主体间性。虽然他反对不依赖于人类视角的真理的客观性与永恒性,但是他也不认为真理必须奠基于判断主体的直观化行为或者明见性。

此外海德格尔指出,原初的真理意味着"理解的揭示性"(Erschlossenheit des Verstehens),而作为符合的命题真理则是衍生的。

> 命题和它的结构,即判断性的作为(das apophantische Als),奠基于解释和它的结构,即解释性的作为(das hermeneutische Als),进一步说奠基于理解,此在的揭示性。因此命题真理的根源要追溯到理解的揭示性。(SZ 223)

也就是说,原初的真理是理解与解释的揭示性,而命题真理是它的衍生物。海德格尔对于真理的这个规定与他对命题和解释之间关系的规定是相对应的:正如命题是解释的衍生形式,命题真理是理解与解释的揭示性的衍生物。在他看来,作为发现状态的真理意味着不仅对象在命题中被意谓并且同一个对象在感知中被给予,而且它在更原初的意义上意味着理解以及解释的发现状态。

需要得到进一步澄清的是"命题真理的衍生性"究竟是什么意思。在海德格尔看来,真理从作为实践性的指引关系到逻辑性的符合关系的衍生的原因在于一种存在论上的变更(ontologische Modifikation)。虽然与原初经验相分离的命题判断"客观上"（主体间性的角度）可以为真或为假，但是它却没有被证明为真或为假，或者说它没有对判断主体显现为真或为假。假如判断者在不具有对于存在者自身的原初经验的情况下做出了判断，那么存在者自身并没有向他显现，对于他来说存在者是不依赖于他的经验而客观存在的，用海德格尔的术语来说：存在者是现成的。而假如判断主体这样去理解作为判断相关项的存在者，即存在者自身不是通过人类的共同实践而与命题相互指引的，那么命题与存在者之间的关系就不再被视作一种实践性的指引关系了。

> 命题是一个上手者。与发现性的命题之间存在指涉关系的存在者是世界内的上手者，进一步说是现成者。这种指涉（Bezug）将自己给定为现成的。……指涉由于变更为现成者之间的关系自身也获得了现成性特征。（SZ 224）

海德格尔认为，由于命题的相关项以及命题自身被视作现成者，两者之间的关系也变更为现成的指涉关系，用胡塞尔的术语来说：命题判断是符号化的意向行为，而命题的相关项则是意向对象。从上手的指引关系到现成的指涉关系的存在论变更意味着从实践（生存）视角到理论视角的变更，而理论视角被视为客观的与非视角性的，因而从它出发被观察到的一切存在者也被当成是客观存在的（现成的）。不仅命题判断的对象不再被当作是实践对象（上手者），而是被看成客观存在的，就连命题自身也被当作某种抽象的、非心理性的逻辑事物，而两者之间的关系也自然而然地成为了客观的、逻辑性的符合关系。"真理作为揭示性以及对于被发现的存在者的发现状态变成了世界内的现成者之间的符合关系。由此传统的真理概念在存在论上的衍生性就得到了展现。"（SZ 225）

由此也就不难理解为什么海德格尔反对将真理等同于明见性，在他看来，真理在原初意义上是前判断的此在的发现状态以及存在者的被发现性，即使由此衍生出的命题真理也不是一种抽象的符合关系，而是命题与存在者之间的实践性的指引关系。只有通过一种生存论—存在论上的视角转换，即从生存实践的视角转换到抽象的理论视角,命题真理才被视为命题与对象之间的客观的符合关系:"作为充足理想的明见性"。

通过上面的论述我们看到,海德格尔关于命题真理的理论首先是一种实用主义的真理理论,但这是否意味着它与传统的真理符合论是不相容的呢?是否就像盖特曼所认为的那样,《存在与时间》中的真理理论是一种"坚决的实用主义"呢?不可否认,无论是将真理视作此在的发现状态,还是视作存在者的被发现性,海德格尔的真理理论都带有浓厚的实用主义色彩,前判断的真理以及作为它的表达与传达的命题真理并不是抽象的、理论性的,而是实践性的。他反对将真理看成是理论命题的某种永恒属性,真理并不存在于理念空间或者说逻辑空间之中,而是在人的生存实践中显现着的"此在的揭示性"。虽然真理首要意义上是实用主义的(实践性的),但它也同样包含现象方面(存在者的被发现性)以及实在论方面(命题与存在者之间的指引关系)。在这个意义上海德格尔的命题真理理论可以被视作一种实用主义,但由此我们无法得出这样一个结论:他的命题真理理论是对传统真理符合论的完全拒斥。在《存在与时间》中他并没有完全拒斥传统的真理符合论,而是指出了作为符合的真理概念的衍生性,即只有通过从上手性(实践性)到现成性(理论性)的存在论变更,真理才成为了命题与对象之间的抽象的符合关系。简而言之,《存在与时间》中的真理理论不是拒斥了传统的真理符合论,而是将它纳入了实用主义的真理理论之中,这种实用主义并不是"坚决的",而是兼容并蓄的。

即便如此,我们必须承认海德格尔的某些表述是需要修正的,例如他认为"存在永恒真理"这种想法是一种无法被证明的"虚幻的断言"(eine phantastische Behauptung),它只是被哲学家们共同相信着。(SZ 227)。假如他承认真理的符合论是实用主义真理理论的一种合理的衍生,那么从前者出发承认真理的永恒性并不是一种幻觉,而是一种必要的理论预设,正如胡塞尔和图根特哈特指出的那样。因为只有从符合论的角度设定了永恒的"充足的理想","真理"才得以成为一个规控理论研究行为的重要理念。

第三节　揭示性与先验真理

如果将真理与命题真理这两个概念相等同,那么海德格尔就错误地理解了真理现象,因为他宣称:"因此只有通过此在的揭示性原初的真理现象才被达到了。"(SZ 220-221)正如上文所述,"此在""此在的生存论—存在论结构"与"揭示性"是相等同的概念,那么在何种意义上由理解、置身性以及言语构成的此在的生存论—存在论结构或者揭示性是"原初的真理现象"呢?虽然作为实践活动的判断行为是奠基于此在的生存论—存在论结构(揭示性)的,但是这种结构(揭示性)在何种意义上"是真的"(ist wahr)?

在研究文献中对于"揭示性是原初的真理现象"的观点有多种不同的阐释。图根特哈特认为,这个观点是对于真理概念的不合理的扩充,因为在命题真理之外并不存在其他种类的真理。① 盖特曼则认为,海德格尔并没有扩充真理概念,而是阐明了命题真理的条件,命题真理与作为揭示性的真理只不过是"两个同名异义的真理概念"。② 他还指出,海德格尔使用了"先验真理"(transzendentale Wahrheit)这个概念来称呼作为揭示性的真理,"现象学真理(存在的揭示性)是先验真理(veritas transcendentalis)"(SZ 38)。③ 换句话说,海德格尔区分了存在者—生存层次上的真理与存在论—生存论层次上的真理,前者是命题真理、"存在者的被揭示性",而后者是先验真理、"存在的揭示性"。盖特曼正确地指出了海德格尔对于两种真理的区分以及将后者视作前者的条件,但是他并没有回应图根特哈特的批评,他没有阐明海德格尔关于"先验真理""揭示性"的谈论在何种意义上是合理的。他提出的"操作性真理

① Tugendhat,Ernst, *Der Wahrheitsbegriff bei Husserl und Heidegger*,Berlin:Walter de Grutyer,1970,S. 350.

② Gethmann,Carl Friedrich,*Dasein:Erkennen und Handeln—Heidegger im phänomenologischen Kontext*,Berlin & New York:Walter de Gruyter,1993,S. 123.

③ Ibid.,S. 122.

模型"(operationales Wahrheitsmodell)①并不能用来解释先验真理或揭示性，因为行动的成功或顺利只能用于定义命题（判断）真理，而无法用于定义先验真理、揭示性，无论此在的生存论—存在论结构还是存在的揭示性都与行动的成功无关，它们并不是实用主义意义上的"操作真理"。在什么意义上此在（对于存在）的揭示性是一种先验真理呢？"揭示性"或"先验真理"是对于真理概念的不合理的扩充么？

　　海德格尔实际上为自己的观点提出了一个辩护，它来自于对"真理"这个语词的词源学考察。德语词"Wahrheit"、英语词"truth"与拉丁文词"veritas"都来源于古希腊文词"ἀλήθεια"。海德格尔指出，"ἀλήθεια"在希腊文中的原意是"无蔽"(Unverborgenheit)，而德文翻译"Wahrheit"以及对于它的理论规定"遮蔽"(verdecken)了古希腊人在前哲学的层面上所赋予这个词的"不言自明的"原初意义。(SZ 219)因而他为自己的作为揭示性的真理概念提供的一个辩护是："被给出的这个关于真理的'定义'不是对于传统的动摇，而是原初的据为己有(Aneignung)"。(SZ 220)在此我们感兴趣的不是他的词源学解释是否正确，②而在于他的观点是否正确地把握了真理现象。

　　海德格尔在晚期的一次演讲《哲学的终结与思的任务》(1964)中提出，作为"无蔽""在场的澄明"的ἀλήθεια并不是命题真理，而是使得它得以可能的东西，并且他认为，ἀλήθεια究竟是比真理更大还是更小的一个概念，这个问题是思的任务。(GA 14,85-86)换句话说，究竟作为无蔽的ἀλήθεια是不是应该与命题真理一样被称为"真理"，这个问题在他那里是没有最终答案的。相比于后期思想中的犹豫不决，在《存在与时间》中他坚定地认为，只有此在的揭示性才是原初的真理现象。

---

① Ibid.,S. 156.
② 在古希腊文的史诗以及其他文献中并不能为他的观点找到明确的根据，参见 Boeder, Heribert, „Der frühgriechische Sprachgebrauch von Logos und Aleitheia", in *Archiv für Begriffsgeschichte* 4,1959,S. 82-112。

如果说此在的揭示性是一种先验真理,并且等同于由置身性、理解与言语构成的生存论结构,那么这种真理是无法用符合论来解释的。与此在的生存论结构相符合的是什么? 对于海德格尔来说,作为此在的存在方式的生存论结构不再是一种世界内的存在者,而是一种超越,它构成了此在的视见,只有通过它此在才能与存在者打交道,因而没有任何存在者能够与生存论结构或者揭示性相符合,这种符合是一种"范畴错误"。如果在揭示性、先验真理与命题真理之间存在着一种"家族相似",那么它们的相似之处也不可能是符合。在海德格尔看来,即便命题真理首先也不意味着符合,而是此在自身的发现状态与存在者的被发现性,命题真理的现象方面与实用主义方面比它的实在论方面更为原初。虽然先验真理并不具有一个实在论方面,但它同样具有一个现象方面与一个实用主义方面。此在的揭示性是一种视见(Sicht),确切地说是一种实践性知识,而这种知识不仅是实践性的,还必定是现象性的,或者说必定是为此在自身所理解的。简而言之,对于先验真理、揭示性来说是否在现实世界中有某种东西与之对应并不重要。应该得到考察的一个问题是:先验真理或者揭示性是如何为命题真理奠基的?

在《论真理的本质》一文中他再次讨论了真理的不同方面,他认为陈述(Aussagen,判断)既不是一种心理学现象,也不是一种意识理论现象,而是一种"开诚布公的行为"(offenständiges Verhalten)。作为一种行为的判断遵循着这样一种引导(Weisung),即对存在者如其所是地那样进行述说(sagen),只有这样的述说是才正确的(真的),而被述说的事物则是真者(das Wahre)。真者也就是公开者(das Offenbare),它是判断或者陈述行为的准绳(Richtmaß),而判断的正确性(Richtigkeit)也就意味着这种行为的开诚布公(Offenständigkeit)。(GA 9,184-185)但由此也引出了这样一个问题:我们如何确定存在者显现了自身,也就是说它是"真者"或者"公开者"? 它如何与显象(Schein,假象)区别开来?

海德格尔对使得判断行为的正确性得以可能的条件进行了进一步的追

问,他的答案是:"真理的本质,如果它被理解为命题的正确性,是自由。"(GA 9,186)"自由"是什么意思呢?"自由将自身揭露为存在者的让存在(Sein-lassen von Seiendem),⋯⋯存在者的让存在就是让自身与存在者同行(Sicheinlassen auf das Seiende)。"(GA 9,188)虽然他指出,自由通常意味着行为的不受约束或者做应该做的事,但是他却提出:"在所有这些('消极的'或'积极的'自由)之前,自由是对存在者作为如是的去蔽(Entbergung)的同行(Eingelassenheit)。"(GA 9,189)在此他似乎只不过再次强调了真理的直接性,存在者自身显现或者说被去蔽了,而人所要做的只是与这个过程同行,成为这个过程的见证者,对存在者如其所是地那样进行述说,而这同时意味着真理与自由。难道不是正如图根特哈特所批评的那样,这种真理概念缺乏批判性论证的内容(无法与"假"区分)么?

"存在者的让存在"这个概念并非在《论真理的本质》中才首次出现,在《存在与时间》中就已经出现了,"因缘"(Bewandtnis)被规定为让上手者作为上手者而存在,它是对于上手者的存在的存在论规定,并且这种规定是先天的。(SZ 84-85)也就是说,"让存在"或者"因缘"都是对于存在者的存在的存在论规定,一方面这种规定并不是纯粹主观的,"让存在"指向的是此在之外的其他存在者,另一方面它也不是纯粹客观的,"让存在"的主体始终是此在或者说人,存在只有通过此在的理解才得以被揭示。与生存—存在者层次上的真理对应的是前谓述性的理解、解释以及谓述性的命题,而与生存论—存在论层次上的先验真理对应的则是它们的条件:对于世界以及此在自身的理解。揭示性、先验真理所涉及的不再是世界内的存在者,无论它是指实践对象还是认知对象,而是此在(人)的存在方式以及世界的意蕴。对于海德格尔来说,此在的存在意味着在世界中的存在,也就是"寓于世界内的存在者而存在"(Sein bei innerweltlichen Seienden)或者说与它们打交道的活动,因而此在对于自身存在的理解同时也意味着对于世界内的存在者的存在方式的理解。与它们打交道的活动的一个前提条件是对于它们的存在方式的理解,只有在

"先行具有"(Vorhabe)中把握了存在者整体的存在方式,即或者将它把握为此在与实践对象构成的生活世界,或者将它把握为此在与认知对象构成的自然、宇宙,与世界内的存在者打交道的活动才可能得以发生。另外一个前提条件则是此在对于自身存在的理解,只有理解了自身的何所为,此在才知道如何与世界内的存在者打交道。简而言之,"对于存在的揭示""前存在论理解""先验真理"这些概念所涉及的无非就是此在对于自身、世界以及自身与世界的关系的把握。① 只要此在在世界之中存在,他或她就已经具有了这些理解,只不过在日常生活中它们是默会的("前存在论的"),也就是说,它们是作为生存实践的背景而存在的。

就此在的揭示性而言,无论是对于自身的存在还是对于其他存在者的存在的理解似乎都是直接性的,用海德格尔的话来说,在日常生活中我们都拥有对于存在的前存在论理解(das vor-ontologische Verständnis),并且它是不言自明的、默会的。如果存在的揭示性都是直接性的,那么作为先验真理它也就不具有一个实用主义方面了:或者我们拥有对于存在的理解,这意味着存在的揭示性(Erschloßenheit);或者我们不拥有对它的理解,这意味着它的"遮盖性"(Verschloßenheit,SZ 222),并且拥有或不拥有并不取决于我们的实践,而似乎是偶然的或者是被注定的。但这并不是海德格尔的观点,他认为αλήθεια是褫夺性的(privativ),是对于λήθεια(遮蔽性,Verborgenheit)的褫夺,它不仅意味着"无蔽"(Unverborgenheit),还意味着"去蔽"(entbergen)。(SZ 219)因而作为存在的揭示性的先验真理不仅包含一个现象方面,而且包含一个实用主义方面。

日常生活中默会地对于存在的理解一方面意味着对于存在的揭示性、先验真理,另一方面却意味着存在的遮蔽与幽暗,存在本身尚未通过语言的光亮

---

① "揭示性是由置身性、理解与言语而构成的,并且它同时原初地涉及了世界、在……中存在与自身。"(SZ 220)对于海德格尔来说,"前存在论理解(Verständnis)"所包括的不仅是理解(Verstehen),而且也包括置身性与言语。

被带入显明的知识之中,因而对于它的"去蔽",让它进入"无蔽"之中是生存论—存在论哲学的一项任务。通过哲学我们可以对作为背景知识的对于存在的理解进行反思,这也是在哲学中一再发生的。但这不意味着为了获得对于存在的本真理解,所有关于它的背景知识都必须被悬置起来。作为在世界中存在的人,哲学家是无法完全摆脱自然态度的,而是与普通人一样,始终是视角性地理解自身与世界的。在这个意义上我们也就能够理解为什么海德格尔认为,此在始终是处于先验真理或者存在的揭示性之中的,①因为这是生存的前提条件或者说预设(Voraussetzung),即便哲学家也无法摆脱它,因为他们同样是在世界中存在的。

海德格尔认为,存在的遮盖性来源于此在自身的"沉沦"(Verfallen,SZ 211)。即便考虑到海德格尔的基督教背景,这个来自克尔凯郭尔的概念在他这里也主要不是在宗教或道德的意义上被使用的,而是一个生存论—存在论概念,(SZ 143)它意味着"日常性存在的一种基本方式""此在的非本真性"(SZ 175)"消散于常人之中""公共解释性的统治"。(SZ 222)遮盖性遮盖的或者遮蔽的是什么呢?在何种意义上它是真理的对立面,即是一种错误?从现象学的角度来看,遮盖某个事物意味着不让它被看见,即让它处于被遮蔽状态之中,而在生存论—存在论的层面上被遮盖的只可以是此在自身的存在方式,即它的生存论—存在论结构。

海德格尔认为,在沉沦之中对于存在的理解是由于常言而无法得到表达的。(SZ 177)常言并不是基于真切的经验的,而是无根基的,它所表达的是常人的"平均的可理解性"或者说"公共解释性",因而虽然在非本真的日常生活中、在沉沦中此在也能够理解自身的存在方式,但是这种理解却不是真切的(echt),而只是常言所表达的通俗理解。由此可见,言语与此在对于自身的理解都可以是真切的(echt)或不是真切的(unecht),并且它们是密不可分的,在

---

① "我们必须预设真理,它必须作为此在的揭示性而存在,正如此在对于自身来说必须是每每属我的并且必须存在。从本质上来说这就属于此在的被抛入世界的被抛性的。"(SZ 228)

日常生活中此在对于自身的理解之所以不是真切的原因就在于它来自常言所表达的通俗理解,例如在日常生活中我们都自然而然地将自身理解为父亲、老师、职员等,但这并不意味着我们真切地理解了"父亲""老师""职员"等的意义。这种理解之所以不是真切的原因并不在于我们不理解这些概念,而在于我们恰恰是通过常言而理解这些概念的,真切的理解意味着对于实事本身的理解,意味着知道如何作为父亲、老师、职员等而存在,而这是常言所无法告诉我们的,是被它所遮蔽的。换句话说,常言所遮蔽的不仅是"父亲""老师""职员"等概念的真正意义,而且也是"作为父亲、老师、职员等而存在"的真正意义,即此在的存在的真正意义,正是这种遮蔽才是海德格尔通过"沉沦""非本真性"等概念所想表达的东西。

为了说明这种遮蔽或者遮盖性,我们可以来考察这样两个语句:"我是一名教师";"门外的那棵树是绿色的"。初看起来,这两个语句并没有什么不同,它们都是简单的陈述句或者说判断(判断),谓语"一名老师""绿色的"分别谓述了主语"我"与"门外的那棵树",而"是"则在两个语句中都扮演了系词的角色。如果我们按照这样的方式来理解这两个语句,那么我们不仅混淆了解释与判断(命题),而且更重要的是混淆了两种存在方式或者说存在的两种意义。按照海德格尔的观点,第一个语句中的"是"意味着生存、此在的存在,而第二个语句中的"是"则意味着现成者的现成性,但在日常生活中我们通常是不区分这两种意义的存在的。从这个角度看,"常言"以及"平均的可理解性"遮蔽了人的存在方式,并且这是一种生存论—存在论上的遮蔽或者说遮盖性。

理解、置身性与言语共同构成了此在的生存论—存在论结构以及揭示性(Erschloßenheit),而就遮盖性(Verschloßenheit)而言,它也同样涉及了这三个方面。它不仅意味着非本真的、非真切的①理解与言语,也意味着非本真的置

---

① 在生存论—存在论层面上非真切的(unecht)理解与言语同时意味着非本真的(uneigentlich)理解与言语以及生存的"非本真性"(Uneigentlichkeit)。海德格尔关于"本真性"与"非本真性"的区分将在下一章中得到讨论。

身性与情绪,从情绪的角度海德格尔将沉沦描述为"引诱、安定与异化",而这些情绪使得此在"困于自身之中"。(SZ 178)由此我们可以看到,沉沦并不意味着道德或者宗教意义上的堕落,而只是对于人的日常生活状态的一种刻画,用海德格尔的话来说,"沉沦是存在论上的运动概念。在存在者层次上并没有被决定:人是否'沉溺于罪恶',是否处在堕落状态之中,是否已经转入纯洁状态还是置身于一种中间状态,即恩典状态"。(SZ 180)

日常生活状态意味着人对于自身的存在方式、生存论—存在论结构的非本真的与不真切的理解状态,意味着"消散于常人之中"与"公共解释性的统治"。在日常生活状态中对于此在来说遮盖着的是:他或她的日常性的在世界中的存在是奠基于生存论—存在论结构的。即便将遮盖性视为揭示性、先验真理的对立面,也就是说将它视作一种先验的错误,这也并不意味着作为它的表达的常言(例如"我是一名教师")是错的。常言并不是错的,而只是遮蔽了此在与其他存在者的存在方式以及生存论—存在论结构。在这个意义上揭示性或者先验真理具有一个实用主义方面,生存论—存在论结构以及存在者的存在方式只有通过此在的"去蔽"行为才能被揭示出来。虽然无法否认的是,日常生活中的非本真的与不真切的揭示性同样是真的,但本真的揭示性①无疑是更加真的或者说无蔽的。由此可见,海德格尔的揭示性或先验真理概念同样具有一种规控性的意义。

通过上面的论述我们可以看到海德格尔将揭示性规定为原初的真理的原因。生存论—存在论上的揭示性构成了生存的基础,并且使得存在者的被发现与命题真理成为可能的。在无蔽的意义上揭示性也被称为真理,它不仅具有一个现象方面,而且也具有一个实用主义方面,无蔽的对立面是遮蔽,揭示性的对立面是遮盖性,无蔽或者揭示性同时意味着去蔽。与存在者层次上的(存在者的)被发现性或者命题真理不同的是,存在论层次上的真理并不具有

---

① 海德格尔称其为"决心"(Entschloßenheit,SZ 297),在此他玩了一个文字上的双关游戏,因为"Entschloßenheit"的字面意思是"去遮盖性"。

一个实在论方面,对于存在的揭示性并不与任何存在者相符合。存在不是存在者的一种属性,生存论结构也不是此在的一种属性,毋宁说作为揭示性它构成了此在的先验视域,通过这种视域此在才能与自身或其他存在者发生关联。

当然可能会有这样一种质疑:如果此在等同于人,那么为什么生存论结构不是人的一种属性? 海德格尔不是将此在规定为一种与自身发生关联的存在者么? 在这个意义上此在难道不也是一种实在的存在者么? 因而需要得到探究的是:此在究竟是怎样一种存在者? 只有这一点得到了阐明,我们才会最终理解为什么生存论结构或者说存在的揭示性并不具有一个实在论方面,而是意味着先验真理。①

---

①　在海德格尔那里,实际上先验真理不仅意味着此在的揭示性,而且也意味着存在的无蔽或者说去蔽,但在《存在与时间》中海德格尔赋予了前者以优先性,在第 44 节中他并没有对存在的真理进行探讨,并且断言"只有此在存在,才有存在"。在其后期思想中,这两种先验真理的次序被颠倒了过来,只有通过存在的去蔽,此在才能本真地生存,并且海德格尔承认,其早期哲学带有主体性形而上学色彩。(参看 GA 9,323-328)

第十三章　此在与自我

第一节　近代哲学中探讨自我问题的三大路径

从笛卡尔开始,对于自我(ego)的规定成为了近代西方哲学中的核心主题之一。表面上看,笛卡尔的心物二元论似乎只是延续了西方哲学的固有传统,柏拉图在《斐多篇》中就已经提出这种二元论了,而经过新柏拉图主义它更是成为了基督教哲学的正统学说。笛卡尔的心物二元论体现了他对于亚里士多德主义的拒斥,亚里士多德认为身体是心灵的质料,而心灵是身体的形式,二者构成了一个统一的实体,正如桌子这种形式与具体的木料构成了一张桌子一样,这对于笛卡尔来说是无法接受的。作为伽利略的同时代人,笛卡尔认为亚里士多德的四因说物理学是无法成立的,自然本身具有形式因与目的因的学说对于他来说无疑是一种过时的形而上学,属于自然的身体不具有形式因,身体可以被分解为血、肉、骨骼、神经等部件,但是灵魂或者说心灵这种形式是无法在它之中被找到的。① 也就是说,笛卡尔的心物二元论不仅意味着对于人的灵魂或者说心灵的重新理解,而且意味着对于身体与自然的重新理解,后面这一点甚至是更根本的。笛卡尔的心物二元论可以被理解为对于唯物主义

---

① Cf.Perler,Dominik,*René Descartes*,München:Verlag C.H.Beck,1998,S. 44-51.

的一种回应,在唯物主义的宇宙中灵魂并没有独立的地位,一切心灵活动都可以被还原为物质的运动,而笛卡尔主张心灵是一种与物质截然不同的实体。在他看来,心灵并不占据空间,用他的话来说:心灵不具有广延,它的本质在于思维,它与作为广延物的物质实体之间存在着一种实在的区分。

柏拉图与笛卡尔的心物二元论是有巨大差别的,对于柏拉图来说,最重要的不是心灵与物质之间的差别,而是感性世界与理念世界的差别,而心灵既可以与肉体结合居住在感性世界之中,由此产生了各种感知与欲望,也可以与肉体分离而进入理念世界之中去。虽然与常人一样,哲人也居住在感性世界(洞穴内的世界)之中,但作为死亡的练习者哲人始终在操练灵魂与肉体的分离,试图让前者摆脱后者的影响而看到一个更高的理念世界(洞穴外的世界)。柏拉图对话录中充满着各种隐喻,但感性世界与理念世界的区分却不是一种隐喻,同样,灵魂对于两者的观看也不是隐喻,通过作为"灵魂的眼睛"的理性人是能够看到理念世界的,并且这种观看比肉眼的视觉更加真实。柏拉图的世界是一个尚未被祛魅的世界,广延还没有被视为世界的本质,"灵魂在感性世界之中"或者"灵魂进入理念世界"这些说法都无法单纯从空间的角度去理解。

笛卡尔的世界则是一个被祛魅了的世界,不仅形式因与目的因被从世界中驱逐了出去,就连灵魂或者说心灵在世界之中也不再有容"身"(self)之所,用查尔斯·泰勒的话来说,在笛卡尔哲学中心灵与世界是脱离的(disengaged)。① 当心灵从物质世界中分离出来之后,能够被归给它的就只剩下了"思想"(cogitatio)或者说"观念"(idea),在笛卡尔看来,思想的本质在于被"自我"(ego)思考。自我的思考或者说知觉(perceptio)伴随着一切思想,如果说心灵中的思想或者观念意味着一种知识,那么心灵对于思想或者观念的思考(知觉)则意味着一种"伴随的知识"(con-scientia)。"意识"(conscious-

---

① Taylor,Charles,*Sources of Self.The Making of the Modern Identity*, Cambridge(Mass.):Harvard University Press,1989,p. 143ff.

ness)既包括心灵对于外部世界的知觉,也包括对于自身活动的知觉,而笛卡尔首先是在后一种意义上来理解这个概念的,并且是在它的拉丁文字面意思上来理解它的,英文"consciousness"来源于拉丁文"conscientia",后者的字面意思是"伴随的知识",在拉丁文中通常的意思是"良心"(英文:conscience)。对于笛卡尔来说,心灵之中存在各种各样的思维或者说知觉,但心灵却意识不到它们都存在于自身之内或者说是属于它的,这样一种情况是不可能发生的,换句话说,意识必然是自身意识。

无论心灵还是物质都无法被直接认知,而是通过它们的属性被认识到的,例如通过一张桌子的颜色、形状、大小等属性我们认识到了这张桌子本身,同样,心灵也是通过自身的属性来认识自身的,而各种各样的思想就是它的属性。"此外还有其他一些行为,我们将它们称为思想行为,例如理解、意欲、表象、感知等,它们都是以思考、知觉或者说意识为前提的。它们都存在于一种实体之中,我们将这种实体称为思维物或者说心灵。"①我思(cogito)与我在(existo,sum)是同一的,自我的本质就是思考,因而作为一种实体的自我无非就是思维物。

心灵或者说思维物并不具有广延,任何空间属性都无法被归给它,但作为一种实体它是在时间中的。"那么我究竟是什么呢? 是一个在思考的东西。什么是一个在思考的东西呢? 那就是说,一个在怀疑,在领会,在肯定,在否定,在愿意,在不愿意,也在想象,在感觉的东西。"②笛卡尔认为,思维物与它的活动之间有着样态的区分(distinctio modalis),而心灵具有不同样态的前提则是它必须在时间中存在,因此他实际上预设了心灵是在时间中存在的,但对此却没有进行论证。正如本书的第一章所提到的那样,笛卡尔认为心灵对于自身活动的把握是具有明见性的,心灵对于外部世界的感知可能发生错误,但

---

① Descartes, René, *Meditationen de prima philosophia*, übers. und hrsg. von Christan Wohlers, Hamburg:Meiner,2009,S. 184.

② Ibid.,S. 32.

它对于自己的活动的感知是不可能发生错误的,换句话说,这种"伴随的知识"或者说自身意识是确定无疑的。在"第二沉思"中,他是从一般现在时的角度去理解"我思"(cogito)与"我在"(existo,sum)的,即只要"我在"被"我"思考或者说出来,那么它是确定无疑的、必然为真的。同样,在这个论证之中他也将自我或者说心灵在时间中的存在视作不言自明的,但问题在于如果我们严格遵循他的怀疑主义方法论,那么自我在时间中的存在还是不言自明的么? 在《第二沉思》中笛卡尔写到:"我曾经使自己相信:世界上不存在任何东西,因此我曾经存在。"①这个对于"我在"的论证在他看来是不充分的,因为它依赖于心灵的记忆能力,而心灵的记忆能力并不是确定无疑的。遵循这个思路,那么自我在过去的存在难道不都是可以被怀疑的么? 自我在将来的存在岂非更加是没有根据的? 我们有什么理由确信我们将在下一时刻继续存在? 由此可见,虽然从常识或者直觉上来说自我在时间中的存在是不言自明的,但从理性论证上来说它并非是确定无疑的。笛卡尔显然并没有注意到这个问题,更为严重的是,如果自我在时间中的存在不是确定无疑的,那么自我与思维活动之间的样态的区分也就不是确定无疑的,因而自我作为一种实体这一点也就不是确定无疑的。②

笛卡尔并没有充分地证明作为实体的思维物或者说自我的存在,虽然"我在"、思想行为的存在以及"我思"都是无可置疑的,但作为思想行为的承载者的思维物的存在则并没有被证明,它甚至没有在意识中显现,或者说无法

---

① Descartes, René, *Meditationen de prima philosophia*, übers. und hrsg. von Christan Wohlers, Hamburg: Meiner, 2009, S. 28.

② 《第一哲学沉思集》的一大理论目标是证明灵魂不朽,笛卡尔认为,心灵或者说灵魂没有广延,因而是不可分的,这也意味着心灵或者说灵魂是不灭的(这个论证最早是柏拉图在《斐多篇》中提出的)。这个论证实际上是不成立的,如果心灵没有广延,那么它既不是可分的,也不是不可分的,因为"可分"或者"不可分"是空间属性,就如同我们不能说"1"这个数是白色的或不是白色的一样。康德在《纯粹理性批判》中则提出了另外一种质疑:即便心灵在广延上是不可分的,但这不意味着它不可以具有"内在的强度",心灵或者意识可以越来越微弱以至于消失。(Kant, Immanuel, *Kritik der Reinen Vernunft*, Hamburg: Meiner, 1998, B413f.)

被知觉到,而是理论推理的结果。在笛卡尔看来,心灵通过观念能够把握到各种各样与广延相连的属性,例如颜色、形状、重量等,而另外一些被把握到的属性则是与思维相连的,例如感知、怀疑、意欲等,这两种属性是无法彼此还原的,并且它们各自附着在一种基质(subjectum)或者说实体之上。但这最后一点恰恰没有遵循笛卡尔自己提出的"真理的普遍规则",即只有清楚的与明晰的观念才是真的,换句话说,在各种各样的属性之下还存在某种基质或者说实体这一点并不是一个清楚的与明晰的观念,因而也无法被证明为真。笛卡尔是作为思维主体的自我以及自身意识的发现者,但他将自我规定为思维物这种实体的观点却不断遭受着质疑。

在近代西方哲学中,洛克的人格同一性理论代表着另外一种探讨自我问题的路径。洛克是笛卡尔观念论的继承者,①在他的哲学中关于世界与心灵的一切知识都要从对于观念的探究入手,而真观念则意味着清楚的与明晰的观念。笛卡尔认为心灵比物质更加容易认识,而洛克则认为"精神实体"(spiritual substance)与"有形实体"(corporeal substance)的观念是平行的,因为对于这两种实体我们都不拥有直接知识,而是通过它们的属性来推测它们的存在的。洛克认为,关于这两种实体我们都不拥有清楚的与明晰的观念,因而即便我们认为既不存在形体(body)也不存在精神,这也是合理的。② 当然这并不意味着他否认这两种实体的存在,他的立场毋宁说是一种不可知论,即因为关于这两种实体我们并不拥有清楚的与明晰的观念,所以我们既不能肯定也不能否定它们的存在。

洛克并不怀疑自我的存在,在他看来我们既拥有关于外部世界的观念,也拥有关于心理活动的观念,例如当我看一幅画的时候,我不仅拥有这幅画的观念,还同时知道是"我"在观看这幅画,洛克将心灵对于自身活动的这种知觉

---

① 英国经验主义通常被视为大陆唯理主义的对立面,但在观念论这一点上两个流派是共通的。

② 参见[英]洛克:《人类理解论》(上、下),关文运译,商务印书馆1983年版,第268页。

称为"反思"(reflection)。① 虽然洛克不接受笛卡尔关于思维物的学说,但是他接受了作为思维主体的自我学说,意识始终是自身意识,洛克将拥有自身意识的人称为"人格"(person):

> 要发现人格同一性是由什么构成的,我们必须思考人格意味着什么。我认为,它是一种进行思考的智能存在物,它有理性与反思,能将自身认作自身,这种进行思考的事物存在于不同的时间与地点。做到这一点它只能通过与思考不可分割的意识,并且在我看来它对于思考来说是本质性的。对于任何人来说,当他知觉时,没有知觉到他在知觉,这是不可能的。②

人格是拥有自身意识的存在物,而不仅仅是意识或者自身意识。对于这种存在物来说,他的自身(self)始终是显现着的,假如他的自身停止显现,那么他将不再拥有自身意识,也就不再拥有意识,进一步说,他将停止存在。在此我们要区分洛克的人格理论与人格同一性理论:就人格而言,自身意识与理性思考能力是本质性的,没有自身意识就无所谓人格;而就人格同一性而言,记忆则是本质性的,如果没有记忆,那么不同时间与地点之间的人格同一性就无法被建构起来。

洛克区分了人格(person)与人(man)这两个概念。人是一种特殊形式的动物,动物则被定义为有生命的有机形体(a living organized body),即便没有理性的人(植物人、智能较弱的人等)依然是人,③亦即对于人的定义来说,理性并不是必要的,甚至意识与自身意识也不是必要的,例如当一个人在沉睡或者陷入昏迷时,他也依旧是人。当然,人作为一种特殊形式的动物与其他形式的动物还是有差别的,但这种差别不在于自身意识或者理性,而在于人拥有

---

① [英]洛克:《人类理解论》(上、下),关文运译,商务印书馆1983年版,第69页。
② [英]洛克:《人类理解论》(上、下),关文运译,商务印书馆1983年版,第309页(译文有改动)。
③ 参见[英]洛克:《人类理解论》(上、下),关文运译,商务印书馆1983年版,第307页。

"非物质性的精神"（immaterial spirit），它与身体一起构成了人。① 虽然洛克并不承认精神实体与有形实体的实在性，但是他还是承认作为简单观念的复合物的实体观念的，这个意义上的实体不是属性所依附的基质，而是属性的复合物。② 因而人不仅拥有身体，而且拥有非物质性的精神，这种观点并不是一种笛卡尔式的身心二元论（实体二元论），而是将人视作各种精神属性与身体属性的复合物（属性二元论）。从这个定义出发，我们才能理解洛克对于人格同一性问题的一个重要界定：人格同一性不是实体同一性。③ 尽管意识与自身意识可能确实是精神活动，进一步说是人的活动，但是对于人格的构成来说，精神、身体以及人这些实体都不是必要条件，即便人格是一种幽灵式的存在，与身体或者精神都无关，只要它具有自身意识，那么它就存在。换句话说，人格是自身确证的（self-verifying），只要它意识到自身，那么它就是存在的，在这一点上它是不可能犯错的。在此我们可以看到洛克是如何偷梁换柱地把笛卡尔的我思主体包装为了人格：一方面他不接受笛卡尔的实体理论以及心物二元论；另一方面他试图保留笛卡尔对于自身意识的发现。只要自身意识能够确证自身的存在，那么它是精神活动、身体活动还是人（精神与身体的复合物）的活动都是不重要的。同一个人格可以在两个不同的时刻存在于两个或多个不同的精神或者说思维实体（thinking substance）之中，或者存在于两个或多个不同的身体或者说人之中，只要在不同时刻被把握到的自身保持为同一个就可以了。④

洛克的人格同一性理论面临着这样一个问题：在不同时刻被把握到的自身在何种意义上是同一的呢？ 在回答这个问题之前，我们需要来看一下他究

---

① ［英］洛克：《人类理解论》（上、下），关文运译，商务印书馆 1983 年版，第 309 页。
② ［英］洛克：《人类理解论》（上、下），关文运译，商务印书馆 1983 年版，第 267 页。
③ ［英］洛克：《人类理解论》（上、下），关文运译，商务印书馆 1983 年版，第 310—311 页。
④ ［英］洛克：《人类理解论》（上、下），关文运译，商务印书馆 1983 年版，第 313 页。洛克还认为，这种人格同一性理论的一大优点在于使得人格的复活（而不是身体或者人的复活）成为是不难理解的了（《人类理解论》，第 315 页）。

竟是如何来定义"自身"的。对于笛卡尔来说，自身显然是指思维物或者说精神实体，而洛克并不承认这种实体的存在，所谓的"精神实体"以及"有形实体"对应的只是精神属性的复合物以及物质属性的复合物，那么自身是不是指由各种精神属性构成的事物呢？如果是，那么洛克的人格同一性理论将陷入困境，因为人的精神属性（例如视觉、听觉、欲望等）始终是变化着的，精神事物是无法保持为同一的。如果不是，那么自身究竟是指什么呢？洛克的回答是：自身是指"思考着的、有意识的自身"（the thinking conscious self），①值得注意的是，它并不等同于意识本身，在认知自身的自身意识中，思维主体并不是意识（或者意识流），而是人格这种智能存在物，意识只不过是它思考自身的手段而已，因此洛克写到："通过对于它［人格——笔者注］现在的思想与行动的意识，它现在对于它自身才是自身。"②在他看来，身体可以成为思考着的、有意识的自身的一部分，因为当身体被触碰时，我们能够感觉到，当它被伤害时，我们能够感受到它所受的伤害，将这种伤害视为我们自身的一部分，也就是说，身体并不外在于人格自身，而是构成它自身的一部分。③与笛卡尔不一样，洛克并不主张身心之间的一种平行关系，而是认为心灵通过意识将身体纳入了自身，从而身心成为了一体的，在这个意义上人格会将身体视为自身的一部分。但这就使得人格同一性更难被理解了，因为不仅意识始终处于流变之中，身体同样如此，那么"身体性的、思考着的、有意识的自身"如何保持自身的同一性的呢？

洛克解决这个问题的思路是：人格的同一性并不意味着它是不变的，它的改变并不意味着它的同一性的丧失，正如构成某个动物的细胞的改变并不意味着它的同一性的丧失一样，因为动物是有生命的有机形体，而不仅仅是一堆

---

① 参见［英］洛克：《人类理解论》（上、下），关文运译，商务印书馆1983年版，第309页（译文有改动）。

② ［英］洛克：《人类理解论》（上、下），关文运译，商务印书馆1983年版，第311页（译文有改动）。

③ ［英］洛克：《人类理解论》（上、下），关文运译，商务印书馆1983年版，第311页。

细胞的聚集。洛克指出,即便是对于一台机器来说,零部件的更换也不会使得它失去自身的同一性,所谓的机器是指能够实现特定目的的组织(organization),也就是说,机器的同一性意味着它的功能的同一性,只要它不丧失其功能它的同一性也就不会丧失,在这一点上动物与机器是一样的,只要动物的功能(即生命)不丧失,那么它的同一性也就不会丧失,洛克同时也指出动物和机器的差别在于:动物的运动是自发的,而机器的运动则需要外力的推动。①就人的同一性而言,功能或者说生命是本质性的,只要人不失去其生命,那么构成它的肢体、细胞或者精神活动的改变并不导致其丧失同一性。但就人格同一性而言,洛克并没有明确地使用功能定义,功能始终是某个形体的功能,而他并没有提出意识或者自身意识是人体的一种功能。他关于"同一个人格可以在两个不同的思维实体中存在"以及"在同一个人身上可以存在两个人格"的论述容易引起一种误解,即认为他持有某种笛卡尔式的身心二元论,根据这种二元论身体与心灵是两个彼此独立的实体,因而同一个心灵在不同的时刻可以与不同的身体结合,而同一个身体也可以在不同的时刻与不同的心灵结合。但正如上文指出的那样,洛克是反对这种观点的,我们并不拥有关于思维实体或者物质实体的确切知识,既无法肯定也无法否定它们的存在,就"实体"概念而言洛克持有的是唯名论立场。但就"组织""生命""人格"这些概念而言,洛克是否同样持有唯名论立场呢?② 在此限于篇幅这个问题没有办法得到回答,需要指出的是,虽然洛克不是笛卡尔式的身心二元论者,但他也不是亚里士多德式的质料/形式一元论者,他不愿意承认实体的存在,更加不会承认实体形式的存在。在洛克对于同一性问题的论述中,他回避了其中涉及的存在论问题,这使得我们很难断定他在这个问题上所持的立场。

---

① ［英］洛克:《人类理解论》(上、下),关文运译,商务印书馆1983年版,第305页。

② Kaufman认为洛克不承认实体形式或者独立于心灵的自然类的存在,换句话说,洛克只承认"名义的本质"(nominal essence)的存在,而不承认"实在的本质"(real essence)的存在,按照这种解读洛克在这方面是一个唯名论者。(Kaufmann, Dan, "Locke's Theory of Identity", in *A Companion to Locke*, ed. by Matthew Stuart, Chichester: Blackwell Publishing, 2016, p. 246ff.)

从洛克对于人格同一性问题的整个论述来看,他似乎将意识(自身意识)视为了人格的功能,正如机器、动物与人都是通过它们的功能而得到定义的那样。人格可以在自身意识中将身体纳入自身之中,这个意义上的人格就是我们通常所理解的人,而不是仅仅作为动物的"人"。作为它的功能的意识不必是连续存在的,洛克指出,只要"同一个意识"(the same consciousness)延伸到过去与未来的行动,那么这些行动也将被纳入同一个人格中,正如一个人今天和昨天穿了两件不同的衣服,中间还有或长或短的睡眠作为间隔,但他依旧是同一个人,而不是两个不同的人。① 在此需要指出的是,现在的意识是无法延伸到未来的行动的,因为未来的行动尚未发生,而它延伸到过去的行动则是通过记忆,因而记忆对于人格同一性来说是起关键作用的。但在何种意义上现在的意识与过去的意识是同一个意识呢? 从意识的内容来看,现在的意识与过去的意识是不同的,因而不是意识本身的质的同一性(qualitative identity)使得现在的意识与过去的意识成为同一个意识。洛克所说的"同一个意识"并不是指意识在过去与现在始终是一样的(the same),而是说通过回忆过去的意识与现在的意识构成了一个统一体(unity)。换句话说,意识的统一性(unity)是它的同一性(identity)的前提条件,进而也是人格同一性的前提条件。只要现在的意识通过记忆与过去的意识发生连接,成为一个统一体,那么它们内容的差异并不构成它们的同一性的障碍,因为存在的不是两个意识 C_1 与 C_2——它们的同一性是需要被考察的,而是一个或者说同一个意识。

洛克的人格同一性理论的真正贡献在于阐明了自我或者说人格在时间中的统一性。自我是具有意识以及自身意识的存在者,并且可以将身体纳入自身,与笛卡尔不同的是,洛克认为自我是否是一种实体这个问题并不重要,重要的是自我或者说人格以及意识的统一性与同一性。人格拥有的意识总是具体的、经验性的,在它之中被把握到的自身也总是具体的、经验性的,因而作为

① 参见[英]洛克:《人类理解论》(上、下),关文运译,商务印书馆 1983 年版,第 311 页。

统一体而存在的自我或者说人格也总是具体的、经验性的,换句话说,它是一个特殊的个体,对于洛克来说同一性是个体化原则(Principium Individuationis)。① 作为个体而存在的人格是时间性的,它不仅存在于当下,也存在于过去,还可能在未来继续存在,更加重要的是,过去、当下与未来的人格(自我)构成了同一个人格(自我),只有如此它才能在时间中保持它的同一性。洛克将人格的统一性建构在了记忆之上,通过记忆现在的人格才与过去的人格构成了一个统一体,记忆是人格的黏合剂,对于这一点的坚持使得他进一步认为同一个人格在不同的时间可以在不同的实体中存在,而在同一个实体中在不同的时间也可能存在不同的人格。但这显然是不符合我们的直觉与常识的,②这也使得我们从直觉上很难接受他的人格同一性理论。值得我们继续追问的一个问题是:人格的统一性以及同一性果真是建立在记忆之上的么?

与洛克一样,康德在《纯粹理性批判》的"谬误推理"中批评了笛卡尔将自我规定为思维物这样一种实体的观点;但与洛克不同,康德并不认为实体是无法被清楚地把握的,相反,"实体"作为一个知性范畴是一切感性经验的可能性的条件,在经验中我们始终将经验对象把握为了实体,即属性的承载者。康德将自己的理论称为"经验实在论"(empirischer Realism),根据这种理论,无论在外感官中被感知到的空间性对象,即物质,还是在内感官中被感知到的非空间性对象,即心灵或者说灵魂,都是实在的,在这个意义上康德也持有一种心物二元论。③ 与笛卡尔不同,对于康德来说这种心物二元论不是一种形而上学理论,而只是对于自然态度下的人类经验的描述。在日常生活中外在的

---

① [英]洛克:《人类理解论》(上、下),关文运译,商务印书馆1983年版,第303页。

② 例如张三只能记得他十岁以后的事情,根据洛克的理论十岁之前的张三与十岁之后的张三就无法构成同一个张三。洛克甚至列举了更极端的例子,例如睡着的苏格拉底与清醒的苏格拉底不是同一个苏格拉底,如果清醒的他无法记起他沉睡时的思想与行为的话。([英]洛克:《人类理解论》(上、下),关文运译,商务印书馆1983年版,第318页)假如洛克的理论成立,那么我们每个人都将"人格分裂"。

③ Kant,Immanuel,*Kritik der Reinen Vernunft*,Hamburg:Meiner,1998,A 370.

物理对象与内在的心理活动的实在性都是直接向人显现的,对于其中任何一者的实在性的怀疑都只是抽象的思辨;两者被经验的方式是不同的,物理对象被经验为时空中的,而心理活动只是被经验为时间性的,心灵与物质的异质性不是形而上学思辨的结果,而是在不同的经验方式中自身呈现的;此外,心灵能够被外在物理对象所刺激,这意味着在心灵与物质之间并没有一种本质性的区分,心物之间的相互作用是显而易见的。简而言之,康德的经验实在论代表了一种自然态度,在日常经验中我们认为外部对象以及自己的心灵都是实在的,而对于它们的实在性的怀疑主义、将心灵还原为物质的唯物主义、将物质还原为心灵的唯心主义等都是抽象的哲学思辨。

另一方面,康德还持有"先验观念论"(transzendentaler Idealism)的理论立场,根据这种理论,作为实体的物质与心灵都不是自在之物(Dinge an sich),而是被经验到的、被感知到的显象(Erscheinungen),康德甚至将它们称为心灵中的表象(Vorstellungen)。① 值得注意的是,康德并没有用先验观念论来否定经验实在论,如果说经验实在论是一种存在论,即认为心灵与物质都是实在的,那么先验观念论则不能被视为一种与之对立的存在论,因为它并不是一种存在论,康德并不主张一切事物都可以被还原为心灵的表象或者说观念。阿利森认为,康德的先验观念论是"存在论的一种替代",而不是"一种替代性的存在论",并且它是对于传统的"上帝中心范式"的颠覆,代表了一种"人类中心范式"。② 先验观念论是对于经验实在论或者说自然态度的一种知识论反思,在这种反思中一切经验对象或者说实体都被确认为"经验的"(被感知到的)对象。由此出发,康德提出了"对观念论的反驳",③但他显然并没有驳斥一切观念论(因为他自己持有先验观念论),而只是所谓的"经验观念论"(em-

① Kant,Immanuel,*Kritik der Reinen Vernunft*,Hamburg:Meiner,1998,A 370.

② Cf.Allison,Henry E.,"Kant's Transcendental Idealism",in *A Companion to Kant*,ed.by Graham Bird,Blackwell Publishing,2006,pp.111-124.

③ Kant,Immanuel,*Kritik der Reinen Vernunft*,Hamburg:Meiner,1998,B 274.

pirischer Idealism），这种观念论认为心灵直接地把握到的对象只是它的表象，而表象背后的实体则是无法直接向心灵呈现的，因而它们的实在性是可以被怀疑的（笛卡尔），甚至是无法被证明的（贝克莱）。康德指出，这种观念论实际上将认知对象或者说实体规定为了与经验或者说感知无关的自在之物，在这个意义上它同时是先验实在论（transzendentaler Realism）。① 康德认为，无论是笛卡尔式的实在论还是贝克莱式的观念论都是从一种错误的认识论立场出发的，即被直接地、确定无疑地把握到的对象只有心灵中的表象（观念），而真正的实体是无法被感知的、超越于经验的自在之物，相反，物质实体与心灵实体在他看来都是被直接地感知到的经验对象。

虽然康德认为作为内感知对象的心灵或者说灵魂是存在的，但是这个意义上的灵魂只是经验自我，而非笛卡尔所说的思维物这种实体。在他看来，自笛卡尔以来的"理性心理学"（rationale Psychologie，理性灵魂论）对于灵魂存在的证明所依据的仅仅是"我思"这个命题，"我思故我在"这个推理并不依赖于思维主体对于自己的活动的感知，而是只需依据"我思"这个命题的确实无疑性就可以了，②在这个意义上理性心理学是"纯粹的"（rein），而不是经验性的。③ 康德对于笛卡尔的这种解读是片面的，笛卡尔在对于"我在"的证明中并没有将经验性因素排除出去，也并没有从一个非经验性的命题"我思"出发来证明它，虽然他论证了"我在"这个命题是确实无疑的，但也从经验性的自身意识出发将自我规定为了思维物这种实体。但康德解读的意义在于指出"我思"首先是思维的一种逻辑形式，而非经验性的自身意识，即便在日常经验中思维主体并没有意识到自身的存在与活动，"我思"作为一种逻辑形式也伴随了一切思维活动，因为没有思维主体的思维活动本身是一个自相矛盾的

---

① Ibid., A 369.

② 用康德的话来说，"我思"这个命题被看作是悬拟的（problematisch），而不是就其包含一个对于存有的知觉而言。（Kant, Immanuel, *Kritik der Reinen Vernunft*, Hamburg: Meiner, 1998, A 347／B405）

③ Ibid., A 342／B400.

概念。用康德的话来说，"我思"是"意识的形式""自在的意识"，它伴随了一切表象，在这个意义上它是先于经验的、作为经验的可能性条件的"先验主体"①"逻辑主体"，②他还将之称为"一切概念的载体"（Vehikel aller Begriffe）。③

　　从上面的论述我们可以看到，康德区分了两种意义上的"我思"："我思"可以是经验性的自身意识，这种自身意识意味着经验自我在内感官中对于自身的感知，即洛克所说的反思，当经验自我感知到某个外部对象时，它不仅拥有对于外部对象的感知，同时还拥有对于自身感知的感知。与洛克不同的是，康德认为这种对于自身的感知实际上就是对于心灵实体或者说灵魂的感知，它与物质实体一样都是实在的；第二种意义上的"我思"是思维的条件，无论思维主体在现实生活中是否明确地意识到了自身的活动，"我思"也是必然伴随一切思维活动的，而这个意义上的"我思"并不是内感官中对于自身活动的感知，而是思维的一种逻辑形式。笛卡尔与洛克虽然都认为"我思"必然伴随一切思维活动，但却没有区分作为自身感知的与作为逻辑形式的"我思"，没有区分经验自我与先验自我，在这个意义上康德推进了近代哲学中的自我理论。

　　随着区分两种意义上的自我而产生的一个问题是：先验自我或者说逻辑自我的存在难道不恰好证明了理性心理学中的"我思故我在"这个推理是正确的么？康德认为，先验自我的"我思"以及"我在"的确是不言自明的，所有思维活动都预设了这一点，并且先验自我也意识到了自身的思维与存在，康德将这种先验的自身意识称为"纯粹统觉"（reine Apperzeption）与"先验统觉"（transzendentale Apperzeption），它是自发性的一个行为（ein Actus der

①　Ibid., A346/B404.
②　Ibid., B407.
③　Ibid., A341/B399.

Spontaneität)。① 但康德认为这种自身意识不是对于对象的感知,在先验统觉中先验自我并没有作为一个对象而被认知,先验自我是理智的,它产生了"我思"与"我在"这样的纯粹概念,换句话说,先验统觉不是一种自我认知,而是一种产生概念的理智行为。在先验统觉中先验自我并没有被给予给自身,一方面它是无法在感性直观中显现的,另一方面康德认为并不存在理智直观,在这个意义上先验自我是无法被认知的,它不是显象。既然先验自我无法成为显象,那么它是自在之物么? 对于康德来说,这个问题是无意义的,因为自在之物是超出人类的认知能力范围的,我们无法判断它是否存在,更加无法判断先验自我是不是自在之物。先验自我既不是一个直观对象或者说经验对象,也不能被规定为一种自在之物,因而理性心理学关于灵魂(思维物)存在的证明是无法成立的,从"我思"中并不能推出作为实体的自我(思维物)的存在,"我思"与"我在"都只是理智产生的先天的概念。

虽然先验自我无法作为一个对象被认知,但先验的自身意识(统觉)在认知中扮演着重要角色,在 B 版的"先验演绎"中康德指出,统觉的综合统一性原理是一切知性运用的最高原则。② 他认为,在时间中被给予认知主体的只是感性杂多,而要形成认知对象以及关于它的经验或者说认知,那么认知主体必须对感性杂多进行综合,而这种综合也不是无条件的:

> 这就是:直观中被给予的杂多的统觉,它的无一例外的同一性(Identität)包括诸表象的一个综合,而且只有通过对于这一综合的意识才有可能。因为伴随着各种不同表象的经验性的意识本身是分散的,与主体的同一性没有关系。因此,这种关系通过我用意识来伴随一切表象还不会发生,而只是通过我把一个表象加到另一个表象上,并意识到它们的综合才会发生。所以只有通过我能够把被给予的表

---

① Ibid. , B 132.

② Kant, Immanuel, *Kritik der Reinen Vernunft*, Hamburg: Meiner, 1998, B 136.

象的杂多联结在一个意识中(in einem Bewusstsein),我才有可能设
想在这些表象本身中的意识的同一性,就是说,统觉的分析的统一
(analytische Einheit)只有在统觉的某一种综合的统一(synthetische
Einheit)的前提下才是可能的。①

在此康德指出,经验性的自身意识并不足以形成意识的统一性以及感性(直
观)杂多的综合。尽管在不同的时刻"我思"都伴随着各种不同的表象,但是
"我思"在时间中的同一性并不由此就形成了,伴随着各种不同表象的经验性
的"我思"(例如我希望、我怀疑、我想象……)本身是杂多的("分散的"),因
而并不存在自身意识的质的同一性,正如我们在洛克那里看到的那样。与洛
克一样,康德也认为自身意识的同一性是建立在它的统一性上的,"只有通过
我能够把被给予的表象的杂多联结在一个意识中,我才有可能设想在这些表
象本身中的意识的同一性"。但与洛克不同,康德并不认为自身意识的统一
性是建立在记忆这种经验之上的。即便没有记忆,当自我对表象进行综合并
且意识到这种综合时,它就已经把握到了感性杂多的统一性以及意识自身的
统一性,并且康德认为综合(联结)以及统一性并不存在于感性杂多之中,而
是知性的功能,因而感性杂多的统一性、意识的统一性与自我的统一性其实是
一回事。② 值得注意的是,这种自我统一性首先不是(杂多的、分散的)经验自
我的统一性,③而是进行联结、进行综合的知性活动本身的统一性,也就是康
德所说的"先验主体"的统一性,先验主体是"一切概念的载体""意识的形
式""自在的意识"。由此可见,意识统一性的最终来源并不是记忆,在记忆活
动发生之前意识本身就已经自发地形成统一体了,没有先验自我的综合统一
性,任何记忆活动都是不可能产生的。先验自我的综合统一性意味着意识本
身的综合统一性,进而也是先验自我与经验自我的同一性的前提。进一步说,

①　Ibid.,B133.

②　Kant,Immanuel,*Kritik der Reinen Vernunft*,Hamburg:Meiner,1998,B 132f.

③　经验自我作为内感官的对象本身也是感性的。

只有将感性杂多置入先验自我的综合统一性之下,一切关于经验对象的经验或者说认知才得以可能。先验自我本身无法作为一个经验对象而被认知,它也无法被视为一个自在之物,因而它不是一个(康德意义上的)实体或者说思维物,而只是意识的形式或者说自在的意识。尽管如此,从康德关于统觉的综合统一性的论述中我们看到,作为先验自我的活动的意识,以及它的统一性甚至它的同一性是可以被把握到的,这种把握也就是所谓的"先验统觉""纯粹统觉"。

先验自我无法成为一个认知对象,因而对于它的实体性以及对于这种实体的同一性、人格性(单纯性)以及必然性的论证都是不成立的,理性心理学在康德看来整个都属于"谬误推理"(Paralogismen)。产生这种形而上学的理论动机在于证明不同于物质(广延物)的思维物的存在,而这种思维物不仅是绝对存在的、单纯的、在时间中保持为同一的思维主体,而且具有人格性(Persönlichkeit)。① 虽然康德批判了理性心理学,但他并不否定这种形而上学背后的理论动机,对于人格性问题的重要性他有着充分的认识。自我问题或者说人格问题不仅在笛卡尔哲学与洛克哲学中扮演着重要角色,在康德哲学中同样如此。他并不否认先验自我的绝对主体性、同一性、单纯性以及必然性,并且认为这些谓词本身就蕴涵在先验自我的概念之中,因而"先验自我是绝对的主体""先验自我在时间中保持同一""先验自我是单一的"以及"先验自我是非物质性的"都是分析命题。② 此外,这些命题都只是"对于思维的逻辑讨论",而非"对于客体的形而上学规定"。③ 所谓的逻辑讨论一方面区别于形而上学规定,另一方面区别于经验性的认知,它不是对于任何一种客体或者说对象的讨论,而是对于意识的形式本身的讨论。统一性、单一性、同一性、必然性、绝对主体性都是对于先验自我的形式性规定,它作为意识的形式对于

---

① Ibid.,B 409.

② Ibid.,B 407–409.

③ Ibid.,B 409.

意识自身来说是非对象(质料)性的。在先验的自我意识("我思""我在")中思维主体的人格性得到了确立,并且先验自我与人格都不是作为认知对象而存在的。

第二节　海德格尔对于笛卡尔与康德自我理论的批评

笛卡尔将自我规定为思维物(res cogitans),它的本质在于思维,因而它区别于一切物质或者说广延物(res extensa)。海德格尔指出,当笛卡尔将自我与其他存在者都理所当然地规定为 res(物)或者 substantia(实体)的时候,他从一开始就错失了关于存在的意义的存在论问题。(SZ 93)自我与其他存在者是不同的,这并不是由于只有自我才能够思考,而其他存在者都只是广延物,也不是由于只有自我才具有理性,而是由于只有自我才是与自身发生关联的存在者,换句话说,只有自我对自己的存在拥有理解。(SZ 42)这一点并不是海德格尔在哲学上的创见,正是笛卡尔将自身意识(Selbstbewusstsein)或者说主体性(Subjektivität)带入了近代哲学,自我不仅存在与思考,而且意识到自身的存在与思考,因而笛卡尔(以及洛克、康德等)完全可以赞同海德格尔的观点:只有自我拥有对于自己的存在的理解。进一步说,笛卡尔也并不是第一个发现"自身意识"的哲学家,他只是第一个将它作为论题的哲学家。通过柏拉图的对话录我们知道,在德尔菲神庙上刻着"认识你自己"的箴言,并且这句话成为了苏格拉底的哲学座右铭。在亚里士多德的"明智"概念中我们同样看到,人是领会并且筹划着自己的存在的。这两种"自身理解"(Selbstverständnis)是无法被纳入笛卡尔以降的"自身意识"理论之中的,也就是说,前者比后者的意义更为丰富。当海德格尔认为笛卡尔错失了此在的存在方式问题时,他并不是认为笛卡尔没有注意到此在或者说自我的存在,而是认为笛卡尔窄化了它的存在方式,把此在的存在等同于思考,把此在对于自身的理解以及与自身的关联方式等同于自身意识。

海德格尔不仅批评了笛卡尔将世界规定为广延物的观点,而且认为笛卡尔预设了一种对于存在的理解,即将存在理解为实体性(Substanzialität),并且由此将存在者理解为了实体。(SZ 90)笛卡尔认为实体意味着不依赖于其他存在者而能够独立存在的存在者,用海德格尔的话来说,实体性意味着"无所需求性",(SZ 92)除了创造一切的上帝外,这样的存在者有两种:广延物与思维物,因而这种对于存在的理解贯穿了笛卡尔对于自然(广延物)与自我(精神、思维物)的规定。海德格尔指出,这种对于存在的理解实际上来自中世纪的经院哲学,上帝被理解为创造者,其他存在者则被理解为被造物,并且将实体规定为能够独立存在的存在者的理论实际上来源于亚里士多德。(SZ 93)对于笛卡尔、中世纪经院哲学家以及亚里士多德来说有一点是共通的,即实体的存在意味着"持续的现成性"(ständige Vorhandenheit,SZ 98)。这种对于存在的理解是笛卡尔将自我规定为思维物这样一种实体的前提条件,当他预设了这样一种对于存在的理解时,自我(人)与其他存在者的存在方式之间的差别就被遗忘了。

海德格尔对于笛卡尔自我理论的批评与洛克以及康德的批评并不相同,他并没有直接批评笛卡尔将自我规定为思维物这种实体,而是对于这个观点所预设的存在规定进行了反思:一方面,实体具有某种本质(essentia),物质实体的本质是广延,而精神实体的本质是思维,另一方面,实体具有持续的现成性或者说实存(existentia),在这一点上物质实体(广延物)与精神实体(思维物)是一致的。笛卡尔预设了这两方面的存在规定性,它们来自于亚里士多德以及中世纪经院哲学家,这使得洛克与康德对它们的反思成为了可理解的,在他们看来这两方面的存在规定是否能被运用于对自我的规定是可疑的。在洛克看来,拥有某种本质的实体概念本身是值得反思的,他认为"实体"只是各种属性的聚合物,在这个意义上我们可以谈论物质实体与精神实体,而作为各种属性的基质(substrat)的实体则是不存在的,因而笛卡尔所说的思维物与

广延物都不存在。在康德看来,实体只是一个知性范畴,它只能用来规定经验
对象,在这个意义上作为内感官对象的心灵与作为外感官对象的物质都是实
在的,但是先验自我是概念的载体与思维的形式,因而实体这个范畴不能用于
对它的规定。海德格尔的批评则是:持续的现成性或者说实存是否可以被用
于规定一切存在者,不仅将自我规定为思维物这一点是成问题的,而且将世界
规定为广延物或者说物质这一点也是成问题的。它们都预设了对于存在的一
种特定理解,而这种理解本身在海德格尔看来是成问题的,不仅自我(此在)
的存在方式不是实存,而且世界内的存在者(例如上手者、实践对象)的存在
方式也不能仅仅被规定为实存,在这种存在规定中实践对象之间的指引关系
被遮蔽了。

在《存在与时间》的第 64 节("操心与自身性")中,海德格尔对康德的自
我理论也进行了解读。他赞同康德对于理性心理学的批评,指出将自我规定
为灵魂实体是"一种存在者上的错误阐述"(eine ontische Fehlklärung),但他认
为康德依然没有在存在论上对自我进行阐明,而是也同样陷入了实体事物的
存在论(Ontologie des Substanzialen)之中。(SZ 318-319)初看起来,这个评价
是前后矛盾的,既然康德批评了将自我规定为灵魂实体的形而上学,那么他怎
么又陷入实体事物的存在论之中了呢?

海德格尔对康德的先验主体理论进行了归纳:作为我思的自我伴随着一
切表象,在这个意义上自我意味着思维主体或者说逻辑主体;自我或者我思是
先验的,而被它所伴随的表象则是经验的。由此产生的一个问题是:先验的思
维主体是如何"伴随"经验的表象的呢? 在海德格尔看来,康德并没有对于伴
随方式的问题进行澄清,"它(伴随方式)在根本上被理解为自我与它的表象
的共同现成存在(Mitvorhandensein)"。(SZ 321)也就是说,虽然自我与表象
并不处于同一个存在论层面,但它们都被视作现成者或者说实在物,从而它们
之间才存在着伴随关系。根据海德格尔的这种解读,康德将先验自我也规定
为了一种实在物,并且可以用范畴来进行规定,"自我的存在被理解为了思维

物的现实性"(SZ 320)。需要指出的是,这种解读并不符合康德的原意,康德始终强调先验自我不是认知对象或者说客体,而是绝对的主体、意识的形式,并且现实性(Realität)这个范畴也不能用于规定它(而只能用于规定经验对象),①因而他没有将先验自我理解为一种实在物(现成者),也没有将它的存在理解为现实性。对于康德来说,在先验观念论的视角中表象(以及经验对象、显象、现象)是认知对象或者说客体,它们不具有现实性(Realität),而具有观念性(Idealität),它们是意识的内容,并且伴随它们的先验主体或者说我思也具有观念性,它是意识的形式。

从上面的论述我们可以看到:一方面,海德格尔没有误解康德,康德反对将先验自我实体化,强调它是逻辑主体、意识的形式;另一方面,海德格尔不接受康德关于先验主体不是认知对象或者实在物的观点,只要表象被规定为认知对象或者说客体,那么伴随它们的认知主体本身也应该是与它们同类的,用海德格尔的话来说,表象与自我都是现成者,它们是共同现成存在的。"在存在论上将自我规定为主体意味着:将它设定为一种始终已经(存在)的现成者。"(SZ 320)海德格尔与康德的分歧来源于他们对先验观念论的不同理解:对于康德来说,先验观念论是对于经验的一种认识论反思,在这种反思中实在物不再是与经验或者说认知无关的自在之物,而是被把握为经验对象或者说客体,而经验本身的特征在于自我呈现,意识始终是自身意识,用康德的话来说,我思始终伴随着我的表象;而在海德格尔看来,康德依然延续着笛卡尔以降的认识论传统,心灵与物质在同一意义上被视为是实在的,因而意识的形式、逻辑主体、先验主体也是一种现成者,它的存在意味着现实性。可以肯定的是,海德格尔的解读并不符合康德的原意,但康德的先验主体理论以及先验观念论确实带来了理解上的困难,康德并不否认先验自我的存在以及活动,"我思"与"我在"在他看来是无可置疑的,并且先验自我的综合统一性是一切

---

① Kant, Immanuel, *Kritik der Reinen Vernunft*, Hamburg: Meiner, 1998, B 409.

经验认知的前提条件,因而先验自我无法成为认知对象。既然如此,那么先验自我在何种意义上存在呢?《纯粹理性批判》并没有给出这个问题的完整答案,在康德之后的德国观念论中这个问题成为了关注焦点,而在胡塞尔与海德格尔的现象学中它同样是一个核心议题。

虽然海德格尔还认为,康德通过"我思"把握了自我的"现象内涵"(der phänomenale Gehalt,SZ 319),"我思"意味着"我思考某物"(Ich denke etwas),即我思伴随着"我的"表象,作为思维对象的某物是世界内的存在者,因而"我思考某物"意味着自我在世界中存在;但康德只将自我理解为表象的伴随者,它们依然是可以分离的,自我最终还是一种分离的主体(isoliertes Subjekt),在这个意义上康德并没有理解世界现象。(SZ 321)对于康德来说,我思与表象实际上是无法分离的,海德格尔并没有在这一点上批评康德,他只是认为在康德那里两者在逻辑上依然是可以分离的。在笛卡尔那里,自我与世界是两种截然不同的实体,并且它们可以是各自独立存在的,他的心物二元论导致了心物关系(自我与世界的关系)成为了一个巨大的理论难题。即便康德不接受这种二元论形而上学并且主张一种先验观念论,即从先验的角度来看世界只是自我(心灵)的表象,①但是他仍然区分了这两种存在者,并且认为它们之间存在着伴随关系。海德格尔则认为,生存论—存在论意义上的世界(世界性)不是一种存在者,而是构成此在的生存结构的要素之一,此在意味着在世界中存在,此在与世界是一体的,而不是两种不同的、可分离的存在者。简而言之,康德将先验自我与表象的关系视为一种主客关系,主体伴随着客体,即便主体与客体是不可分割的,但是在逻辑上依然存在着主客二分;海德格尔则认为自我与世界即便在逻辑上也是不可分离的,此在始终是在世界中存在。因而他对于康德的批评是有道理的,只要康德遵循主客二分的逻辑,那么主体与客体就都被他视为了实在物或者说现成者,并且它们之间的关系被视为了共同现

---

　　①　Kant, Immanuel, *Kritik der Reinen Vernunft*, Hamburg: Meiner, 1998, A 369.

成存在。

从康德对于理性心理学的批判中我们可以看到,他彻底地坚持了近代哲学的主体性原则,先验主体(自我)无法成为认知对象或者说客体,绝对的主体性、单纯性、同一性、必然性都是它的应有之义。就绝对主体而言,不仅空间性不是它的规定,而且时间性也不是它的规定,因为它不是经验(感性)对象。对于康德来说,时间与空间本身都不是被给予的,而是先天综合的产物,而任何先天综合都是以先验主体的综合统一性为前提的,因而先验主体本身是不在时间与空间中的,它超越空间与时间(以及经验),在这个意义上它才真正的是先验的。因而海德格尔对于康德的批评之一,即康德在规定先验主体时同样陷入了实体事物的存在论,是不成立的,他甚至反对将先验主体规定为认知对象或者说现成者。但海德格尔对于他的另外一个批评则是成立的:从逻辑上来说,只要先验自我被规定为伴随表象这种客体的认知主体,而伴随意味着共同现成存在,那么先验主体也就被视为了一种实在物或者说现成者。

《存在与时间》的主题是对于此在的生存论分析,此在不是指思维主体或者思维物,而是指在世界中存在的实践主体,在这个意义上生存论分析可以被视为对于近代哲学中的自我理论的一种替代。生存意味着在世界中存在,海德格尔把对于它的分析分为"世界""此在自身"(das Selbst des Daseins)以及"在……中存在"三个部分,并且认为对于此在自身的理解是无法离开对于世界以及此在的存在方式的理解的。他区分了此在与其他种类的存在者,与此对应的是对于"谁"(Wer)与对于"什么"(Was)的追问的区分,对于此在自身的追问意味着"此在是谁?"这个问题。(SZ 53)由此可见,关于此在自身的问题实际上是与近代哲学中的自我问题相对应的,"人不同于其他存在者"这一点同样是生存论分析的出发点,它与传统自我理论的差别在于它不是从自身意识的角度,而是通过"自我关联"或者说"在世界中存在"来规定自我的。

海德格尔是如何来回答"此在是谁?"这个问题的呢? 在《存在论:实际性的解释学》中他指出,在西方哲学史中"人"的概念被赋予了许多形而上学意义,人被规定为理性动物、上帝的创造物、心灵与身体的组合物等,而对于人的存在的分析不应该从任何一种形而上学观点出发。(GA 63,21-29)在《存在与时间》中,他采用的是形式显示(formale Anzeige)方法,(SZ 114)即一方面摒除(悬置)各种成见,另一方面采用没有内容的、形式性概念来引导对实事本身的探究,而"此在"正是关于人的形式性概念。在第 9 节中,此在被定义为一个与自己的存在发生关联的存在者,或者说此在拥有对于自己的存在的理解;而在第 25 节中,此在或者说"我"进一步被定义为:

> 这个谁通过自我、"主体"、"自身"来回答自身。这个谁就是那个在行为与体验的流转(Wechsel)中保持为同一事物并且指向这种多样性的东西。(SZ 114)

此在不仅与自身发生关联,而且在时间中保持了自身的同一性,它始终将自身理解为单纯的或者说具有统一性的"自我"(Ich,ego)。这同样是对于自我的形式性规定,自我关联、同一性、统一性都只是形式性概念,通过它们"此在是谁?"这个问题并没有得到真正的回答。仅从形式上来看,海德格尔与笛卡尔、洛克以及康德对于自我的理解保持着高度的一致,但他接着指出,他对于自我的规定与"具有明见性的被给予性"理论以及"意识的形式现象学"是不同的。(SZ 115)此在或者说自我是在世界中存在,它对于自身的理解始终包含对于世界以及它自身在世界中的存在方式的理解,而世界首先不是一种认知对象或者现成者,此在的存在方式也首先不是认知,各种意识理论或者说认识论实际上是建立在错误的存在论之上的。在海德格尔看来,世界首先应该被理解为生活世界(周遭世界),人在世界中的存在方式首先是生存实践(操劳与共在),并且实践始终是为实践性知识所引导的。此外,世界不是一个唯我论的世界,静态地来看,世界是为自我与他人共同拥有的,它是一个共同世界(Mitwelt)。动态地看,自我(此在)是被抛入(geworfen)这个世界的,换句话说,世界是被给予给自我(此在)的,它是一个历史性的(geschichtlich)世界。

简而言之,海德格尔认为对于此在自身的分析既不能从传统的形而上学出发,也不能从近代知识论或者说意识理论出发,它们都遮蔽了此在自身的原初存在方式的丰富性。但仅仅通过形式指引的方法也不能回答"此在是谁?"这个问题,在生活世界中存在的此在自身始终是具体的,它的意义具有不可还原与不可化约的丰富性与多样性。因而海德格尔认为,对于这个问题的解答要从对于此在的"日常性"(Alltäglichkeit)分析开始,(SZ 113)日常生活中的自身理解才是"最切近的与最常见的"(zunächst und zumeist,SZ 117)。

第三节　此在的日常性与非本真性

对于日常生活中此在(自我)的存在方式进行分析的目的在于回答"此在是谁?"这个问题,海德格尔写到:"此在最切近地在它所从事的、所需要的、所期待的与所防备的事物中,也就是说在被最切近地操劳着的周遭世界的上手者上,发现了自身"。(SZ 119)在日常生活中,作为实践主体的此在是从实践对象来理解自身的,例如当某个人正在开车时,他将自身理解为司机,而当某个人在打扫卫生时,他将自身理解为清洁工。这种日常的自身理解并不基于对自己的思维活动的反思,也与任何关于人的形而上学规定无关,毋宁说它是一种反射(reflection):实践主体将目光投射到实践对象之上,这种目光又被反射回实践主体之上,由此实践主体不仅理解了实践对象,而且也获得了对于自身的理解。简而言之,在日常生活中自身理解与对实践对象的理解是不可分的。

在对于海德格尔的"理解"概念的分析中我们看到,理解包含两个层面:在生存—存在者层次上它意味着对于实践对象的理解,即知道如何与实践对象打交道,知道实践对象的所为或者说实践对象之间的指引关系;生存—存在者层次上的理解是以生存论—存在论层面上的理解为前提的,实践对象的所为最终指向的是实践主体自身的何所为,对于前者的理解是以对于后者的理解为前提的,并且生存论—存在论层面上的理解还包括对于世界的意蕴的理解。但海德格尔对于日常性的自身理解的分析似乎告诉我们:此在对于自身的理解是以对于实践对象的理解为前提的,由此就产生了这样一个问题:究竟两种理解中的哪一种是更为根本的? 根据海德格尔的观点,对于(存在者的)存在的理解是理解存在者的前提,因而实践主体对于自身与世界的理解是理解实践对象的前提。他的观点难道不是前后不一致么?

如果海德格尔确实认为在日常生活中此在是通过对于实践对象的理解而获得对于自身的理解的,那么他的观点是前后不一致的。但仔细地查看文本,我们会发现他实际上并不持有这个观点,虽然此在是在周遭世界的上手者(实践对象)上"发现"自身的,但"此在最切近地并且最常见的是从他的世界来理解自身的"(SZ 120)。也就是说,在日常生活中不是对于个别实践对象,而是对于生活世界的理解才是最原初的,无论是对于此在自身还是对于实践对象的理解都是由此生发的,这也就是海德格尔所说的"沉沦于世界"(Ver-fallenheit an die Welt,SZ 175)。虽然"沉沦"是一个带有强烈的基督教意味的概念,但海德格尔不断地强调它不是一个生存上—存在者上的概念,也就是说不是对于具体生存状态的一种刻画,而是一个生存论—存在论上的概念,即对于此在的存在方式的一种刻画。

在日常生活中此在是从所生活的世界出发来理解自身的,他"沉沦"于世界之中,对于生存的这一规定不应被视为是象征性的,在海德格尔看来,此在确实是置身在世界之中的,并且他将自身理解为世界中的一员,海德格尔将这种现象描述为此在的"生存论上的空间性"(existenziale Räumlichkeit)、"寓于被操劳的世界"(sein bei der besorgeten Welt)。(SZ 120)此在与世界的关系不是一种认识论上的主客关系,作为在世界中存在(In-der-Welt-Sein)的此在始终已经寓于世界(sein bei der Welt),这种存在方式既不能仅仅被视为精神性的,也不能仅仅被视为身体性的,而是"人性的",此在始终是作为人而存在于世界、在世界中存在的,作为世界一员的此在与其实践对象是处于同一层面的,因而此在自身也是空间性的,并且置身(沉沦)在世界之中。

此在所置身的生活世界不仅包括它自身与实践对象,而且还包括他人,与他人打交道是日常生活的重要内容:"此在最切近地并且最常见的是从它的世界来理解自身的,而他人的共同此在(Mitdasein)通常是通过世界内的上手者才和此在照面的"(SZ 120)。这个观点受到了许多学者的批评,①他们认为,海德格尔将人和人之间的关系建构在了人和实践对象或者说上手者打交道的基础之上,因而忽视了人和人之间更加原初的直接照面。这种批评固然有其道理,但是需要注意的是,海德格尔的原话是:"他人的共同此在通常是通过世界内的上手者才和此在照面的",也就是说,他并没有将人与人之间的关联还原为人和物之间的关联,也没有排除人与人直接照面的可能性,而只是认为在日常生活中与他人的关联常常是经过与实践对象打交道这种活动的,例如当一位母亲在准备饭菜时,她间接地与她的家人发生了关联。②

海德格尔对与他人的共在的分析之所以采取这种进路,其目的在于说明人和人之间的关联或者说照面是建立在"公共性"(Öffentlichkeit, SZ 127)基础之上的。他写到:"'他人'并不意味着:我之外的所有其他人,而我和他们是不同的。他人更多意味着常人通常不将自身与之区分的那些人,常人是在他们之中的。"(SZ 118)他认为,在日常生活中人和人照面的时候通常是不区分"此"和"彼"的,此在首先遭遇的不是"彼在",而是"我们",此在与他人都只是"我们"的一员,"我们"扮演着共同的社会角色,在这个意义上"我们"都是"常人"(Man)。共在并不建立在对他人的认知或者移情基础之上,③而是建立在我们生存在共同的周遭世界(生活世界)之中这个基础之上,"即使他人事实上并不在场或者说被感知到,共在也在生存论的层面规定了此在"。

---

① Theunissen, Michael, *Der Andere: Studien zur Sozialontologie der Gegenwart*, Berlin: de Gruyter, 1977, S. 170; Nancy, Jean-Luc, "The Being-with of Being-there", in *Continental Philosophy Review* 41. 1(2008), pp. 1–15.

② 当然我们可以批评海德格尔在《存在与时间》中几乎没有提及人与人之间的直接照面,这对于一本以分析人在世界中的存在为任务的著作来说是一个很大的缺陷。

③ 海德格尔对胡塞尔移情理论的批评参见 SZ 125。

(SZ 120)举例来说,当 F 学校的一群学生和周遭世界中的用具(例如桌子、椅子、草坪等)打交道时,他们已经彼此遭遇了:a 在 F 学校之内,就如同 b、c、d 等或者说"他人"在 F 学校之内一样。

从上面的分析我们可以看到,与其说共在与公共性是对于此在自身的规定,不如说它们是对于生存的一般规定。海德格尔指出,人与人(此在与他人)的共在并不是建立在个人或者主体的规定性之上的:"共在以及与他人共同存在(Miteinandersein)的实际性并不是奠基于多个'主体'的共同出现的",(SZ 120-121)。在日常生活中我们始终扮演着某种社会角色,在这个意义上日常性生存是公共的。即便人与人的直接照面也并不意味着一种个体性的"我"与"你"(或"你们")的关系,而是常人与常人的关系,例如"学生"与"学生"、"学生"与"老师"、"父亲"与"儿子",等等。在绝大多数情况下,个人之间的伦理关系并不来源于个人的自身规定以及与他人的交往过程,而是社会性的(公共性的)与历史性的,个人只是继承与内化了它们。① 从生存论—存在论上来看,公共的共在与个人的存在相比是更为原初的,生活世界首先也不是"我"的世界,而是"我们"或者说常人的世界。

从海德格尔对于日常性生存的分析中我们看到,不仅生活世界是公共的,而且此在对于实践对象、自身以及他人的理解都具有公共性。我们也许会说,正是此在的使用才规定了实践对象的所为。这固然是正确的,但在日常生活中实践对象的作用通常并不是由某个人来规定的,例如公共汽车是种公共交通工具,它可以将乘客从某地运到另外一个地点,它的这种规定性显然不是私人的。即使公共汽车的发明者规定了公共汽车的这个作用,他也已经死去,而公共汽车依然发挥着它们的作用,在这个意义上实践对象的规定性是公共的。由此可以得出的一个结论是:不仅人的使用规定实践对象的作用,而且反过来实践对象和它的作用同样规定了人的活动或者说行为。我们日常生活中的行

---

① 这让我们想起了马克思的名言"人是社会关系的总和"。

为大多是被规定的,例如当我在街道上开车时,不仅交通法规是被规定的,而且街道的用法、汽车的用法也是被规定的,换句话说,我应该如何在街道上开车,这件事必须是符合某种规范的。"规范"(norm)这个概念在这里并不狭义地指道德规范、法律规范等涉及他人利益的规范,而且也指人的日常行为中蕴含的准则,例如要打开电视机我通常需要按遥控器上的红色按钮。由此可见,规范性(normativity)是人的行为的一个重要特征,它是"公共性"的意涵的一部分。

日常性生存的规范性并不以实践主体的主动考虑或者反思为前提,只要实践对象与生活世界对于他来说是熟悉的,那么他的实践活动就可以不受干扰地顺利进行,而这也意味着他顺利地理解了自己的何所为。在日常生活中此在是从它的世界以及所从事的活动来理解自身的,也就是说理解自己的何所为的,因而实践对象以及行为的公共性也就导致了何所为或者说此在自身的公共性,此在通常将自身理解为某种社会角色,例如父亲、工人、司机、公民等,而他的何所为也不仅仅是他自己的,而是常人的或者说公共的,用海德格尔的话来说:"日常的此在的自身是常人自身"(Man-selbst,SZ 129)。

在日常生活中此在是作为社会性的常人而存在的,在海德格尔看来,这意味着"他人的辖制性"(Botmäßigkeit der Anderen,SZ 126),他人对于自我的辖制首先并不是伦理上的,即便在没有与他人交往(照面)的时候,这种辖制也是存在的:"在使用公共交通工具时,在使用新闻工具如报纸时,每一个他人都如同他人……常人(man)怎样享受,我们就怎样享受;常人怎样阅读、观看并判断文学和艺术,我们就怎样阅读、观看并判断……常人对什么东西感到愤怒,我们就对什么东西感到愤怒。"(SZ 126-127)在日常生活中自我与他人都是作为常人而存在的,常人并不具体指哪个人,而是指社会性的、公共的存在方式,在作为常人这一点上自我与他人之间并不存在区别,因而只要自我作为常人而存在,那么自我就是受他人所辖制的。因而海德格尔写到:"因此作为共在的此在本质上是为了他人的"(SZ 123),这并不意味着此在的存在始终是具有利他性的,而是意味着此在始终是作为某种常人(社会角色)而存在的,对常人的存在方式以及与他人共在的理解对于它的自身理解来说是不可或缺的。

此外,常人或者日常性还意味着平均性(Durchschnittlichkeit)与扁平化(Einebnung)。(SZ 127)他人的辖制性意味着常人的齐一化的生活方式,而平均性与扁平化则意味着日常生活中规范与价值的齐一化:"因此常人实际上保持在种种平均性之中:本分之事的、人们所认可的与不认可的、人们允许它获得成功之事的与不允许它获得成功之事的;预先规定了什么是可以或者允许被尝试的平均性监视着任何冒出来的例外。所有优先性都被毫无声息地压制了。所有原初的事物都一夜之间被磨平为早已众所周知的。所有被奋斗着的事物都成为了唾手可得的。所有秘密都丧失了它的力量。"(SZ 127)在此我们看到,海德格尔所分析的日常性涉及的是他所生活的时间与地点,即德国20世纪20年代的日常性,当时德国已经完成了大规模的工业化与城市化,或者说现代化,即便当时还是一个没有电视与互联网的时代,但是报纸、火车、汽车等工具的出现使得人员、货物与信息的流通已经使得生活节奏变得越来越快,生活方式越来越齐一化。我们则生活在一个更为现代的现代,因而海德格尔对于现代生活的日常性的分析依然有效。

在海德格尔看来,现代性意味着公开性(Öffentlichkeit),它包含他人的辖制性、①平均性与扁平化三个维度,从这个德语词的字面意思来看:一方面它意味着敞开(offen)、打开(öffnen),日常生活不再是隐秘的、乡土的,而是越来越被置入公共空间的光亮之中,"日光之下、并无新事";另一方面它意味着公众的、公共的(öffentlich),日常生活越来越被标准化、大众化与扁平化。在现代生活中,自我对于此在来说不仅不是隐藏的,而且是不言自明的,它始终意

---

① 海德格尔也将它称为"距离感"(Abständigkeit,SZ 126),在日常生活中此在作为常人而存在,或者说它始终扮演着某种社会角色,因而常人自身意味着此在自身的异化(Entfremdung),异化了的此在不仅对于它自己来说是陌生的,对于他人来说也是如此,反之亦然。

味着某种公共的社会角色（常人自身），在生活世界之中、在实践对象之中、在与他人的共在之中，此在都可以顺利地发现自身。更为重要的是，它的存在方式以及相关的规范与价值对于它来说也是公开的、不言自明的。海德格尔认为，遵守社会规范以及为自己的行为承担责任并不需要建立在实践主体的理性思考基础之上的："常人无所不在，而且他使得自己避免遇到需要做出决定这样一种情况。因为常人规定了所有的判断和决定，它从此在那里总是把责任心（Verantwortlichkeit）给拿走了。"（SZ 127）理性思考、自由的选择、决定并不是常人遵守实践规范以及为自己的行为承担责任的必要前提。假如张三在开车的时候没有带驾照，那么被警察抓到他就会被处罚，无论他的没有带驾照的行为是故意的还是无意的。不是个人的决定或选择，而是"我们"的共在才是常人应该遵守实践规范以及为自己的行为承担责任的来源。海德格尔认为，常人已经规定了日常生活中的一切判断和决定，而且使得自身避免遇到需要做出决定这样一种情况，也就是说，决定或自由选择在日常生活中通常是不必要的。作为常人（也就是说作为拥有实践理性的人），顾及他人的利益、遵守社会规范、为自己的行为承担责任都属于日常性生存的规范性的应有之义。"责任心"不是它的必要条件，而且在日常生存中事实上它经常是缺失的，或者我们可以说，日常性生存不是自律的，而是他律的，是被社会性的共在所规定的。

总的来说，日常生活中的自身理解具有两个特征：第一，此在是从世界出发来理解自身的，对于世界的理解是自身理解的前提，此在在世界之中能够毫无阻碍地发现自身，而它所发现的自身是常人自身或者说社会角色。虽然在这种自身认同（self-identity）中此在获得了对于自身的理解，但是它并没有真正地发现自身，或者说它所发现的并不是本真的（eigentlich）自身。常人自身可以被视为"我的""你的""他（她）的"，或者说任何人的，但在这个意义上它也不是任何人的，而是无人的，在德语中"man"（常人）是一个无定人称代词。海德格尔认为，在日常生活中此在并没有发现真正的自身，而是在世界之中迷失了自身,日常性意味着非本真性(Uneigentlichkeit,SZ 128)。第二,虽然自身理解始终意味着对于自己的何所为的筹划,但是在日常生活中此在的何所为并不是它自己规定的,而是社会性的、公共的,或者说是被给予的。当此在置身在世界之中时,它与实践对象以及他人打交道的方式已经被社会性地与历史性地规定了,而它只是自然而然地接受了这种规定。日常生活中的规则与规范并不是此在自己制定的,也就是说日常生活是"他律的",而不是"自律的",在这个意义上海德格尔认为日常性还意味着"非自主性"(Unselbstständigkeit,SZ 128)。

第四节　此在的本真性与自主性

此在始终是作为具有自身理解的存在者而存在的,但在日常生活中此在所理解的自身是非本真的常人自身,而不是本真的自身(das eigentliche Selbst)。但本真的自身是"谁"呢? 这个问题本身容易产生这样一种误解,即本真的自身似乎是隐藏在非本真的常人自身之后的某种事物,自我就像一根玉米一样,只有把它的表皮(非本真的自身)——剥去之后,最后才能发现它的果实(本真的自身)。在海德格尔看来,无论非本真的自身还是本真的自身都只是意味着此在的存在方式,例如"张三是一名司机"并不意味着"司机"是"张三"的一个属性,而是意味着张三作为司机的存在方式,因而"本真的自身是谁?"这个问题应该被理解为:"哪种存在方式才是本真的呢?"本真的自身或存在方式是由非本真的自身或存在方式变更而来的,海德格人将它形容为"一种生存上的变更"(eine existenzielle Modifikation,SZ 130)。

如果说在本真的存在方式中此在理解了本真的自身,它是对于此在以及生存的"本质性"规定,那么非本真的自身将是它的某种变更,因为非本真的自身同样也属于此在的自身,是它的一种存在方式。从逻辑上来说,非本真的自身是通过本真的自身来定义的,就像"兰亭集序"的临摹本是通过"兰亭集序"的原本来定义的一样,只有后者才定义了什么叫作"兰亭集序",前者也才能够使用这个名称。也就是说,本真的自身不仅意味着此在的一种存在方式,而且意味着对于它的生存论—存在论上的规定,通过对于本真的自身的规定"此在是谁?"这个问题才能在生存论—存在论上得到回答,从而非本真的自身也同样能够在生存论—存在论上得到规定。(SZ 323)

海德格尔对于本真性的论述是围绕上述两点来展开的,首先被阐述的是此在的一种本真的存在方式:"想要有良心"(Gewissen-haben-wollen),它是从非本真的日常性生存方式变更而来的,由此本真的自身也得以被揭示,这也意味着此在(自我)在生存论—存在论上也得到了规定。海德格尔对良心的分析是从它的"呼唤的性质"(Rufcharakter)出发的,"良心的呼唤"在他看来是一种"言语"(Rede,SZ 272)。在西方哲学史上比较早的对良心的描述来自苏格拉底,在柏拉图的《申辩篇》中,苏格拉底说到:"有些神性的或者说魔鬼性的东西(daimonion)妨碍着我……这种东西从我儿童时期开始就不时出现了,它是一种声音,每当我听到它时,它就阻止我做我想做的事情,它从来没有鼓励我做什么。"①苏格拉底的描述涉及良心的两个重要特征:它是一种内心的声音,并且是劝诫的声音。这两种特征在海德格尔对于良心现象的分析中也都被包含了,他继承了舍勒的想法,认为那种"鼓励性的、让人自以为是的良心"不过意味着"让人自以为非的良心的缺失"(SZ 291-292)②。虽然苏格拉底理解了良心的两个重要特征,但他却把良心看成是神性的东西,因此良心现象在他那里依然意味着生存的他律。听从良心的劝诫和个人的自由选择或者说"想要有良心"无关,良心始终是起着劝诫作用的。海德格尔把这样一种对良心现象的阐述看成是"流俗的"(vulgär),因为在这种阐释中良心关联的对

---

① Platon, Apologie des Sokrates, in *Platon*, *Sämtliche Werke*, *Bd. I*, hrsg. von Burghard König, Hamburg:Rowohlt Taschenbuch Verlag,2009,S. 30.

② 西方哲学对于良心的阐释传统显然不同于中国哲学,如孟子的四端学说就将人的良心(或者说良知)看成是性善论的主要依据,在这个意义上良心是对人性的一种肯定,它是"鼓励性的、让人自以为是的"。

象是人的行为,而不是人的生存自身。(SZ 290)

但作为劝诫性的声音或者说呼唤良心的内容是什么呢?当我们听到良心的劝诫时,我们听到的究竟是什么呢?海德格尔写到:"在(良心的)呼唤中常人自身被呼唤向自身最本己的罪责性(Schuldigsein)"(SZ 288)。也就是说,良心告诉我们:我们自身是有罪责的。但罪责的来源是什么呢?"Schuld"(罪责)这个词在德文中有两种含义:首先是债务;其次是指当行为引起不良后果时应该承担的责任,例如我不小心撞坏了邻居家的花盆,为此我应该承担责任。从罪责的这两个含义可以看出的是,罪责是奠基于共在的。假如没有他者的存在,那么此在也就不会有罪责。因此海德格尔认为:"罪责性(Schudigsein)的形式化的概念……可以这样被规定:是他者此在中的缺欠(Mangel)的原由"(Grundsein,SZ 282)。也就是说,假如此在是他者存在中出现缺欠的原由,那么他就是有罪责的。反过来说,假如此在没有造成他者存在中出现缺欠,那么他就是无罪责的。这样一种对于罪责的理解是和人的行为以及行为产生的后果联系在一起的,罪责产生于人的行为造成的不良后果。在海德格尔看来,这种理解将罪责等同于缺欠,而缺欠不是生存的一种特征,而是现成者的一种性质(SZ 283)。此在在他看来并不是一种现成者,良心呼唤所揭示的我们"自身的最本己的罪责性"也并不是一种现成者的性质,也就是说我们的罪责性并不来源于我们的行为造成的不良后果。

我们可以将罪责和上文分析的责任联系起来,罪责和责任都奠基于人的生存的规范性。当我们的行为给他人造成伤害时,那么我们就必须承担责任或罪责,这和我们是不是有责任心或良心无关。但作为良心呼唤向我们所揭示的罪责性(Schuldigsein)显然不是客观存在的、和我们的良心无关的罪责,而是一种"罪责意识"(Schuldbewusstsein),也就是说我们的良心告诉我们,我们自己是有罪责的(schuldig sein),我们自己是他者此在中的缺欠的原由(Grundsein)。在这里"是"或"存在"(Sein)的意义乃是生存,"罪责性"(Schuldigsein)不是如身高一样的客观属性,而是一种对于生存的规定,或者用海德格尔的话来说是一种生存规定（Existenzial）。他写到："'有罪责的'这个形式化的、生存学上的观念可以被规定为：……是不之状态的原由"①（SZ 283）。"不之状态"（Nichtigkeit）我们可以理解为否定性（Negativität）。简单地说，海德格尔认为缺欠是否定性的一种，而否定性并不必然是缺欠。假如我抽烟的行为使得我的家人不健康，那么我是这种缺欠的原由，我因此是有罪责的。但不之状态或否定性并不必然是缺欠，即使没有我的行为给他人造成缺欠，不之状态也依然贯穿我的生存。海德格尔写到："不之状态在本质上就是贯穿操心的。"（SZ 285）也就是说，他认为人的生存始终是不之状态或否定性的原由，因此它在本质上就是有罪责的。

海德格尔对于不之状态的论述属于《存在与时间》中最难理解的章节之一，为了理解它，我们需要理解《存在与时间》中的另外一个重要概念：死亡（Tod）。我们都承认这样一点：当我们生存时，我们的死亡就不是一种现实（Wirklichkeit），它对我们来说只是一种可能性（Möglichkeit）。假如宇宙中的一切事件都是遵循自然必然性，那么我生于中国，学习哲学，读过莫言的小说等对于我的生存来说也许都是必然的，但即便如此，它们对于人的生存来说也并不是必然的，例如我的父母就没有学习哲学，也没有读过莫言的小说。海德格尔所重视的一点是：死亡对于任何人的生存来说都是必然的，它对任何人来说都是一种必然的可能性。海德格尔还看到，死亡作为一种生存可能性区别于所有其他的生存可能性，因为其他生存可能性（例如我飞到月球上）从原则上来说是在生存中可实现的，但死亡在生存中是不可被实现的。只要我们生存，那么我们的死亡就没有被实现，它对我们来说只是可能性。由此不难得出的一个结论是：死亡乃是生存的一种不之状态或者说否定性。它在生存中始终是"尚未被实现的"（ist noch nicht verwirklicht），这种不之状态或者说否定性对于我们的生存来说是必然的，或者说是本质性的。（SZ 306）反过来说，我

---

① „Die formal existenziale Idee des 》Schuldig《 bestimmen wir daher also：Grundsein für ein durch ein Nicht bestimmtes Sein-das heißt *Grundsein einer Nichtigkeit.*"

们的生存乃是死亡这种不之状态的原由，假如我们不是生存在这个世界上，那么也就无所谓我们的死亡这种生存的不之状态，在这个意义上我们的生存必然是有罪责的。罪责性乃是对于生存的一种本质性规定。

为什么海德格尔在生存论上将"罪责性"定义为"是不之状态的原由"？假如我欠了别人钱或者损害了别人的健康，那么我作为这种不之状态的原由是有罪责的这一点很好理解。我的生存是死亡这种不之状态的原由，但为什么我因而是有罪责的呢？这里的罪责性显然与我的行为以及行为给他者造成的不良后果无关，那么罪责又是从何而来呢？为了回答这个问题，我们要回到海德格尔对于良心的分析。和苏格拉底不同的是，海德格尔认为发出良心呼唤的事物并不是在我们之外的什么东西，而是我们自身（SZ 275），而良心呼唤的形式是"沉默"（Schweigen, SZ 273），良心呼唤的对象也是我们自身，更准确地说是常人自身（SZ 272）。海德格尔不认为良心呼唤所指涉的对象是我们的行为，良心不会具体告诉我们是不是该进行某种行为，牵涉到具体行为的良心现象并不是原初的，而是一种流俗阐释中的良心现象。在海德格尔看来，良心的呼唤使得此在意识到："他应该从迷失在常人的状态中回到自身，也就是说他是有罪责的"（SZ 287）。换句话说，良心是一种劝诫的声音，但它在本质上并不是劝诫我们放弃某种行为，而是告诉我们：在日常生存中我们迷失在了常人的状态之中，而没有真正地或者说本真地（eigentlich）理解我们自身，在日常生存中的我们的自身理解是非本真的。假如说非本真的常人自身意味着某种社会角色，例如父亲、学生、公民、汽车驾驶员等，那么本真的我自身意味着什么呢？此在不是某种社会角色的话又会是什么呢？正如上文所述，"是某种社会角色"意味着"从事某类活动"，而"从事某类活动"则意味着"和用具及他人打交道"，因此上面的问题就变成了：假如此在不与任何用具及他人打交道，那么他还能如何生存呢？

海德格尔给出的答案是："向死而存在"（Sein-zum-Tode, SZ 260）。向死而存在对此在来说是一种必然的可能性，无论此在何时何地从事什么活动、扮演什么角色,向死而存在都是他的另外一种生存可能性。摆脱迷失在常人中的状态无非意味着向死而存在。海德格尔并没有认为迷失在常人中的状态在道德上是错误的,而是认为当我们迷失在常人的状态之中时,我们并没有本真地理解我们自身。我们不仅仅是某种常人,而且还是一种能够向死而存在的存在者。这样的另外一种我们自身在日常生存中没有被我们所理解,所以日常生存是一种非本真的生存,而本质的生存则意味着我们理解全部的自己,也就是说我们不仅可以是常人,还可以向死而存在。我们可以从这个角度去理解海德格尔所说的良心呼唤的内容,也就是说我们生存的罪责性。我们生存的罪责性本质上不在于给他人造成了某种损害或者说缺欠,而在于我们在生存中始终无法实现死亡这种生存可能性。也就是说,我们生存的罪责性不来源于和他人的"共在",而是来源于我们的生存自身,来源于我们的生存乃是向死而生这样一种特征。在日常生存中我们遗忘了死亡这种生存可能性,而即使我们在本真的生存中理解了它,我们也无法在生存中实现它。吃饭、睡觉、看电视、写哲学论文等都和死亡一样是我们生存的可能性,但即使我们一一实现了所有其他生存可能性,死亡也依然没有并且不可能被实现。死亡作为一种"尚未"(noch nicht)被实现的可能性超越了所有其他生存可能性,它是我们无法企及的生存的终点(Ende)。当死亡被实现时,我们已经不再生存了。死亡在生存中只能被理解,而不能被实现。

生存的罪责性意味着我们要为自己的生存承担责任。我们在生存中不能够实现死亡这种可能性,而只能在世界中存在,也就是说与它物以及他人打交道,事实上这已经是一种选择了。但是这种选择在日常生存中并不为我们所理解,我们迷失在了常人的状态之中。良心向我们揭示了另外一种生存可能性,并且成为某种常人或者从事某种活动不是一种被决定的生命现象,而是出于我们的"自由选择"。我们选择了一种可能性而放弃了另外一种可能性,这种选择自由是通过良心的呼唤才得以被揭示的。自由选择意味着责任或者说罪责,我们作为自由的"主体"应该为我们的选择承担责任。值得注意的是,这里所说的"应该"不再意味着一种他律,此在并不是因为扮演某个社会角色而应该承担责任,也不是共在的规范性要求我们承担责任,而是此在的良心告诉他自己:"我是自由的,我在世界中的生存乃是出于我自由的选择,而我应该为此承担责任"。在海德格尔看来,"理解良心的呼唤"意味着:"想要有良心"。(SZ 288)这种"想要有良心"并不意味着某种具体的责任,而是意味着对于生存的罪责性的理解,或者说在生存中具有"责任心"。

　　想要有良心或者责任心也是一种实践理性①。良心或者责任心的产生基于我们对于自己的自由的理解。这种自由是一种生存论上的自由(die existenziale Freiheit),它是对于我们生存的实际情况的一种描述,而不是形而上学中的意志自由。通过理解良心的呼唤,我们理解到自己作为常人的状态乃是出于自己的自由选择,因此我们需要为此承担责任,因而想要有良心或者责任心意味着一种与日常生存中的规范性不同的实践理性,意味着自律。它和日常生存的规范性的不同之处在于,责任心或良心仅仅来自对于自己的自由的理解,在这个意义上它可以说是"主观的"。虽然日常生存中的规范性的效力同样来源于我们的自由,也就是说自由地为自己的生存承担责任的这样一种能力或者说"能在",没有自由的存在者既不能遵守也不能违反规范,但它的另外一个重要来源是我们的共在,它不以我们的有意识的自由选择或者说决定为前提,因此可以说是"客观的"。根据海德格尔的观点,我们的自由和自律并不是基于"考虑"这种能力,而是基于"良心"或者说"责任心"的,对于自身生存的本真理解意味着"变为自由"(Freiwerden, SZ 287)。他律或者说规范性是以这种自由或者说自律为基础的,在这个意义上"责任心"或者说

_____

① Cf. Crowell, Steven, "Subjectivity: Locating the First-Person in Being and Time", in *Inquiry*, Vol. 44(2001), p. 446. Crowell 进一步认为所有的实践理性都源自良心,这点当然成立,但他忽略了规范性或者说公共性也是实践理性的另一来源,生活在孤岛上的鲁宾逊并不需要受"不能随地吐痰"这种社会规范的制约。

"良心"是一种更为原初的实践理性。①

从上面的论述我们可以看到,本真性意味着自律(想要有良心、责任心),这也就是海德格尔所说的自主性(Selbst-ständigkeit,SZ 322),它是非本真性与非自主性(Unselbstständigkeit)的对立面,非本真性意味着他律。无论是本真的死亡还是本真的良心都不再是与它物或他人打交道的生存方式,在本真性中此在(自我)摆脱了公共性的束缚,在这个意义上本真性意味着"自我的站立",它是"Selbst-ständigkeit"这个词的字面意思的一部分。此外,海德格尔还在"Ständigkeit des Selbst"(自身的持续性)的意义上来使用"Selbst-ständigkeit"这个词,也就是说,本真性不仅意味着自主性或者说自律,而且也意味着自我在时间中的持存,海德格尔将这双重意义概括为"持存的坚定性"(beständige Standfestigkeit,SZ 322)。为什么本真性除了包含自主性这层含义之外还意味着自身的持续性呢?

本真的死亡与本真的良心都展现了同样的生存结构:此在与自己的生存可能性相关联。常人的存在方式并不是人的某种实在属性,而是与本真的生存可能性(向死而存在)相对立的非本真的生存可能性,在日常性生存中此在事实上已经选择了非本真的生存可能性,并且遗忘了本真的生存可能性,而在本真的(死亡与良心)现象中被揭示的不过是这种生存结构。本真的良心现象揭示了生存的罪责性,而本真的死亡现象则揭示了生存的自由,并且罪责性(责任心)与自由是不可分割的,正是因为人的生存是自由的,所以他才要为自己的生存承担责任。海德格尔指出,在本真的良心现象实际上已经蕴含了

---

① 但这不意味着海德格尔贬低了日常生存的规范性(否则他的实践哲学将为崇拜英雄和领袖的纳粹主义打开方便之门)。良心或者责任心是对人(此在)的生存的一种纯形式的规定,它只是揭示了人的自由以及对于生存的责任性,而规范性才赋予了人的生存以具体的内容性规定,在这个意义上我们甚至不能说前者比后者更重要。此外还有需要讨论的一个问题是:海德格尔式的"本真性的伦理学"是否可能?任何一种伦理学不仅要讨论此在的存在,还要讨论与他人的共在,所以"本真性的伦理学"不仅要解释此在的本真性的存在,还要解释本真性的共在,而这种讨论在笔者所阅读过的海德格尔文本中是缺失的。因此即便海德格尔式的"本真性的伦理学"是可能的,它也不是海德格尔的"本真性的伦理学"。

本真的死亡,(SZ 305)因为并不是只有在良心的呼唤被理解时,与自己的生存可能性相关联才是此在的存在方式,它是此在的本真的生存结构,此在始终是以这种方式存在的,换句话说,这种存在方式是持续性的(ständig)。本真的良心(想要有良心)意味着对于自己的持续的罪责性的理解,而这实际上已经是一种对于本真的死亡(向死而存在)的理解了,海德格尔也将这种理解称为"前行的决心"(vorlaufende Entschlossenheit)、"生存上的本真的整体性能在"(das existenzielleigentliche Ganzseinkönnen, SZ 305)。简而言之,(本真的)生存意味着与自己的生存可能性的持续的关联,"持存的坚定性"(自主性与自身持续性),这个规定同样适用于非本真的、非自主的生存方式。(SZ 323)

　　此在始终拥有自身理解,在日常性生存中它将自身理解为某个社会角色(常人自身),而在本真的生存方式中他将自身理解为与自己的生存可能性的(自主的、持续的)关联,从这个角度来看,海德格尔的此在概念与洛克的人格概念是相似的,它们都排除了对于自我的形而上学规定,而从自身理解出发来规定人,只不过洛克是从自身意识的角度,而海德格尔是从自身理解的角度。海德格尔认为近代哲学中的认知模式,即主客二分的模式,误解了人的生存方式,人首先不是作为认知主体,而是作为实践主体在世界中生存的,实践主体并不是"无知的"或者"无意识的",而是始终拥有对于自身以及世界的理解。

　　与洛克一样,康德批判了将自我规定为思维实体的理性心理学,但"绝对的主体性""单纯性""同一性"与"必然性"这四种规定在他的先验主体理论中却被保存了下来,因而他并不是单纯地否定了理性心理学,而是扬弃了它。虽然海德格尔批判了康德的先验主体理论,但他的批判同样是一种扬弃。他认为康德将自我规定为先验(认知)主体意味着接受了现成性(实体事物)的存在论,但在他的自我(此在自身)理论中,此在最终还是被规定为了一种形式性的先验自我。本真的此在(自我)不再沉沦于生活世界,而是摆脱了公共性的束缚,自主地与自己的生存可能性相关联。在康德那里,先验自我伴随着一切经验性的表象;而在海德格尔这里,先验自我作为一种生存论结构为一切生存方式进行奠基。

与康德一样，海德格尔并没有简单地否定理性心理学对于自我的规定，他写到："只有在现象上依循本真的自身能在（Selbstseinskönnen）的存在意义，才可以去讨论：在存在论上把实体性、单纯性与人格性指派为自身性的特征有什么道理。"（SZ 323）虽然他与康德一样反对将自我规定为一种实体，但是并不同意康德的观点，即"实体性、单纯性与人格性"只是蕴含在"逻辑主体"或者说"先验主体"的概念之中的规定性，这些对于自我的规定性在他看来需要在生存论分析中得到阐明。本真的此在或者先验自我作为一种生存结构为一切生存方式进行奠基，但这种奠基不能被认为是体现了自我的实体性，本真的此在只是意味着本真的生存方式，而非本真的生存方式是它的某种变更，它不是作为一种实体而为一切生存方式奠基的。同样，虽然本真的此在意味着纯粹的生存可能性，但是这种纯粹性并不是实体的单纯性或者说不可分性，而是一种无规定性，本真的生存方式不能通过它物或他人而得到规定，在这个意义上它是一种无规定的、纯粹的生存可能性。此外，本真的自身的持续性也不等同于自我在时间中的同一性，此在不是作为一种实在事物在时间中保持同一的，而是在向死而存在中理解了自身的持续存在。最后，虽然此在或者自我不能被理解为一种物质，但这并不是说它就是精神或者心灵，而是说它的存在方式与实在事物（现成者）的存在方式是不同的，它既不是物质也不是精神，也就是说，此在的人格性与理性心理学中的精神性（非物质性）是不同的。总而言之，"实体性""单纯性""同一性"与"人格性"这些范畴（Kategorien）在生存论分析中都可以找到相应的生存规定（Existenzialien），并且在海德格尔看来，只有这些生存规定，而非社会性的、历史性的对于常人自身的规定，才是此在（自我）的本真的规定。简而言之，真正的自我（本真的此在）意味着纯粹的、持续的、自由的生存可能性。

参 考 文 献

海德格尔著作

（说明：除了《存在与时间》德文版的缩写为"SZ"，其余海德格尔德文著作引用时均使用德文版全集缩写"GA"加上卷数。）

Heidegger, Martin, *Sein und Zeit*, Tübingen: Niemeyer, 2006. (SZ)

——, *Kant und das Problem der Metaphysik*, Frankfurt am Main: Vittorio Klostermann, 2010. (GA 3)

——, *Wegmarken*, Frankfurt am Main: Vittorio Klostermann, 1974. (GA 9)

——, *Zur Sache des Denkens*, Frankfurt am Main: Vittorio Klostermann, 2007. (GA 14)

——, Einführung in die Phänomenologische Forschung, Frankfurt am Main: Vittorio Klostermann, 1994. (GA 17)

——, *Grundbegriffe der Aristoteleschen Philosophie*, Frankfurt am Main: Vittorio Klostermann, 2002. (GA 18)

——, *Platon: Sophistes*, Frankfurt am Main: Vittorio Klostermann, 1992. (GA 19)

——, *Prolegomena zur Geschichte des Zeitbegriffs*, Frankfurt am Main: Vittorio Klostermann, 1979. (GA 20)

——, *Die Grundprobleme der Phänomenologie*, Frankfurt am Main: Vittorio Klostermann, 1975. (GA 24)

——, *Zur Bestimmung der Philosophie*, Frankfurt am Main: Vittorio Klostermann, 1987. (GA 56/57)

——, *Grundprobleme der Phänomenologie*（1919/1920）, Frankfurt am Main：Vittorio Klostermann, 1993.（GA 58）

——, *Phänomenologie des religiösen Lebens*, Frankfurt am Main：Vittorio Klostermann, 1995.（GA 60）

——, *Phänomenologische Interpretationen zu Aristoteles. Einführung in die Phänomenologische Forschung*, Frankfurt am Main：Vittorio Klostermann, 1994.（GA 61）

——, *Phänomenologische Interpretationen ausgewählter Abhandlungen des Aristoteles zur Ontologie und Logik*, Frankfurt am Main：Vittorio Klostermann, 2005.（GA 62）

——, *Ontologie：Hermeneutik der Faktizität*, Frankfurt am Main：Vittorio Klostermann, 1998.（GA 63）

［德］海德格尔：《存在与时间》，陈嘉映、王庆节译，熊伟校，生活·读书·新知三联书店 2014 年版。

其他外文文献

Allison, Henry E., "Kant's Transcendental Idealism", in *A Companion to Kant*, ed. by Graham Bird, Blackwell Publishing, 2006.

Aristotle, *Metaphysics*, translated by W.D.Ross, 中央编译出版社 2012 年版。

Aristoteles, *Metaphysik, SchriftenzurErsten Philosophie*, übers. von Franz F.Schwarz, Stuttgart：Reclam, 1984.

——, *Über die Seele. De Anima*, Hamburg：Meiner, 2017.

Boeder, Heribert, „Der frühgriechische Sprachgebrauch von Logos und Aleitheia", in *Archiv für Begriffsgeschichte* 4, 1959.

Bollnow, Otto Friedrich, *Das Wesen der Stimmung*, Würzburg：Königshausen und Neumann Verlag, 2009.

Brandom, Robert, "Heidegger's Categories in *Being and Time*", in *A Companion to Heidegger*, ed. by Hubert L.Dreyfus and Mark A.Wrathall, Blackwell Publishing, 2005.

Brentano, Franz, *Psychologie vom empirischen Standpunkt, Hamburg*： Meiner, 1973.

Blattner, William D., "Is Heidegger a Kantian Idealist", in *Inquiry* 37（1994）.

——, *Heidegger's Temporal Idealism*, Cambridge（Mass.）：Cambridge University Press, 1999.

——, "Heidegger's Kantian Idealism Revisited", in *Inquiry* 47(2004).

——, "Authenticity and Resoluteness", in *The Cambridge Companion to Heidegger's "Being and Time"*, ed.by Mark A.Wrathall, New York: Cambridge University Press, 2013.

Crowell, Steven, "Subjectivity: Locating the First-Person in Being and Time", in *Inquiry*, Vol. 44(2001).

Descartes, René, *Meditationes de Prima Philosophia*, *Oeuvres de Descartes*, *Vol. VII*, ed.by Charles Adam & Paul Tannery, Paris: Léopold Cerf, 1904.

——, *Die Prinzipien der Philosophie* (Latein-Deutsch), übers. und hrsg. von Christan Wohlers. Hamburg: Meiner, 2005.

——, *Meditationen de prima philosophia*, übers. und hrsg. von Christan Wohlers, Hamburg: Meiner, 2009.

Dilthey, Wilhelm, *Abhandlungen zur Grundlegung der Geisteswissenschaften*, *Gesammelte Schliften*, *Bd.* 5. Leipzig / Berlin: Vandenhoeck & Ruprecht, 1924.

——, *Der Aufbau der geschichtlichen Welt in den Geisteswissenschaften*, Frankfurt a. M.: Suhrkamp, 1981.

Dreyfus, Hubert L., *Being-in-the-world: a commentary on Heidegger's being and time*, *division* 1. Cambridge(Mass.) / London: Cambridge University Press, 1991.

——, "Overcoming the Myth of the Mental: How Philosophers Can Profit from the Phenomenology of Everyday Expertise", in *Proceedings and Adresses of the American Philosophical Association* 79, 2005.

Ebeling, G., "Art: Hermeneutik", in *Religion in Geschichte und Gegenwart*, *Handwörterbuch für Theologie und Religionswissenschaft*, Band 3, Tübingen: Mohr Siebeck, 1959.

Figal, Günter, "Ethik und Hermeneutik", in *Hermeneutik als Ethik*, hrsg. von Hans-Martin Schönherr-Mann, München: Fink, 2004.

——, "Heidegger als Aristoteliker", in *Heidegger und Aristoteles* (= Heidegger-Jahrbuch, volume 3), Alfred Denker/Günter Figal/Franco Volpi/Holger Zaborowski (hrsg.), Freiburg /Munich: Karl Alber, 2007.

Frede, Dorotha, "The Question of Being", in *The Cambridge Companion to Heidegger*, ed.by Charles B.Guignon, London / New York: Cambridge University Press, 2003.

Frege, Gottlob, "Über Sinn und Bedeutung", in *Zeitschrift für Philosophie und philosophische Kritik*, NF100(1892).

—— „Der Gedanke.Eine Logische Untersuchung" , in *Beiträge zur Philosophie des deutschen Idealismus* 2(1918).

Fultner, Babara , "Heidegger's Pragmatic-Existential Theory of Language and Assertion" , in *The Cambridge Companion to Heidegger's Being and Time* , ed.by Mark A.Wrathall, New York: Cambridge University Press, 2013.

Gadamer, Hans-Georg, *Heideggers Wege.Studien zum Spätwerke*, Tübingen: Mohr, 1983.

—— , *Gesammelte Werke: Band 1. Hermeneutik I: Wahrheit und Methode. Grundzüge einer philosophischen Hermeneutik* , Tübingen: Mohr Siebeck, 1999.

Gethmann, Carl Friedrich, *Dasein: Erkennen und Handeln——Heidegger im phänomenologischen Kontext* , Berlin & New York: Walter de Gruyter, 1993.

Graeser, Andreas, „Das hermeneutische Als.Heidegger über Verstehen und Auslegung" , in *Zeitschrift für philosophische Forschung* , Bd.47, H. 4(1993).

Haugeland, John , "Heidegger on Being a Person" , in *Nous*, Vol. 16, 1982.

Held, Klaus, „Heidegger und das Prinzip der Phänomenologie" , in *Heidegger und die praktische Philosophie* , hrsg.von A.Gethmann-Siefert und O.Pöggeler, Frankfurt a.M. : Suhrkamp, 1988.

Hume, David, *An Enquiry concerning Human Understanding* , New York: Oxford University Press, 2007.

Husserl, Edmund, *Phänomenologische Psychologie* , Den Haag: Martinus Nijhoff, 1968.

—— , *Cartesianische Meditationen und Pariser Vorträge* , Den Haag: Martinus Nijhoff, 1973.

—— , *Logische Untersuchungen. Erster Teil. Prolegomena zur reinen Logik* , Den Haag: Martinus Nijhoff, 1975.

—— , *Ideen zu einer reinen Phänomenologie und phänomenologischen Philosophie. Erstes Buch: Allgemeine Einführungin die reine Phänomenologie* , *1. Halbband* , Den Haag: Martinus Nijhoff, 1976.

—— , *Logische Untersuchungen. Zweiter Teil. Untersuchungen zur Phänomenologie und Theorie der Erkenntni* , Den Haag: Martinus Nijhoff, 1984.

—— , "Randnotizen Husserls zu Heideggers *Sein und Zeit* und *Kant und das Problem der Metaphysik*" , in *Husserl Studies* 11, 1994.

Imdahl, Georg, „ Formale Anzeige bei Heidegger " , in *Archiv für Begriffsgeschichte* , Vol. 37(January 1994).

Jung, Matthias, „Die frühen Freiburger Vorlesungen und andere Schriften 1919–1923“, in *Heidegger Handbuch. Leben-Werk-Wirkung*, hrsg. von D. Thomä, Stuttgart: Metzler, 2003.

Kant, Immanuel, *Kritik der Reinen Vernunft*, Hamburg: Meiner, 1998.

——, *Kritik der Praktischen Vernunft*, Hamburg: Meiner, 2003.

Kaufmann, Dan, "Locke's Theory of Identity", in *A Companion to Locke*, ed. by Matthew Stuart, Chichester: Blackwell Publishing, 2016.

Kemmerling, Andreas, „Das Existo und die Natur des Geistes", in *René Descartes : Meditationen über die erste Philosophie*, hrsg. von Andreas Kemmerling, Berlin: Akademie Verlag, 2009.

Kenny, Anthony, *Descartes. A Study of his Philosophy*, Bristol: Thoemmes Press, 1993 (1968).

Kisiel, Theodore, *The Genesis of Heidegger's Being and Time*, Berkeley: University of California Press, 1993.

Kovacs, G., "Philosophy as primordial Science in Heidegger's Course of 1919", in *Reading Heidegger from the Start-Essays in His Earliest Thought*, ed. by Theodore Kisiel & John van Buren, New York: State University of New York, 1994, pp. 91–110.

Lafont, Cristina, (1993a) „Die Rolle der Sprache in *Sein und Zeit* ", in *Zeitschrift fürphilosophische Forschung*, Bd. 47 : 1, 1993.

——(1993b), „Welterschließung und Referenz", in *Deutsche Zeitschrift für Philosophie*, Bd. 41 : 3, 1993.

——, "Hermeneutics", in *A Companion to Heidegger*, ed. by Hubert L. Dreyfus and Mark A. Wrathall, Blackwell Publishing, 2005.

Lichtenberg, Georg Christoph, *Schriften und Briefe*, Bd. 2, hrsg. von W. Promies, München: Hanser, 1969.

Löwith, Karl, Heidegger-Denker in dürftiger Zeit, in *Sämtliche Schriften*, Bd. 8, Stuttgart: J.B. Metzlersche Verlagsbuchhandlung, 1984.

Markie, Peter, "The Cogito und its Importance", in *The Cambridge Companion to Descartes*, ed. by John Cottingham, Cambridge: Cambridge University Press, 1992.

Mcdowell, John Henry, *Mind and World*, Cambridge (Mass.) / London: Harvard University Press, 1996.

Nancy, Jean-Luc, "The Being-with of Being-there", in *Continental Philosophy Review* 41. 1 (2008).

Okrent, Mark, *Heidegger's Pragmatism*, Ithaca and London: Cornell University Press, 1988.

Olafson, Frederick, "Heidegger à la Wittgenstein or 'Coping' with Professor Dreyfus", in *Inquiry*, vol.37, 1994.

Perler, Dominik, *René Descartes*, München: Verlag C.H.Beck, 1998.

Platon, Apologie des Sokrates, in *Platon, Sämtliche Werke*, Bd. I, hrsg. von Burghard König, Hamburg: Rowohlt Taschenbuch Verlag, 2009.

——, Phaidon, in *Platon, Sämtliche Werke*, Bd. II, hrsg. von Burghard König, Hamburg: Rowohlt Taschenbuch Verlag, 2008.

Pocai, Romano, Die Weltlichkeit der Welt und ihre abgedrängte Faktizität, in *Martin Heidegger: Sein und Zeit*, hrsg. von Thomas Rentsch, Berlin: Akademie Verlag, 2001.

Prauss, Gerold, *Erkennen und Handeln in Heideggers „ Sein und Zeit "*, Freiburg/München: Verlag Karl Alber, 1977.

Quine, Willard Van Orman, "Two Dogmas of Empiricism", in *The Philosophical Review*, 60(1)(1951).

Ratcliffe, Matthew, "Why mood matters?", in *The Cambridge Companion to Heidegger's Being and Time*, ed. by Mark A. Wrathall, New York: Cambridge University Press, 2013.

Richardson, William J., *Heidegger. Through Phenomenology to Thought*, New York: Fordham University Press, 2003.

Rorty, Richard, *Philosophy and the Mirror of Nature*, Princeton: Princeton University Press, 1979.

——, *On Heidegger and Others: Philosophical Papers*, Volume 2, Cambridge: Cambridge University Press, 1991.

Ryle, Gilbert, "Knowing How and Knowing That", in *Proceedings of Aristotelian Society*, Vol. 46, 1945-46.

Schopenhauer, Arthur, *Die Welt als die Vorstellung und der Wille*, Erster Band. Frankfurt am Main: Suhrkamp, 1986.

Searle, John, *Intentionality*, New York: Cambridge University Press, 1983.

Sellars, Wilfrid, *Empiricism and the Philosophy of Mind*, Cambridge(Mass.) / London: Harvard University Press, 1997.

Stanley, Jason and Williamson, Timothy, "Knowing How", in *The Journal of Philosophy*, Vol.98, No.8(Aug., 2001).

Taminiaux, Jacques, *Heidegger and the Project of Fundamental Ontology*, translated by Michael Gendre, Albany: State University of New York Press, 1991.

Theunissen, Michael, *Der Andere: Studien zur Sozialontologie der Gegenwart*, Berlin: de Gruyter, 1977.

Taylor, Carman, *Heidegger's Analytic*, Cambridge(Mass.): Cambridge University Press, 2003.

Taylor, Charles, *Sources of Self. The Making of the Modern Identity*, Cambridge(Mass.): Harvard University Press, 1989.

Trawny, Peter, *Martin Heidegger. Eine Kritische Einführung*, Frankfurt a. M.: Klostermann, 2016.

Tugendhat, Ernst, „Heideggers Idee von Wahrheit", in *Heidegger: Perspektiven zur Deutung seines Werks*, Köln: Kiepenheuer & Witsch, 1969.

——, *Der Wahrheitsbegriff bei Husserl und Heidegger*, Berlin: Walter de Grutyer, 1970.

——, *Selbstbewusstsein und Selbstbestimmung*, Frankfurt a.M.: Suhrkamp, 1979.

——, *Philosophische Aufsätze*, Frankfurt a.M.: Suhrkamp, 1992.

Volpi, Franco, „'Sein und Zeit': Homologien zur 'Nikomachischen Ethik'", in *Philosophisches Jahrbuch* 96(2), 1989.

Wieland, Wolfgang, *Platon und die Formen des Wissens*, Göttingen: Vandenhoeck & Ruprecht, 1999.

Williams, Bernard, *Descartes. The Project of pure Enquiry*, London and New York: Routledge, 1978.

Wilson, Margaret D., *Descartes*, London, Henley and Boston: Routledge & Kegan Paul, 1999(1978).

Wrathall, Mark A., "Heidegger and Truth as Correspondence", in *International Journal of Philosophical Studies*, 7:1(1999).

——, "Heidegger on Human Understanding", in *The Cambridge Companion to Heidegger's Being and Time*, ed.by Mark A.Wrathall, New York: Cambridge University Press, 2013.

Zahavi, Dan, *Husserl's Phenomenology*, Stanford: Stanford University Press, 2003.

其他中文文献

［古希腊］柏拉图:《理想国》,张竹明译,商务印书馆 1986 年版。

蔡文菁：《自由与有限性——对海德格尔〈论人类自由的本质〉的解读》，《哲学分析》2018 年第 5 期。

陈勇（2014a）：《笛卡尔的判断理论》，《法兰西思想评论》2014 年秋季刊。

陈勇（2014b）：《〈逻辑研究〉与〈存在与时间〉中的真理理论》，《哲学评论》第 14 辑。

陈勇：《赖尔与图根特哈特论实践性知识》，《上海交通大学学报（哲学社会科学版）》2015 年第 2 期。

陈勇（2016a）：《海德格尔论哲学作为元科学》，《厦门大学学报（哲学社会科学版）》2016 年第 1 期。

陈勇（2016b）：《论笛卡尔真理观的三个方面》，《社会科学家》2016 年第 4 期。

陈勇（2016c）：《〈存在与时间〉中的自由概念》，《现代哲学》2016 年第 5 期。

陈勇（2016d）：《"我思"与"我在"何者优先？——对笛卡尔哲学第一原则的再认识》，《上海交通大学学报（哲学社会科学版）》2016 年第 6 期。

陈勇：《生存、知识与本真性——论亚里士多德与海德格尔的实践哲学》，《哲学研究》2017 年第 4 期。

［法］笛卡尔：《第一哲学沉思集》，庞景仁译，商务印书馆 1986 年版。

［法］笛卡尔：《探求真理的指导原则》，管震湖译，商务印书馆 1991 年版。

［法］笛卡尔：《谈谈方法》，王太庆译，商务印书馆 2001 年版。

［加］格朗丹：《哲学解释学导论》，何卫平译，商务印书馆 2009 年版。

方向红：《也谈"Dasein"的翻译》，《淮阴师范学院学报》2011 年第 3 期。

［德］黑格尔：《哲学史讲演录》（第四卷），贺麟、王太庆译，商务印书馆 1997 年版。

［德］胡塞尔：《纯粹现象学与现象学哲学的观念》第一卷，李幼蒸译，商务印书馆 1996 年版。

［德］胡塞尔：《哲学作为一种严格的科学》，倪梁康译，商务印书馆 1999 年版。

［德］康德：《判断力批判》（上卷），宗白华译，商务印书馆 1985 年版。

［德］康德：《道德形而上学的奠基》，李秋零译，中国人民大学出版社 2013 年版。

［德］科赫：《真理、时间与自由》，陈勇、梁亦斌译，人民出版社 2016 年版。

［英］赖尔：《心的概念》，徐大建译，商务印书馆 2005 年版。

梁家荣：《海德格尔〈时间概念史序论〉对胡塞尔现象学的内在批判》，《同济大学学报（哲学社会科学版）》2011 年第 2 期。

［英］洛克：《人类理解论》（上、下），关文运译，商务印书馆 1983 年版。

［美］内格尔：《本然之见》，贾可春译，中国人民大学出版社 2010 年版。

倪梁康:《胡塞尔现象学概念通释(修订版)》,生活·读书·新知三联书店 2007 年版。

[法]萨特:《存在主义是一种人道主义》,周煦良、汤永宽译,上海译文出版社 2012 年版。

[荷兰]斯宾诺莎:《伦理学》,贺麟译,商务印书馆 1997 年版。

[古希腊]色诺芬:《回忆苏格拉底》,吴永泉译,商务印书馆 2016 年版。

孙周兴:《形式显示的现象学——海德格尔早期弗莱堡讲座研究》,《现代哲学》 2002 年第 4 期。

王珏:《技术时代的时间图像——海德格尔论无聊情绪》,《现代哲学》2018 年第 4 期。

王庆节:《论海德格尔的"Dasein"与其三个主要中文译名》,《中国高校社会科学》 2014 年第 2 期。

[奥]维特根斯坦:《逻辑哲学论》,贺绍甲译,商务印书馆 1996 年版。

[奥]维特根斯坦:《哲学研究》,陈嘉映译,世纪出版集团、上海人民出版社 2001 年版。

[古希腊]亚里士多德:《物理学》,张竹明译,商务印书馆 1982 年版。

[古希腊]亚里士多德:《政治学》,吴寿彭译,商务印书馆 1983 年版。

[古希腊]亚里士多德:《范畴篇 解释篇》,方书春译,商务印书馆 1986 年版。

[古希腊]亚里士多德:《形而上学》,吴寿彭译,商务印书馆 1997 年版。

[古希腊]亚里士多德:《灵魂论》,吴寿彭译,商务印书馆 1999 年版。

[古希腊]亚里士多德:《尼各马可伦理学》,廖申白译,商务印书馆 2002 年版。

余纪元:《亚里士多德伦理学》,中国人民大学出版社 2011 年版。

张柯:《论海德格尔思想之"Dasein"的翻译窘境》,《江苏社会科学》2010 年第 1 期。

张庆熊:《维特根斯坦对"说明"与"理解"的重新思考》,《陕西师范大学学报(哲学社会科学版)》2009 年第 2 期。

张汝伦:《论海德格尔哲学的起点》,《复旦学报(社会科学版)》2005 年第 2 期。

张祥龙:《"Dasein"的含义与译名——理解海德格尔〈存在与时间〉的线索》,载于《从现象学到孔夫子》,商务印书馆 2001 年版。

张祥龙:《海德格尔的形式显示方法和〈存在与时间〉》,《中国高校社会科学》2014 年第 1 期。

后　记

从 2008 年在德国海德堡大学哲学系上《存在与时间》的讨论课开始,至今已 12 年有余。在这 12 年中,我从一个惴惴不安的学生变成了丈夫、父亲与老师,一转眼已近不惑之年,无论人生际遇如何转变,自己的学术兴趣始终没有离开过海德格尔哲学,更准确地说是《存在与时间》。这本著作揭示的实际上只不过是一个朴素的真理:我们的存在始终超越自身而进入了世界之中,在其中我们遭遇他人与它物,并且我们的存在是时间性的与历史性的。

就现实生活而言,许多人并未认识到世界是人类的生存家园,而世界视作一个冷冰冰的物质宇宙,而人则囚禁于自身的意识之中,只能对世界进行表象理解中,或者通过身体与技术去改造它。这种生存的不安一直以来都驱动着我的学术研究,2013 年完成的博士论文“*Bewusstsein und Erschlossenheit—Untersuchungzu Descartes und Heidegger*”(《意识与揭示性——对笛卡尔与海德格尔哲学的研究》)是对笛卡尔与海德格尔知识论的一项比较性研究。在正式进入上海交通大学哲学系工作之后,我感到有必要写一本关于海德格尔知识论的专著,国内这方面的研究还处于萌芽状态。在 2015 年我幸运地获得了一项国家社科基金青年项目(“海德格尔的实践知识论研究”),本书是这个项目的最终成果。

在本书的撰写过程中,作为阶段性成果,本人相继发表了如下几篇相关论文:《〈逻辑研究〉与〈存在与时间〉中的真理理论》,《哲学评论》第 14 辑;《赖尔与图根特哈特论实践性知识》,《上海交通大学学报(哲学社会科学版)》2015 年第 2 期;《海德格尔论哲学作为元科学》,《厦门大学学报(哲学社会科学版)》2016 年第 1 期;《生存、知识与本真性——论亚里士多德与海德格尔的实践哲学》,《哲学研究》2017 年第 4 期。这些论文的主要内容在本书的第二章、第四章、第七章、第十二章中基本得到了保留,除此之外本书的主要内容则尚未正式发表过。

　　本书最终得以顺利完成,我尤其要感谢我的导师 Anton Koch 教授,在硕士论文与博士论文的撰写上他给予了我充分的自由,但也提出了许多宝贵的建议,没有他的鼓励与帮助,我甚至可能已经离开学术道路了。在归国工作的这几年中,与许多良师益友的交往无论在学术上还是在生活上都使我获益良多,在此不再一一列举他们的尊名。在本书的出版过程中,人民出版社的武丛伟女士鼎力协助,在此表示感谢。最后我还要感谢我的家人,十几年的哲学生涯充满了艰辛与坎坷,所有成果的取得都离不开他们的理解与支持。

2020 年 9 月 15 日于沪上

责任编辑：武丛伟
封面设计：石笑梦
版式设计：胡欣欣

图书在版编目（CIP）数据

海德格尔的实践知识论研究/陈勇 著. —北京：人民出版社,2021.9
ISBN 978－7－01－023650－6

Ⅰ.①海…　Ⅱ.①陈…　Ⅲ.①海德格尔（Heidegger,Martin 1889－1976)－知
识论-研究　Ⅳ.①B516.54②G302

中国版本图书馆 CIP 数据核字（2021）第 161789 号

海德格尔的实践知识论研究

HAIDEGE'ER DE SHIJIAN ZHISHILUN YANJIU

陈　勇　著

人民出版社 出版发行

（100706　北京市东城区隆福寺街 99 号）

中煤（北京）印务有限公司印刷　新华书店经销

2021 年 9 月第 1 版　2021 年 9 月北京第 1 次印刷
开本:710 毫米×1000 毫米 1/16　印张:24.25
字数:277 千字

ISBN 978－7－01－023650－6　定价:98.00 元

邮购地址 100706　北京市东城区隆福寺街 99 号
人民东方图书销售中心　电话（010)65250042　65289539